石槍の復原的製作風景

筆者が製作した石器

フエゴ島のガラス製石器

16 世紀以降、パタゴニアの先住民がガラスで作った鏃《やじり》（左）と皮鞣《なめ》しに使う掻器《そうき》（右）。（本文 63 頁）

キンバリーポイント

西欧人から手に入れたガラス瓶を素材として、オーストラリア北部の先住民が石器づくりの要領で作った。下面には、ボトルの湾曲が残っている。（本文 63 頁）

石斧を研ぐニューギニア高地の男

H・ハーラーが報じた 1960 年頃のダニ族。

アドミラルティ諸島の黒曜石製ナイフ

土産物として 20 世紀に流通した。（本文 62 頁）

キプロス島の脱穀そり（ドゥーカーン）

木の板の裏側に石製の橇刃《そりば》を多数取り付けている。地中海周辺の地域に古くからあり、ヨーロッパ南東部においては、比較的最近まで脱穀用のそりとして使われた。

石器で盛りつけた創作料理

京都芸術大学の学生たちが、授業で作った石器を使って食材を切り、自由に盛り付けた。

洞窟壁画の再現

スペインの洞窟壁画に残されたネガティブハンド（手形）を「吹きかけ法」で再現する。（韓国／2011 年撮影）

ナップ・インに参加する人たち（米国／2006 年撮影）

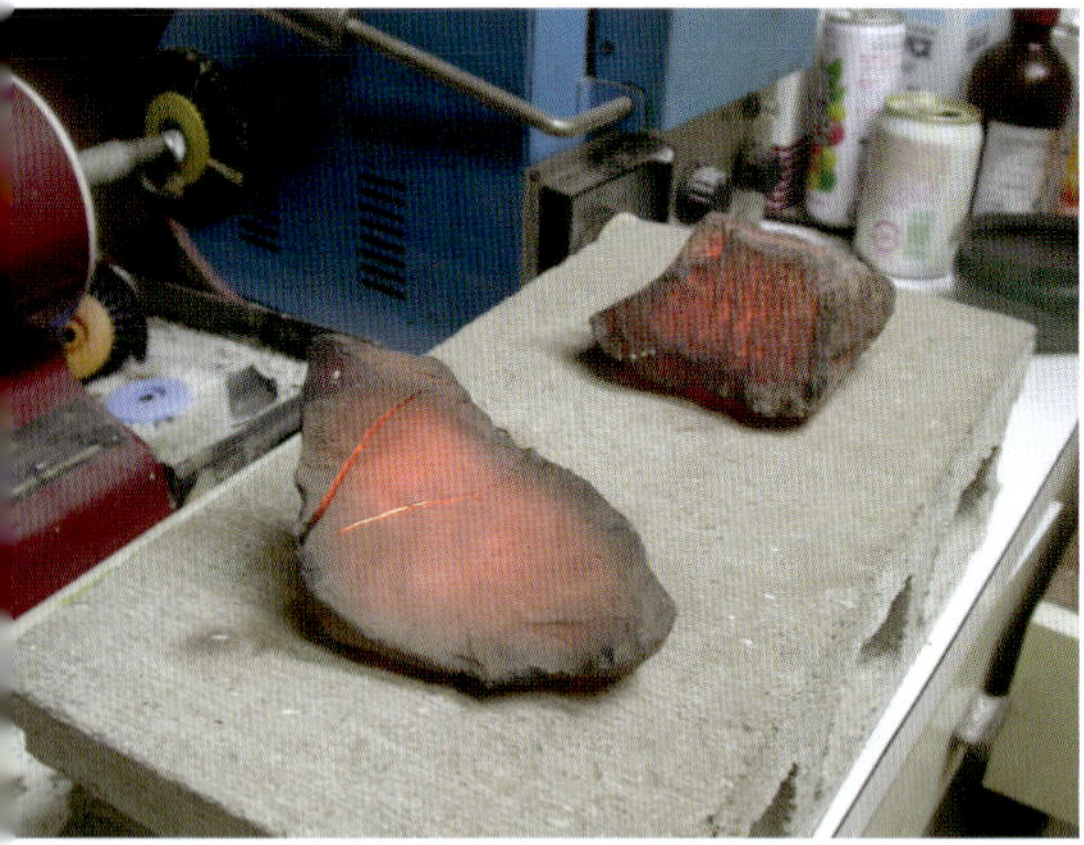

サヌカイトの熱破砕実験

電気炉を用いて被熱痕を再現している。水を垂らして急冷すると、音を立てて割れはじめた。（日本／2003 年撮影）

復原的に製作した石刃を調べる

（ドイツ／2023 年撮影）

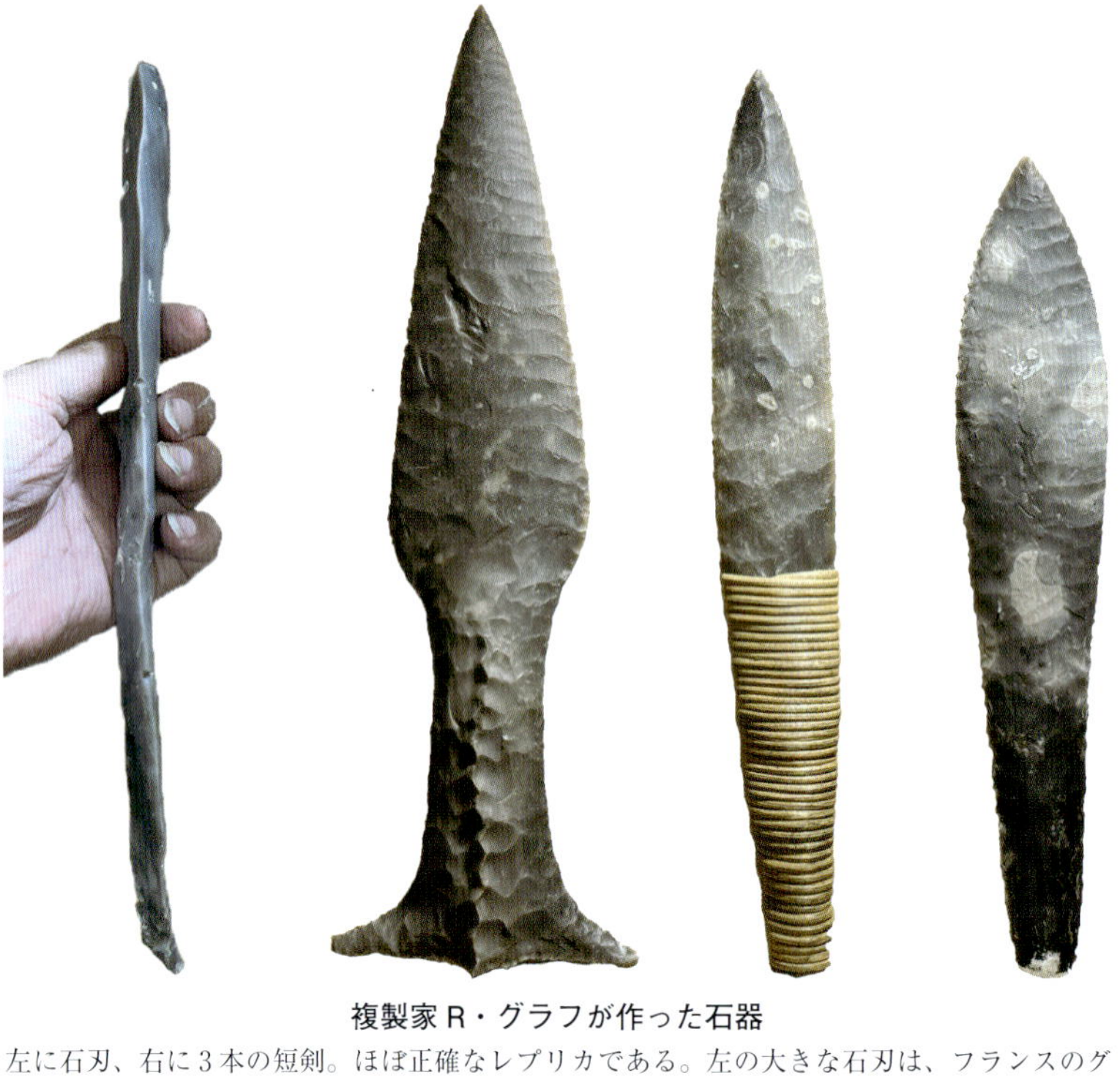

複製家 R・グラフが作った石器

左に石刃、右に 3 本の短剣。ほぼ正確なレプリカである。左の大きな石刃は、フランスのグラン・プレシニー遺跡（新石器時代後期）から出土した石刃を模しており、間接打撃で剥がされた。手のサイズからその大きさが分かるだろう。（ドイツ／2023 年撮影）

長井謙治
NAGAI KENJI

石器づくりで何がわかるか

実験考古学教本

Making and exploring stone tools
: Experimental archaeology textbook

吉川弘文館

目次

プロローグ　経験か？　実験か？

実験考古学を考える

それはあなたの感想ですよね、という言葉を聞いたことがあります。

この言葉は、あるYouTubeのインフルエンサーが発したものであるらしく、二〇二〇年代前半に、若者のちょっとした流行文句となったようです。

私はこうした言葉を聞くと、途端に続けて、石器づくりもしょせん個人の経験でしょ、といった声が聞こえてくるような気がしてなりません。これは考えすぎでしょうか。いや、私は、それほどに「経験」は「実験」よりも軽んじられているのではないか、と疑ってしまいます。

石器づくりであれ、土器づくりであれ、個人の「経験」や「体験」の価値体系は、歴史とともに変化してきたように思えます。遊びと非学術の線引きが難しいように、経験と実験の線引きもおいそれとはできません。先のように言う人たちは、個人の感想や経験というものに、あまり固有の価値を見出していないことは明白でしょう。

ところで、文字もなく、多くの遺物を腐植により失ったことで、ごく断片的にしか過去を知りえない先史考古学において、過去の「追体験」をする現代の体験や実験が重視されます。この分野は、実験考古学として考古学の確固たる地位を確立しており、その歴史は西側諸国で一〇〇年以上におよびます。

しかし、考古学における「実験」と「経験」の役割をめぐって、これまで国内外で様々な意見が表明されているのも事実であり、今もなおそうした議論が続いています。国内外の考古学界において、有象無象に溢れる実験や体験は、その全てが等しく扱われているわけでもありません。

一見、遊んでいるようにさえ見える縄文的体験、工芸的に何かを上手に作ってみる自称実験、厳密な条件統制を行って、何らかの法則性を見つけようと白衣を着て取り組んでいる実験まで、雑多に入り混じっているのが現状です。そして、それら性格のまったく異なる「実験」が、混在して見えづらくなっているのが現状です。

このように、日本のみならず、全世界で多様化した実験的試みについて、その特質を明らかにすることは、実験考古学を正しく価値づけ、将来につなげる意味でも重要です。そこで本書では、考古学における実験とは何かに始まり、来るべき未来の実験考古学の可能性について、皆さんと一緒に考えたいと思います。

本書では、考古学における「実験」を論じるうえでピンボケすることを恐れて、私の専門領域である石器製作実験の視座から、この問題を論じてみたいと思います。数ある実験考古学の事例を全て取り上げることはしていませんが、その代わりに石器づくりの可能性を論じることに、焦点を当てています。

そのための最低限の了解事項も必要だと感じました。そこで、石器のことをまったく知らないか、漠然としか関心のない一般読者を想定して、ごく一般的な内容についてまとめました（第1章・第2章）。次に、経験知としての世界の民族誌的記録を紹介しました。実験考古学は、考古資料と民族誌的事実を参照して、仮説づくりをはじめます。そうした意味で、さまざまな実験の前提を読者と共有する目的で、民族誌の扱い方に関する注意点を述べながら、石器づくりの民族誌について扱っています（第3章）。ここまでが、この本の前段にあたります。

実験考古学の歴史と考え方について考察するのが、その後の部分です。実験考古学にまつわる言葉の問題、実験考古学の歴史と紆余曲折、その意義と注意点を述べて、実験考古学の種類をいくつかに分けています（第4章・第5章）。これまでばらばらだった研究対象を、実験の性格にあわせて、整理しました。それから、本書の中核をなす実験考古学に対する考えを述べています（第6章）。ここは、若い人たちに向けて書いた部分です。これから実験考古学を本格的に学ぼうとする人、様々な実験考古学を手掛けてみたい人は、是非この部分だけでも読んで下さい。実験を構想して、計画、準備するうえでのコツや手順、実験結果の扱いと、解釈の注意点について述べています。いくつかの事例を紹介しましたが、概要のみ記しています（第7章）。関心のある方は、各項に掲げた文献を参照するなどして、さらに調べていただきたいと思います。

最後に、将来の石器づくりの可能性について述べています（第8章・第9章）。未来の実験考古学について考えているので、エピローグに至る一連のパートは、教育関係者に最も読んで欲しい部分です。考古学における体験的要素がもたらす将来像について、一緒に考えてくれたならば幸いです。

石器づくりはジャガイモで

さて、石器づくりには、料理と共通する頭の働きがあります。

私は学生時代によく石を叩きました。石器を作るために石を眺め、叩き、割りました。床面積が三三㎡ある東京の古民家を借り上げて、そこが石器製作工房兼一人暮らしの寝床でした。キッチンが割合と広く、六畳程ありました。そこでキッチンの脇に二畳半ほどのスペースを区切り、そこを製作場としたのです。

私の得意料理、カレーはもっぱら、この製作場に散らばる石片で作りました。こうした生活を二年程続けていたと思います。

ある時、カレーに入れるジャガイモの切り方は、いったい誰が決めたのかと思うようになりました。ジャガイモを切るとき、まず皮をむいて、大きく分割して、それから細かく短冊状に切って……と計画します。この「切って」を「割って」に変えてみると、まず皮をむいて、大きく分割して、それから細かく短冊状に割って……あれ、これは、石器づくりの説明です。

つまり、石器を作るというのは、ジャガイモをどう切るかを考えるときと同じような頭の働きをしているのです。塊のなかに、完成した姿を思い描いて、その形を実現するための割り方をイメージします。

石器づくりは、石を叩き減らしてゆく「引き算」の産物です。料理家が包丁片手に食材に完成した姿を思い描く頭の働きは、石をどう叩き割ろうかと考えるときの頭の働きと似ています。まず、手元に手ごろな石がない人は、ジャガイモを包丁で切って、石器の形を真似てみてください。それから、考古学の概説書に書かれている石器づくりのプロセスを眺めると、親しみやすいと思います。

ちなみに、複雑な石割り計画をするときの脳の働きが、頭の中のごく限られた場所で行われていることが分かっています。この脳の働きは、現生人類に特有です。詳しくは本書で述べますが、もしそうだとしたら、日本料理に出て来るような素晴らしい包丁さばきで調理することは、原人にはできなかったと想像できます。

口絵に記した盛り付けは、私たちホモ・サピエンスの仕業です。これは、現代の創作であり、過去の再現ではありません。

第1章　石器はいつから？

石器はいつから？

さて、石器はいつからあるのでしょうか。この問題を解くには人類発祥の地であるアフリカの考古学的成果を参照しなければなりません。

一昔前は、石器そのものが見つかったということから、約二六〇万年前にさかのぼると考えられてきました。しかし、科学はグローバルな日進月歩の世界に晒されて、その成果は、いま刻々と塗り替えられています。骨に残された加工の跡と硬石をぶつけて拵えた素朴な石器の存在から、現在は遅くとも約三四〇万年前に石器が登場していたのではないかと考えられています(1)。

もし、最古の石器づくりが約三四〇〜三三〇万年前にさかのぼるとすれば、人類がアフリカに誕生したのが約七〇〇万年前なので、以後約四〇〇万年という長いあいだ、人類ははっきりとした石器を作らなかったということになります。証拠がないので、考古学者たちは仕方なく、彼ら太古の人々は、転がっていた木の棒、砕けたダチョウの脚骨、拾ったガゼルの角を使うなどして、死肉をあさり、生活していただろうと想像します。しかし、これは本当でしょうか。進化の隣人、チンパンジーは石と石を組み合わせてナッツを割ります。サルも自然の岩を台にして食用の石器を作ります。ですから、ヒト以外の霊長類が無意識に作り出した産物が、ヒトの石器として誤って認識されている可能性は否定できません。その反対に、ヒトによってごく短いあいだ利那的に利用された無加工の石——つまり、打ち欠いて道具として加工された石ではなく、道具として使われた自然の鋭利な石――が、考古学者によって見逃されている可能性もあると思います。チンパンジーが自然の石と石を用いて植物を粉砕したり、枝葉を道具として使用したりすることはよく知られています。初期の人類もそうした素材を手軽に利用していた可能性はあると思います。

確かな証拠として見つかっていないだけだという可能性もあるでしょう。何を証拠に人工品を認定するかという問題は、さらなる議論の深みに陥っていることは後述します。いずれにせよ、石器認定問題も同時に解決することで、より確かな証拠が将来得られると思います。人類誕生期の証拠はたいへん少なく、未だ明らかではない部分のほうが多いのです。

石器づくりの発達は、脳の解剖学的構造の変化と関係します。約二〇〇万年前から人類の脳は急激な拡大を見せ、手指の動作――つまんだり、つかんだり――を巧みにできるよう進化させました。この進化と呼応するように、人類はより精巧な形をしたものへと、石器づくりの能力を開花させます。

かつて地球上に約三四〇万年という長きにわたって存在した文化としての石器づくりは、各地でその姿を変容させます。そして、その末に、この百年以内に地球上から一度姿を消します。この背景には、世界全体を単一の社会システムへと押し込めようとする世界システムが地球上に蔓延したことが影響しています。

石器はいつまで？

地球上から石器が消えたのには、金属器が関係します。青銅や鉄の登場は、それまで存在した数々の石器を歴史のなかから消滅へと追いやる契機をもたらしました。

青銅の冶金技術がいつどこで発生したかははっきりしません。紀元前三〇〇〇年の近東で、錫石を木炭で覆いかぶせた溶融銅に加えると、石よりも硬くて粘り強い青銅ができることが発見されます。この技術が世界に伝播して、鉄と一緒に日本に遅れてやってきたのです。

日本では弥生時代が終わるころ、実用的な刃物としての石器が次第に作られなくなりました。鉄斧が登場したことで、伐採用の太型《ふとがた》蛤《はまぐり》刃石斧《ばせきふ》が消え、遅れて扁平片刃《へんぺいかたば》石斧が消えてゆきます。鉄器化の波が村の隅々まで押し寄せたおよそ二〇〇〇年前のことです。石器が約三四〇万年使われてきたことと比べて、石器が使われなくなったのは高々数千年前のこと、ごく最近のできごとだったのです。

ただ、少し注意しておきたいのは、金属器の登場と普及はまったく別の問題であるということです。石器の消滅は、金属器使用の始まりよりも、むしろ普及と深く関係します。金属器はどの時代も最初は貴重な材として重宝される存在でした。ですから、使われ方も限られたのです。

また、全ての道具が石から鉄に置き換わったわけではありません。たとえば、石器は表舞台から消えた後も、脇役として紡錘車や漁網のおもりに使われました。弥生時代や古墳時代においても、山岳地帯や東北地方の一部の地域において、黒曜石などが加工具、あるいは装飾品として使われていたことが知られています。

図 1-1　アステカの黒曜石の鏡と水晶
大英博物館所蔵

終わらない石器づくり

石器づくりを生業とする文化は、地球上から一度に消えたわけでなく、地理的な濃淡を持ち、あくまで社会の変化にあわせて、近代にかけて徐々に衰退してゆきました。メソアメリカには金属器を使用しない文明があり、マヤには黒曜石をはじめとした石器の芸術が残されました。マヤの人々は、エキセントリックと呼ばれる供犠用の石器や石屑を重宝したり、黒曜石の粉塵に薬用的な効果を見出したりして高度な石器文明を築きました。一六世紀のヨーロッパには、現にメキシコから持ち込まれた黒曜石製の鏡があり、これは世界の珍品として知られています。

金属器普及以降の歴史時代にも、いくつかの石器は残りました。日本でも江戸時代までは火打石が使われており、砥石や温石、石臼などの石製品が今も形を変えて存在します。二〇世紀の極東（ロシア・カムチャッカ州）で石製の皮鞣《なめ》し具が使われていたほか、一八世紀以降のカナダ北西沿岸部において、木工具に磨製の石器、漁労具に石錘や石銛、調理用にスレート製のナイフが使われました(2)。また、かつてのアイヌは黒曜石で入れ墨を彫っていたらしく、一七世紀の北米先住民やアステカ人、一九・二〇世紀のオーストラリア、ニューギニア、ニューブリテン島の先住民が石製ナイフであごひげや髪の毛を剃っていたという記録もあります。一部の石器や石製品は、金属器登場以降も世界各地に根強く残っていたと考えられます。キプロス島にも石製の橇刃《そり》づくりに特化した職掌を持つ専門家がいたことが報じられています(3)。

また、極限的な自然環境にあった一部の地域では、石器がごく最近まで作られていたことが分かっています。たとえば、アマゾン、島嶼部、グアテマラとニューギニア高地がその代表的な例といえましょう。アマゾンでは一六世紀まで供犠用の石斧が作られており、台湾沖の蘭嶼《らんしょ》島やアンダマン諸島、ニューギニア高地では、一九世紀後半から二〇世紀まで日常用あるいは供犠用の石器が作られました。また、エチオピアの諸部族は、鉄器化が進んだ後もバルチ(balchi)と呼ばれる黒曜石製の掻器を作って皮鞣しをしていたようです(4)。

二〇世紀には、商用としての石器づくりが盛んになります。オーストラリアとパタゴニア南部の人々は、西洋人から入手したガラス瓶を用いて、交易用のガラス製利器を作っていました。また、メソアメリカ南東部、メラネシアの人々も、旅行客への土産用に石器を作っていたようです。こうした職掌のある人々が、グアテマラ高地では一九七〇年代まで暮らしていました。

一〇〇〇年ほど前のイギリスには、ガン・フリント（銃に使う発火石のことです）を製作する職人たちがいたこともよく知られていますが、第三章で改めて述べてみたいと思います。

身近にある石器もどき

フリントは今でも私たちの身近にあります。たとえば、一八〜二〇世紀のイングランド、ベルギーの製陶産業、イングランド南東部の建築材に使われており、製陶産業の敷石にフリント製の角材が用いられています。また、イングランドやスカンジナビア半島周辺の地域では、光反射や静止摩擦の改善を図るために、フリントが床や道路に装飾的に用いられています(5)。

日本でも凝灰岩《ぎょうかいがん》や花崗岩《かこうがん》、石灰岩を建築用石材とする産業が盛んです。露天掘りした加工石材を骨材として、家屋、城郭、橋梁の建造に利用されています。石灰岩は、セメント、精錬材（フラックス）、バラストの原料となっており、サヌカイト（古銅輝石安山岩）は、その美しい音色を奏でる特性を利用して、石琴にその姿を変えて売られています。一〇〇〇℃以上の高温で発泡させた黒曜石は、土壌改良材として販売されていたり、超軟水を生み出す長野県の黒曜石は、おいしい水を飲むための水質浄化材としても用いられています。

なお、一般的にではありますが、黒曜石を適切に割り取ると、人間が作り出せる最高級の鋼の刃よりも鋭い（推定で最大五〇〇倍程度の）薄さ一ミクロンに達する刃を作り出せます。ある情報に拠りますと、二〇世紀後半のアメリカ・ミシガン州には、非合法的にではありますが、ほくろの生検をする際に黒曜石のナイフを使う外科医がいたということです。さらに身近なところでいうと、フリントは、シガレットライターやガスライター、バーベキューライターなどにも使われています。とはいっても、それらを石器と呼ぶ人はいません。

黒曜石やフリント、碧玉《へきぎょく》、玉髄《ぎょくずい》、瑪瑙《めのう》は、芸術や装飾にも使われており、今日では半貴石としてペンダントやブローチに使われています。日本の黒曜石、あるいは黒色緻密質安山岩（小田原の海岸部で採れます）は美しく磨かれ、漆黒に輝くダルマとなり、販売されています。また、玉髄、瑪瑙、碧玉などはパワーストーンとして宝石店に並んでいます。日本の化石店には、本物の化石に混じって黒曜石製の偽の鏃（明らかに古代の技術ではない鏃を模した商品）がありますが、その多くは輸入品です。メキシコでは観光客向けに作られた黒曜石製の玩具や装飾品が売られているので、こうしたモノが流通した可能性が高いです。

ちなみに、三〇年程前ですが、アメリカのディズニーワールドの敷地内で、石製ナイフが売られているのを見かけました。これは、鏃風に形が整えられた黒曜石やフリント製のマグネットでしたが、北米には産出しない素材で雑に作られており、加工痕の雰囲気も明らかに先史時代のものとは違っていたため、おそらくこれも輸入品だと思われます。

註

（1）Harmand, S., et al.（2015）3.3-million-year-old stone tools from Lomekwi 3, West Turkana, Kenya. *Nature*, 521: pp. 310–315. McPherron, S.P., et al.（2010）Evidence for stone-tool-assisted consumption of animal tissues before 3.39 million years ago at Dikika, Ethiopia. *Nature*, 466: pp. 157–860.

（2）D・キュー、P・E・ゴッダード（菊池徹夫・益子待也訳）『北西海岸インディアンの美術と文化』（六興出版、一九九〇年）。

（3）Cabrol, A. & L. Coutier.（1932）Contribution à l'étude de la taille de l'obsidienne au Mexique. *Bulletin de la Société préhistorique française*, 29（12）: pp. 579–582.

（4）Gallagher, J.P.（1977）Contemporary stone tools in Ethiopia: implications for Archaeology. *Journal of Field Archaeology*, 4: pp. 407–414.

（5）Shepherd, W.（1972）*Flint: Its Origin, Properties and Uses*. Faber.

第2章　石器とはどういうものか

石器というもの

考古学者は石器を二つの意味で呼んでいます。広義の石器と狭義の石器です。広義の石器という意味では、あなたは何の研究をしているの？　といった場合に使われる、土器や木器、鉄器、青銅器、その他とは異なる、石の素材で作られた道具全般をさす意味として呼ばれる場合がありますし、狭義の石器という意味においては、母岩や石核とは別の加工された道具（トゥール）として呼ばれることがままあります。発掘現場などで、出土したものに対して、石器か剥片《はくへん》かと尋ねる際の石器の意味は、拵えられた道具（トゥール）としての狭義の石器か、石器を作る際の屑としての剥片かを暗に区別してそう呼んでいます。

庭石は石器とは呼びません。また、建築物の大理石や観賞用の石も石器とは呼びません。石垣の石も加工はされているものの、やはり石器とは呼びません。では、石庭の台石や水石、盆石、墓石、石碑、石臼、温石《おんじゃく》、石硯《せきけん》、火打石、石鍋などは石器と呼ぶのでしょうか。

広い意味で石器とは、素材が石製の道具のことを指しています。主として手の延長としての道具のことを呼ぶので、温石や石硯、石鍋、石臼などは石器とは呼びません。この意味に従えば、石庭の台石や水石も石器ではありません。石造物、石製品と呼ぶべきでしょう。

ちなみに、手の延長としての道具であれば、何ら加工されていない石であっても、石器と呼びます。河原の自然石を用いたハンマー、粉砕具などがそうです。敲石、あるいは磨石などと呼んでいます。

ただ、少し不思議に思うのは、火打石に関して多くの考古学者は石器とみています。イギリスのガン・フリントはその典型です。このように、石器の定義もやや曖昧です[1]。

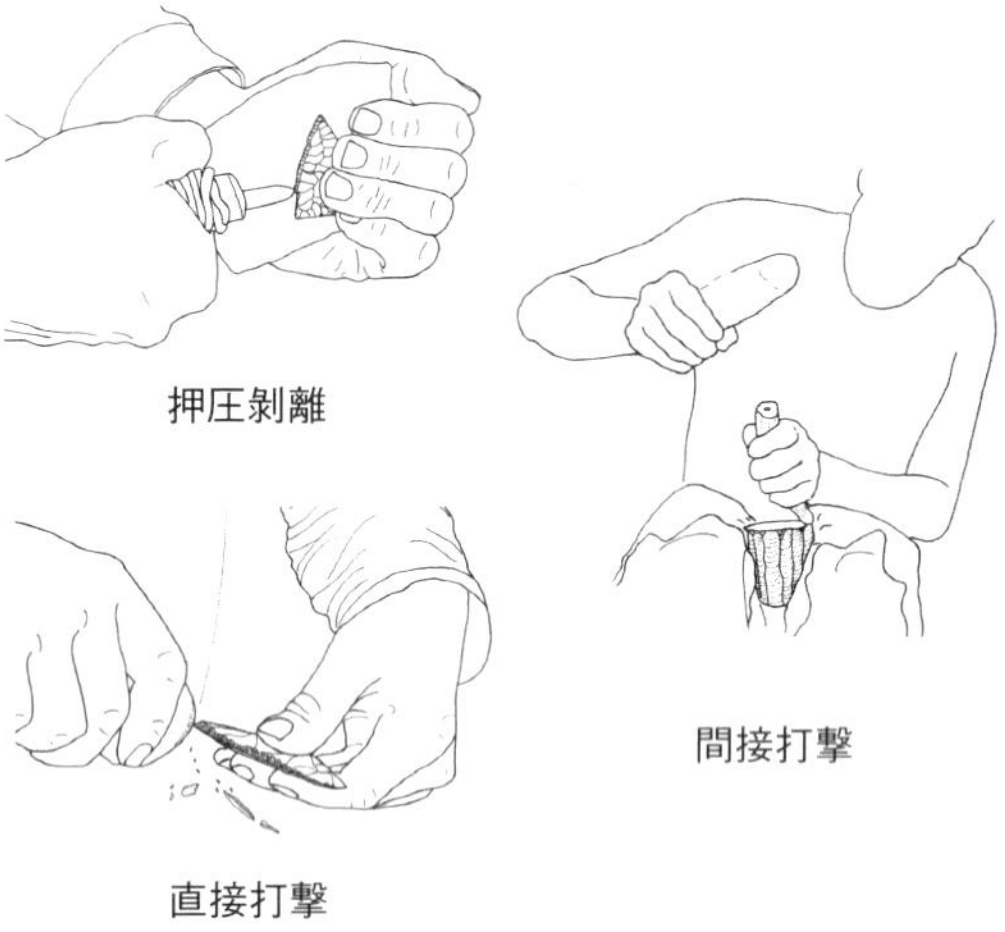

図 2-1　代表的な剝離技術

石器を作る技術の進歩

打製石器を作る技術は、大きく三つのフェーズを経て発展したと考えられます。直に叩く直接打撃、間接的に叩く間接打撃、圧力で剝がす押圧《おうあつ》剝離というものです。ヒトの進化の過程において、おおむね、この順で発達しました。

直接打撃（direct percussion）は、石器が出現して紀元後に打製の石器が消滅するまでの地球上に存在しました。同じ意味で直接打撃法、あるいは直接打法とも呼ばれますが、これが石器時代の九九・九%を占めています。最も一般的なスタイルは、片方の手に石を持ち、もう片方の手に持った石で叩くといった手持ちの直接打撃です。叩く側は石の他に、骨や角、堅木などがありますが、直《じか》に叩くという点で同じです。細かく分けると、投げつけて砕く投擲、どっしり座った台石に叩きつける台石打撃、台石の上でナッツ割りの要領で、石と石で挟み割りする両極打撃など、いくつかの叩き方があったようですが、ここでは突っ込んでこれらを説明する必要はないでしょう。石と石をぶつけて、石を「直接に」叩くという意味で、全て打撃によるものです。

間接打撃（indirect percussion）は、石を「直接に」叩くのではなく、何らかの補助具をあてがって「間接的に」打ち剝ぎます。間接打撃法とも呼ばれます。この技術がいつ登場したかははっきり分かっているわけではありませんが、少なくとも直接打撃よりも後の進化の過程で生まれてきたと考えられます。より細かな加工をするために出てきた技術のひとつです。二〇世紀初頭の北米先住民は、この技術を用いていたことが、記録に残されています。

押圧剝離（pressure flaking）は、叩くのではなく「圧力で」剝がします。押し剝ぐ技術として、押圧剝離法とも呼ばれます。最古の例は五〇万年前のアフリカにさかのぼるといった話もありますが、これは議論が続いています。遅くとも五万年前以降の地球上のホモ・サピエンスが、小型の石器を作るのに、好んで圧力を用いて石片を剝がしていたと考えられます。打撃と同じく、立ったり、座ったり、腰かけたり、装置を拵えたりして、様々な姿勢と剝離具を用いて押圧剝離することができますが、打撃よりもゆっくりとした負荷を与えて剝離するのが特徴です。

押圧剝離の登場によって、自然界に存在しない直線や曲線など、細かく複雑な造形を作り出すことが可能になりました。押圧剝離で剝がせる石片のサイズには限りがあります。大きな石のかけら（剝片）を剝がし取ることには向きませんが、薄手の鋭い剝片を剝がしたり、仕上げの細工を施したりするのに重宝されたと考えられます。

その他に、石でコツコツ叩きながら、減じてゆく敲製《こうせい》（ペッキング）があります。この技術は磨研に先立って平らな面を作るために用いられたり、硬い石に穿孔《せんこう》する際のくぼみを作るために使われました。(2) 敲製は、古墳時代（四世紀）に新しく伝来した石工の仕事に通ずるところがあり、一部の石棺や石室は、鉄のノッチ・ノミを使って岩石を割り、叩き減らすことで作られています。さらに、七世紀に朝鮮半島から到来した石造物を彫る技術もまた、敲製によるものです。

意外に分かっていない使いみち

石器の使いみちは、良好な出土状態にある考古資料を手掛かりとして判明することがありますが、常にこうした僥倖に恵まれるとも限りません。

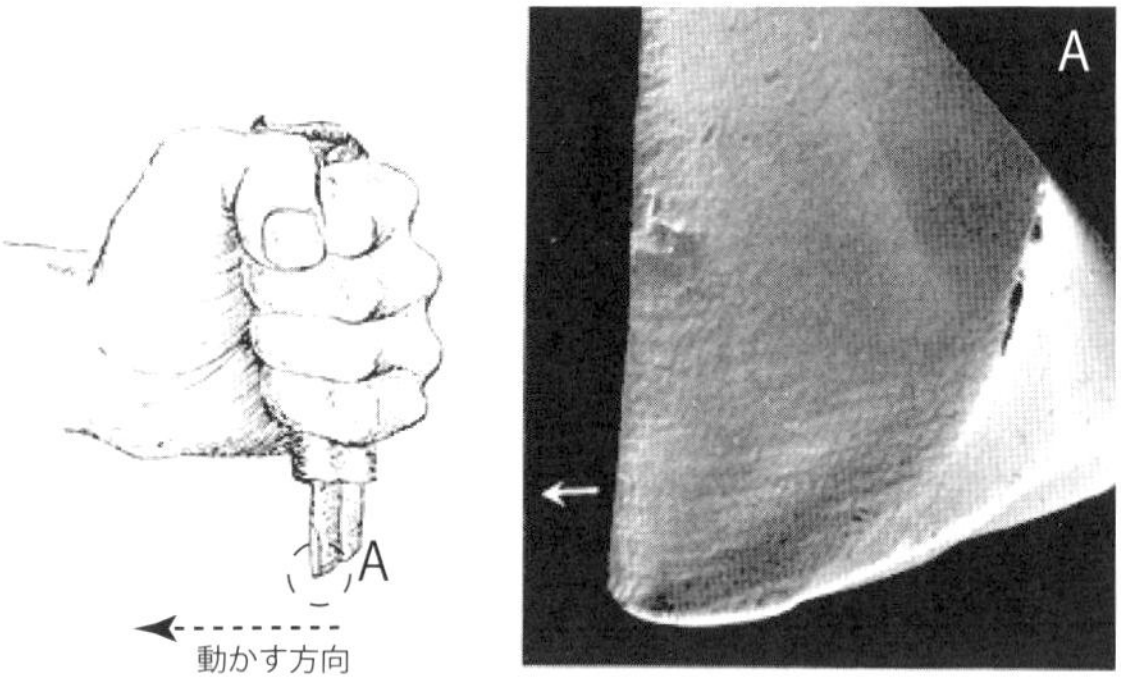

図2-2　運動方向に沿って使用痕がつく

石器の機能については、民族誌から素朴に類推されたものもありますが、多くの場合は、実験的に使用痕（use wear）の種類を確かめています。しかし、多機能（使い道が一つではない）、古い、使っていないなどの理由によって、調べても使用痕が特定できなかったり、残っていないこともあるために、全ての石器の使いみちが分かっているわけでもありません。石器が機能している状況で、偶然骨に刺さった状態のものが出てきたり、道具箱に収めたままの状態で見つかったりしたら、かなりダイレクトにその機能を言い当てることもできますが、そうしたことはむしろまれです。

通常、機能に関わる多くの有機質の遺物は腐ってしまい、遺跡から石器と一緒にはでてきません。むしろ、多くの石器は、使用時の状況から遊離した状態で見つかります。つまり、石器のみからその使いみちを探りあてるしか方法はないのです。そうした意味で、考古学者は長いあいだ、石器の使いみちを探る議論を続けています。

一つの例をあげてみましょう。ハンドアックス（握斧《あくふ》）という石器があるのはご存じでしょうか。知らない方のために図を掲げておきました（図2-3）。この石器は、Googleで画像検索をすると、ある会社の軍事用品や薪割り用の斧として説明文が出てきますが、そうしたものではありません。また、高校生の受験対策教材で「狩り」のために使われたと説明文があることを知りましたが、この答えも「一部正解」ではあっても「正確」ではありません。ハンドアックスは、アフリカではホモ・エレクトゥスが技術の進歩とともに発達させた手の延長線上にある石器です。約一四〇万年前頃の人類が、手指の巧緻性と精密把握の能力を高め、より洗練された形へと仕上げていきました。先が尖っているので、一見これが狩りの道具であるかのように思われますが、実はハンドアックスは色々な用途に使えたようです。多機能の石器なのです。

アメリカの実験考古学者、ピーター・ジョーンズ、ニコラス・トスとキャシイ・シックは、ハンドアックスを模造的に作ってみて、それを実際に使ってみるといった実験をしています。彼らの長年の実験により、この石器は動物解体にかなり役に立つことが分かっています。彼らは、ハンドアックスひとつでゾウ（象）が解体できることを実験的に確かめています。また、切る、突く、削るなど多様な機能にこの石器が適していたことも分かっています。ハンドアックスは万能石器としての利用価値があったのです。マタギが使うフクロナガサ（山刀）やマルチツールナイフとたとえると分かりやすいと思います。マタギはフクロナガサひとつでなんでもやります。フクロナガサはまさに形を越えたハンドアックスであり、より現代風の道具でいうと、マルチツールナイフのようなものなのです。

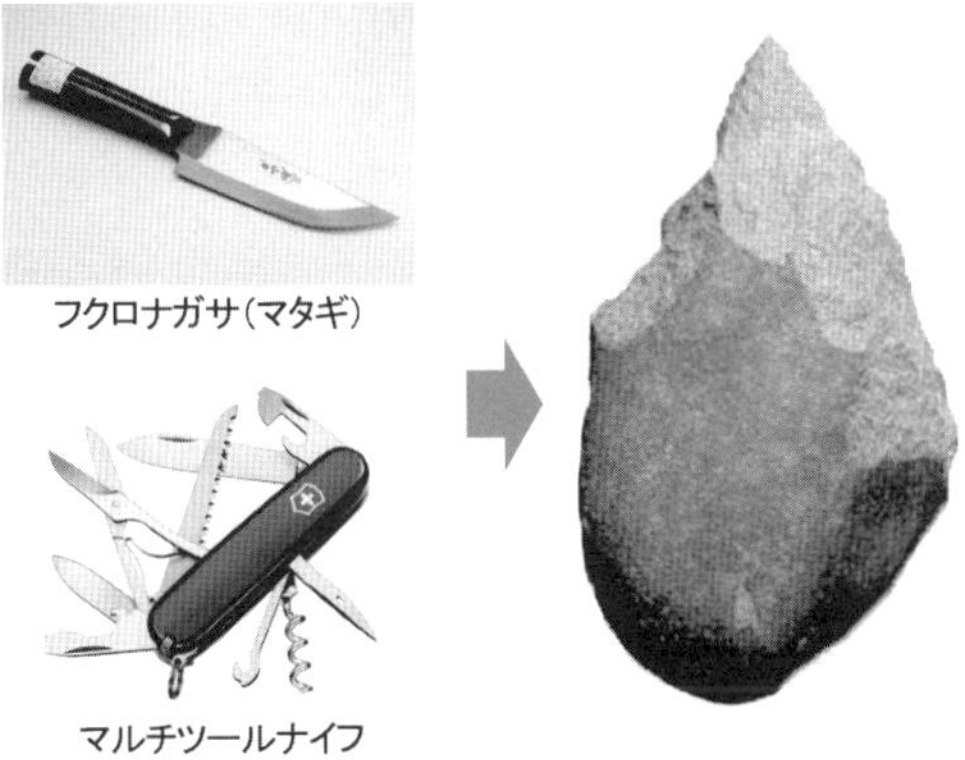

図2-3　今と昔の道具のつながり

研究が進んでくるにつれて、石器の使いみちは意外に複雑だったことも分かってきました。考古学者が、剝片や不定形石器と呼んでいるもののなかにも、この多機能的な用途があったものが含まれていたのです。単純な剝片であっても、ヌーの皮を切り裂いたり、内臓を取り除いたり、腱を切断したりするのに役立つことが、シックやトスの実験で分かっています[3]。また、「剝片」だけで動物の解体ができたことも、彼らは報じています。剝片は、なにかの石器を作った際に生じた、文字通りの石屑（debris）であることもあれば、そのまま万能の道具（tool）となることもあったのです。

石器は、複雑な形をしているものほど分かりやすく、そのため研究が進んでいますが、単純な形をした剝片や不定形石器など、あまり定形化していない石器に対しては、研究がよく進んでいません。その理由として、考古学者は機能を形態学的に捉える癖があるからということもできるでしょう。形が整った石器からは、その機能が推測しやすいし、まとめて議論しやすいので、先に研究がよく進んだという背景がありそうです。シンプルな形をしただけの「剝片」や、考古学者が「不定形」な石器として、その解釈を先延ばしにしてきた石器（lithics）に対して、その機能が何だったかを研究することは、今後必要になってきます。

一般的な方向性として、現在に近づくにつれて、石器の形が分化して、より使いみちが想像しやすくなっています。たとえば、後期旧石器時代（約四万年前以降）の彫器《ちょうき》と呼ばれる石器には、現在の彫刻刀と刃先の形状が同じものがありますし、錐についてもその刃の形状は数万年大きく変わっていません。縄文時代（約一・五万年前以降）の石皿や磨り石は、現代風にいうとミキサーやまな板、弥生時代（約二三〇〇年前以降）の嘴状の礫器《れっき》は、オイスターナイフに相当します。機能部が大きく変化しない道具については、現在の道具からその機能を推定できます。

このように、今・現在その素材を変えて存在している多くの道具から、石器の使いみちを想像できるものがあるのも確かです。しかし、そうした表面的な類似に過度に頼ったことにより、機能の正しい推定に至らなかった例が過去にあることは、先に述べたとおりです。

石器づくりは減算的

さて、石器の使いみちが分かりにくいという問題は、石器の形が生まれる仕組みに関係していると考えられます。私たちが目にしている石器の姿形《すがたかたち》は、ある程度石の特性に影響を受けており、かつ様々な「痕跡」が上書きされた状態にあるものだということを踏まえておく必要があるのです。

この点を説明するために、まず土器を引き合いに出してみましょう。土器は柔らかい粘土を積み上げて、ほぼ作り手の心に描いたイメージ通りに仕上げてゆきます。それゆえに、作り手のイメージが比較的シンプルに表れると考えられます。もちろん、土器を形づくる以前の粘土塊などは、自然現象で生じたものと判別しにくいものも含まれますが、出土した状況証拠によってその大半は判断できる場合が多いといえます。可塑性のある土器は、間違えてもいったん素地を練り直して、再び形を整えなおすことが可能です。素材を自由に足すこともできるので、土器は加算的な産物です。

一方、石器はどうでしょうか。石器は土器のように素材づくりを一から行うものではありません。石器の素材は文字通り自然の岩石ですから、石器はその岩石が持つポテンシャルに大きく作用をうける結果になるのです。岩石の質に多分に影響を受けながら、岩石を砕く行為の産物として石器は生じます。もとある岩石の大きさ以上の石器を作ることはできません。さらに、ミスした痕跡はそのまま石の内部に留められ、そのミスが傷となり次の剥離のミスを誘発します。致命的なミスは取り除かない限り、その先に進めないこともあるのです。土器とは対極的に、石器は減算的な産物なのです。

このように、石器は土器よりも、作り手の意識がダイレクトに反映しません。むしろ、素材に多くの制約を受けているために、様々にその機能や意味を探る必要があるのです。

石器と石器じゃない石の違いは?

ところで、石器か石器でないかを見きわめることは、専門家にとっても難しいことです。考古学者であればそのくらい分かるでしょう、と多くの読者が感じるかもしれません。しかし、この問いは古くて新しい重要な問題を孕んでいます。

二〇〇〇年に起きた旧石器時代遺跡捏造事件は、こうした未解決問題に対する研究者の姿勢が深く関係しています。今もなお、日本の考古学界には、グレーゾーンとして処理されない資料が存在します。それにはいくつかの認識論的な背景があり、本質的に答えの出ない問題も含んでいますが、その難しさについてはある程度説明できるようになっています。

まず、石器が物理的な破壊の現象で生まれるという不可避な宿命、すなわち自然界で偶然起きる破壊現象とどう識別できるかという問題があります。そして、生態学的な要因で発生する石器もどきの属性を私たちは十分に理解できていないという問題があります。この二つの想定される要因に対する理解不足が関係して、判断に迷う資料に直面します。

こうした石器認定に関わる議論は、偽《ぎ》石器《せっき》論争として欧米を中心に一〇〇余年の歴史を持ち現在も進められています。実際に石器を作って検証するという実験考古学的な営みは、長きにわたる論争の黎明期に重要な一翼を担ってきました。石器もどきが生まれる物理的要因を突き止めることで真の石器が明らかになるのではないか、といった淡い期待がこの論争に火を灯し続けてきたのです。

石器は石の塊を目的とする形にまで砕き続けることで作り出されます。石器づくりは、そうした意味で引き算の営みです。あるひとつの石器を拵えるまでに、石の屑を数千、数万と生み出します。そうして生み出された石屑（剥片）の一部については、更に加工が施され形が変化することもあれば、そのまま屑として打ち捨てられることもあります。しかし、これらの単純な石のかけらは、自然作用によって生み出されないとも限らないのです。

円や直線など基本的に自然界に実在しない幾何学的な形に仕上げられた石器に対しては、そのものの人為性を指摘することができる場合があります。また、形が歪《いびつ》であっても、打ち砕かれた痕跡、つまり剥離痕が意味のある構成になっているかどうかを観察することで、人為性を見出すことができたりします。しかしながら、石器が作られ、使われはじめた頃の初期の石器については、その認定にしばしば困難が伴います。

たとえば、オルドワンと呼ばれる初期の石器は、ある石の塊を一回打撃して得られた石の欠片を使ったような、素朴なものでできています。しかも、オルドワン文化期の人類が好んで用いた石器の素材は、割れ面が複雑な様態をなす結晶質の石英であったりします。技術がシンプルでかつ観察しづらい素材を用いて作られた石器については、判定にしばしば困難を伴います。

得られた石の欠片について、考古学者は人為的なものという意味で「剝片」と呼んで区別しています。岩石は、波浪、凍結融解、堆積物の二次的移動などによって浸食され、打ち欠かれます。こうした自然の営為で幾度となく石が損傷を被るなかで、そのなかの数点にヒトが割った「剝片」と同じような特徴を持った「剝片」が偶然生み出されないとは限りません。自然現象はコントロールできる世界ではありません。従って、理屈の上で、この点を誰も否定することはできないのです。

言ってしまえば、考古学者が石器と判断したものだけが石器となるのです。

考古学者はこの不条理を解消するために、一〇〇年以上の議論を続けてきました。解決のための初歩的な実験は、ヨーロッパ諸国を中心としてスタートしました。たとえば、石をミキサーの中に投入する、段ボールの中で振り回す、乱雑に踏みつける、崖の上から力いっぱい放り投げつけるなど、自然界で起こりうる現象を人工的に作り出して、そこでどんな痕跡が生じるかを調べてきました。また、別の発想として、人類誕生以前の第三紀の地層から自然破砕した石片を採取して、その痕跡を調べることもしています。

結果的に、不規則な欠け、重なる剝離痕、ありそうもない角度での割れ、分散する割れ傷など、石器の認定に役に立ちそうないくらかの基準がいくつも公表されたものの、一つの石片から、白黒をつけられるほどに絶対的な「何か」が見つかっているわけではありません。むしろ、研究が進めば進むほど、自然界で石器化するプロセスが、従来考えられていたほど単純なものではなく、より複雑で複合的なものであるといったことが明らかになっています。

手っ取り早く、使ったか否かの直接的な証拠を探せばいいじゃないか、といった意見が出たこともあります。使用による痕跡（使用痕）を扱うこの研究グループは、実験試料を用意して、類型化した行動タイプに沿った検体を作成し、それを顕鏡して、生じた特徴的な割れや光沢などの使用痕を特定します。それでも、こうした研究グループは、基本的な問題を解決するには至っていません。ごく当たり前のことではありますが、使用痕は、使われていないと見つかりません。人が持ち運んだだけの資料や、割っても使うことがなかった資料から、使用痕は見つかりません。ほんの一、二度試しに使ってみただけの資料からも、使用痕は見つかりづらいです。

さらに、数百万年経った古い資料となれば、過去に頻繁に使われていたとしても、消えて無くなったり、汚染されたりして、本来存在したはずの使用痕が見えなくなっているかもしれません。長いあいだかけて起きた岩石の風化作用が、使用痕をかき消してしまうことも考えなければならないのです。そうした意味で、これも十分な方法とはいえません。このように、石器の認定に貢献できると期待された実験使用痕研究についても、まだ多くの問題を抱えているのが現状です。結局のところ、石器か否かは、確率論的にしか議論できない、という結論に至っています。

動物が作る偽石器

さらに厄介な問題として、石器は人類のみが作り出すわけではないということも挙げておきましょう。チンパンジーやボノボも石器を作ります。サルや馬も簡単な石器を作ります。

霊長類学者のウイリアム・マックグルーは、アフリカのチンパンジーが台石を用いて見事にナッツを割る事例を引いて、道具使用をするチンパンジーと初期人類の遺跡が重なる地域においては、大地に残された台石やハンマーが、果たしてヒトが生み出したものか、チンパンジーが生み出したものか分からないこともあると言っています(4)。考古学的な遺物は通常、土の中に埋没しています。従って、しかるべき手順で発掘調査をすると、こうした違いは分かることが多いです。ただ、時折、地表面に古い遺跡が埋まりきらずに露出している場合があるし、同時代にヒトとチンパンジーが森に共存していた可能性もあります。こうした状況を想像したら、確かにマックグルーの言うとおりの限界もあると分かります。

さらに、困ったこともあります。ダチョウも石を集めるし、チンパンジーも石を数十キロ運びます。つまり、モノを運搬したり配列したりするのは、人間だけではないということが分かっています。私たちは、モノの移動を文化的な動態を探る手掛かりとして重要視するきらいがありますが、初期人類を対象とした場合のように、数が少ない証拠からあれこれ想像すると、こうした落とし穴に落ちてしまうことがないとも限らないのです。注意が必要です。

このように、石器か否かという問題は、物理的要因と生物学的要因の双方で難しい問題を孕んでいます。この問題を解決するには、視点を変える必要もありそうです。個別ではなく、全体を様々な角度から捉える姿勢が求められてくるのです。

サルの猿まねとは思えない能力を侮るな

最近、大変興味深い論文が出ました。驚いたことに、アフリカのオマキザルの一群が、人類が作り出した石器と瓜二つの石器もどきを作ることが報告されました。

もちろん、ここで比較対象となる石器もどきは、人類の脳が肥大化する二〇〇万年以前の初期人類、および二〇〇万年以降の旧大陸で製作された礫塊《れきかい》石器と似た石器です。

図 2-4　オマキザルの石割り

オマキザルの石器づくりの目的は、人類のそれとは異なっていたようです。道具を作るという意図はありません。岩に含まれる栄養素（ケイ素、粉状の石英や地衣類）を舐めることを目的として、石器もどきを作っています。(5)

ただし、ここで大切なのは、動機が何だったかではありません。実際にオマキザルが生み出した石器もどきが、潜在的な可能性として地球上に存在する事実こそが、重要です。

考古学者は大地に残された遺物を第一義的な証拠として、そこから過去を探ります。石器は人類のみが作るものだという信条が長らく考古学の世界にありました。石器さえ見つかれば、人がそこにいた証拠になると信じ

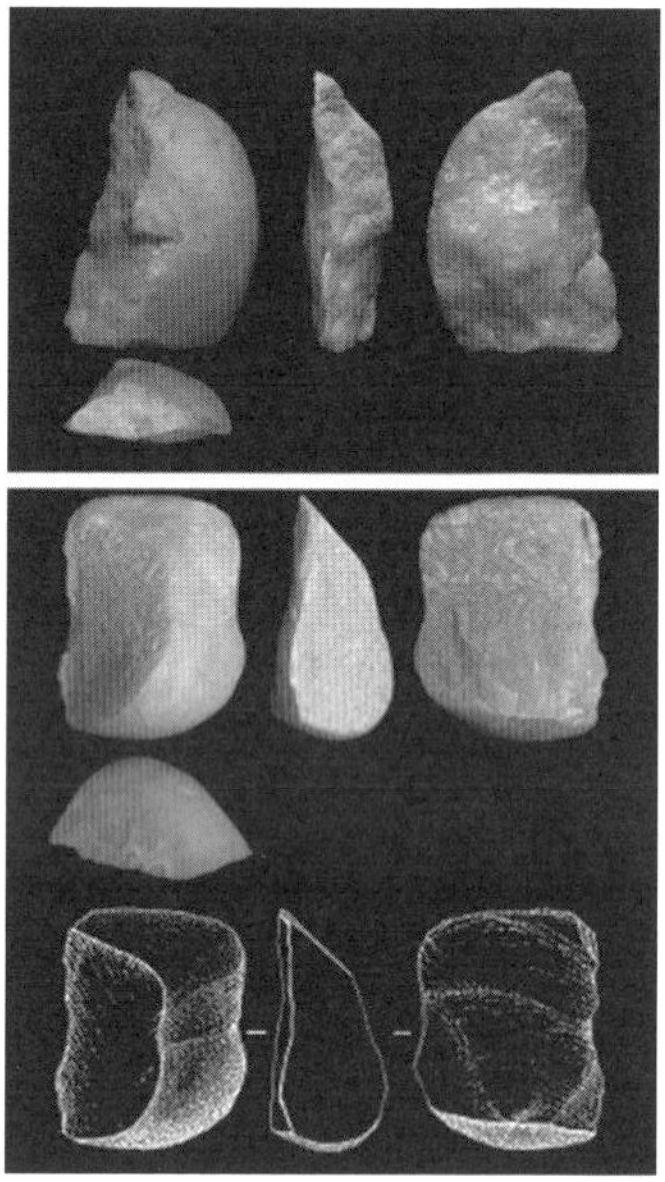

図 2-5　オマキザルが割った石片

てきたのです。そうした意味で、考古学にとって、オマキザルの仕業はやっかいな代物以外の何物でもありません。これからの考古学者は、石器の存在を問うのではなく、石器がなぜそこにあるかを問う必要が出てくるのです。

図2-5には、トモス・プロフィットをはじめとする研究グループが報告したオマキザルが作った石器の一部を載せています。私はこの論文を読んで驚愕しました。オマキザルが作った石器のなかには、鋭い刃縁を持つ剝片、打撃の痕跡や複数回の剝離痕を持つ石片などが含まれていたのです。中国や韓国の旧人類が残した遺跡から出てくる礫器と変わらないものもあり、人類が作った石器だと言われても、正直ぱっと見ただけでは区別がつかないものも含まれています。

ケニア北部の約三四〇万年前の最古の石器の技術は、地面に横たわる石に叩きつけて割るか、そうした石の上に原石をおいてハンマーで打ち欠いただけのものであり、技術レベルもオマキザルと大差がないことも問題を難しくしています。

この論文は、ある石器の存在をもって、人為性を説く際の難しさを物語っています。私たちは、予断をもってある物事を決めつける節がありますが、こうした恐ろしさを教えてくれる一例でしょう。

馬も石器もどきを作ります

同じく、馬が石器を作った事例もあります。スペインの人類学者サンティアゴ・ドミンゲス＝ソレラらの研究グル

ープがこのことを報じています。(6)

オマキザルが栄養素を得るという目的に沿って岩を砕いていたのに対して、馬の石器づくりはより偶然の産物として評価できます。馬は発達する蹄をすり減らすために、定期的に岩を砕くという習性（セルフトリミング）を持っています。この踏み付け行動が、意図しない石器に似た石器もどきを作るのです。

ここで先の例と共通する興味深い事実は、オマキザルも馬もいずれも初期の人類が作った石器に非常によく似た「石器」を生み出しているという点にあるように思えます。剝片、石鉋（プレーン）、両極石核といった定義上の人工物が、そこに含まれています。

石器づくりは、岩石の破壊という物理的現象に基づいています。この宿命がある故に、その動機がどうであれ、人工品に現象面が酷似した「偽石器」（eolis）が生まれる可能性があることを、この論文は物語っているのでしょう。一言で言えば、サルも馬も、文字通りの「石器」を作ることができるのです。

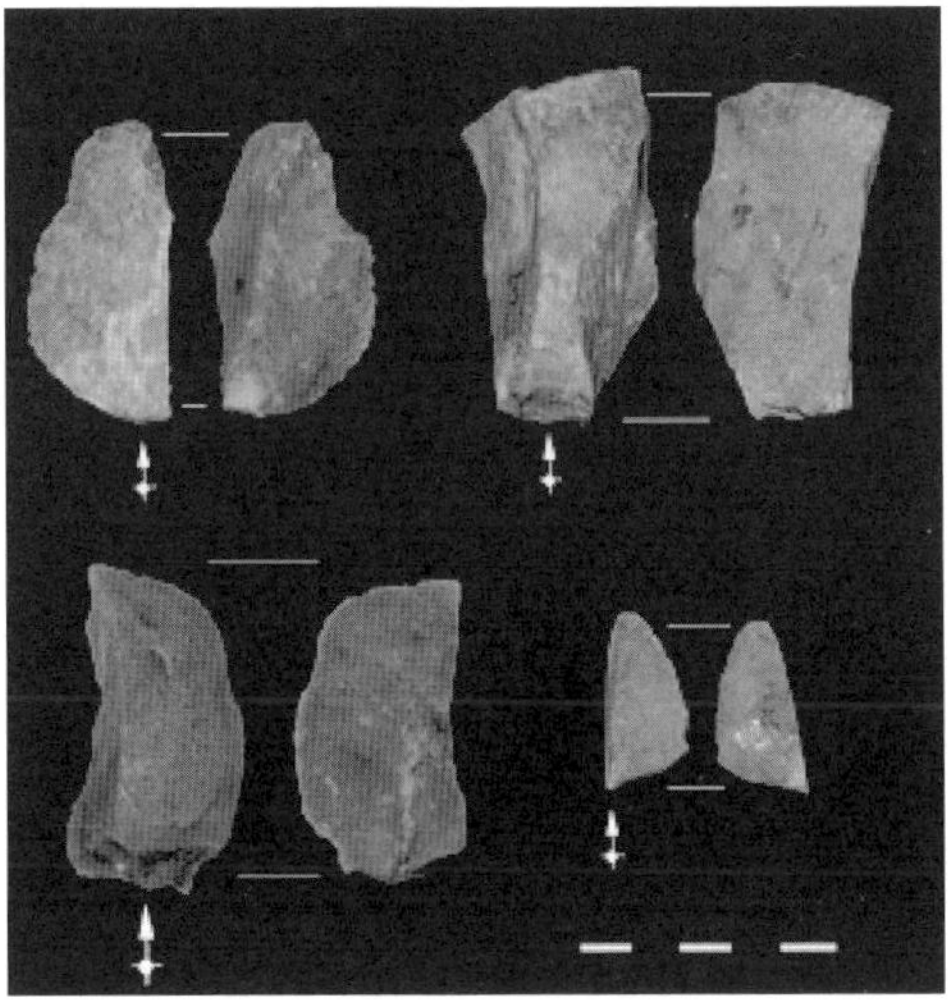

図 2-6　馬が作った石器もどき

矢印の部分に「打点」が認められる。

ヒト以外の哺乳動物が作る石器は、人類が作った石器ほどに洗練されていないという指摘もあります。こうした指摘をするのは、米国の考古学者、ニコラス・トスとキャシー・シックです。トスとシックは、心理学者と共同で霊長類ボノボに石器を作らせる実験を行って、この点を確かめています。(7)

確かに、脳が肥大化した約二〇〇万年前以降、人類は明白な形をした左右対称の石器を作ってきました。考古学者が、三角形、心臓形、楕円形などと分類できるような明らかな形

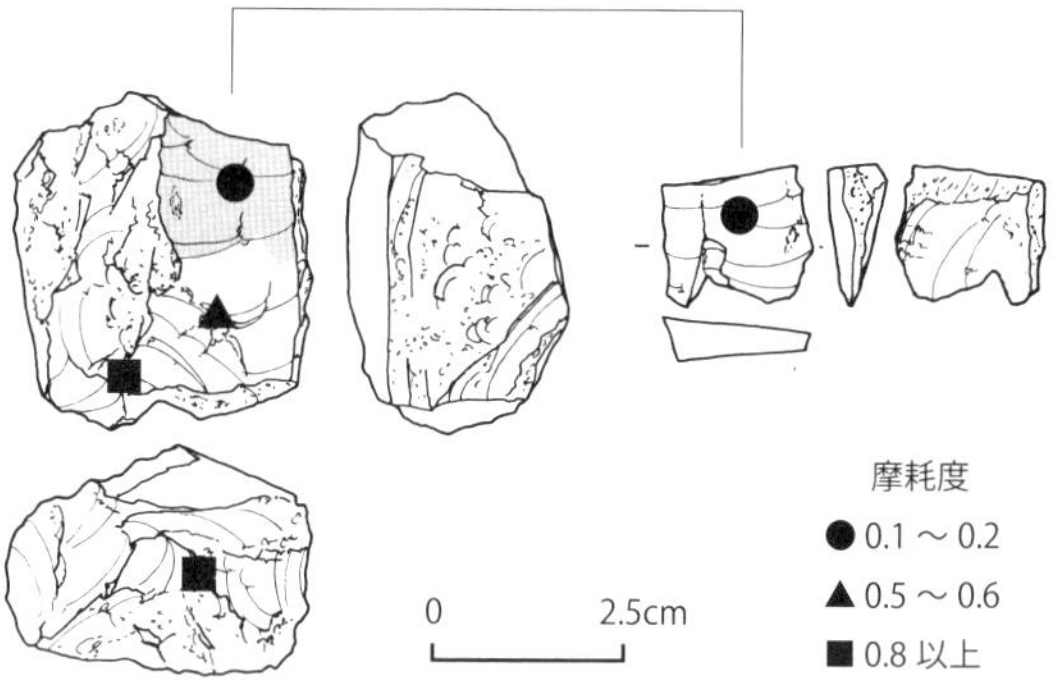

図 2-7　割れたタイミングに時間差がある接合資料

をなすものです。こうした定形化した石器をヒト以外の哺乳動物は作ることができません。

シックらの実験結果を信じれば、人類が道具として生み出した石器は特別扱いできるようにも思えます。しかし、それがどんな目印を手掛かりとして、どう区別できるのかについては、具体的に分かっているわけではありません。石器の認定は、本当に難しい問題だとお分かりかと思います。

石器を認定する

私は、以前に「日本考古学」という学術雑誌にある論文を書きました。日本最古級の石器として知られている長崎県入口《いりぐち》遺跡の出土品を再検討して、その石器の認定を試みました(8)。

この資料は、石器か否か、あるいは本当に九万年前の人工物か、研究者のあいだでも定評のない資料でした。こうしたいわく付きの資料という物は、実は世界中にいくつも存在しています。狡知《こうち》な学者は、こうした面倒な資料に静観の姿勢を保ちますが、それが研究の停滞を招いてきたのも確かです。

私は、前期旧石器時代の遺物としての可能性が疑われている数十点の試料だけでなく、それらと一緒に発掘された他の数百点の石も対象として、この問題に真っ向から対峙しました。石器として選ばれた資料の根拠が何なのかについて、まず、問われるべきだと考えたからです。

最初に、遺跡の周りに新しい地層（露頭）があるかどうかを調べました。九万年前の地形を復原的に考察しながら、当時どんな自然環境のなかで、それらの試料が形成されたかを調べてみたのです。この作業には五年を費やしましたが、偶然その場でしか見ることができなかった工事現場に出くわしたことで、貴重な情報が得られました。

さらに、遺跡内での石片の空間的な散らばり方と接合関係（くっつくかどうか）、接合資料の内容についても、調べてみました。驚いたことに、顕微鏡を覗いて、摩耗度と風化度の違いを判別したところ、割れが生じたタイミングには時間差があり、徐々に自然に壊れた石の塊が、偶然くっついただけのものであることが分かりました（図2-7）。

さらに、あわせて三六〇点あまりの礫の材、摩耗度、円磨度を調べて、九万年前の所産としての可能性が疑われている数十点の石片が、本当に人為的なものであるか否かを総合的に検討しました。石器がどこから来たかを確認するために、石器の窪みに洗い残されて残った土（付着残留土）のX線回折分析も行いました。大変難しい試みで、この検証には、更に二年の歳月を費やしました。

結果、入口遺跡出土の石片については、九万年前以降にあちこちから流れてきたものが偶然集まって、自然の営為で形づくられたものであることが明らかになりました。

既に発掘が終わっているので、解釈には一定の限界もあります。しかし、少なくともこれまで公表された情報から、入口遺跡の石片を日本最古級の前期旧石器時代の所産であると積極的に評価することはできない、もしそうだと主張するなら、まだ証拠が不足している、と結論づけるに至りました。

蛮勇を持て

この論文は挑戦的なものだったので、賛否があるかもしれません。いずれ、新しい証拠が出てきて、批判されてしまうかもしれません。しかし、であれば、それで良いと思っています。研究の前進を喜ぶべきです。

むしろ、分からない歴史資料を意識的に避けたり、その評価をじっと黙って他人任せにしたり、根拠をろくに提示しないで、陰でまことしやかに論評したりするような現状が、もし日本の旧石器学界にあったとするならば、そうした現状は打ち崩してゆく必要があると言いたいのです。

この論文が、そうしたきっかけを与える起爆剤となったとすれば、大半の目的を果たせたことになります。そうした布石を打ったのは確かです。

この論文が「日本考古学」に掲載されてすぐに、何人かの友人からメールで感想を頂きました。批判的なものはなく、感謝の意を述べるものが多かったのは意外でした。中には、「貴君は、まだ若くて、これから関係者との人間関係もあるだろうに、そうした忖度なしに勇気を持って論文を仕上げられたことに敬意を表す」といった旨のものがありました。理解者はいたのです。

偽石器問題は、認識論と関わるために、一歩間違えたら、感情的な人物批判になりかねません。そのため、積極的な議論をしたがらない風潮もあるのです。ただし、こうした保守的な姿勢こそが、研究の停滞を招いてきたことを否定することはできないでしょう。

私たちは、正しい発掘方法を通して、確かな層位から、確かな証拠をつかむような調査を続けてゆく必要があります。そうした発掘調査方法の見直しこそが、初期の石器を判定する最も近道となるように思うのです。

註

（1）欧米では、lithicsという一語で広義の石器、stone toolで狭義の石器を表すことができますが、日本語ではそうはいきません。ともに石器と呼んでいます。

（2）人類は、打製と磨製の他に、擦り切り・線刻《せんこく》・穿孔などの技術を発達させてきましたが、こうした技術は既に五万年以上前の人類が動物の角、牙、骨などに用いていたために、その存在は石に先んじていたと考えられます。擦り切り・線刻・穿孔は、打製や磨製の技術とあわせて用いられることで、より細かな細工をすることを可能としました。板石を片面ないし両面から挽き切るには、媒材として硬砂が使われたようですが、石に適した技術を進歩させていったと考えられます。

（3）Schick. K. D. & N. Toth.（1993）*Making Silent Stones Speak.* Simon & Schuster.

（4）W・C・マックグルー（足立薫・鈴木滋訳）『文化の起源をさぐる―チンパンジーの物質文化』（中山書店、一九九六年）。

（5）Proffitt, T., et al. (2016) Wild monkeys flake stone tools. *Nature*, 539: pp. 85–88.

（6）Domínguez-Solera, S. D., et al.（2021）Equids can also make stone artefacts. *Journal of Archaeological Science : Reports*, 40. 103260.

（7）Toth, N. & K. D. Schick, et al.（1993）Pan the tool-maker: investigations into the stone tool-making and tool-using capabilities of a Bonobo (Pan paniscus). *Journal of Archaeological Science*, 20: pp. 81–91.

（8）長井謙治（二〇二〇）「入口遺跡前期旧石器時代説の批判的検討―ジオアーケオロジーの実践から―」（『日本考古学』51、一―二二頁）。

第3章　石器づくりの記録を探る——フィールドからの経験知——

記録にみる石器づくり

考古資料は沈黙して何も語ってはくれません。手っ取り早く石器の作り方を知るのには、石器を作って暮らしていた人たちの生活誌をひもとくのが良いように思えます。ここでは、それらの生活誌に記された石器づくりの記録を見てゆきたいと思います。

民族誌を探ってみる

一九世紀後半から二〇世紀初頭にかけて、チャールズ・ラルー、ジョン・パウエル、ネルス・ネルソン、サクストン・ポープ、ホームズ・エリス、ロバート・スクワイヤーらが詳細な記録を残しました。この記録は、民族誌と呼ばれるもので、フィールドワークの成果をまとめた報告書（モノグラフ）のことをいいます。報告書といっても、現地社会の生活や社会の活動に参加する一種の体験取材的な調査法（参与観察）による記録、あるいはそれを取りまとめた書き物です。

これから記す内容は、そうした文献から知りえたことです。色々と想像が膨らむ具体的な描写があるので、そうしたところを中心に拾いながら、紹介してみたいと思います。ただ、民族誌は「化石化した過去」ではありません。そのため、使い方を誤ると、いろいろ危ないところもあります。そうしたところに注意しながら、石器づくりに関わる

図3-1　19世紀に動物同然に描かれた北米のネイティブ・アメリカン

野山を彷徨い食料を捕食する兵力と知能さえ持たないディガーインディアンを象徴的に描いた１枚の絵。ディガーとは、土を掘り、雪を掘る人々として、白人により名付けられた。

記録を拾い上げてみたいと思います。

まず、民族誌を正しく読むには、その民族誌が残された時代の背景を知る必要があります。一九世紀後半から二〇世紀初頭の北米では、白人市民社会への同化政策が進んだ頃にあたります。記された内容は、伝統的な生活様式を保った純粋な過去そのものではなく、すでに国家政策や国民経済との接触のなかで、いくらか修正された歴史記録であるという事を踏まえておく必要があります。

北米に限らず、南米、オーストラリア、メラネシア、その他の地域においても、遅かれ早かれ、ほぼ同じ道をたどってきました。ここに紹介する民族誌的記載についても、決して文明社会と隔絶された世界にあった過去の姿を物語るものではありません。

とりわけ、民族誌を誰が残したかということを考えてみることが大切です。二〇世紀初頭の白人の通常観念として、ネイティブ・アメリカンたちが、自分たちよりも劣っているといった意識がありました。記録を残した科学者の観念を読み解くことは容易ではないものの、粗野で野蛮な先住民、といった偏見に満ちた旅行誌家たちが、事実とは異なる彼ら彼女らの人間像を描いてきたのも事実です（図3-1）。

二〇世紀前半の西部劇のひとつ『荒野の決闘』の導入部に印象的なワンシーンがあります。酒に酔って銃を乱射する粗暴な一人のネイティブ・アメリカンが、白人保安官の前で銃殺される姿から、物語は始まります。ネイティブ・アメリカンは、まともな人間性と倫理のかけらもない、殺されて当然の輩《やから》であるといった固定概念が、すさまじく歪んだ事実を描き出すシーンから始まります。

現在は、こうした描写が表面的な観察に基づくものであり、過誤のあるものであると否定されているものの、民族誌を記す側の偏った認識が、記録の内容を歪めていないか、私たちは冷静に見つめる必要はありそうです。

北米先住民の民族誌

アメリカ大陸には、石器づくりの記録をした比較的多くの民族誌が残されています。その多くが、探検家や伝道師、初期の入植民や移住者が、いわゆる未開社会の先住民を対象として記録したものです。

先住民とは、インディアン、ファースト・ネーション、インディオ、エスキモー、イヌイトなど地域によって様々に呼ばれてきた民族グループのことを指しますが、彼ら彼女らは、人類学的には現生狩猟採集民、あるいは農耕民と呼ばれています。

コロンブスがアメリカ大陸に辿り着いた一六世紀にすでに農耕を営む人々がいた南西部や南東部を除いて、チリ南部とアルゼンチン、北米中央部から西部、カナダ・アラスカ北部にかけては、狩猟と採集を行う狩猟採集民が暮らしていました。彼らは二〇世紀までに文化的な変容を経て、劇的にその数を減らしますが、それでも幸運に生き残ったいくつかの部族から、石器を作った人々のわずかな記録が見つかります。

私は、これまで十数年かけて、こうした記録を探し集めてきましたが、一九世紀末から二〇世紀初頭にかけての五〇～六〇年間、詳しい記録が残されていることが分かってきました(1)。北米の先住民は、北西沿岸部、高原部、カリフォルニア、大盆地部、南西部、大平原部、北東部、南東部の八つの文化圏に分かれますが、そのうち南東部を除く七つの文化圏から、石器づくりをした記録が見つかります。

いま、私の手元のリストには、北西沿岸部、高原部、南西部、北東部で一部族、大平原部で四部族、カリフォルニアで一二部族、大盆地部で六部族の記録があります。古い記録でいうと、一八五〇～一八五六年にかけてK・フォン・ロフェルホルツが残したユーロック族の記録、ジョン・スナイダーが一八五一年の偶然のできごとを述べた記録が貴重です。

スナイダーは、一八五一年のある出来事を生き生きと記しています。その内容は以下のようなものです。

一八五一年九月のある日、カリフォルニア州エルドラド郡ジョージタウンの数マイル東にあるダークキャニオン付近でキャンプをしていた私は、林の奥から駆け下りてくるインディアンと遭遇した。彼の肩には、ジャコウネコの皮でできた立派な矢筒がぶら下がっていて、その矢筒の中に二本の美しい羽を付けた矢が入っていた。その矢には輝く石の先端がついており、彼は石の鏃を使うハンターだった。彼は、狙いを外した矢をどこかに失ってしまったが、その矢を見つけるや否や、河床の石英を拾って、矢筒と矢の緊縛を解き、滑らかな岩を台石として、その鏃の修復を始めた。左手で石英の破片を持ち、トラップ用の小さな石をハンマーとして使い、初めに一方の端を、次にもう一方の端を優しく叩いて、小さなかけらを打ち落とした。……その間、約二五分もたたないうちに、新しい鏃に付け替えてしまった。(2)

また、簡単ではありますが、左手の親指と人差し指の間に鹿革と素材を挟んで持ち、右手に持った鹿角でひねりや回転を加えながら、押圧剥離をしたことが記されています。(3)その後、ベンジャミン・レディングは、北米の太平洋岸に住む先住民の石器づくりの様子をより詳しく記録しています。

黒曜石のかけらを左手のくぼみに持ち、彼は同じ手の第一指と第二指の間に、分割した鹿の角の破片を置

図 3-2　本書に登場する石器づくりの記録がある地域

き、その角《つの》の真っ直ぐな端を約四分の一ほどかけらの端に押し当てた。黒曜石の端一インチ、これは彼が剥離しようとした剥片の厚さに相当する。それから彼は、おそらく重さ一ポンドほどの、水磨した小さな丸い石を選んで、右手で角のもう一方の端を鋭く打ち抜いた。最初の試みは失敗に終わったが、剥片は小さなかけらに裂け散った。その後、彼は操作を繰り返し、次の一打は成功した。黒曜石特有の貝殻状の破面をみせる完全な剥片がはぎ取られた。(4)

南北戦争が終焉を迎えた一八六五年以降は、記録の内容が具体的になり、特に一八七〇～一九一〇年までの約四〇年間は、多くの断片的な記録が残されました。

ユタ州ワサッチ山脈のパヴァント族、ユインテ族、サンラファエル渓谷のパグー族、コロラド川支流ウィンカレット村の先住民など大平原部の石器づくりを観察したパウエルは、カリフォルニア州・ショショニ族の道具づくりについて、一八六九年に記しています。(5)

砂質頁岩《けつがん》や風化した苔瑪瑙《こけめのう》を用いて、石鏃、石製ナイフ、石槍などを作っていた。片手に持った石片を、鞣《なめ》していないヘラジカの皮で保持し、もう一方の手に

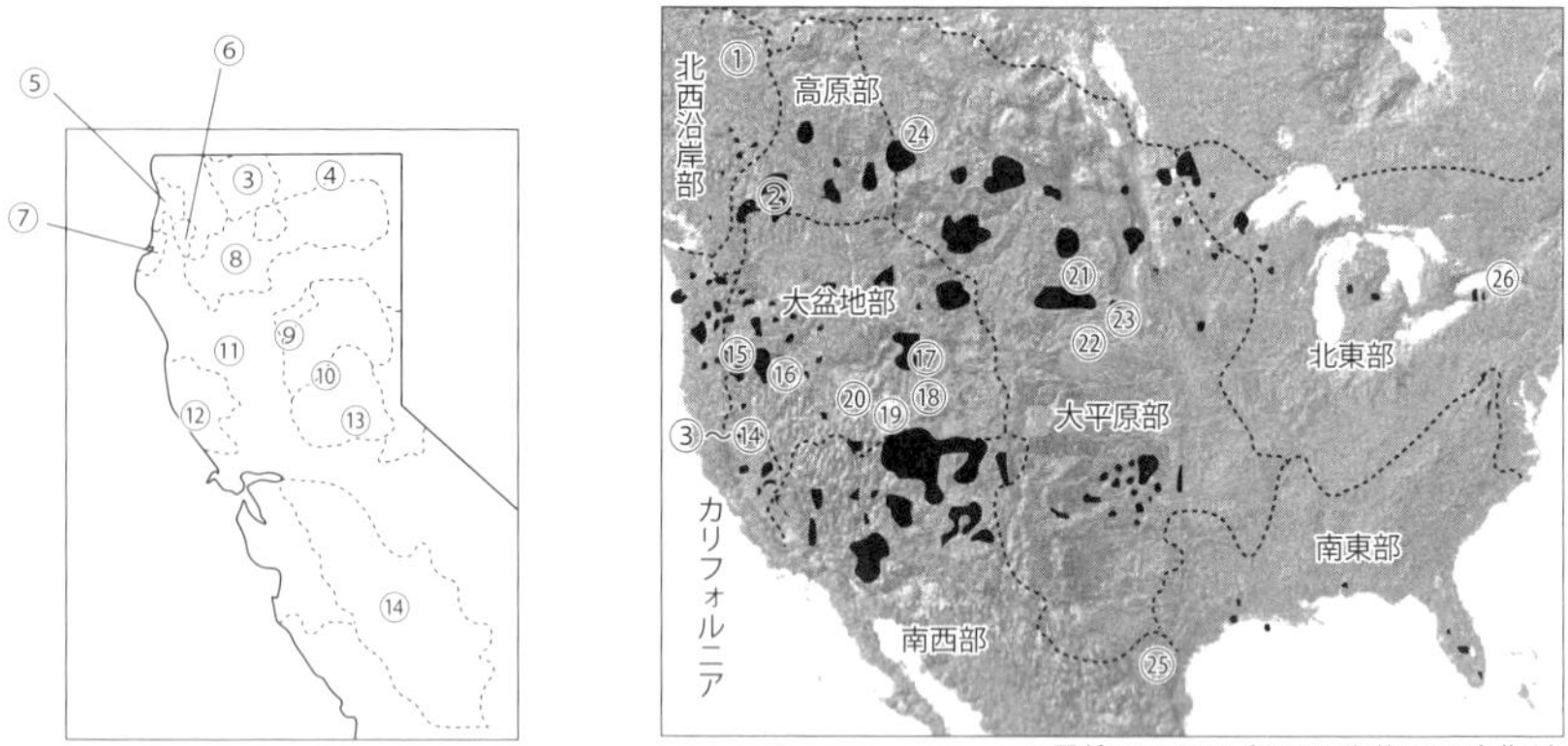

＊黒塗は 1880 年頃の先住民の占拠地

北西沿岸部：①トンプソン族
高原部：②クラマス族
カリフォルニア：③シャスタ族 ④モドック族 ⑤ユーロック族 ⑥フーパ族 ⑦ウィヨット族 ⑧ウィントゥ族 ⑨ヤヒ族 ⑩マイドゥ族 ⑪パトウィン族 ⑫ポモ族 ⑬ニセナン族 ⑭ヨクツ族
大盆地部：⑮ワショー族 ⑯パイユート族 ⑰ショショニ族 ⑱パグー族 ⑲ユインテ族 ⑳パヴァント族
大平原部：㉑ダコタ族 ㉒ポーニー族 ㉓オマハ族 ㉔ブラックフット族
南西部：㉕アパッチ族
北東部：㉖イロコイ族

図 3-3　19 世紀末の石器づくりが記録されたアメリカ先住民

持ったハンマーで打ち割った。長さ八～一二インチの鹿角で形を整え、磨いて加工したのち、角製の工具で石の端を押圧して、望みどおりの形に加工した。こうして小さな剥片を剥がしていった。

村から離れた石材の産地に出かけて、そこで乱暴に石を割って、村に持ち帰っていたことなどが記録されており、当時まだ石器文化が生きていたことを示唆します。

興味深いのは、製作に要した時間が記録されていることです。オレゴン州東部の九〇歳の古老は一五分、ヤヒ族イシは三〇分、ウィントゥ族の成人が四〇分、シャスタ族とフーパ族の男が一時間で石鏃を完成させています。また、旅先で壊れた鏃を付け替えるのに、手ごろな石をその場で選んで、鏃を作り直して、柄に装着し直すまでに、二五分を越えなかった、と言っています(6)。彼らの技能を知ることができる興味深い記録かと思います。

石器づくりの多様な技術

一八七〇年以降の民族誌には、石器づくりの技術が分かる記録があります。北西沿岸部で一例、大盆地部で二例、カリフォルニアで八例の直接打撃、南西部で一例、カリフォルニアで二例の間接打撃、高原部、南西部、大平原部で各々一例、大盆地部で二例、カリフォルニアで九例の押圧剝離が確認されます。手持ちの直接打撃（片方の手に素材を持ち、もう片方の手に握ったハンマーで素材を叩く）、両極打撃（素材を台石の上に縦に置いて、上から別の石で叩く）、投擲（地面の岩に石塊を投げつけて砕く）が報告されています。

手持ちの直接打撃はシャスタ族、ウィントゥ族、ヤヒ族、ヴァイド族、ショショニ族、両極打撃はシャスタ族、トンプソン族、パイユート族、投擲はヤヒ族で報告されています。石で叩く直接打撃の記録は多くありますが、シャスタ族、ウィントゥ族、ヨクツ族、ショショニ族など一部の部族で、棒状の角や骨で叩く直接打撃（ビレット法と呼ばれます）が報じられています。

投擲はニューギニア高地のラングダ村、両極打撃は南米でも記録があります。シャスタ族、ショショニ族は角製ハンマーを用いており、ヨクツ族は（鹿の脛の）骨製ハンマーを用いています。さらに、ヨクツ族は、打撃の際に、衝撃を和らげる為のクッション材として、粘土の塊を素材の下に据えています。他の部族にはみられない、独特な割り方をしていたようです[7]。

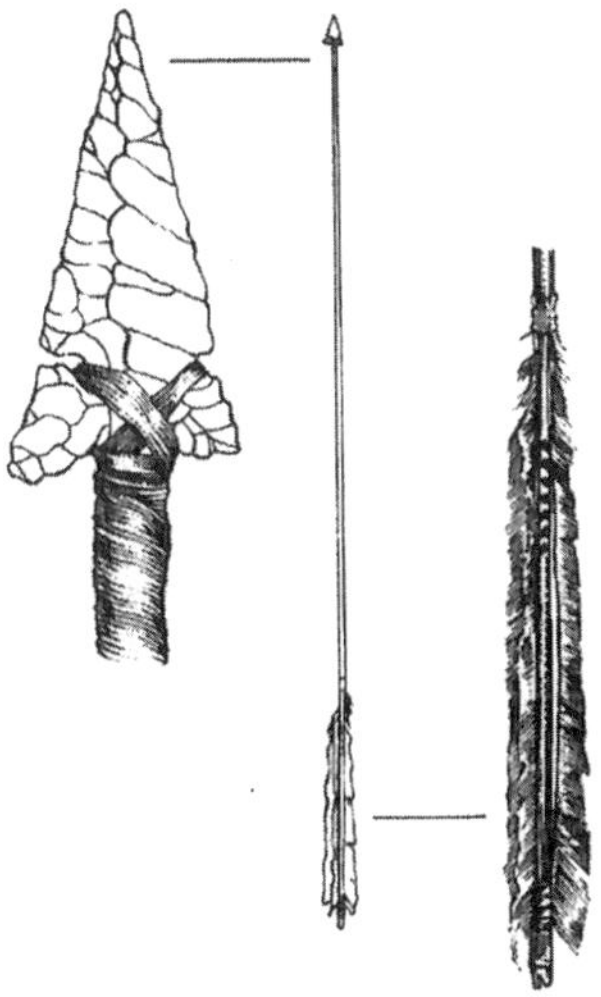

図3-4　ウィントゥ族が作った矢と鏃

間接打撃は、ユーロック族、フーパ族、ウィントゥ族、ヤヒ族、アパッチ族で報告があります。通常、左右の手と体を用いて一人で行いますが、ジョージ・カトリンは、アパッチ族が二人がかりで間接打撃をしていた様子を次のように述べています[8]。

床に座ったマスターは、剝片の一つを左手の掌に置き、同じ手の二本以上の指で押し、右手で親指と人差し指の間を押した。中指を立てて、彼はノミ（またはパンチ）

を折り取ろうとする場所に置き、補助のもう一人が非常に硬い木槌を持って彼の前に座り、ノミ（またはパンチ）の先端を打った。打撃点の下側で剝離が起こった。次に剝片を回転させ、希望の形状と寸法が得られるまで反対側も同様に加工した。すべての打ち割りは掌の上で行われた。(9)

間接打撃は、コントロールを強化するため、あるいは直接打撃ではうまくいかない場合などに採用されたと考えられます。また、縁から厚い塊を取り除いたり、抉りや溝を入れたり、さまざまな細加工に用いられたと考えられます。通常、間接打撃は一人で行うことができるので、このアパッチ族の記録については、信憑性を疑う必要はあるでしょう。

押圧剝離は、クラマス族、ユーロック族、フーパ族、ウィヨット族、ウィントゥ族、ヤヒ族、ヨクツ族、マイドゥ族、ニセナン族、ポモ族、ワショー族、ショショニ族、アパッチ族、オマハ族など、多くの地域で報告があります。大別すると、素材を手につかんで作業するのと、素材を台の上に置き、指で下に押さえて作業する二つのタイプがあったようです。前者のタイプは、クラマス族、ユーロック族、フーパ族、ウィヨット族、ウィントゥ族、ヤヒ族、ニセナン族、ポモ族、ショショニ族、ワショー族、後者のタイプは、ヨクツ族、マイドゥ族に認められます。多くの場合、片方の手のパッド（皮膚を保護するための敷物）の上に素材を置き、もう片方の手に持った剝離具で石片を剝がします。(10)こうしたスタイルは、ヤヒ族で観察されたものと同じであり、掌に置かれた素材を指で押さえて持つという共通点が認められます。

後者について、マイドゥ族は支持体として台石を用いていますが、ヨクツ族は杭を用いています。地面に置いた大きな石の上、あるいは製作した木の台の小口側に素材を置いて、押圧剝離をしています。(11)

このように、用いられる素材やその形は微妙に異なりますが、素材をつかんで掌の上で作業するか、素材をなんらかの支持体の上に置いて、押さえて作業するかで大きく姿勢が異なります。前者は様々な場所で確認されており、たとえば北米西部、アラスカ、カナダの先住民もこれと同じスタイルで押圧剝離していたと考えられます。これら二つのタイプの押圧剝離が、同じ部族の中で同時に観察されたという報告はありません。この点は興味深いところかと思います。

ところで、北米内陸部のアパッチ族とオマハ族は、自らの歯で押圧剝離をしています[12]。カリフォルニア、高原部、北西沿岸部、大盆地部では、歯で押圧した報告は認められないので、これは、地域差を示しているのかもしれません。ただし、歯でする押圧が他と同等のものだったかどうかは定かではないので、この点については、何ともいえないと思います。いずれにせよ、多様な押圧剝離のスタイルがあったことは確かでしょう。

民族誌にみる技術の衰退

一八八六年、フーパ族、クラマス族をみたP・H・レイは、「私は、ここで、弓や矢を作ることができる四〇歳未満の男性を誰も見たことがない。石の矢尻を作ることができる人物は一人だけだ」という老人の話を聞いたと述べています[13]。また、一八九二年一〇月二三日、スオ河インディアンの族長で九〇歳を迎えた古老に鏃をみせたところ、古老は「私が若い頃、みんな石の鏃を作っていた」と語っていたことをリーパーが記しています[14]。

この二つの古老の話は、一九世紀末の北米で偶然似たような内容を記しています。この頃、次第に石器使用が衰退したことが分かるでしょう。

さかのぼること一八八四年、クラマス族を見たデビッド・リーパーは、石の鏃の他に銅の鏃があったことを記しています。また、レディングやレイは、白人接触後のカリフォルニア部族が、剝離具の代用品に鉄線や軟鋼線を使っていたこと、鏃の素材にガラスを用いていたことを報じています[15]。

生銅(原料としての銅)が豊富に採れる中西部では、先史時代に銅製押圧具を使用していたことが分かっているので、銅の使用が伝統の喪失を必ずしも意味しているわけではありません。一九世紀後半の北米大陸においては、金属棒と釘、角、木、骨、歯(牙)などを剝離具に用いる人々が、ある程度ごちゃ混ぜに存在していたようです。

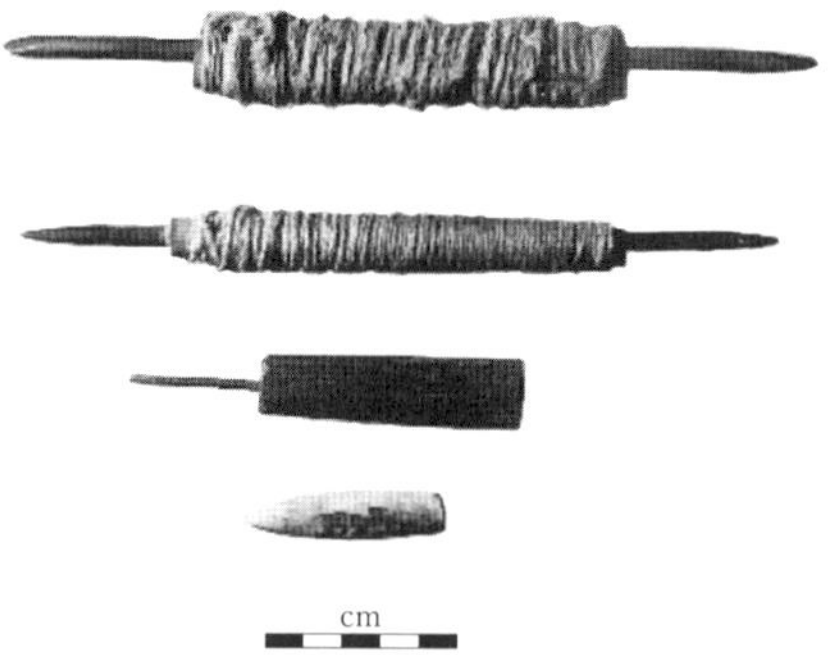

図3-5　北米先住民（20世紀初頭）の剝離具

なお、カリフォルニアのポモ族は、鹿の脚骨、アリューシャン列島の先住民は、シャチやセイウチの牙、オーストラリアの先住民は、カンガルーの肋骨、ラッコの陰茎骨などを、押圧剝離具の先端材に用いています。素材は土地柄をよく反映し、これは地域性として特質を持つものだったと考えられます。民族誌にたまたま記録されなかっただけで、過去にもいろいろな有機質素材が石器づくりの道具として使われた可能性はあります。こうした資料を遺跡から積極的に見つけることも必要でしょう。

エスキモーの押圧剝離具

以上が、北米西部の先住民を対象とした記録ですが、他の地域でも、関連した記録があります。(16)

フランツ・ボアズは、ハドソン湾のエスキモーについて次のように記しています。

> この用具に何枚も重ねられたアザラシの皮から作られた当てぎれがついている。……加工すべき素材（フリント）は、左手の掌の皮製当てぎれの上に置かれる。剝離具は、しっかりと右手に握られる。……そして、剝片は加圧によって剝がされる。(17)

さらに、ジョン・マードックはアラスカ・バロー岬のイヌイトから次のような観察をしています。

> 剝離する素材（フリント）は左手で持ち、掌の肉付きの良い部分に押し付ける。クッション材として機能する厚い鹿革のミトンで手を保護する。剝離具は右手でしっかりと前方を向けて握る。剝離具の先端の上に親指を置き、素材の端辺にしっかりと押圧することで、目的とした大きさの剝片が下面から剝がれ落ちる。

ここで記されている押圧剝離の施し方は、掌に置いた保護敷物と素材の間に剝片が剝がれ落ちるといったものであり、ヤヒ族の方法と同じです。

有機質のハンマー素材として、アパッチ族を除く多くの北米の先住民は鹿の角（まれに骨）、アラスカの先住民は角、木、海獣類の牙や骨などを用いています。また、押圧剥離具（押圧剥離をするための工具）として、アラスカの先住民は牙・骨などの小さな部品を組み合わせた複雑な構造をした剥離具を用いています。これは、象牙でできた柄に彫られた溝のなかに、有機質素材を縦向きに嵌め込んで、固定したものです。動物の腱または革紐で縛り付けて使われました。

セイウチの牙を柄とした押圧剥離具（図3-6）は、高度に特殊化された湾曲剥離具と呼ばれています[18]。ただ、いくつかの記録には、長い柄を持つ剥離具と短い柄を持つ剥離具が同時に報告されており、これらは使い分けられていた可能性があります。北米の先住民は、木の柄に角片を括りつけた剥離具と、枝角の先端を切っただけの剥離具を携えており、クラマス族、ユーロック族、ウィントゥ族、ヤヒ族、ワショー族などで木の柄に鹿角の一部を括りつけた剥離具があります。柄の長さはユーロック族で約四五～五〇cm、フーパ族で約三八cm、ヤヒ族、ワショー族で約三〇～三三cmあったと報じられており[19]、柄の長さが約一二～一五cm程の剥離具とは異なる使われ方をしていたと考えられます。

図3-6　エスキモーの湾曲剥離具

アラスカの湾曲剥離具は、柄の端部に有機質素材片を装着したという点で、構造的には北米西部のものと変わりません。一九世紀後半の遠く離れた別々の場所に、互いによく似た構造をした剥離具があるのは、興味深い事実かと思います。

「最後の野生インディアン」・イシ

このような長い柄を持つ剥離具について、石器を作る現代（戦後）の人たちは「イシ・ステック」という愛称で呼んでいます。

では、イシ・ステックの、イシとは何でしょうか。これは、北米「最後の野生イ

図3-7　イシの押圧剝離

ンディアン」、「イシ」という人物の名前をとって、そう呼んでいます。イシは、日本でも有名になった一人です。全米でベストセラーとなったシオドーラ・クローバー著『イシ―北米最後の野生インディアン―』(*Ishi in Two World*)が日本語に翻訳され、その後文庫版が出版されたことにより、多くの方がその存在を知っているのではないでしょうか。

アメリカの偉大な人類学者、アルフレッド・クローバーの妻、シオドーラ・クローバーが記したイシの生涯に関するこの本は、畜殺場で保護された最後の北米先住民、イシが、カリフォルニア大学人類博物館に引き取られ、結核で亡くなるまでの日々を描いたものです[20]。

仲間を失い、長いあいだ一人で生きてきたイシにとって、一九一一年に人類学者アルフレッド・クローバーと出会ったことは、彼の余生を決定づけます。イシはカリフォルニア大学人類学博物館で約六年を過ごし、その間に狩猟採集民に関するほぼ完全な（そして影響を受けていない）文化記録の一つを残しました。

優れた石器製作者でもあったイシは、博物館で過ごした約六年の間に、何本もの鏃《やじり》（石鏃）を作っています。その製法に関するきわめて具体的な記録が残されており、それらの記録は、その後の先史考古学研究にとって重要な情報源となりました。

イシの石鏃づくりについては、ネルス・ネルソンとサクストン・ポープ、シオドーラ・クローバーによって詳細に報じられています[21]。

素材の石の欠片は、一本または複数の指先で保持された左掌の肉質部分に横たわる革切れの上に置かれる。剥離具は、右手で石の欠片の上面に配置される。（剥離具を）縁辺に近づけると、素早く下向きの圧力をかけて、石の欠片の下側から小さなかけらが剥がれ落ちる。[22]

矢や槍の穂先を作るのに、イシは剥離具を使用したが、これはおそらく人類最初の剥離工具である。それはイシの肘から中指まである長さの真直ぐな木製の柄でできており、柄の先端には鋭すぎず、鈍すぎもしない鹿角が付いていた。イシは、柄の尻を肘で肋骨に宛がい、安定性と支点を与えた。剥離具の先端辺りを右手で摑み、二重の鹿皮で保護された左手で、仕上げ用に選ばれた黒曜石の石片が握られた。幅は一・五インチ、厚さは約四分の一インチで、この石片が剥離具に対して垂直に保たれた。ほとんど知覚できない動きによって、押圧剥離されてゆく。未加工の石片に対して、その下端を均等に下方と外側に向かって増大する力で押してゆく。しばらくの間、変化は何も起きないが、次第に微かに聞こえるカチッという音とともに、黒曜石の小さな破片が剥がれ落ちた。剥がれた痕の形状は半月状で端が細くなり、直径は一六分の一インチから〇・五インチと様々だった。こうして、イシは、隣接したポイントに圧力を加え、石片を左右に回転させながら、次々と薄い欠片を取り除き、目指すべきおよその形へと整えてゆく。[23]

図3-8　姿を現したイシ（1911年）

クローバーは、イシが長い柄の一部を肘で肋骨にあてがって、剥離の際に支点と安定性を得ていたことを見抜いています。これらの観察は、少なくとも二〇世紀初頭の人類学の基準からするとかなり正確であるといわれています。柄の長さを活かした押圧剥離に関しては、一九世紀後半のカリフォルニアと大盆地部の民族誌にいくつかの報告例が存在します。そのため、彼らの発明品だった可能性がありますが、はっきりとしたことは分かりません。

いずれにせよ、一九世紀後半のカリフォルニアの諸部族は、

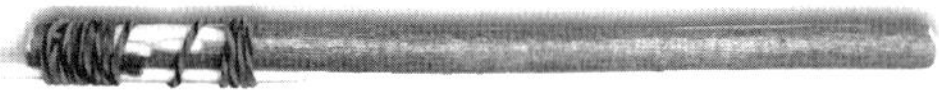

図3-9　イシ・ステック

柄の長さが三八～五〇cm以上ある長い柄を効果的に用いて、大きな圧力を施していたことは確かなようです[24]。イシ・ステックの明確な定義はありませんが、約二五～三〇cmを超える長い柄を持つ剝離具について、多くの研究者はそう呼んでいます。イシ自身が用いていた「イシ・ステック」（図3-9）は、柄が木、先端が鹿の角あるいは鉄の釘で作られており、本体は生皮で包まれています。従って、厳密な定義はこれに沿ったものとなりますが、研究者はそれほど厳密にこれを規定しているわけではありません。研究者がイシ・ステックと呼ぶ際には、柄の長さのみが重視されています。

長い柄には、単なるデザインとしてではなく、より大きな負荷を石に与え、より規則的な剝離を施せるという機能的な効用があったことが、実験的に検証されています。

> イシ・ステックは現代の石器製作者によって、準備された面（打面）または石器の縁に圧力を加えるために用いられる。この剝離具には、接触点での圧力量を最大化させる働きが期待されている。この運用に際しては、標準的な押圧剝離を施す場合と大差はないが、より簡単でストレスが少ない。イシ・ステックを用いることで、より細長く、非常に特徴的な規格性のある剝離痕が生み出される[25]。

イシ・ステックを用いることで、大きな圧力をかけられるその理由は、イシ・ステックが梃子《てこ》の作用を産み出す点にあるといえます。柄の長さを利用して、柄の側面を腰骨や肋骨付近の体の一部に固定できます。そのため、柄の向かう先が大きくぶれることなく、一定の角度を保ちながら、続けて剝離することができるのです。さらに、柄と身体が接触する位置が支点を与えるために、腕から肩にかけて、あるいは下半身の力を柄に伝えることができます。

図3-10は、アメリカの石器製作者クレイ・ワイクスがイシ・ステックを用いて平行剝離を再現している様子です。二〇〇六年にミシガン州のボイ・ブランク島で筆者が撮影したものです。ワイクスは黒曜石の板状素材に対して、五〇cm程ある長い柄のイシ・ステックをあてがって、押圧剝離をしています。ワイクスが用いているイシ・ステックの柄はまっすぐで、先端には丸く削った銅の破片が埋め込まれています。素材は人工的に研磨した黒曜石製のスラブ

（板石材）です。スラブは、溝が入った軟質の固定具と当て革を介した状態で、左手でつかんで保持されます。そして、左手の甲を左太腿の内側に押し当て、しっかりと固定してから、右手に持ったイシ・ステックを素材の縁に斜めにあてがい押圧剥離をしています。

この姿勢をよくみると、イシ・ステックの柄の後端部分が右腰骨付近に接しているのが分かります。ここを支点に、作用点（剥離具の先端と素材が接したところ）に大きな圧力をかけています。さらに彼は、剝片が剝がれ落ちる瞬間に、両脚をわずかに内側に閉じる運動を加えています。こうすることで、更に大きな梃子の力を加えていました。ワイクスは、右手首を右太腿の付け根付近に置いて、梃子の作用と両脚を閉じる力を加えるための安定した姿勢をとっています（図3-10）。押圧剥離により剝がれた痕《あと》は、長さ四cm、幅一・五cmを超すものがあり、手や腕の力にのみ頼った通常の押圧剥離に比べて、はるかに大きな荷重が加えられたことを意味します。ワイクスは、ほぼ同じ姿勢で素材の側を、順に上と下の方向にずらしながら、並列剥離を施しました。

イシ・ステックは考古資料として見つかっていません。一九世紀のカリフォルニアの先住民たちの発明品か、遠い過去にも類似の構造体が存在したか、これは今も謎のままです。

図3-10　イシ・ステックを用いて押圧剥離をするワイクス　アメリカ・ミシガン州で撮影

驚異の発見・アイスマン

イシの死後七五年を経て、ヨーロッパ・アルプスからあるニュースが飛び込みました。約五〇〇〇年前の男の発見です。

図 3-11　ボルツァーノ博物館のエッツィ
イタリア・ボルツァーノで撮影

この男は、標高三〇〇〇m級の高山で死亡し、それから約五三〇〇年後の一九九一年にミイラとして発見されます。発見地点はオーストリアとイタリアの国境近く、第一発見者は休日を楽しんでいた登山家夫婦でした。その夏は例年より暖かく、溶けた氷河から偶然遺体が見つかりました。直ちに専門家に連絡が入りました。

イタリアのボルツァーノ考古学博物館では、発見された当時の映像が流れています。それを見て驚きましたが、第一発見者から通報をうけた法医学者ベン教授と救助隊員は、アイスマンの手をつかんで、氷の中から引きずり出します。発見時の状況証拠を最初に記録する考古学者にとって、この荒っぽい遺物の取り扱いは非常識ですが、それも無理はありません。第一発見者たちは、まさかこの男が、五三〇〇年前の先史時代の遺体だと思わなかったからです。

この男は、英語圏でアイスマン、現地でエッツィ（Ötzi）と呼ばれ、世界の研究者たちが最新科学技術を用いて、彼の死因と生前の暮らしを分析しています。エッツィに関する学術論文も世界中で数多く刊行されており、日本でもコンラート・シュピンドラー著『五〇〇〇年前の男』（*Der Mann Im Eis*）が翻訳出版されたほか、ナショナルジオグラフィックが特集するなどして、メディアにたびたび登場したため、名前だけでも知っている方は多いと思います。[26]

エッツィは氷の中に約五〇〇〇年間閉ざされたことで、驚くべき保存状態で見つかりました。極寒の中フリーズドライの状態で、通常腐って無くなる皮膚や毛髪、爪、脳、胃の内臓物が残っていたのです。また、衣服の一部、靴、持ち歩いた道具類が一緒に見つかったことで、その生前の姿がほぼ完全に再現されました。医療科学の最先端技術が導入され、考古学、生化学、保存科学、人類学、分析科学が一体となった共同研究プロジェクトが世界中で進んだことで、様々な内容が明らかになっています。

まず、斧の形や胃の内容物、DNAから男の故郷、体の外傷から死亡直前の状況が特定されています。男の年齢は四〇代前半で、瞳の色は茶色でした。男は、現在のイタリア方面からやってきて、標高三二一〇mの尾根にたどり着いたところで、何らかの不和闘争の結果、命を落としたようです。頭部に外傷を受けた痕があり、腕に激しい裂傷がありました。また、矢が左の肩に刺さっていたことから、これを動かぬ証拠として他殺説を唱える研究者がいますが、死因は明らかではありません。

さらに、花粉から男の死亡時期、入れ墨や胃の内容物から生前の健康状態までが推測されています。髪に多量の銅粉が付いており、肺に金属の精錬で生じるヒ素が含まれていたことから、銅工人であったことも推察されています。肺は黒く汚れ、亡くなるまでの八時間は何も食べず空腹状態でした。少年期の冬に何度か栄養不良になっていたことも分かっており、乳糖不耐症を患っていました。亡くなる直前、毛皮のコートを羽織り、帽子をかぶり、腰に褌《ふんどし》を巻き、ベルトを着け、レギンス（密着したズボン）を履いていました。薬用キノコ、着火剤も携えていました。

非常に多くの情報を秘めたミイラとして、エッツィは考古学の学際的手法を試す格好の研究対象となりました。世界中のどこを探しても、これほど徹底的に生前の性状について総合的に調査され、かつロマンと共に愛されたミイラはいないでしょう。

アイスマンの落とし物

エッツィが身につけていた物品のなかに、鉛筆状のステックがありました。全長一一・九cm、直径二・六cmのシナノキの枝から樹皮を剥いで作った小さな棒状の工具です（図3-12）。先端は円錐状に尖っていますが、下端はでこぼこ

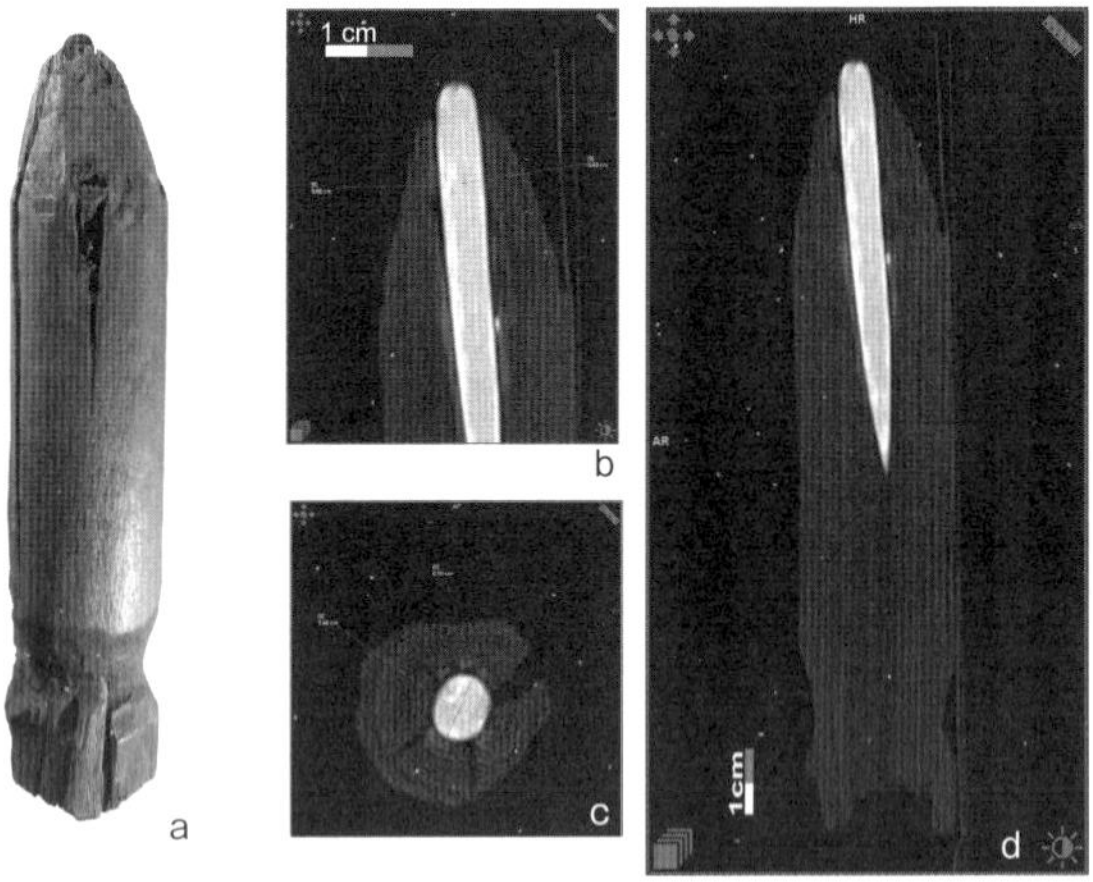

図 3-12　エッツィが持っていた押圧剥離具

a. 木製ハンドルと枝角の先端、b-d. CT 画像

しています。先端に径五㎜ほどの芯のような堅い物質が埋め込まれた、全体としてずんぐりした棒状の工具です。

発見当時は、それまで見たことのないものだったので、それが何だか分からなかったようですが、後にシュピンドラーの分析で、これが石器を作る際の小道具だと分かりました。鹿角の先端を木の棒（菩提樹の枝の髄管）に埋め込んだ、押圧剥離用の小道具です。先端に芯のように突き出た物質は、ノロジカの枝角の海綿質がない部分を短冊状に割って、丸棒状に加工されたものでした。CT分析の結果、棒の内側に長さ六〇㎜の尖った角が、やや斜めに刺さっていたことも分かっています。この分析を担当したフランスの考古学者、ジャック・ペレグランは、斜めに刺さっているのは故意であり、右利き用に使いやすく作られたためではないかと推察しています[27]。角の先端は鈍く、四㎜程が突き出ています。エッツィの背中には、矢筒に収められた鏃のない柄だけの矢がいくつか収められており、腹に巻かれた革袋のなかには、いざという時に鏃を作るための石片がストックされています。エッツィが旅の途中で、石器を修繕していた可能性があるのです。

柄の上端は斫《はつ》られ、下端はまっすぐにカットされています。先端は円錐状に尖りますが、木質部を削った痕跡が肉眼でもよく観察できます。角の芯が擦り減ってくると、鉛筆を削るように短くしながら、使っていたのかもしれません。実物を現地で観察すると、基部にうっすら溝が刻まれているのが分かります。この溝はおそらくコードを縛るために彫られたものです[28]。溝は全周に巡っているので、携帯電話にストラップを付ける要領で、なくさぬように紐を巻いて、何かにつながれていたのだと思います。

イタリア方面からアルプスの山々を抜けて、オーストリアの南チロル地方へと移動する際の不測の事態に備えて、壊れた矢尻を補修加工したり、新たに鏃を付け替えたり、短剣の刃付けをするために、剝離具を持ち歩いていたと考えられます。分析者のペレグランは、摩耗の痕跡が顕著にみられることから、この剝離具が廃棄寸前まで使いこまれたものだと見ています。つまり、この剝離具は、アルプス山岳地帯の旅の途中の様々な場面で使われた可能性があります。

エッツィが持っていた押圧剝離具は、木柄と鹿角を組み合わせたものであり、イシや一九世紀後半の北米先住民が持っていたものと似ています。芯は柄に嵌め込んで緊縛しないなど、細かな部分で異なりますが、柄と芯で棒状の軸を作り出すという点で、構造的によく似ています。

現在の多くの考古学者、および石器づくりをする人たちは、一九世紀後半の北米の民族誌、ならびにエッツィの考古資料から発想を得て、石器の複製用の押圧剝離具を模造しています。

エッツィが残した押圧剝離具は、一九世紀末の北米やアラスカで見つかるものが、時と場所を越えて、ヨーロッパの太古の昔にも存在したことを物証するものとして、貴重です。考古資料によって、民族誌が検分できた一事例かと思います。

メソアメリカの石刃づくり

スペイン人が侵略する一六世紀後半まで、メソアメリカ南東部（現在のメキシコ南東部から中央アメリカ北西部）には、金属器を知らないマヤ文明がありました。このマヤ文明においては、日常の生活の他に、様々な儀礼のために黒曜石製の石刃《せきじん》が作られました。石刃とは、両側縁がほぼ並行する規格的な縦長の薄い石片です。

マヤの様々な大きさの石刃は、手に持ったり、梃子を使ったり、間接打撃したりと様々な方法で剝がされたようですが、その一部は、特定の工人により製作されたと考えられています。その後、その作られ方をめぐって、ある著名な争議が勃発します。

この論争は、今から五〇〇年ほど前、大きな押圧装置で石刃づくりをする工人たちの様子が記録されたことに始まります。スペインの修道士ファン・デ・トルケマダによる一六一五年のスペイン語著書『インドの君主制』(*Monarquia Indiana*) が最もよく知られていますが(29)、実際には様々な言語で、幾人もの人物が記録を残しています。一六世紀・メキシコ高地の石刃工人が地面に座り、二本の素足で石核を固定して、石刃を剥がしていたというものです。

一九世紀末の偉大な人類学者、エドワード・タイラー卿は、トルケマダの記録を翻訳して、考古資料の特定に役立てます。この考古資料とは、砲弾形の石刃核と呼ばれるもので、石刃を剥がした後に残る芯の部分です。タイラーの翻訳は次のようなものでした。

労働者の一人が地面に座り、砲弾形の黒い石を手に取っている。長さ約八インチ（約二〇㎝）以上。彼らは槍の柄と同じくらいの大きさの棒を持っており、長さは三キュビト（約一二〇〜一五〇㎝）、あるいはそれ以上ある。その端に長さ八インチの別の木片をしっかりと固定して、この部分にさらに重さを与え、裸足を合わせて棒を保つ。彼らは両手で棒（端が滑らかに切り取られている）をにぎり、（その棒を）石の端にしっかりと当てている。（その棒を）自分の胸に向かって押しつけると、圧力で石刃が飛んでゆく(30)。

この技術は、スペインの侵略の約二五〇〇年前に、メソアメリカでオルメカ人が最初に発明したとされています。しかし、記録がなかったことも相俟って、実際にはトルケマダの報告の真偽をめぐって、その後に大きな論争が巻き起こります。それもそのはず、様々な言語で複数の人々が残した記録の内容を、どう理解したらよいか、意見が分かれたのです。この論争の発端は、記録に残された事実の曖昧さをめぐるものでした。

アレクシス・カブロルとレオン・クーティエ(31)、その他の模造家たちが実験的な再現を試みますが、失敗します。その後、熟練複製家であるドン・クラブトリーもこの再現を試みますが、成功しません。クラブトリーは、座った状態で脚力のみで石核を固定することは危険かつ不可能であり、石に大きな力をかけることができないと結論づけます。[32]再現の失敗から、トルケマダの民族誌の内容に誤りがあったと断じます。

この論争は、二一世紀に結末を迎えます。過去の記録を時系列に沿って再検討した熟練模造家ジーン・ティトマスとジョン・クラークが、この再現に成功します。彼らは、その名をイッコロトリ（itzcolotli）と呼ばれるフックの付いたH型の押圧剥離具を復元して、ありうる様々な可能性を想定しながら、実験製作を手掛けます。この再現の成功により、むしろクーティエやクラブトリーが重大な間違いを犯していたことが分かったのです。[33]

ティトマスらは、トルケマダの民族誌に記された内容を読み解くうえで最も難解だった「胸に向かって押す」ことの意味を捉えることに成功します。記録に描かれた石刃工人（タラスカ）の姿は、休憩中の状態を描いたものであり、実際の作業時にはこれとは異なり、地面にほぼ水平に圧力棒を動かしていたと推察します。さらに、それまで解釈上の「謎」とされた「L字状のフック」が、剥離装置の作動部分だったことを発見します。引っ張るのは、作動部分ではなく柄の部分、すなわち「胸に向かって押す」とは、柄を梃子のように引く動作を意味していたと主張したのです。

ティトマスは、この新しい解釈に基づくイッコロトリを正確に「再現」して、柄を手前に引き戻しながら、押し出すように打面に圧力をかけることで、最大長二三㎝に及ぶ黒曜石の石刃を剥がし取ることに成功します。このように、

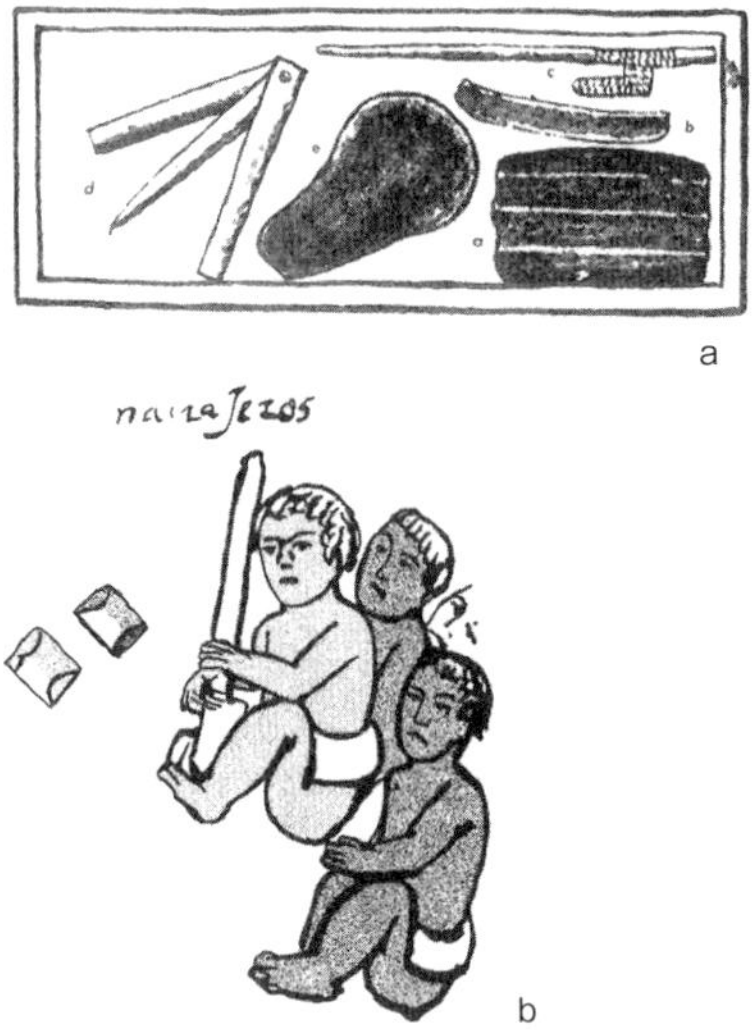

図 3-13　曖昧な二つの手掛かり

Sahagúnに描かれたitzcolotliの道具一式（a）とRelación de Michoacánのタラスカの石刃製作者を描いた絵（b）。b. の塗装されていない部分は、職人の右足ではなく、黒曜石の核を表しており、これは休んでいる状態を描いたものだとクラークは考えた。

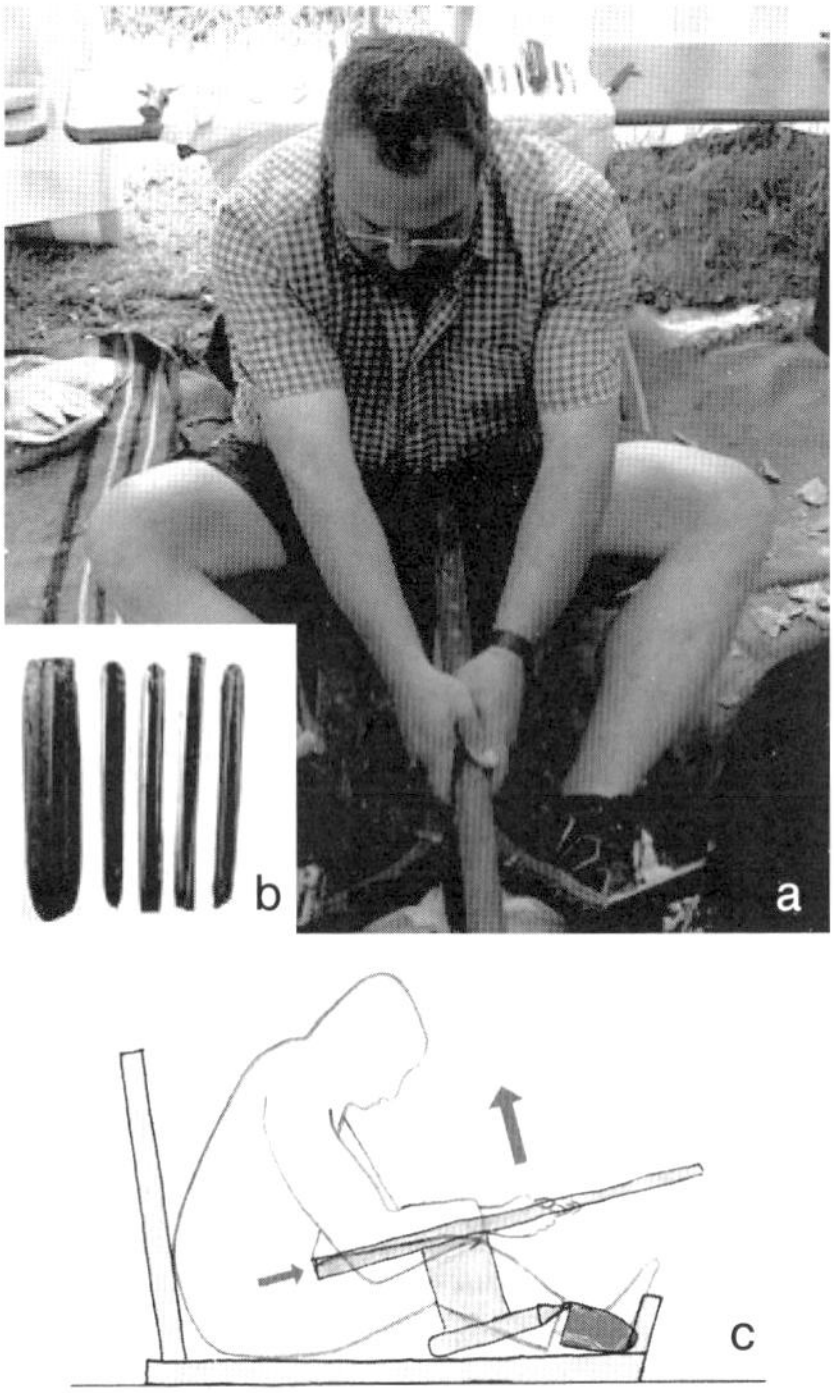

図 3-14　再現されたイツコロトリ

a. 2015 年にドイツ・バイエルン州で開催された第 8 回石器製作集会でグラフが「再現」実演をしているところ。b. クラブトリーが剝がした石刃。c. 姿勢と力の加わり方を概念的に示したもの。

民族誌的内容の解釈をめぐる二転三転の争議を経て、現在はトルケマダの記録は、むしろ正確だったといわれています。

私は二〇一五年、ドイツのミュンヘンで開かれたある学会で、ドイツの実験考古学者ロバート・グラフがこれを復元するところを見学しました。彼は、自作のイツコロトリで長さ一八cm、幅一・六cmを超す黒曜石の石刃を剝離しました。そして、イツコロトリは作業する人物の身体にフィットしたサイズ感で作られるべきこと、背中と脚を適度に伸ばして突っ張れるだけのちょうどよい壁が必要なこと、形の良い石刃核を用意すべきことなどが述べられました。

こうした複製家による経験的知見が、民族誌の理解に役立っています。再現するという「実験的」試みが、過去の民族誌的推論の質を高め、民族誌を価値づけることに貢献しています。

アボリジニの民族誌

オーストラリアからはユニークな石器づくりの製法が見つかります。北部アーネムランドの人々は、約三〇〇〇年前から細身の槍先を作っていました。古いものが北西部のミリウン岩陰で見つかっていますが、その形状を受け継ぐ槍先づくりは、ヨーロッパ人入植後の一九世紀にもオーストラリア各地で盛んに行われていたと考えられています。

細身の槍先は、その個性的な形から、オーストラリア北西部の地名をとってキンバリーポイントと呼ばれています。先端は長く細く、しばしば針のように優雅に収束します。そして、先端から丸みを帯びた基部まで伸びる細かい鋸状のぎざぎざの刃（serration）が施されます。ポイントとは、先が尖った点（ポイント）状の形をしているという意味で、槍先のような恰好をした石器のことを意味しており、狩猟具あるいは加工具です（口絵参照）。

キンバリーポイントの作られ方は独特で、地球上で他に例を見ない押圧技術で加工します。北米大陸の先住民とは異なる押圧のスタイルで作られており、アボリジニたちによる独自の発明であると考えられます[34]。この独特な押圧技術は、この技術が最高潮に発達をみせたこの地域の地名を冠して、「キンバリー・パワーストローク」（kimberley power stroke）と呼ばれています。

図3-15　パワーストロークをするオーストラリア先住民

デンマークの考古学者、アンダース・クラフは、彼らの記録を編集して、次のように述べています。

> 丸い平らな台石の上に軟らかい樹皮を敷き、その上に素材を置く。それから、長さ三〇〜四〇cm、厚さ一〜二cmの堅木で作られた圧力棒を使って、剥離を始める。左手で槍の穂先を樹皮にしっかりと押さえつけ、右手で槍の刃の端にほぼ垂直に押し当てた圧力棒をハンマーのように（親指を上にして）握りしめる。下方向への強い圧力を加えることで、石の欠片が、刃の下側から剥がれ落ちる[35]。

キンバリー・パワーストロークは、ストロークの終わりに手首を劇的にひねるのが特徴で、上腕の回転運動と手首のひねりを加えて剥離します。圧力棒を素早く短い推力で下向きに「梃子」様に動かすと、長くて深い剥片が剥がれ落ちます[36]。割り手は、台石の前の地面に腰を下ろし、片方の手

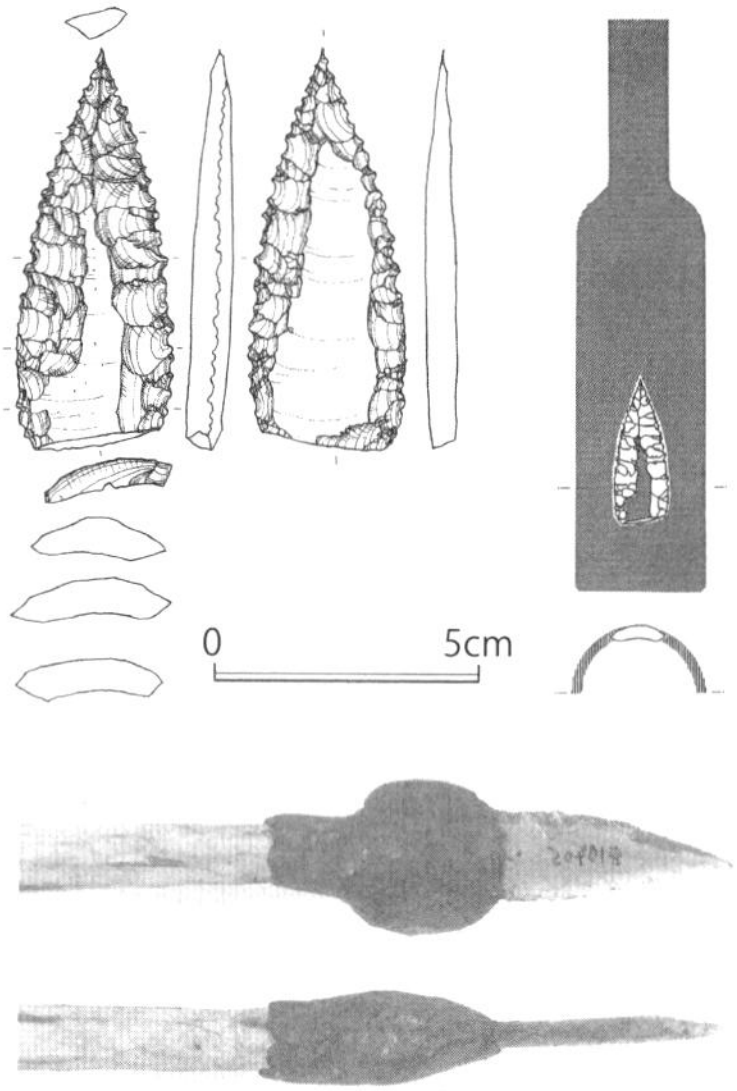

図3-16　ガラス瓶から作られたキンバリーポイント

の甲を上に向けて素材をつかみ、もう片方の掌を上に向けて剝離具を握ります。腕を伸ばすのとほぼ同時に、上半身の体重を一気に刃縁の一点に加えます。これに成功すると、「パワーストローク」の名前の通りに大きな負荷がかかり、大きな石片が剝ぎ取られます[37]。台石としては、安定して地面に据え置くことができる程度に平らな河原の石が使われます。多くの場合、台石の作業面が作り手の側に向かって傾いており、台石の上には軟らかい樹皮が二〜三枚ほど敷き詰められます。この樹皮は、素材の縁が圧力時の衝撃で壊れるのを防ぎます。用いられる押圧剝離具は独特で、丸みを帯びた先端を持つ木の棒や、細い先端を持つ硬くてしなりのある骨、ワイヤーなどが使われます。

キンバリーポイントは、見るからに狩猟具ですが、その用途は様々で、小さなものは実用品として、大きく美しいものは、狩猟や戦闘のためではなく、貿易や交換のために作られました。ガラス製のポイントも石製のポイントと機能上の遜色はなかったという人もいれば、ガラス製のポイントは薄くて使い物にならなかったという人もいます。一部はナイフとして使われた可能性もあり、その使われ方は多様であったと考えられます。イギリスのオーストラリア領有以後は、その素材を石から鉄、ガラスに変えてゆきます。白人が残したガラス瓶やガラス皿、絶縁体、シャベル、石油タンクの鉄板などが、石に代わるキンバリーポイントの新たな素材となりました（図3-16）。

二〇世紀初頭に、小麦粉、タバコ、新しい原材料など、ヨーロッパ商品との取引が開始されたことで、キンバリーポイントの生産は加速化します。ガラス製のキンバリーポイントは、一九六〇年代を通してよく流通したようであり、一九七〇年代には一本約五〇ドルで取引されたという記録があります(38)。その販売対象は、おもに収集家や旅行者でした。

ただ、一九六〇年代を通して、少しずつ熟練した作り手の数が減ってゆきます。一九七四年頃を境として「質的に劣り、まるで形だけを整えたかのような、美的ではない(39)」ものへと変化します。キンバリーポイントを作る技術は、遅くとも一九八〇年代半ばまでに途絶えたようです。

オーストラリアの石器づくり

オーストラリア北部のアボリジニは、比較的最近まで石器づくりをしており、その様子はウォルター・ロスの初期の民族誌に詳しく残っています(40)。クイーンズランド州のカモウィール周辺に住むアボリジニたちの石割りスタイルは、「カモウィール標準技法」(camooweal standard method)としてマーク・ムーアによって定式化されています(41)。これは、石塊の小口面から三角形状の剝片や石刃を計画的に剝離する打割り方式であり、手で支えた石核に硬いハンマーで直接打撃を施します。尖った三角石刃状の剝片を剝がすために、多量の割り屑を消費するこの技法には、打面と作業面の準備のしかたによるいくつかの派生型があったようですが、おおむね普遍的な打割りスタイルとして歴史時代までありました。

一八九八〜一九〇六年頃に先住民保護官を務めていたロスは、カモウィール周辺に住むワカヤ族、アヤレンゲ族、ワルワラ族、ワンカ・ユッジュル族が直接打撃をしていた様子を目にしているほか、二〇世紀初頭から中盤にかけて複数の民族誌家が、オーストラリア北部と中央部の男たちが投擲や直接打撃、両極打撃をしていた様子を報じています(42)。

右手でしっかりとハンマーを持ち、左手に握った「核」から石片が剝ぎとられる。「核」に対して垂直に、かなり後ろに向けて鋭く打つ。「核」は安山岩、珪岩、あるいはチャートからなり、多かれ少なかれ、左の掌と指

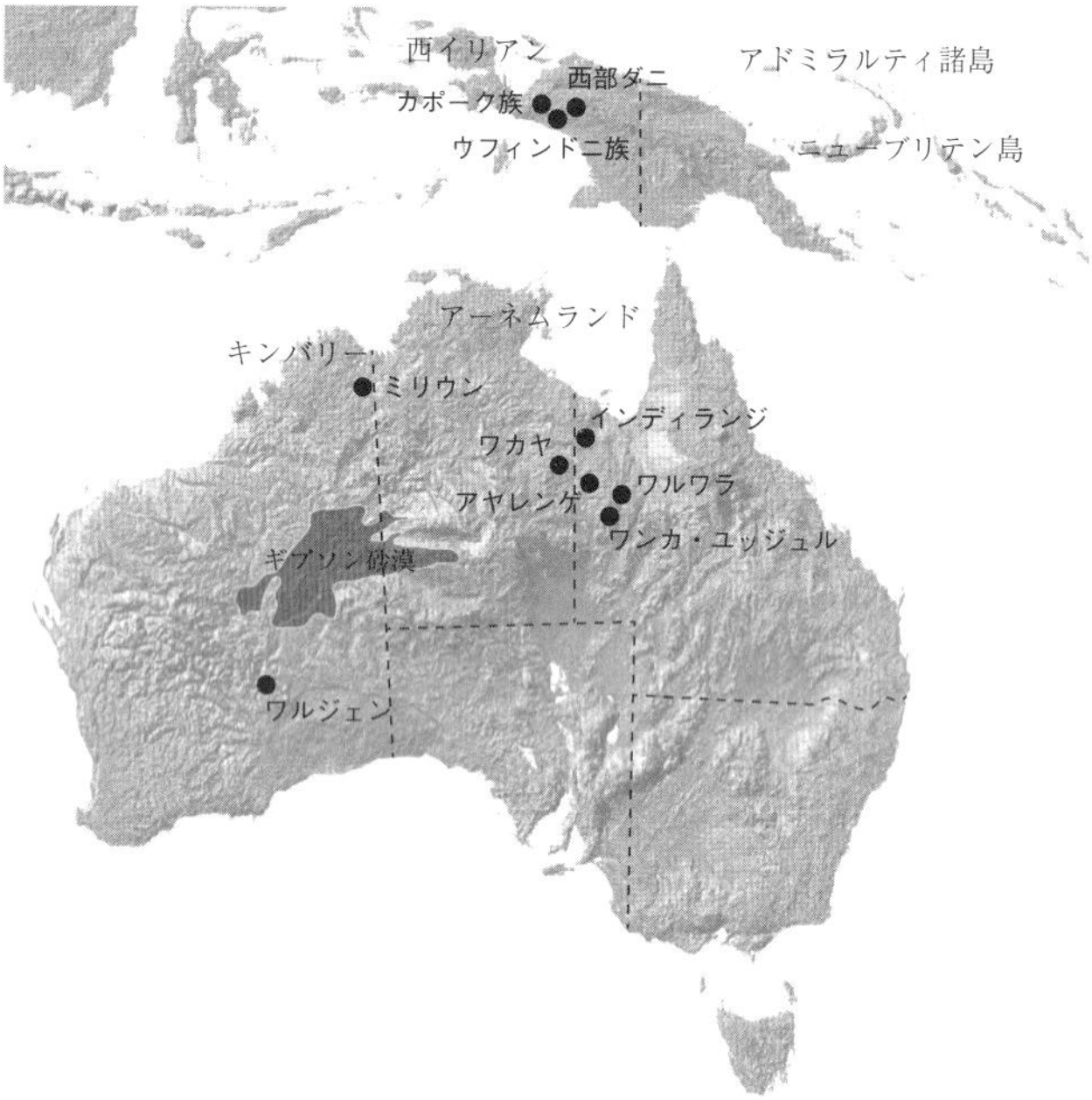

図 3-17　本書に登場するオーストラリア・ニューギニアの先住民

> で緩く固定される。従って、叩かれると特定の衝撃が与えられる。こうした姿勢を採ることで、適切な角度で素材を保ち、剥がされた石片が地面に落ちて壊れるのを防いでいる(43)。

この製法はやや独特であり、石核を手に持ったり、地面に置いたり、いずれにせよ剥片が衝撃によって壊れないような工夫をしています。地面や身体の一部を緩衝材として用いており(44)、たとえばリース・ジョーンズとネヴィル・ホワイトは、芝生の上に石核を置いて、それを左手で軽く押さえて直接打撃をしている様子を記録しています。また、ジャン・ジェリンクは、著書『原始の狩人たち』(*Primitive Hunters*)において、地面の高まりに腰かけて、石核を左の踵の側面に押しつけて打撃の衝撃を和らげる工夫をしていた様子を紹介しています(45)。小さな石核は手に持って、大きな石核は手に持たず、砂の上で剥離したという記録もあり(46)、身体の一部や軟らかな地面を支持体として、様々な姿勢で打ち割りをしていたようです。

ほかに、彼らが一風変わった手法で成形加工していた様子も観察されています。オーストラリア砂漠地帯のインディランジ族、ワルジェン族、ワカヤ族が、木製のブーメラン、あるいは木製の棒を打撃具として斧の修繕加工をしていたことが報告されており、中央部から南部の先住民が噛付き調整（biting retouch）をしていたことが知られています。強靭な顎を持つオーストラリアの先住民たちが、口の中で石器を挟んで歯で押圧したり、重厚な木で打撃していたというのです(47)。また、剝離具を用いずに、指で素材をつかんで、静止した石（台石）に直に押し当てたり、ギザギザの刃（鋸歯縁）を作るために、素材を骨の端に押し付けたりして、細かな加工をした様子も報告されており(48)、ホームズ・エリスはこれらを支持押圧（rest pressure）と呼んでいます。支持押圧にはすばやく成形できる利点がありますが(49)、素材の側（加工される側）を動かすので、一般的には細かなコントロールができません。噛付き調整する際にも、剝離する位置を実際に目で見て確認できないために、打点の位置を細かく定めたり、力の向きを制御したりするのが難しいです。

ちなみに、北米の大平原部や南西部の一部の人々が、噛付き調整をしていたという記録はありますが(50)、オーストラリア以外で支持押圧に類する報告はありません。ごくシンプルな方法なので、偶然記録に残されることがなかっただけかもしれませんが、アラスカを含めて、一九世紀末の北米・南米などで、支持押圧は、おそらく一般的な方法ではなかったと考えられます。

地球上で文化的に長らく隔絶されたオーストラリアにおいて、独特な石器の作られ方が見つかる点が興味深いところでしょう。

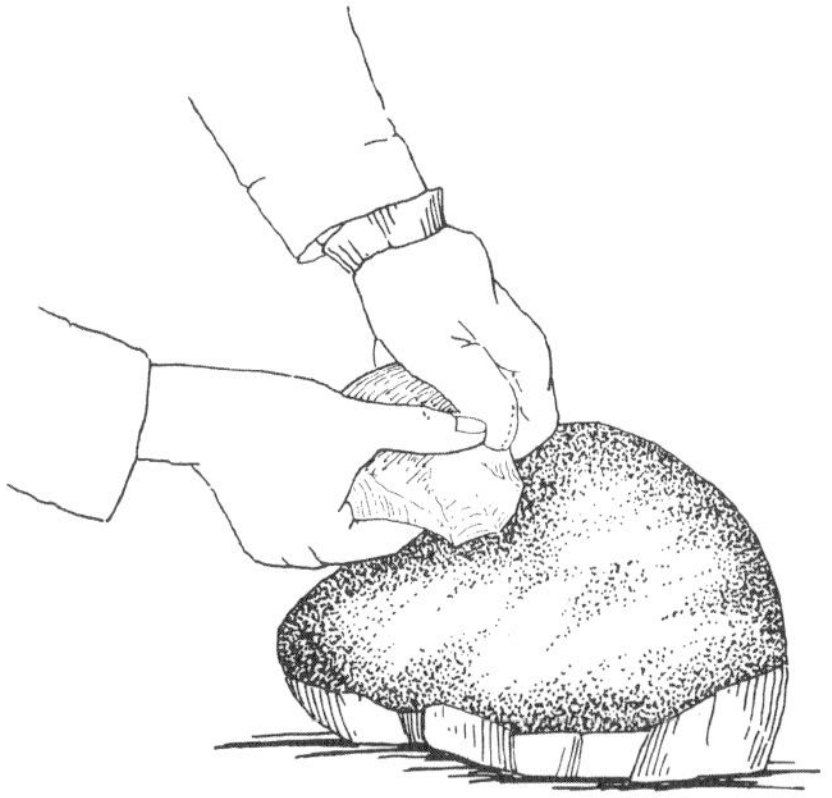
図 3-18　オーストラリアの支持押圧

ニューギニア高地人の石器づくり

恐竜のような形をしたニューギニア島には、中央に背骨のように走る脊梁山脈があります。標高四〇〇〇〜五〇〇〇m級の高峰を含む、この高地に住んだ人々のことを、民族学では山地パプア人、いわゆるニュー

図 3-19　石斧を作るニューギニア西部の先住民

ギニア高地人と呼んでいます。彼らが私たちの前に姿を現したのはごく最近であり、西イリアンで高地人の存在が発見されたのは、一九三〇年代になってからのことであるといわれています。

ニューギニア高地は、ヨーロッパの影響を受けていない人々の様子が観察できる場所として、二〇世紀中盤から世界の人類学者により注目されます。これまでに、日本隊ほか多くの探検隊が山々に分け入って、先住民と暮らしを共にするなかで、彼らの石器づくりに関するいくつかのリポートが残されています。

ただ、彼らは石器しか知らない「純石器時代人」ではなく、すでに鉄器の存在を知りつつ石器を作っていた人々です。一九六〇年代の日本隊の記録によると、その当時は石のナイフはまだ普通に使われていたようですが、それでも調査者たちは文明の香りを感じています。調査者のひとり、石毛直道は、自分たちのことを「おそすぎた旅人」と比喩して、純粋な石器づくりの伝統を持つ人たちを観察するには、時すでに遅しの感があったことを述べています。[51]

石毛によると、カポーク族が鉄斧と出会ったのは一九四〇年代で、彼らが石斧の使用をやめたのが一九五一～五二年頃でした。西部ダニ族とウフィンドニ族は、カポーク族にやや遅れて、一九五八年頃に石斧を使わなくなりますが、石斧の消滅は、地域差を持ちながら、一九六〇年までには進んだようです。

この石毛の分析が正しいことを裏付けるいくつかの証言もあるようです。カール・ハイダーは、一九六一年に現地調査をした際に、石斧が鉄斧に入れ変わってゆく過程を目の当たりにしたと記しています。[52]また、東ニューギニアを調査した沼沢喜市は、すでに使われなくなった石斧が、一九六四年に家の庭隅に捨てられていたことを目にしており、石毛と一緒に現地調査をした本多勝一、藤木高嶺も、一九六三年の時点において、ノコギリと石斧を持つ男がいたことを記しています(53)。

ですから、日本隊がニューギニア高地にたどり着いた一九六三年は、すでに石斧の使用をやめた頃にあたります。ニューギニア高地人を対象とした代表的な民族誌として、ピーター・マシースンによるもの(一九六一年)、ハインリッヒ・ハーラーによるもの(一九六二年)、南山大学東ニューギニア学術調査団によるもの(一九六四年)、デズモンド・クラークによるもの(一九八〇年代)等がありますが、これら全ての記録は一九六〇年以降に残されています。

そうした意味で、ニューギニアの石器使用に関する民族誌を参照するには、一九五〇年代以前のものか、できるだけ古いものが有用です。チャールズ・ラルーの大著『ニューギニアの山岳パプア人とその居住地』(*De Bergpapoea's Van Nieuw-Guinea En Hun Woongebied*)は、石器使用がまだ盛んだった一九四〇年代のニューギニア高地人の暮らしを記録したものであり、大変貴重です(54)。また、戦後処理のためにニューギニア奥地の先住民と暮らしを共にした元日本軍第五中隊、桐生敬尊の記録『ニューギニア高地人と共に』についても、一九四三年頃のカポーク族の暮らしが描かれており、その古さに価値があります。

このように、ニューギニアの石器使用に関する記録は比較的多くありますが、いつ記録されたものであるか、時代考証することが求められます。

火で石を操る人たち

さて、次は火の話です。

私たちは、火はつけたり、消したりするものだと考えがちです。ところが、私たちと狩猟採集民たちの火に対する考えは、少し違っていたのです。狩猟採集民は、火をマネジメントする能力に長けていたことが最近指摘されています[55]。彼らのその能力を知るひとつに、考古学者が加熱処理（heat treatment）と呼んでいるものがあります。

加熱処理とは、石器を作る原材料の質を高めることを目的とした技術のひとつです。この原理は、はっきりと分かっているわけではありません。ただ、ある特定の石を火で熱すると、主要な鉱物の間を埋める不純物が再結晶化して、全体に均質なガラス質の石に変化します。この化学変化を利用して、加工をしやすくするための方法として知られています。

加熱処理は、北米やオーストラリアの民族誌から、少なくとも近い過去にあったことが分かっています。たとえば、一八七〇年頃のショショニ族は、黒曜石の剝片を土の上におき、その上で二四時間火を焚いて、加熱処理をしています。また、中央ネバダのショショニ族は、フリントを五日間、炉の灰の中に入れておきます。東部アイダホのショショニ族は、フリントを地中に置き、アリゾナ北西部のシヴウィット族は、サボテンの中にフリントを入れ、蒸し焼きにします。

実験的にこれを検証したところ、実際に遺物の色が変化して、加工がしやすくなったという結果があります[56]。また、加熱処理施設と思しき炉が遺跡から出土しており、先史時代にもこの技術が存在した可能性が積極的に議論されています。

面白いことに、こうした加熱処理とはあきらかに異なる火の使用も、民族例には散見されます。採石のための火の使用です。オーストラリア、アリヤワラの採掘場で、熱した石に冷水をかけて岩を砕いた様子が記されています。

彼らは燃料を石の下に置いて、火を起こした。炎が大きくなるにつれて、男たちはさらに燃料を追加し、石がどのように壊れるかを推測しながら座っていた。……石は、加熱され、後に水をかけて、冷却され、石片が剝がれ落ちた[57]。

オーストリアの登山家、ハーラーはニューギニア高地における西部ダニ族の原石採掘の様子を記録しています。

石器時代人が道具も使わずに、どうやって固い石を砕き、斧を作るのかを、今私は目の当たりにした。……木の支柱が立てられる。……それに足場を組み、岩のテラスの上に薪を置いて、燃やすのである。束にした草を隙間につめて、突き出た岩塊の肌に十分熱がまわるようにする。……ついに火が燃えはじめると、彼らは地上に下りて、黙って見つめている。何度も繰り返し、火を起こしては待ち、火を起こしては待った。……火は一日中燃え続けた。……夜の間中も燃えた。……やがて、灼熱する火が、水の中へ投げ飛ばされては、シュッ、シュッといって消えた。……熱い岩は一枚また一枚と剝がれていった。(58)

ニューギニアでは、他にも、火と水を使って岩石を破砕した記録が残されています。(59)

ラルーの聞書きでは、ノゴロ川上流地帯では、川床に露頭した岩塊のなかから、人間の頭くらいのものをえらび、砂の上へ置いて、周囲で火を燃して熱する。熱した岩塊に竹筒から水をそそいで、岩を割る。竹製のピンセット状のはさみで、割れた岩の破片から都合のよいものを集め、ふたたび火にかける。表面だけを焼き、また水をかけて都合のよい形状になるまで破片をさらに割る。そののち円い石でたたいて、石斧の粗い形状をととのえる。仕上げの打製および磨製は部落へ持ち帰っておこなわれる。(60)

図3-20　火力で石を砕くニューギニア西部の先住民

ラルーはニューギニアを離れて、フローレス島に滞在している間にも、その島の住民が岩塊地帯で道路を建設する際などに、火と水を使って大きな岩の塊を砕いている様子を観察しています。

熱した岩に冷たい水を浸して砕くのは、非常にリスキーな行為です。なぜなら、冷水をかけることで、急な冷却作用が働いて、岩の内側組織を壊してしまうことがあるからです。むしろ、石の質の改善を目的とした加熱処理に急加熱と急冷は禁物です。

ゆっくり温度を上げて、ゆっくり温度を下げなければなりません。ただ不思議なことに、ここではそうしたことをしていません。ここでは紹介しませんでしたが、ビンフォードやラルーが残した記録の他にも、熱した石に冷水を垂らして石を割り取ったという、同様の記録が見つかります。

こうした記録に対して、これらの記録は間違いだ、という懐疑論者たちがいるのも事実です[61]。彼らの主張は、熱した石に水をかけて、わざわざ岩を壊すわけがない、といったものなのです。

しかし、上に紹介した記録の全ては、転石や自然にある大きな岩を砕く際に用いられたもので、加工のための石片を対象としたものではありません。懐疑論者たちは、このことを見逃している可能性が高いです。

さらに、オーストラリアやニューギニアの加熱処理は、チャートやフリントのような、もともと艶のある良質の石を対象としたものではなく、砂質硅岩や結晶片岩などの硬い石を対象としています。オーストラリアやニューギニアの先住民は、石斧や礫器などの重たく大きな石器を作るために、より大きな石の塊を火で砕くことをしています。ですから、彼らが実際しているのは、加工を目的とした加熱処理ではなく、採石のための熱利用だったということもできるでしょう。その目的が、文字通りの加熱処理（質の改善）にあるのではなく、熱破砕（fire fracture）にあったといえるのかもしれません。

いずれにせよ、加熱処理のメカニズムは正確に判明しているわけではありません。現状、限られた岩石に対しての効果が実験的に確かめられているに過ぎません。採石のための火の使用は、通常知られている加熱処理とは別の知恵として、過去にも存在した可能性があると考えておく必要があると私には思えます[62]。

産業としての石器づくり

歴史時代にも石器は残りました。よく知られている例として、イギリスのガン・フリント産業が挙げられます。燧《すい》石《せき》とも呼ばれるフリントは、非常に硬い玉髄質の石英からできており、鋼鉄や黄鉄鉱に強く打ち付けると火花を放ちます。この火花を利用して、銃の火薬に発火させるフリントロック式の銃（燧発銃）が、一六〇〇年代後半から一八〇〇年代初頭にかけてのヨーロッパ諸国の主要な武器となりました。ガン・フリントとは、このフリントロック式の銃の着火石として加工された、二〜三cm程の方形ないし板状を呈する剝片や石刃のことです（図3-21）。

フランスとイギリスでフリント産業が芽生えてから、一八五〇年代をピークとして、多くの専門家がガン・フリントを製作しました。一八九〇年代にかけて大規模産業化が起こるころには、その廃物は山をなすほど膨大であったといわれています。フリントロック式の銃は、少なくとも西アフリカなどでは一九六〇年代まで狩猟銃として使われていましたが、現在は愛好家の骨董品として以外の需要はありません。フリント職人として著名なフレッド・エイブリーは、世界の収集家のために一九九三年頃までガン・フリントを作っていたといわれています[63]。

また、スペイン人の侵略を免れたマヤ族の後裔《こうえい》は、二〇世紀に商用としての鏃を作り、それを観光客に売っています。その作られ方は「伝統的」で、間接打撃と押圧剝離を採用します。面白いことに、彼らはその石鏃を使って狩猟をしません。狩猟にはショットガンやライフル銃が使われており、弓や鏃は実用品ではなく、観光客向けの商品として作られています[64]。

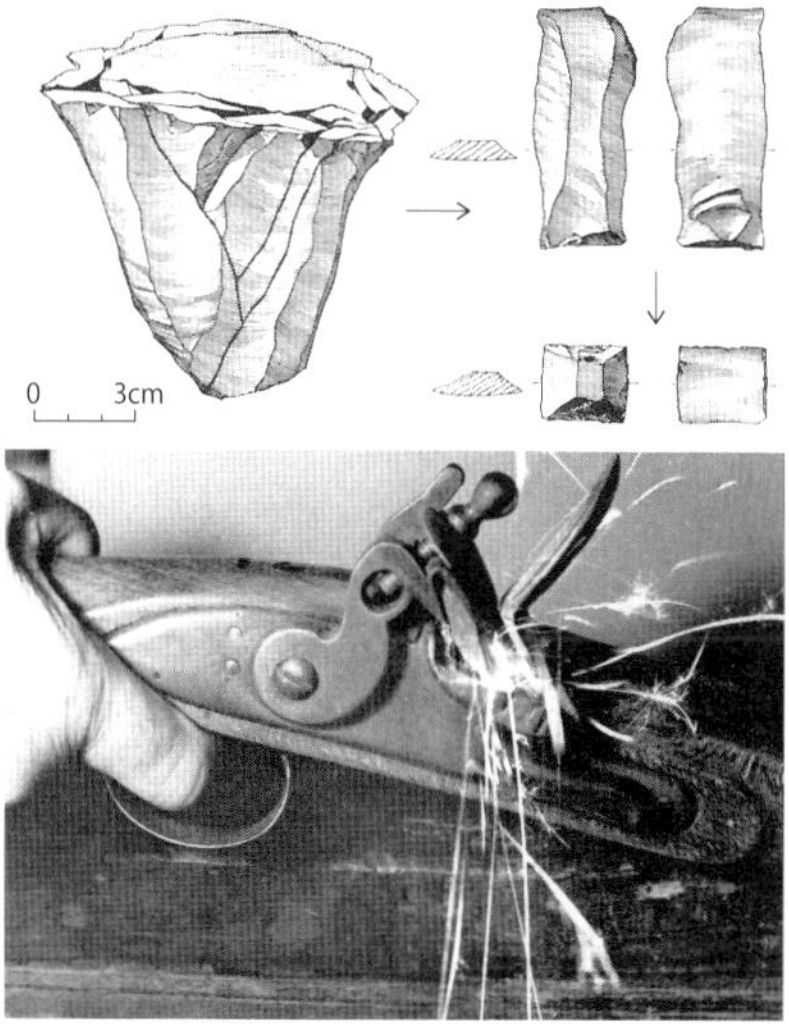

図3-21　ガン・フリント

ガン・フリントにはいくつかの種類があるが、ここに掲げたのは、より洗練した形に規格化して以降のものである。（上）は石刃製のガン・フリントを生産するプロセス、（下）はフリントロック式の銃でガン・フリントを運用しているところ。フリントが鋼鉄製の金具に衝突し、火花が生じている。

ウイリアム・フォックスは、キプロス南西部の民族調査を通して、脱穀そり（ドゥーカン）の製造と使用に関する新たな証拠を報じています[65]。キプロス島では一九五〇年代まで脱穀そりが麦豆類の脱穀に使われており、剝片を作る職人たちが金槌でチャート（珪岩）を叩いて、そり底に付ける厚めの鋭い剝片を剝がしていました。

ただ、後に述べるように、一九五〇年代にはすでに北米を中心として、現代の石器づくりを楽しむ愛好家たちが登場しており、一部の人々は商品として石器をコレクターに売却しています。その先駆けとして、一九世紀のアドミラルティ諸島では、コレクターズ・アイテムとして黒曜石製の短剣が収集家や観光客に売られています(66)。また、グァテマラ高地でも一九七九年頃まで石器を作っていたという記録が見つかりますが、やはり彼らもまた、先の愛好家たちとは別の文脈で石器を作っていたと考えられます（口絵参照）。

私たちは、石器づくりは、遠い昔の産物であるかのごときイメージを抱きがちです。確かに、そのあり方は歴史とともに変容を遂げたと判断すべきように思われますが、石器づくりが歴史時代の始まりとともに消滅したわけではありません。このことを、今一度確認しておきたいと思います。

伝統の創出

この点について、民族誌に共通する興味深い現象が記されています。

二〇世紀初頭のイシは、手に入れられる黒曜石の塊が小さくて、求めるサイズの素材が得られず困ったときに、瓶や窓ガラスを手に入れて、そこから狩猟具を作りました。彼は白人保安官に捕らえられる一九一一年まで、文明人の生活圏にひっそり侵入して、ごみ捨て場を徘徊します。ガラス瓶が石器素材の代替品になることを知ってのことです。彼は、そこで集めたガラス瓶を石器づくりの要領で打ち欠いて、矢じり（鏃）を拵えました(67)。

こうした行動が突飛なものではなかったことが、北米の他の民族誌を参照すると分かってきます。既に一九世紀に植民地化が進んだことで、ウィントゥ族は鉄線を用いて、石鏃の細部加工を施しています。白人との出会いが、狩猟具の素材だけでなく、狩猟具を作る工具の素材をも変化させます。天然の素材が見つからないという消極的な理由から文明人が残した新たな素材を代用したこともあれば、新たな素材に積極的に働きかけた場合もあったようです。イシは、鋼鉄であれば何でもよかったわけではなく、硬鋼よりも軟鋼を好んで用いています。

こうした新たな素材に柔軟に対応する現象が、文明接触後のアンダマン諸島やオーストラリアでも起きています。南アンダマン島の先住民は髭剃り用にガラスを薄く打ち欠いてナイフを作っており、オーストラリアの先住民は、白人が持ち込んだ電話線やガラス瓶で工芸品を作っています。

二〇世紀初頭に急増したガラス製のキンバリーポイントは、植民地化による白人文化との接触によって商品価値が生まれたことで、その生産が加速化します。ガラス製のキンバリーポイントは、旅行客たちの欲求を満たし、先住民はその対価として物資を得ることに成功します。

南米のパタゴニア南部の先住民の生活もまた、ヨーロッパ人の到来により、大きく変化を遂げています。一七世紀にヨーロッパの原材料（主にガラスと一部石器）がもたらされたことで、蛍光色に美しく輝く半透明のガラス製の鞣し具（掻器《そうき》）や鏃が作られました(68)。これらのガラス製品は、一六世紀後半から二〇世紀までの長いあいだ、おもに貿易品として作られており、ヨーロッパによる植民地化の証です。フエゴ島のガラス細工は、記念品としての価値も有したようです。まさに、石器の形をした工芸品です（口絵参照）。

これらは、加工の技術の点では、石器と瓜二つといえるもので、もし石器と並べてモノクロ撮影したら、石器と区別がつかない代物です。素材は石ではないために、厳密には石器ではありません。しかし、これらは石器の素材をガラスに代えただけのものなので、脆性破壊《ぜいせいはかい》（亀裂による割れ）の原理を用いて、石器と同じように加工できます。ガラス製石器と呼んだほうが分かりやすいと思います。ガラスで作られた鏃は、まさに、古い伝統と新しい文化がうまく融合したブリコラージュでもあるわけです。

民族誌の向こう側を知る

ここまで見てくると、確かに文明社会と隔絶された純粋な民族など、二〇世紀の地球上に存在していなかったことが分かります。新たな文化を受け入れて、伝統を創出した姿が、世界各地で見受けられます。こうした姿は、必ずしも積極的な受容ではなく、ねばり強く伝統的な方法を維持しようとした結果であるのかもしれません。

理由はどうであれ、そうした意味で二〇世紀の民族誌に、伝統的か否かを突き詰めたり、線引きしようとしたりすることには、あまり意味はないように思えます。文化は、実体として存在したものというよりむしろ、切れ目なく続いた変容、あるいは集積的に付加されたものとして捉えるべきであるように思えます。

石器づくりに関しては、北米とアラスカ、オーストラリアで類する働きをする剝離具が、独自のスタイルに姿を変えて、似たような技術に用いられたことが分かります。薄手の石片を剝がすために、骨や角、堅木など有機質素材のハンマーが使われました。衝撃を吸収できる弾性素材が重宝されたことの証です。また、押圧剝離具に関しても、その素材は角、骨、牙、堅木と違っているものの、工具として構造的に一致したものが、一九世紀末から二〇世紀初頭の地球上に点々と存在したことが確かめられます。

さらに、異なる場所の文化を通して、火力で岩を操った人たちがいたことが分かります。一九世紀末のニューギニアと北米、オーストラリアの人たちは、互いに何ら連絡手段を持っていたわけではありません。それにも関わらず、類似の目的を果たすために、同じような行動をしていたのです。

このように、文化を流動的な変容体と認めてもなお、地球上のまったく別々の土地において、似たような環境のもとで、似たような道具や技術が用いられたことが分かります。

こうした事実から、私たちは、そこに類似の環境下に表れた共通性、すなわち文化の斉一性《せいいっせい》を見て取ることができるのです。こうした点は、数ある民族誌考古学の強みのひとつです。

誰もタイムマシンで過去を旅した経験はありません。それにも関わらず、私たちは、過去にも、おそらく直接打撃と間接打撃、押圧剝離が存在したであろうと仮定して、研究を進めることができるのです。それは、世界の様々な民族誌的記録が、時空を超えた文化的な共通性として、過去にも存在した可能性を教えてくれるからにほかなりません。

ただし私たちが過去を眺める際、その対象がどんな歴史を歩んできたかを捉える姿勢が求められます。この点をことさら強調することで、過去が修正的か、伝統的かと対立的に捉えるカラハリ論争がありました(69)。この論争の教訓は、対象とする民族が前時代の生き残りなのか、あるいはそうではなくて、すでに植民地支配の過程で作られた新しい姿なのか、といった極端な立場を取り戦わせることではなく、この双方の考えを具体的なレベルでどう止揚《しよう》させるか考えることの大切さに気付かせてくれたことにあります。過去を実証的に二分することは、決して容易なことではないからです。

この教訓を考古学に生かすうえで、蘭嶼《らんしよ》のヤミ族はよい例でした。台湾沖に浮かぶ蘭嶼島には、比較的最近まで古代の生活様式を踏襲したヤミ族が暮らしており、戦前戦後にかけて比較的多くの日本人人類学者が民族誌的調査をしてきた経緯があります。土器を作り、石器を作り、舟を作るヤミ族の人々は、考古学者の想像力をかき立てました。戦前の日本人研究者が残した記録には、蘭嶼のヤミ族が伝統的な石斧を作る技能を持っていたことが詳しく記されています。ところが、この民族誌の一部については、善意で作られた嘘の内容が含まれていたことが、後の調査で明らかになっています。

日本の台湾考古学者、米澤容一は、ヤミ族の石斧づくりがまったくの作り話であり、伝統的なものではないことを突き止めました(70)。石斧づくりを見てみたいという調査者の想いに忖度して、石斧づくりをしたことも見たこともなかったヤミ族が、空想的に石器づくりをやってみせたというカラクリに気付いたのです。戦前の記録は、こうしたカラクリに気付かぬままに残された記録だったことを暴いています。

日本の考古学者、久保田正寿も、戦前のヤミ族の民族誌的記録に不自然な点を見つけたひとりです。久保田は、彼らの両極技法の身振りに、伝統的な内容と修正された内容とが混在するといった不思議な現象があることを読み解きました。そして、民族誌に登場する人物が、明らかに経験不足だったことから判断して、これが石器づくりの記憶が喪失した後に残されたフェイク記事だったことを見抜いています(71)。

このように、民族誌もその使い方には注意が必要ですが、表面的な類似ではなく、より構造的な共通性を見出すことで、検証すべき仮説を作り、過去を類推することが可能になります。

穴のあいた不完全な知識として

他に、フランシスコ会の修道士ファン・デ・トルケマダが一七世紀初頭に残した、南米の石刃づくりに関わる記録があります。この記録が曖昧であったことから、半世紀に及ぶ争議を巻き起こしたことは先に触れた通りです。この論争を動かす力となったのは、民族誌的記録の内容を批判的に読み解き、復元的に検証するといった実験的な試みです。イツコロトリの再現的実験の成功は、民族誌家がもたらす知識を経験的に意義づけ、仮説を一般化する働きを担いました。

このように、民族誌とは、本質的には「観察」から導かれた「経験」であるために、穴のあいた不完全な知識として、私たちの目の前に現れます。記録に起こした民族誌家の主観は取り除くことができないために、民族誌は「私の見た、聞いた……」といった個人的・経験的な世界観にどっぷりと浸かったものだと認識しておくべきものです。

とはいえ、民族誌に残された記録の穴は、実験的な検証を経ることで、そのいくらかを充填できます。

現代の複製家たちによって行われる復元的試みは、それ自体が「実験」と呼べないトライアルな模造ともいえるものを含んでいます。それでも、こうした模造が、記録の真実性を評価する手段となりえます。イツコロトリの復元的試みは、トルケマダの民族誌がまったくの嘘ではなかったことを暗示させます。また、イシ・スティックを用いた現代の石器製作者による復元的な試みは、カリフォルニアの先住民の民族誌に記録された梃子の作用とその痕跡を確認するという点において、貴重です。

ゆえに、民族誌がもたらす不完全な知識というものは、検証すべき仮説として、実験的な試みの対象となりえます。民族誌と実験的な試みは、密接な関係にあることが分かると思います。

そこで、次に、実験と考古学について考えてゆきます。

註

（1）非常に古い例としては、エリザベス朝の時代（一六〇〇年頃）の探検家ジョン・ホワイトが、バージニア州のポメイオック・インディアンが骨の道具で石鏃を作っていた様子を記したものがあります。また、一八六〇年以前の記録としては、C・ライアンによるものがあります。ライアンは、シャスタ族が地面に座り、膝の上に台石を置いて、その上で黒曜石の小石を打撃して二つに分割する様子を記しています。

（2）Snyder, J.F. (1897) The method of making stone arrow-points. *The Antiquarian*, 1 (9): pp. 231–234.

（3）Loeffelholz, K. von. (1952) Account of the Tsorei Indians of Trinidad Bay, 1850–1856. In: Heizer, R.F. & J.E. Mills, *The Four Ages of Tsurai*, Univ. of Calif, Press: pp. 135–179.

（4）Redding, B.B. (1879) How our ancestors in the Stone Age made their implements. *The American Naturalist*, 13 (11): pp. 667–674.

（5）Powell, J.W. (1895) Stone art in America. *American Anthropologist*, 8 (1): pp. 1–7.

（6）前掲註2、Leeper, D.R. (1897) Survivals of the Stone Age. *The Antiquarian*, 1 (8): pp. 197–202.

（7）フランク・ラッタは、論文（Latta, F.F. [1949] *Handbook of Yokuts Indians*. Oildale, Calif.）において、剥片を壊さない工夫として説明しています。剥がれ落ちた剥片が硬い地面と接触した際に壊れることを防ぐために、剥片が剥がれる箇所を宙に浮かせるか、小動物の毛皮を敷いたと考えられます。

（8）Catlin, G. (1868) *Last Rambles Amongst the Indians of the Rocky Mountains and the Andes*. Cambridge University Press.

（9）Hein, W. & M. Lund. (2017) *Flinthandwerk*. Angelika Hörnig.

（10）Holmes, W.H. (1919) *Handbook of Aboriginal American Antiquities: Part I: Introductory and the Lithic Industries*. Government Printing Office.

（11）Latta, F.F. (1949) op. cit.; Squier, R.J. (1953) *The Manufacture of Flint Implements by the Indians of Northern and Central California*.

（12）Gunnerson, D. A.（1969）An unusual method of flint chipping. *Plains Anthropologist*, 14（43）: pp. 71–72.
（13）Ray, P. H.（1886）Manufacture of bows and arrows among the Natano（Hupa）and Kenuck（Klamth）Indians. *The American Naturalist*, 20: pp. 832–833.（Reprinted in SI-AR 1 Up. 1889）.
（14）Leeper, D.R.（1897）op. cit.
（15）Redding, B.B.（1879）op. cit.; Ray, P. H.（1886）op. cit.
（16）Ellis, H.H.（1965）*Flint-Working Techniques of the American Indians: An Experimental Study*, The Ohio Historical Society.
（17）加藤晋平・鶴丸俊明「石器の作り方―民族例によって―」（『図録・石器入門事典（先土器）』柏書房、一九九一年、二一五―二二八頁）。
（18）Catlin, G.（1868）op. cit.
（19）Squier, R.J.（1953）op. cit.; Ray, P.H.（1886）.op. cit.
（20）シオドーラ・クローバー（行方昭夫訳）『イシ―北米最後の野生インディアン―』（岩波書店、一九七一年）。
（21）Pope, S.T.（1918）*Yahi Archery*. University of California Publications in American Archaeology and Ethnology, 13（3）: pp. 103–152.（22）Nelson, N.C.（1916）Flint working by Ishi. In: Hodge, F.W.（ed.）*William Henry Holmes Anniversary Volume*.: pp. 397–403.
（23）Kroeber, T.（1961）*Ishi in Two Worlds: A Biography of the Last Wild Indian in North America*. University of California Press.
（24）Goddard, P.E.（1903）*Life and Culture of the Hupa*. University of California Publications in American Archaeology & Ethnology 1（1）: pp. 63–74.; Squier, R.J.（1953）op. cit.
（25）Harwood, R.（1988）Using Ishi stick. *20th Century Lithics*, 1: pp. 84–91.
（26）コンラート・シュピンドラー（畔上司訳）『五〇〇〇年前の男　解明された凍結のミイラの謎』（文芸春秋、一九九四年）。
（27）Wierer, U., et al.（2018）The Iceman's lithic toolkit: raw material, technology, typology and use. *PLoS ONE*, 13（6）: e0198292.
（28）前掲シュピンドラー（一九九四）。
（29）Torquemada, Juan de.（1975）*Monarquía Indiana*. 5th ed. Editorial Porrúa. Universidad Nacional Autónoma de México.
（30）Stevens, E. T.（1870）*Flint Chips: A Guide to Pre-Historic Archaeology, As Illustrated by the Collection in the Blackmore Mu-

seum, Salisbury. Bell and Daldy.
(31) Cabrol, A. & L. Coutier. (1932) op. cit, 〔第1章註(3)〕
(32) Crabtree, D. E. (1968) Mesoamerican polyhedral cores and prismatic blades. *American Antiquity*, 33 (4): pp. 446–478.
(33) Titmus, G. L. & J. E. Clark. (2003) Mexica blade making with wooden tools: recent experimental insights. In: K. G. Hirth (ed.) *Mesoamerican Lithic Technology: Experimentation and Interpretation*. University of Utah Press: pp. 72–97.
(34) Elkin, A. P. (1948) Pressure flaking in the Northern Kimberley, Australia. *Man*, 48: pp. 110–113.
(35) Kragh, A. (1964) *Mand og Flint*. Rhodos.
(36) Idriess, I. (1948) *Over the Range: Sunshine and Shadow in the Kimberleys*. (Tenth Edition). Angus and Robertson.
(37) 二〇〇五年に首都大学東京で開催された考古学コロキウムにキム・アッカーマンが招聘されました。アッカーマンは、右足を下で交差させ、左足を台石の左側に沿って伸ばすという、マーク・ムーアの製作スタイルを採用して、これを私たちに実演してみせました。クラブトリーは、押圧剝離に木の棒とカンガルーの尺骨(腓骨)を用いますが、アッカーマンも同様に木の棒とカンガルーの骨を用いていました。
(38) Harwood, R. (2001) Points of light, dreams of glass: an introduction into vitrum technology. *Bulletin of Primitive Technology*, 21: pp. 24–36.
(39) Akerman, K. (1979) Heat and lithic technology in the Kimberleys, W. A. *Archaeology & Physical Anthropology in Oceania*, 14 (2): pp. 144–151.
(40) Roth, W. E. (1904). Domestic implements, arts, and manufactures. *Bulletin of North Queensland Ethnography*, 7: pp. 1–34.
(41) Moore, M. W. (2003) Australian Aboriginal blade production methods on the Georgina River, Camooweal, Queensland. *Lithic Technology*, 28 (1): pp. 35–63.
(42) たとえば以下の文献があります。Spencer, W. B. & F. J. Gillen. (1912) *Across Australia*. Macmillan.; Tindale, N. (1965) Stone implement making among the Nakako, Ngadadjara, and Pitjandjara of the Great Western Desert. *Records of the South Australian* Museum, 15: pp. 131–164.
(43) Roth, W. E. (1904). op. cit.
(44) Jones, R. & N. White. (1988) Point blank: stone tool manufacture at the Ngilipitji quarry, Arnhem Land, 1981. In: Meehan, B.

& R. Jones. (eds.) *Archaeology with Ethnography: An Australian Perspective.* Australian National University: pp. 51–87.

(45) Jelinek, J. (1989) *Primitive Hunters: A Search for Man the Hunter.* Hamlyn.

(46) Hayden, B. (1979) *Palaeolithic Reflections: Lithic Technology and Ethnographic Excavation among Australian Aborigines.* Australian Institute of Aboriginal Studies.

(47) Hayden, B. (1979) op. cit.

(48) Holmes, W. H. (1919) op. cit.

(49) Ellis, H. H. (1965) op. cit.

(50) Gunnerson, D. A. (1969) op. cit.

(51) 石毛直道「西イリアン中央高地の石器」(『社会文化人類学』今西錦司博士古稀記念論文集、中央公論社、一九七八年、二一九―二七〇頁)。また、桐生敬尊は二〇〇一年の著書『ニューギニア高地人と共に―二〇世紀最後の石器人(ニューギニア、カパオク族の記録)』(私家版)で、昭和一八(一九四三)年頃からの二〇年間の人びとの文明化を目の当たりにしています。既に一九六〇年代には、かつて裸暮らしだった人々の多くは服をまとい、ジープやバイクに乗りはじめていたといいます。日本隊やハーラーが来訪したのが一九六〇年代前半なので、石毛が「遅すぎた」といったのは、こうした様子を目の当たりにしたからかもしれません。

(52) Heider, K. (1970) *The Dugum Dani: A Papuan Culture in the Highlands of West New Guinea.* Viking Fund Publications in Anthropology.

(53) 沼沢喜市『ニューギニア・ピグミー探検』(大陸書房、一九六九年)、本多勝一・藤木高嶺『ニューギニア高地人』(朝日新聞社、一九六四年)。

(54) 一九世紀後半の東アフリカやアンダマン諸島の先住民は、石英のかけらを使って入れ墨に似た身体装飾を行っており、ニューブリテン島西部の先住民は黒曜石の破片を用いて顔の入れ墨をしています。ニューギニアに関する文献は、以下のものがあります。
Le Roux, C. C. F. M. (1948) *De Bergpapoea's van Nieuw-Guinea en hun woongebied,* 1. E. J. Brill.

(55) McCauley, B., et al. (2020) A cross-cultural survey of on-site fire use by recent hunter-gatherers: implications for research on Palaeolithic pyrotechnology. *Journal of Palaeolithic Archaeology,* 3: pp. 566–584.

(56) 御堂島正『石器の実験痕跡研究と加熱処理』(同成社、二〇二三年)。

(57) Binford, L. R. & J. O'Connell. (1984) An Alyawara day: the stone quarry. *Journal of Anthropological Research*, 40: pp. 406–432.

(58) H・ハーラー(近藤等ほか訳)『石器時代への旅』(新潮社、一九六四年)。

(59) Le Roux, C. C. F. M. (1948) op. cit.

(60) 前掲石毛(一九七八)。

(61) Ellis, H. H. (1965) op. cit.; Crabtree, D. E. & R. B. Butler. (1964) Notes on experiments in flintknapping: 1. heat treatment of silica materials. *Tebiwa*, 7 (1): pp. 1–6.; Purdy, B. (1975) Fracture for the Archaeologist. In: E. H. Swanson. (ed.), *Lithic Technology: Making and Using Stone Tools*. Mouton.: pp. 133–141.

(62) 日本の旧石器時代、広島県の冠遺跡群(旧石器時代)において、安山岩の大きな岩を火力で砕いたという報告例があります。周りの石は焼けておらず、この巨岩のみ火を受けていたので、この石を狙い撃ちして、火が炊かれたと推定されています。

(63) Shepherd, W. (1972) op. cit.〔第1章註(5)〕

(64) Nations, J. D. & J. E. Clark (1983) The bows and arrows of the Lacandon Maya. *Archaeology*, 36 (1): 36–43.

(65) Fox, W. A. (1984) Dhoukani flake blade production in Cyprus. *Lithic Technology*, 13 (2): pp. 62–67.

(66) 田中英司「アドミラルティ諸島のスーベニア」(『埼玉県立博物館紀要』30、二〇〇五年、五五―六三頁)。

(67) 前掲クローバー(一九七一)。

(68) Delaunay, A. N., et al. (2017) Glass and stoneware knapped tools among hunter-gatherers in southern Patagonia and Tierra del Fuego. *Antiquity*, 91 (359): pp. 1330–1343.

(69) 現在の狩猟採集民と先史時代の狩猟採集民とを同一とみるか、異なるとみるかの二つの立場をめぐる論争であり、前者を「伝統主義」、後者を「修正主義」とも呼びます。

(70) 米澤容一『蘭嶼とヤミと考古学』(六一書房、二〇一〇年)。

(71) 久保田正寿「画像にみる「ヤミ族による石器づくり」の成形技法の考察」(『立正考古』24、二〇一二年、一一―二六頁)。

第4章　何のために石器を作るのか？

実験なき理論は無であり、理論なき実験は闇である。
（イマヌエル・カント）

この章では、石器を作ることが考古学の研究方法の一分野として確立してきた歴史と、その背景について述べてゆきます。

石器を作ることが、どう考古学になるのでしょうか？

考古学における実験とは？

せっかちな方は、縄文人になりきること、古代人ごっこをすること、何かを作って使ってみること、勾玉づくりをすること、白衣を着て実験室で考究すること、コンピューターを操作してシミュレートすること……そのいずれが実験で、ほかは実験ではないと線引きをしたがるかもしれません。あるいは、実験と考古学という字面から漫然と想像をめぐらせて、考古学における実験的な試みと理解して良しとする方もいるかもしれません。

ここでは後者を仮の答えとして、話を進めてゆきたいと思います。これでは不十分な説明であるとは分かっていますが、ここで仮の答えを用意する理由は、その意味するところを考えることが、本書で果たそうとするテーマでもあるからです。

ただ、原則として、実験考古学と実験的な試みは、同じではありません。実験的思考、すなわち実験的な試みは、わざわざ実験と称さずとも、これまで考古学者が普通に行ってきたことでもあるのです。そこで本書では、実験的な考えがどう芽生え、実験考古学として確固たる枠組みを構築してきたか、その歴史を見てゆきたいと思います。

ひとまずここでは、実験考古学とは、その性質も目的もさまざまな試みと、注意深く制御された実験を通して、根拠ある議論を提示してゆくダイナミックな探究である、と答えておきます。

実験、経験、体験

次に、実験と経験、体験という用語の整理をしておきたいと思います。

まず、経験とはその文脈において様々に定義されますが、経験的実験と言っても、実験的経験とは言いません。ですから、実験よりも経験の方が、一般的には広い意味があるように思えます。

日本の哲学者・上田閑照によると、経験には「もとは、身の上に実験する、身の上に験《ため》す」という意味が含まれるものであるらしく、実験を重ねる経歴の時間が含まれると考えられます(1)。人生で様々な経験をした、人生で様々な実験をしたというとき、前者は受動的であるのに対して、後者は能動的です。これを別の言い方をすると、前者は全連関的であるのに対して、後者は歴史・経過的なニュアンスを含みます。つまり、実験による「経験」、その経歴を含めた「経験」として、「経験」は実験よりも広く大きく、時間の幅を持った概念を含んでいます。

では、経験と体験はどうでしょうか。英語ではともにエクスペリエンス（experience）となり、区別ができません。苦い経験とも、苦い体験とも言いますが、このどちらも意味は通じます。ただ、恐怖体験と言っても、恐怖経験とは言いません。これは、感じる側が人間の感覚（知覚）を中心としているか、感じたものがより私的（プライベート）であるかという違いとして説明できます(2)。「体験」は身に付いた「経験」の営みとして、あるいは、より私的な「経験」を切り出して、これを「体験」として表現することもできるでしょう。色々な考え方がありますが、ここではこの程度の理解で十分でしょう。

実験の経験的要素は新たな考えを生む可能性がありますが、この場合の「経験」は、現代のものであり、過去について直接的に何かを語ってくれるものではありません。実験（体験）には経験の要素がありますが、経験は常に実験ではありません。実験や体験は、経験のなかに含まれます。

考古学における経験（experience）は、モノの操作を媒介として知覚する創造的体験であり、体験を通して得られる実践的経験です。それゆえ、考古学における経験や体験は、実践と呼んでも差し支えないでしょう。ここでは、モノの操作を介した創造的体験の意を強調する際に、実践（practice）と呼ぶことにします。

実験的思考の芽生え

東京大学の鈴木美保は、石器づくりの実験考古学が三つの段階を踏んで発展してきたとまとめています。(3)

1. 視点が定着した一八三八～一九五〇年代
2. 爆発的に増加した一九六〇～一九七〇年代前半
3. 技術的研究への関心が高まった一九八〇年代

視点が定着したころの実験は素朴な動機によるものだったのが、次第に理論的なものへと発展してゆきます。欧米を中心とした考古学の思考法が変化するに連れて、過去を現在でもって実験的に明らかにしようとする動きが芽生えてゆきます。

一九世紀の石器づくりは、近代科学の常識からいうと、非科学的なものでした。別名〝フリントジャック（フリント野郎）〟として知られるイギリスのエドワード・シンプソンは、巧妙な石器の贋造者として有名です。石器づくりをこよなく愛し、定職を持たず貧困苦にあったシンプソンは、自ら模造したレプリカ（厳密にはレプリカではない）と旧石器時代の遺物を混ぜあわせ、詐欺的な取引を手掛けます。シンプソンは模造家であり、考古学者

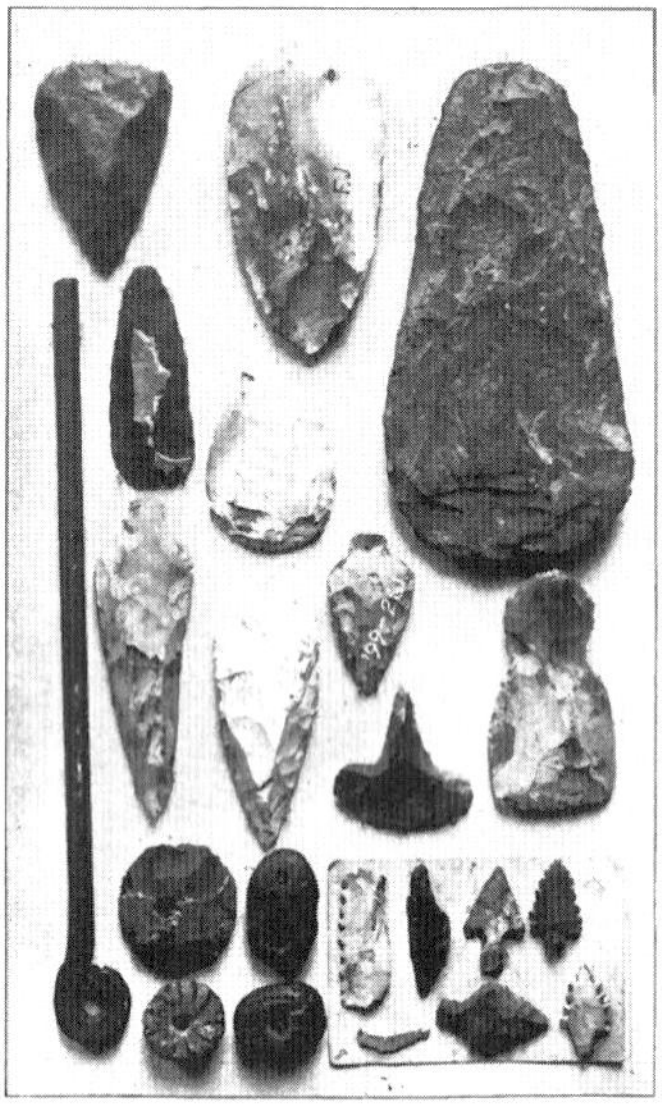

図4-1　フリントジャックの贋作品

過去にない道具（左隅の棒状のもの）を使って作った贋造品をコレクターに販売していた。

ではありません。彼は過去の探究には一切の興味がなかったことを、自ら告白しています(4)。

窃盗をして投獄されたシンプソンは、記録に出てこない彼の仲間たちと共謀して、偽造品を売るための肥沃な市場を開拓します。一九世紀のイギリスでは古物収集が流行しており、需要が高かったといわれています。彼は肉体の限界まで贋造石器を作りながら、他にも古代イギリスやローマ時代の偽の骨壺を拵えて、それらを広く各地に販売します。それらの贋造品の一部は、現在も博物館のコレクションに入っています（図4-1）。

このように、一九世紀後半には、すでに熟練した模造家による複製石器が市場に出回っています。石器の復元製作は、ある種の非科学的な動機からスタートし、こうした人物たちの模造のねらいは、過去を探求するためというより模造することそれ自体にあったのです。

好奇心として始まった模造

ただ、悪名高き贋造者ばかりが過去にいたわけではありません。石器の模造が先史考古学に寄与すると考えて、この両者の関係を積極的に位置づけようと試みる人々が現れます。アウグストゥス・ピット＝リバーズ、ジョン・ラボック、スヴェル・ルソンらの復元はその端緒です。その目的はいずれも考古学的遺物を人間の生産物としてよりよく識別し、それらが作られたプロセスを理解するというものでした。

石鏃の模造に成功したフランク・クッシング、石器の模造を手掛けたジョン・エヴァンズ卿は、草分け的な人物たちです。エヴァンズは、一八六八年にノリッジで開かれた国際会議に赴いて、考古学専門家を含む聴衆の前で石器づくりを披露しています。[5] また、ジョセフ・バルビエリ、ホームズ・エリス、フランシス・ノウエルズといった人々が、北米先住民の石器づくりの様子を記録して、先史時代の石器の製作技術を実験的に再現します。

続いて、ハンマー素材の違いが石片の生成にどんな変化をもたらすかといったジョージ・セラーズの研究、石の違いが割れにどんな影響をもたらすかといったジョージ・マッカディ、アルフレッド・バーンズの研究が登場します。

日本でも、石器の加工技術を考察した樋口清之の研究が『考古学雑誌』（一九二七年）に発表されており、これが非常に先駆的な仕事だったことが分かります。樋口は、復元製作による経験的な知見を活かして、縄文式打製石器の力学的現象について説明しました。[6]

このように、一九世紀後半から二〇世紀にかけて、過去の探求を目的とした復元的な試みがスタートしますが、それら初期の試みは、自然に割れる石を再現してみる、様々な技術を確かめてみる、複製した鹿角掘り具で穴を掘ってみる、模造した石製ドリルで穴をあけてみるといった、体験まがいのものでした。

ただ、この頃の実験的な試みには、過去を理解するために、模造体験をどう活かすか、といった理論が欠落していたと考えられます。まさに、実験的な視点のみが定着した頃にあたります。

石器づくりの先駆者たち

大きな転機は二〇世紀半ばに訪れます。フランソワ・ボルド（一八九九―一九八七）、ジャック・ティキシェ（一九二五―二〇一八）、ドン・クラブトリー（一九一二―一九八〇）、エレット・キャラハン（一九三七―二〇一九）は、優れた石器製作者として多くの自らの経験的記録を残し、考古学研究に寄与します。彼らは先史時代の石器技術に関わる研究に貢献しました。[7]

世界的な影響を及ぼしたという点で特に重要な人物は、クラブトリーです。彼は幼少期をアイダホ州で過ごし、七

図 4-2　ドン・クラブトリー
(Don Crabtree)

歳にして初めて北米先住民の石器の模造に興味を持ちます。それから、石器のコレクターとなり、その後に石器の復元技術の高さが評価されてゆきます。石器の復元に関わる技術者として職を転々としますが、最終的にアイダホ州立大学研究員としての立場を得ます。それから、晩年にかけて数多くの論文を発表します。

彼の著作『石器づくり入門』(*An Introduction to Flint-working*)は、石器の技術を知るバイブルとして、広く研究者に読まれています。[8] アイダホ自然史博物館が編集したクラブトリーの映像フィルム『ドン・クラブトリー—石の読み手—』(*Don Crabtree: A Reader in Stone*)には、氏が一九七〇年にアメリカ映画祭で最優秀人類学映画賞を受賞した「石刃と圧力剥離」のほか、卓越した復元製作術と加熱処理を含む氏の往年の様子が収録されています。ダビングを繰り返したこのDVDの映像は色褪せてみえますが、貴重な映像が数多くみられるため、教材として今も使える作品です。[9]

クラブトリーは、多くの若者に石器づくりを教示したことでも知られています。一九六九年にアイダホ州立大学で石器製作教室を立ち上げて、その後六年間に多くの石器製作者を育てます。日本からは、小林博昭(当時、東北大学大学院生)が参加するなど、この教室で多くの若者が育っています。

石器製作者として著名なJ・B・ソルバーガー、レイ・ハーウッドらは、クラブトリーから石器づくりの教示を受けており、なかでもジェフリー・フレニケン、ブルース・ブラッドリー、ジニー・ビニングはその弟子筋として石器づくりが上手です。

さて、クラブトリーに次ぐ影響力を行使した次世代の石器製作者として、エレット・キャラハンを取り上げないわけにはいきません。キャラハンもクラブトリーに影響を受けたひとりであり、自らの卓越した模造技術を武器として、種々の考古学的課題の解決に挑みました。

アメリカのカトリック大学で人類学の学位を取得したキャラハンは、高校卒業後の一九歳で石器づくりを始めます。年間三〇〇～四〇〇個の石器を作り、一九八六年までに石器六七五六点、弓約一〇〇本を製作します。彼は自ら作った作品の実験記録を詳細に残したまめな記録者としても有名です。彼はもっぱら黒曜石を中心として、生涯石器づくりに励んでいますが、その理由は、黒曜石の破面模様が他の岩石よりも鮮明に残るという強みを活かして、研究の基礎を作ろうとしたためだったといわれています[10]。

彼は、国内外で石器製作教室を主宰するなど、その教育熱心さも知られています。とりわけ彼が北欧考古学に与えた影響は大きく、石器づくりを教えた人数は一〇〇〇人以上ともいわれています[11]。北欧の石器技術と中石器時代に関心があったキャラハンは、度々北欧を訪問して長期にわたる打製短剣の研究を手掛けています。スウェーデンのウプサラ大学と二〇年に及ぶ共同研究を実施して、遂に一九九二年に同大学から名誉博士号を取得します。

図 4-3　エレット・キャラハン（Errett Callahan）

キャラハンは、実践家であると同時に、理論家でもありました。著名な石器製作者、クラブトリーの他にボルド、ティトマス、ソルバーガーらからの刺激を受けて、自身の石器の芸術的な製作技術を高めてゆきます。石器のみならず、土器や弓矢、籠、敷物、火起こし、住居（隠れ家）などの原始技術（サバイバルスキル）について、ありとあらゆる実験を手掛けてゆきます。バージニア州で「生きた考古学」（Living Archaeology）と自称する狩猟採集技術の野外教室を運営して、その成果をカタログ『先史技術』

(*Primitive Technology*) に収録します。後に述べる「生活実験」の基礎固めを行います。

また、石器製作に関する雑誌『フリントナッパーズ・エクスチェンジ』(*Flintknapper's Exchange*) 誌を主導したほか、『エミック・パースペクティブ』(*The Emic Perspective*) 誌を出版して、多方面にわたるアカデミック業界への貢献を果たします。教本『東部有樋尖頭器製作伝統における両面加工の基礎―石器製作者と分析者のためのマニュアル―』(*The Basics of Biface Knapping in the Eastern Fluted Point Tradition: A Manual for Flintknappers and Lithic Analysts*) は、両面加工技術の詳細を理解するための貴重な情報をもたらしており、石器づくりの教科書として今も役立ちます[12]。

多才なキャラハンは、実業家としての顔も持っており、バージニア州に会社 (Piltdown Productions) を立ち上げて、自作した石器アートの販売をしています。手術用の黒曜石製のメスを製作し、医療界に向けて積極的に売却するなど、石器の大衆化に向けた新たな活動も手掛けていました。

クラブトリー、キャラハン、フレニケンをはじめとした熟練模造家たちは、石器づくりに対する優れた洞察力を持っていたため、ときおり彼らが声高に主張する経験的物言いに対しては、思い上がりと揶揄されることもありました。論客としてのデビット・ハースト・トーマスは、熟練した模造家たちが、自らの経験を過大に尊重して過去を理解したがる、危ない兆候があることを指摘します[13]。模造家たちは、過去を解釈しようとする際に、自らの経験知を用いすぎる、この点が非科学的である、といった批判的な見解を述べたのです。

確かに、初期の模造家たちには、過去の解釈に模造体験をどう役立てるか、といった点に関する理論的説明が不足していたように感じます。石器を作る際に生じる種々のパラメーターを制御するという点に対する関心が低く、基本的には過去の類似品をクラフト的に作ること、およびその作られ方の説明の方が優先されました。過去のモノとよく似たモノを作りあげることが、第一義的に重視されていたことは否めません。

それでも、クラブトリー、キャラハン、ハーウッドをはじめとする模造家たちが記した詳細な記録の数々は、ひとりの職人の記録として、その価値が減じられるわけではありません。二〇世紀の模造家たちが残した記録の数々は、ものづくりの具体性を知るバイブルとして、今も十分に利用できます。

アメリカには、アイダホ州のジーン・ティトマス、イリノイ州のティム・ディラード、ユタ州のグレッグ・ナン、オハイオ州のD・C・ウォルドルフなど、熟練の域に達した石器模造家がいます。さらにクラブトリーのアイダホ流、キャラハンのバージニア流、ソルバーガーのテキサス流といったように、三つの流派が二〇世紀のアメリカに現れます。こうした流派が、その後に世界各地に波及します(14)。

ハーウッドは、のちに雑誌『チップス』（*Chips*）となる『フリントナッピング・ダイジェスト』（*Flintknapping Digest*）誌を一九八三〜一九九二年にかけて創刊します。その後、数多くの石器の作り場（Knap-in）を設立することに尽力します。こうした動きが、のちに爆発的な増加をみせるアメリカでの石割り再興運動の引き金となってゆきますが、この点については、第八章で詳しく紹介します。

実験考古学の始まり

さて、遺物を正確に模造することが、科学的営みであり、考古学における実験的な試みである、と市民権を得てゆくためには、その後の歩みが大切でした。模造が考古学に果たす役割を求めて、理論面の整備が進みます。アメリカの人類学者、ロバート・アッシャーは考古学における実験の意義について、次のように述べています。

模倣実験 imitative experiment の重要性は、問題の種類を限定するところにある。この問題とは実際的なところで言うと、生活戦略 subsistence や技術 technology、文化的な事柄など……。模倣実験の重要なところというのは、つまり、これらの〝問題〟に対する答えに関して、的確な判断を下すことにある(15)。

模倣実験とは、限られた問いを検証するための復元的（リプリケイティヴ）な試みであり、その目的は曖昧な過去の事実を論理的なプロセスを経て検証することにあります。つまり、土器を焼いたり、伐採したり、家を建てたり、船でどこかに行ってみたり、ある程度問題の種類を限定して、それを実際にやってみることです。

先駆的な事例として、トール・ヘイエルダールのコン・ティキ号での航海があります。ヘイエルダールは、人類が南アメリカから西方へボートで移動できるといった仮説を検証するために、ペルーからポリネシアまで実験航海を試みます。(16) この実験の再現可能性は低いものの、それでも実験者たちは、海とは隔てるものではなく、運び伝える大動脈だったという洞察を得ることに成功しています。また、S・A・セミョーノフは『先史技術』(17)（*Prehistoric Technology*）を出版して、使用磨耗分析のプロセスを確立しました。

第3章で紹介したトルケマダの民族誌を検証したクーティエらの復元的試みは、模倣実験にあたります。また、クラブトリーやキャラハンは、自らの豊富な模造経験から、過去への洞察を得ることに成功しており、その目的が仮説検証にのみあったわけではありません。それでも少し強引に分類するならば、彼らの復元的試みは、実験科学的というよりも、模倣的な性格が強かったといえるでしょう。

一九八〇年までに、石器に関する実験というテーマで三五〇件以上もの論文が登録されたといいますが、そのうち実に二〇〇件が、一九六〇〜七五年に発表されています。(18) アメリカ考古学者の実験分野への参入により、石器の模造が盛んに行われたのが、この時期です。

少し話が脱線したので、一九七〇代当時の話に戻しますと、続くダニエル・インガーソルとウィリアム・マクドナルドは、実験考古学とは、アッシャーの言う模倣と複製に加えて、仮説検証のプロセスである、と規定します。仮説を検証してゆくことが実験考古学の目的の一つであるとしたのです。

実験考古学は、考古学研究のあらゆるレベルで、方法、技法、仮定、仮説、理論をテスト、評価、説明することを目的としている。このアプローチの目的は、特定の研究状況で可能な限り多くの変数を定義および制御することである。(19)

インガーソルらは、科学的手法——観察に基づく仮説を立て、検証によるものであるべきこと——を主張します。その代表例としての一九六二年に建てられたオーバートン・ダウンの土塁は、土塁の崩壊プロセスを経年的に観察する世界に先駆けた大規模観測プロジェクトです。土塁のなかに石器、土器、布、木、骨、貨幣、ガラス、その他の材料を配置して、これらの材料が時間の経過とともにどのような腐植・変化を起こすかが調査されました。さらに、定期的に土手と溝の中に堆積した土層断面がカットされ、土塁の浸食と風化の経年変化が記録されました。こうした実験は、遺構や遺物の形成過程に関する知見をもたらしました。(20)

ジョン・コールズの実験考古学

同じころ、イギリスで動きがありました。カナダ生まれのジョン・コールズ（一九三〇―二〇二〇）は、エジンバラ大学で学位を得た後、イギリスで職を得ます。ケンブリッジ大学の教授となったコールズは、湿地考古学、青銅器・旧石器時代考古学、スコットランド考古学、岩絵、実験考古学など幅広い関心を持ち、各方面で活躍します。なかでも、コールズが手掛けた実験考古学は、それまでアマチュアの世界にあった考古学的実験を学術的な世界に押し上げます。

図 4-4　ジョン・コールズ（John Coles）

コールズは、一九七三年にデビュー作『実験による考古学』（*Archaeology by Experiment*）（邦題『実験考古学』）を刊行します。(21)本書でコールズは、推論の厳密さと信頼性の一般的なレベルを保証するために、考古学の論理実験の設計に関する一連のルールを考えました。

コールズの実験考古学の基本的信条は、一九七九年に出版された続編『実験考古学』（*Experimental Archaeology*）（邦題『古代人はどう暮らしていたか―実験考古学入門―』、どうぶつ社、一九八五年）の以下の文章によく表れています。

考古学は、過去の時代までさかのぼって、過去の人間生活のある部分を体験できるだろうか。一つ方法がありそうである。かつての人間を取り巻いた状況や環境を復元する試みを通じて可能になるかもしれない。

ある時代の武器や生活用具と同じものを作って、それを使ってみれば、もとの遺物を製作し、使用した先史人が、その遺物にどれほどの重要性を持っていたのかを、洞察できる。住居や、住居の周りを取り巻く杭柵、さらに要塞のように防備された遺構などを複製してみれば、古代になされた建築工事の規模と、この工事を達成するために組織された労働力量とを、ただ遺構を観察するだけよりはずっとはっきりと認識できるだろう。また、古代の船や荷車などの交通手段を複製し、これを実際に使ってみれば、太古の時代になされたかもしれない異なった文化間の情報伝達と、新しい土地への移住についての、まだ解明されていない問題を解く鍵が得られるかもしれない。さらに、である。私たちの祖先が暮らしたのと同じ生活様式に従って、私たちも実際に生活してみれば、食料供給や住居にまつわる先史時代の問題と、人間という生物の持つ様々な工夫の才とに気がつくことだろう。

実験考古学のとる研究姿勢は、古代人を生活用具の発明者、技術者、職人、芸術家、さらに何よりも私たちと同じ人間であるとみなそうとするところにある。古代人のやったことと同様のことをやってみることで、古代人の技術的能力ばかりでなく、古代人がなぜこのような行動を選択し、別の選択をしなかったのかという理由も考古学者は納得できるようになる。こういった知識は、あらゆる考古学者が等しく求める情報であり、現存する遺物に、ある意味を与えることにつながる。

コールズは、模倣実験の目的は過去の文化的行動についての信念をテストすることとして、アッシャーの声明を引用しています(22)。コールズの実験考古学の基本的原理は検証であって、全ての人為的加工物は、立体的な実験製作をし、使用してみることで検分できるというものでした。コールズの実験考古学の核心は、再現であり、複製でした。

コールズは、前著『実験考古学』の中で実験考古学の指針を述べています(23)。

1．実験で使える材料は調査対象の社会の中にあるものを用いること、

2. 実験で用いられる方法は調査対象の社会にふさわしいものであること、
3. 専門的知識と技術を柔軟に用いること、
4. 実験作業の規模は適切な判断で行い、正しく記述すること、
5. 実験は何度も反復して行うこと、
6. 実験は融通性を持ち行うこと、
7. 得られた結果は「過去に起こったこと」の証明ではなく、無知の排除であることを認識すること、
8. 自らの実験の落とし穴を再確認すること。

現在でも実験考古学の基本方針として重要な数々の項目（八項目）が掲げられており、実験的環境を整え、そこから洞察を得るために、正しい論理で実験・分析・解釈するといったあるべき姿勢について述べています。見逃してはならないのは、コールズは、「考古学は人の営みに集約された一つの主題を扱うものだから、考古学に対して、科学か人文か、或いは実験的か芸術的かといった境界を定めるべきではない」と述べた点です。彼は、実験考古学の学際的特質を主張しており、実験考古学の未来は学問的境界を越えて統合されるべきことを予言しています。さらに、考古学研究における主観的な要素を強調して「考古学的真実など存在せず、考古学者は意見に対処することしかできない」と述べています。「知識の進歩と人間の行動の理解は、全ての実験研究のテーマとなる」との信条を吐露したのです。

こうした実践を行う場として期待されたのが、教育と研究に重点をおく野外体験施設です。デンマークでは、一九六七年にライレ実験センター（Historical-Archaeological Experimental Center at Lejre）、イギリスでは、一九七二年にブッツァー古代農場（Butser Ancient Farm）が設立されます。過去を楽しく身近に学ぶことをモットーとした体験型の教育研究施設です。同じころ、体験村としての役割を兼ねた「アングロサクソン村」が建設されるなど、イギリスでは一般の人々が、気軽に実験考古学に触れて、過去を身近に感じられる体験学習施設が作られました。(24)

コールズの実験考古学は、その効用と限界を正しく認識していた点に高い評価が与えられています。コールズは、実験がある特別な出来事に対して「正確に理解できる条件の一つを作り出す」ことに期待を寄せており、実験で絶対確実な証明を得ようとしているわけではありません。

生活実験というもの

ちなみに、「過去の世界に生きる」ことなど、まったく不可能ではあることは疑う余地がないように思えます。暫くのあいだ古代人になりきって、野生の資源だけで生活することにどんな意義があるのでしょうか。コールズは「生活考古学」の提唱に向けて記されたキャラハンの文言を引用して、生活実験の意義を次のように説明します。

> 生活方法を相当な割合で正確に復元することが……可能かどうかは、疑わしい。しかしそれでもいくつかの面では、正確度のよし悪しは別として、光条だけは投げかけることができるだろう。ここから、その他の側面についても、多分正確度は劣るであろうが、知的に推測することができるかもしれない[25]。
>
> つまり、この目的は情報を全面的に回収することにあるのではなく、すでに利用できるようになっている資料をより深く理解することなのである。さらにいえば、先史人の行動の痕跡があまりにおぼろげにすぎて、何とも解釈のつかない痕跡が多いが、これについての洞察を得るため、これとは別の行動の中にヒントを求めるためなのである。このようなより強い目的と要求をもつことで、認識の及ばない所までわかってくるのである[26]。

この生活実験とは、「先住民ごっこ」や、「生き残りゲーム」のようなものではありません。一歩間違えればそうなりますが、キャラハンは「過去を復活させているということに、自分自身で考えないように十分配慮した」と言明しています[27]。つまり、生身の生活体験を重視するなかで、体験者が何らかの洞察を得ることが重視されたのです。

もし、この実験がサバイバルの為だとすると、それはある種の特殊な状態を意味します。過去の生活体験とは異なる意味合いを持つことになるでしょう[28]。コールズは、生活実験に必要な姿勢は、自らの生きぬこうとする力を信じて、打ち勝つ行為そのものであると指摘しています。

以上のように、コールズは、体系的な実験の必要性と可能性を指摘し、自ら実験を行い、健全な方法論と手法を確立します。考古学における実験の論理に道筋を与え、実験と経験の考古学に学術的な側面を与えたのです。

ルイス・ビンフォードの実験考古学

次に、紹介するのは、アメリカの考古学者、ルイス・ビンフォード（一九三一—二〇一一）です。ビンフォードは、現代の「モノ」から過去を推測する具体的な手法のひとつとして、「実験考古学」を取り上げました。考古学上の発見と人間の行動を結びつける理論として、ビンフォードは中範囲の理論（つなぎの実証的アプローチ）を採用します。中範囲の理論の有用性は、もともと、民族考古学を行うための理論的背景を提供することにありましたが、最も顕著に実証したのはビンフォードでした。

ビンフォードは、アラスカのヌナミウト・エスキモーとオーストラリア先住民の研究を通して、考古学的記録から得られる典型的には静的で断片的でタフォノミカルに偏ったサンプルから、動的で複雑な過去の人間の行動を再構築することを目指します。ビンフォードが実験考古学に期待したのは、考古記録の真の解釈へと向かう洞察でした。考古学記録の観察において、過去に起こった出来事やプロセスを実験的に「再現」することで、歪んで表れた考古記録の形成過程を理解しようと試みました。その目的は、科学的実験を介して、考古学者の解釈が妥当かどうかを点検することです。

その白眉ともいえる解説が、一九八九年に自ら編集した『石器技術における実験』（*Experiments in Lithic Technology*）に記されています。この著作に収録されたダニエル・アミック、レイモンド・モウルディンと共著の「石器技術の実験の可能性」という論文で、有名な「仮説演繹法」による実験の手順が説明されます(29)。

実験の注意点として、以下の三点が述べられました。

1．専門的な知識を得ること
2．正しい問いのスケール感を持つこと
3．実験デザインの質を高めること

実験は、始める前によく下調べをし、明らかにしようとする対象の規模を適切に設けなければなりません。そして、結果に影響を及ぼすと予測される変数は、制御され、測定されます。実験の対象を明らかにするために、正しく設計された方法で実験すべきです。

ビンフォードは、科学的実験考古学には、性格を違えた二つの実験があることを指摘しました。確認のための実験と探求のための実験です。確認のための実験は、考古学的データ（遺跡や遺構、遺物などの発見物）を解釈するためのモデルを作ることを目的とし、探求のための実験は、変異相互の関係を正確に定義することを目的とします。いずれにしても、確認であれ、探求であれ、考古学における実験は、考古学者が普段行っているパターン認識について、考え直すきっかけを与えます。そして、新たな問いを生み出す「知識」をもたらします。

実験デザインの重要性、変数制御の大切さ、実験的推論の妥当性については、その後に欧米を中心とした、さまざまな研究者によって、意見が述べられ、実践的な取り組みが行われています。こうした流れを汲んで、「静的な過去の遺物や遺跡を素材に、実験的研究によって、動的な過去の人間活動の復元を試みたり、一方で考古資料の被った人的・自然的影響過程を検証しようとするのが実験考古学である」[30]とした堤隆による実験考古学の定義は、日本の考古学界でおそらく広く受け入れられています。

米国留学中に阿子島香が上梓した『石器の使用痕』[31]は、当時としては完成度の高い研究法として日本に紹介された実験考古学の視角であり、現在も実験痕跡研究の一翼を担っています。

中範囲として考える

中範囲とは少し分かりにくい概念かと思われますが、要は低位と高位の間にある中位の研究領域（理論）を意味します。

考えてみれば当然のことのように思えますが、私たちは遺跡から出てきたモノを解釈する際に、様々な想像をめぐらせて、合理的な解釈を導きます。その際、考古学的証拠（遺跡・遺構・遺物の観察）からいきなり飛躍して、何らかの一般的な事柄（たとえば、邪馬台国は畿内にあった、前期旧石器は存在したなど）を説明することはできません。この解釈、説明にいたる「根拠」が何なのか、が重要になってきます。

一昔前であれば、学界の権威や知識人が主張する内容が「歴史」であり、繰り返し指摘されることで、それが「歴史的史実」となりました。しかし、その根拠は時として曖昧でした。より確かな「根拠」を実証的に与える手段として考えられたのが、中範囲（中位）の理論です。

中範囲の理論は、モノの経験的な観察と広範でしばしば抽象的な一般理論（あるいは高次の理論）との間にあるギャップを埋める命題（理論）として、実証的研究を導くために開発されました。中範囲（中位）の理論は、はじめ社会科学の分野で用いられ、考古学の分野ではビンフォードによって体系化されます。実験考古学は、民族考古学、歴史考古学と並んで、その中核を担う役割が期待されます。

日本の考古学者、安斎正人は、独自の理解を交えて、これを分かりやすくまとめています[32]。安斎は「中範囲（中位）理論は、経験的現実を超越する」と述べています。要は、人間の行動と物質的遺跡との因果関係を明文化すること、考古学的記録の中でそれらの行動の痕跡を把握し、特徴的な痕跡パターンの観察から、過去の生き生きとした暮らしの具体像（ダイナミクス）を推測することを目的とした、つなぎの実証的アプローチとして、その立ち位置が説明されています[33]。

近年は、人類学としての考古学が台頭し、共時的な空間にあるモノと文化的行動との相互関係、および非文化的なモノの履歴を含めた「モノの一生」（ライフヒストリー）を探ろうとする動きが見られます。考古学的記録を生み出した動的なプロセスを明確に理解するために、中範囲の考え方を援用するのが便利です。

この研究の一環として、実験痕跡研究、痕跡学（トラセオロジー）として枠組みが整備されてゆきますが、詳しくは第6章で述べたいと思います。

ジャック・ペレグランの経験

フランスの先史学者、ジャック・ペレグラン（一九五五―）は、石器づくりの「経験」を制作者の認知基盤の解明にまで高めた研究者・模造家として、実験考古学の分野に新たな視角を切り開きます。

一二歳で先史学に興味を持ち、フランソワ・ボルドの紹介で少年時代にジャック・ティキシェと対面した彼は、若年期に毎年三、四回のペースで石器製作の実演を重ねる傍ら、石器技術の復元的研究に関心を寄せてゆきます。医学博士号とパリ・ナンテール大学で先史民族学の博士号を取得したペレグランは、石器技術と心理・経済・神経生理に関わる新たな研究を企図します。ペレグランは、石器を作る「ありのままの姿」が重要であると考えて、徹底的に練習を重ねた石器づくりの経験を、純粋科学とは別の位相に位置づけます。十分な技能を獲得した経験が「(過去の人びとの) 頭の中に何があったのかについての知識を得る唯一の方法、唯一のアプローチなのかもしれない」と考えます。そうして、考古学的データを徹底的に「読み取る」ために、石器づくりの「経験」が積極的に用いられるべきであると主張しました。[34]

ペレグランは、経験と実験の微妙な関係について、「自ら練習した経験を、科学的に価値ある実験の手法で位置づけたい」と宣言して、経験の科学的運用のありかたを実践的に問うてゆきます。現に、日本の考古学者、山中一郎は、ペレグランの経験的パラメータの制御の仕方に、独自性があることを見抜いています。[35] ペレグランは、石器を作る際に働く複数のパラメータの中から、押圧剝離のジェスチャに注目して、押圧力と石核の固定の仕方の違いに絞って実験をデザインしています。

ペレグランは、石器の原材料の特性、形状、技術的特徴について、定量法則的にではなく、暗黙的に理解する必要性を強調します。[36] 暗黙的とは経験的、あるいは等身大的とも言い換えられます。つまり、石器製作の場面において、作り手たちは素材を適切に見きわめ、適合する道具をその都度用意するなどして、（どう割るかという）知識と（どう実際の行動に移すかという）ノウハウを使い分けていると考えます。一連の作業連鎖（シェーン・オペラトワール）の中で、過去の作り手がモノをどう認知（判断）したかを「読み解く」手掛かりとして、自らの模造体験をふんだんに活かそうとするのです。彼の一連の研究は、等身大の自らの石器製作経験を通して、過去の人びとのジェスチャや認知（判断）の領域——たとえば、コンセプト、意図、好み——にまで迫ろうとした点に特色があるといえましょう。

こうしたペレグランの「経験重視」の研究姿勢に対して、主観的で科学的ではないと揶揄する北米の研究者がいますが、ペレグランが企図した石器づくりの経験の位置づけが違っているため、やや的外れな批判となっています。ただ、ペレグランの石割り技術を天才的なものだとして、彼と一部のフランス技術学派に考古資料を診断的に視る眼があるとでもいうならば、それは彼らに対する誤った評価であり、ある種の曲解です。過去を診断、つまり判定したり、断じたりするような超能力を、ペレグラン自身が獲得しようとしていたかどうかは、はっきりしません。

図4-5　ジャック・ペレグランの影響　過去のジェスチャの「再現」に挑んでいる。

ペレグランは、弱冠二六歳でキャラハンと対談した際に、自らの学問的位置づけについて表明しています。キャラハンの問いに対して、ペレグランは「経験がなくても実験は可能だが、実験は経験とともにあるべきだ」[37]と述べていることから分かるように、十分に練習を重ねた「経験」と科学的に価値ある制御された「実験」の双方が必要であり、経験を科学的な分析手段として、どう活かすかという点に関心があったようです。

科学の衣を着たでっちあげか

さて、日本の事情はどうかといいますと、日本は世界とは別に、やや独自の歩みをたどってきたように思えます。

戦前戦後にも実験的な試みはいくつかありますが、おおむね一九七〇年代から研究の進展がみられます。日本の石器製作実験の分野においては、松沢亜生、小林博昭、森山公一、大沼克彦、御堂島正を草分けに、おもに技術と機能に関する研究が進められました。小林、大沼、御堂島を中心として、おもに海外の研究法が積極的に導入されます。松沢、小林による岩石の破壊現象と石器の技術、御堂島による使用実験と一連の痕跡、大沼らによる復元的製作実験と加熱処理に関する研究は、日本の先史考古学に新たな分析の視角をもたらしました(38)。松沢は、石器の記録法を刷新すべく、三次元的・組織的に石器を読むための独創的なアイデアを提案しており、森山も製作経験を活かした遺物研究を始めます。

一九九〇〜二〇〇〇年代に大沼が手掛けた研究会（一九九四年に発足した石器技術研究会と二〇〇四年に東京大学で開催された記念シンポジウム）、および西秋良宏、鈴木美保と共同で手掛けた翻訳書籍『石器研究入門』（イニザン、テクシィエ、ロッシュ著(39)）の刊行は、日本の石器技術研究に復元製作による経験が寄与する領域と概念定義に関する指針を与え、ポジティブな影響を及ぼしたものとしてその功績が称えられます。また、御堂島正を代表として一九九五年から年一回のペースで開催された勉強会「石器使用痕研究会」にも勢いがありました。第七・八回目に実施された二本のシンポジウム「弥生文化と石器使用痕研究」、「旧石器文化と石器使用痕研究」は、一〇〇名を超す参加者を集め、我が国における石器使用痕研究の促進に貢献しました。

その一方、一九七〇年代の日本独自の実験考古学は、たびたび批判の的となりました。その内容は、遺物の観察が不十分で、実験に用いられた素材に時代錯誤がある、といった実験の手順に関するものから、そもそも実験デザインが未熟であるというような、厳しいものまでありました。

たとえば、日本で初めて「実験考古学」なる用語を造ったと評される松原正毅による一九七一年の論文「弥生式文化の系譜についての実験考古学的試論」には、目をそむけたくなるような記述が出てきます[40]。現在では、とうてい考え難いことのように思えますが、考古資料を破壊して、実験資料を作っています。実験資料の制作を急いだ松原は、中国遼東半島の骨董商から手に入れた新石器時代の石斧（実物）の一部を研ぎ直し、それをマレーシアの現地人が作った鉄斧用の柄に嵌め込みました。弥生時代の石斧とは、表面的には似ていても、本質的には似ても似つかぬ創作的な石斧を拵えて、それを実験石斧としたのです。この時代錯誤のある石斧を使って生じた「痕跡」の観察から導かれた結論には、おのずと限界があったことは、ここでいうまでもありません。その後、こうした実験的手続きに対しては、批判の対象となったばかりか、実験のイメージそのものを悪くする引き金となってゆきます。

論客としての考古学者、佐原真や都出比呂志は、「実験」と称して過去のモノや行動を体験的に模造する人々が、つい早まった結論を出してしまうことへの問題点を指摘します[41]。先の松原の実験とも関係しますが、たった一度か数回何かを試みただけで、過去を解明しようとする姿勢について、その危うさが指摘されます。

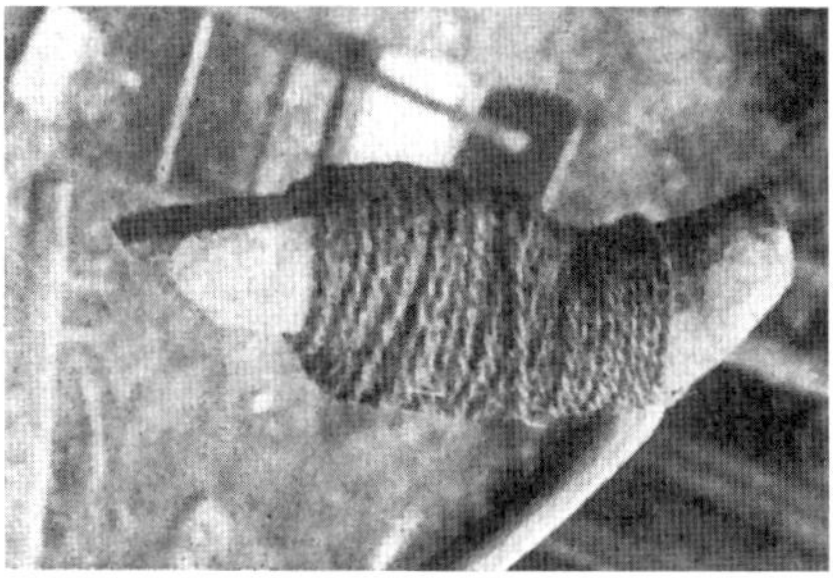

図 4-6　松原が作った実験資料　考古資料を壊して、架空の斧が作られた。

続けて、慶應義塾大学の鈴木公雄は、コールズの著書『実験による考古学』を訳出して（『実験考古学』学生社、一九七七年）、日本の研究者にその周知公開を企てます。鈴木は、その後の自身のいくつかの著作において、実験考古学の論理について説明しており、実験は方法や目的に配慮し、得られた結果に対する正当な手続きや評価を行うこと、自然科学一般の枠組みの中でとらえておくのが無難であること、再現（実験）の成功は過去の証明ではないことなど、コールズによる実験の方針を咀嚼した内容について、改めて強調されます[42]。

一九七〇年代を中心とした実験考古学へのきな臭い感情は、その後の日本の実験考古学の理論を鍛えるカンフル剤となってゆきます。この背後には、当時の日本の実験が、実験と呼ぶにはほど遠い試みだったからという事情も関係します。とりあえずやってみる、といったものから、ある程度の時代考証を経たものまでありますが、実験で得られた「知見」を、どんな論理的推論に沿って、どう考古学的な解釈に役立てるか、といった最低のロジックさえ示されていなかったことに原因があったように思われます[43]。こうした背景として、研究者の多くが文科系出身であったことが関係しているという人もいますが、この見立てはおそらく甘いと私には思えます。実験考古学とほぼ同じ一〇〇年余の歴史を持つ実験心理学の分野などで、いち早く実験的手法を確立させるための機運が醸成されたことに鑑みれば、これはひとえに考古学における実験の論理が未成熟であったという、考古学側の問題にありそうです。

中口裕の著作『実験考古学』（雄山閣、一九八二年）には、残念ながらその一例が垣間見えます。中口は、佐原や都出による批判を受けて、「成功は証明できないが、失敗（マイナスの情報と呼んでいます）は「証明」できる、あるいは、現在と過去を二重証明する」といった反証主義にも似た理屈を用いて実験を手掛けています[44]。しかし、中口の言う「実験」や「証明」がいったい何を意味するのか、この著書では少し曖昧です。仮説の証明かと思えば、探索的な実験も混じっており、厳密な検証でもない実験も含まれます。そして、果たして、現在の「経験」を通して、過去を「証明」することができるのか、といった基本的な内容についてすら、具体的に語られているわけではありません。著作のなかにたびたびでてくる様々な推定（見解）とは、みずからの経験（中口は、実験考古学の研究結果と呼んでいます）に基づくものであったようです。

中口は「実験」と「経験」をどう区別するかという点について、はっきりと言明しているわけではないので分かりにくいのですが、あらかじめ作って、わかっておくことが「実験」の役割であると述べています[45]。ゆえに、中口のいう「実験」とは、過去のモノや行動を模造（模倣）する経験のことを意味していると理解することができるでしょう。少し厳しい言い方をすると、観察と自らの再現的な「経験」から、「知識」や「洞察」を得たという以上の実験的効用が、提示されたわけではありません。

ができない「再現」と「復元」

ここで、「再現」や「復元」とは何なのか、問うてみたいと思います。まず、忘れてはならないのは、私たちは、自然的・文化的諸条件を過去のままに用意できないということです。つまり、私たちの再現的な営みは、その全てが「現代」という文脈から逃れられない行為だということです。

これはどういうことかと言いますと、私たちが行っている再現的行為というものは、その全てが現在の営みです。ゆえに、過去の行動の忠実な「再現」をしているといっても、それは所詮、現在と過去という時間を越えて、同一性を証明できているわけではないという、いわば当たり前のことを言っています。

模造による結果が、たとえ過去のものと近似しているように思えても、それは過去の文字通りの「再現」ではないし、ある考えを「裏付ける」ようなものでもありません。ですから、過去を対象とした「再現実験」というものは、実際には存在しない、と言うことができそうです。つまり、「やってみること」と「再現できること」は、違うのです。

イギリスの実験考古学者、アラン・アウトラムは、過去はどのようなものだったか多くの場合分からないため、過去を「再構築」することは不可能だと指摘します(46)。また、ピーター・レイノルズも「再現」という用語の不確実性について述べています。レイノルズは、実験とは呼べない「再現」は、むしろ過去への偏見を高めるほか益するものは何もない、と極端なまでに戒めます(47)。彼ら二人が主張するのは、復元であれ、再現であれ、複製的な試みは、その全てが「今・現在」のものであるから、現在と過去との間には越えることのできない壁があると考えるべきだというものです。言い換えれば、どんなに素晴らしく模造できたとしても、それは「独自のもの」でフェイクであると認識すべきだという立場です。

図4-7はフランスの先史学者、ジャック・ティキシェが左足の下に石刃核を置き、前方に屈んで間接打撃をしている様子です。なんだか窮屈な格好ですが、こんなへんてこな姿勢でも石刃が剝がせることが分かりました(48)。しかし、

図 4-7　ジャック・ティキシェの足下技法

この姿勢で石刃が剝がせることが分かったが、これは過去の証明ではない。

こうした姿勢で過去にも石刃が剝がされていたか否かについては、分かっていません。あり得る一つの仮説として示されたに過ぎません。

わが国には、出土遺物の徹底観察と組織的な復元が行われた研究があります。長期にわたって縄文時代の編組製品を模造した塩地潤一らの研究は、徹底した遺物観察と高度な専門的知識が生かされているために、最終的に新たな知見を得ることに成功しているように思われます[49]。

また、民俗誌的な裏付けと経験に裏打ちされた名久井文明の「実験」も、質的にはほかと違っています[50]。名久井の実験は土俗的な発想（アイデア）の延長線上にあるために、推論は高次元で行われています。そのため、前提となる実験が、過去へのつながりを予め規定しており、この点が強みです。過去と現在のつながりを意識した民俗学的実験は、高度な再現を可能とするかもしれません。

それでも、過去と現在には越えがたき深い溝があることは、忘れてはなりません[51]。中口もこの点を強調しており、時間という歴史性に鑑みるならば、まさに現在の営みと、過去のそれとの間には、中口の言う「深淵」のようなものがあるとみるべきです。この深淵（溝）は、本来埋まるものではないことは、理解しておくべきでしょう。こうした理解をしておくことで、自らの体験でもって、判定したり、断じたり、過去の殊更多くの事柄について、知ったつもりで声高に語る態度は抑制されることでしょう。

かつてコールズは、復元する、再現する、再生する、複製するという表現は真実を誤って伝える恐れがあるため、模造（simulation）と呼ぶべきではないか、と述べました[52]。こんにち、「再現」や「復元」と称される全ての試みは、その表現が誤解を招く一因となっています。本来は「再現的」あるいは「復元的」と言い換えられるべきものである、と私は考えています。

遺跡公園などに建造されている「復原住居」も厳密な意味での過去の「復原」ではないために、「再建住居」と呼ぶべきかもしれません。

誤った実験の例

ネガティヴな話が続きますが、ある人物が黒曜石の刃を用いて髭を剃った。すると血だらけになってしまって、とても剃ることなどできなかった、という話が書かれた本[53]があることを、私は最近知りました。

この人物、雨宮国広は、自らの実体験から、黒曜石の刃は髭を剃るにはするどすぎるから適していないと言っています。そして、過去（縄文時代）の人たちは髭を剃ることなく、たくましく、エコに暮らしていたと述べています。

この一見正しく見える推論は、少し危ういものであることが、次の民族誌を読むと分かってきます。

ニューギニア高地の村に分け入り、彼らと生活をともにした本多勝一・石毛直道は、石のナイフの使い方がまったく違っていたことを記しています[54]。親指と刃先の間に髭をおさえて、ちぎるように髭を剃っていたというのです（図4-8）。この様子が記録されたのが一九六三年頃で、やや新しいので時代考証に不安が残ります。そこで、さらに古い記録を探してみましたが、やはり同じ内容の記録が見つかりました。オランダの人類学者、ラルーの著書『ニューギニアの山岳パプア人とその居住地』（*De Bergpapoea's Van Nieuw-Guinea En Hun Woongebied*）において、ニューギニア高地人が、石のナイフを使って、髭を引きちぎっていたことを記しています[55]。

ここで分かることは、石のナイフを使って、現代風に髭を剃った雨宮は、石のナイフの使い方が間違っていた可能性がある、ということです。カミソリを使うように刃を肌にあてがって、引っ張ることを思いついた雨宮は、他にも

図 4-8　石器で髭を剃る先住民

ありうる使い方にまで考えをめぐらせることができませんでした。そのため、自らの経験が絶対的な真実だと思い込んで、過去の人たちは髭を剃っていなかった、縄文人は髭を剃らないで、エコ活動ができる人たちだったという早まった結論を導いてしまったのです。

もちろん、雨宮は現代のようにつるつるに髭を剃ることをしなかったと言っていますが、髭剃りの実験から縄文人の性向にまで踏み込んだ推察をするのは、行き過ぎでしょう。さらに雨宮は、現代の「常識」を問うていますが、縄文人にとって、髭を剃るという感覚が、わたしたち現代人と同じであったはずがありません。

では、雨宮が犯した誤りはどう回避できたでしょうか。一つには、ラルーや本田の民族誌を知っていれば良かったのです。石のナイフの使い方として、他の可能性があったことを知っていれば、縄文人は髭を剃らなかった、といった行き過ぎた推論に至る前に踏みとどまることもできたでしょう。もし知らなかったとしても、考古学者の指導を受けて、過去の黒曜石の刃の形状、刃に残された使用痕跡から、ナイフの使われ方についての事前知識を手に入れることができたようにも思えます。二つには、経験を過去の証明にではなく、仮説として持ちえた知見としてとどめていればよかったのです。

ちなみに、一九世紀の人類学者、エドワード・スティーブンスは、南米のアステカ人が髭を剃るのに、採れたての刃が真っすぐな石刃《せきじん》を使ったと記録しています(56)。また、ニューギニア高地人が竹のナイフで髭を剃っていたことも報告されています(57)。ですから、縄文人が髭を剃る刃物の種類は、他にもあった可能性もあるのです。雨宮の実験的考察には、こうした考証を重ねるという慎重さが欠けていたと感じます。

ただ、私は、やってみることを否定しているわけではありませんし、雨宮の努力を丸ごと低評価しているわけでもありません。考古資料や文献記録に忠実で、時代錯誤のない実験資料を用いた経験は、判断の源となります。そして、試すことによる効果のいくつかを指摘できます。その効果を次に三つ紹介してゆきたいと思います。

民族誌を確かめ、仮説を強める

やってみる大切さという点に関して、興味深い最初の試みを紹介します。

エジプトには、芸術家により描かれた絵がありますが、ここで取り上げるのは、カイロ南方のベニ・ハサン村で見つかった墓の絵です。

図4-9は、紀元前二一世紀の古代エジプトの役人、バケット三世の墓（15号墓）で見つかった、石器づくりを描いた絵です。この絵には「打製ナイフ」と「フリント」を意味する碑文が残されており、劣化して剝がれ落ちた部分から「ナイフを打つ、（石器の）石を叩く」と記された象形文字が見つかっています。[58] このことから、この絵が、数千年前の石器づくりの様子を描いたものであることは、ほぼ間違いありません。

15号墓に描かれた絵には、向かいあう二人の人物aと人物bがいます。この二人はともに石器製作者であり、aの右手とbの右手にある棒状のものは加工具です。そして、aの左手とbの左手にある木葉形の物体は、製作途上のナイフであると考えられます。aの絵は、右手を下方に、左手を上方に持ち上げています。右手で加工具を握り、その下端を台の上に置き、左手でナイフのできばえを確認しているところだと理解できます。

問題となるのは、bの絵です。右手に握った剝離具の下の端が、左手に握ったナイフの一端に接しています。これが押圧（押しつけ）している状態か、打撃している状態か、直ちに判断することはできません。それでも、古王国（前二六八六～前二一〇〇頃）時代以降の打製ナイフは、一般的には軟らかいハンマーで叩いて作られていたと考えられることから、その時代性に鑑みて、マルカート・ルンドは、この絵が軟らかいハンマーで直接打撃をしている姿だと理解しています。

図4-9　墓に描かれた石器をつくる人物

> bの人物は、右手で長い剥離具（ハンマー）を垂直に近い位置に持っている。腕を曲げ、親指を石器の上端に向けている。棒状の剥離具は、前腕よりも長く表現されている。加工途上の石器を左手に持ち、膝の上に伸ばしている。親指よりわずかに幅が広いように表現されている剥離具の下端は、すべて石器と接触している……aの人物は、左手で加工途上の素材（石器）を持つ。右手で剥離具の中ほどを持ち、その上部を自分の側に傾け、下部の幅広の端を長方形のブロックの上に置く。[59]

もう一つの絵は、先の絵にまつわるシーン全体を示したものです（図4-10）。2号墓西壁で見つかりました。より多くの人物とナイフ制作に関わる情報が描かれており、やはりここでも二人の作り手がナイフを宙に持ちあげて、その形状を確認しています。剥離は下向きに行われており、作ったナイフが脇に山積みになっています。最後は、窄んだ一部を緊縛して柄が作られたことも分かります。

ルンドは、一番左が監督者、右側五名が労働者であると理解しており、労働者はタイプA三名とB二名とに分けて表現されたと説明します。労働者の前には、長方形のブロックがあり、作りかけのナイフを持つ腕は、膝の上にあります。こうした作業姿勢が、石器づくりの操作フォームを表していると考えています。

さらに、絵の色が注目されます。フランシス・グリフィスは、剥離具の柄が黒色に着色されているのに対して、先端が赤色に塗りつぶされていることに注目しました。グリフィスは、色が違えて表現されているのは、偶然ではなく故意であり、その理由は柄とは異なる物質が先端に装着されていた証である、と考えています。[60] この点に関してルンドは、先端に銅素材が装着されていたと考えています。

図 4-10　石製ナイフ製作のシーン

二〇一五年に南ドイツのバイエルン州で開催されたある学会で、ルンドがこの再現的な実験製作を行いました。私は、彼の実演を一目見るために、この学会とエクスカーションに参加しました。

ルンドは、銅の先端が装着された長さ約三〇㎝の木製の棒状打撃具を使用して、剝離具を縦に鉛筆を持つように握りしめました。そして、加工するナイフを左手でつかみ、そのナイフを体からやや離れた位置に構えて、ほぼ真下に弧を描くように、右手に握ったハンマーを打ち落としました。この非常に独特な打撃フォームを採用して、厚さ一㎝に満たない、薄身の見事な両面加工ナイフを作り上げたのです（図4-11）。

ルンドの再現的実験の成功は、ベニ・ハサンの墓の絵に沿って、復元的に石器製作できることを意味しましたが、これは仮説の検証に成功しただけで、過去にもこの技術が存在したことを証明しているわけではありません。

民族誌的な手掛かりを丁寧に検証することの大切さを示してみせたのです。

「痕跡」を読む力を鍛えよう

やってみることのもう一つの意義は、モノを見る眼を養う点があげられます。眼を養うとは、分かったようで、よく分からない表現ですが、要するに、遺物をより正確に、より洞察的に眺めるための観察の技能、つまり「痕跡を読む」ための考古学者の能力を高めることにあると説明できます。

土器であれ、石器であれ、あらゆるモノ（遺物）には、さまざまな「痕跡」が残されていますが、その「痕跡」の意味を捉えるには、観察者自らの発想を鍛えておかねばなりま

図4-11　実験を手掛けるルンドとその複製品　ドイツ・バイエルン州で筆者撮影

せん。その次善の策として行われる実験が、欠かすことのできない経験として重視されます。

日本の考古学者、高橋護は自らの土器づくりの経験を遺物の観察に活かしています。高橋は、製作途中の中断痕跡（偽口辺）や、加圧変形した際に生じる圧展構造を把握するのに、土器製作の経験を用いています。土器断面に表れた接合部の流離構造をつぶさに観察することで、粘土紐の接合位置を推定しています。[61]

さらに複雑な面としての痕跡（学史的には、肌とも呼ばれます）が石器にはあり、やってみる経験がふんだんに生かされます。

通常、石には過去の製作時にできた面（剥離痕、研磨痕、擦痕、打痕）、過去の使用・運搬・廃棄時にできた面、自然作用で埋没後に傷んだ面、現在の運用（発掘）時に傷んだ面、人の作業とは無関係に元から石にあった自然の面の五種が存在します[62]。そして、それらは「切り合い関係」（切れ合い関係ともいいます）を持ち、打製の場合は剥離面（痕）を形成します。どの剥離が古くて、どの剥離が新しいかは、剥離面に残されたリング（打撃点から同心円状に広がる力の波）とフィッシャー（剥離面に現われる細かな筋状の裂け目）の構成を読み解き判断されます。

「切り合い関係」とは、日本の考古学者、松沢亜生が概念的に整理した考え方のことであり、専門的な用語です[63]。隣り合う剥離面が一部重なって見えるとき、古い面（先に割った面）が新しい面（後から割った面）に一部切り取られて見えることから、こう呼ばれています。おのおのの面の新旧は、切った、切られたとも表現されますが、切った側が新しく、切られた側が古いです。

　原理的には、最後の剥離面には、リングとフィッシャーが完全に残っていると理解されます。従って、リングとフィッシャーが無欠で残っている側（面）が、残っていない側（面）よりも新しく（後から）剥がされたと判断できます。また、新しい面と古い面との境界に形成された稜《りょう》（線）の横断面は、しばしば左右非対称形になるために、新しい面と古い面との間にある稜線に対して、ほぼ九〇度交わる向きに指でなぞると、新しい面から古い面に向かう途中でわずかに引っかかりを感じます。つまり、新しい面の端が古い面の一部を抉るように、窪んで接している場合が多いのです（図4-12）。剥離面があまり重なっていないとき、引っかかりを感じにくいことがありますが、十分に重なっているときは、新しい側が抉れているよう感じられます。この理由は、新しい側にリングの終端があることと関係します。

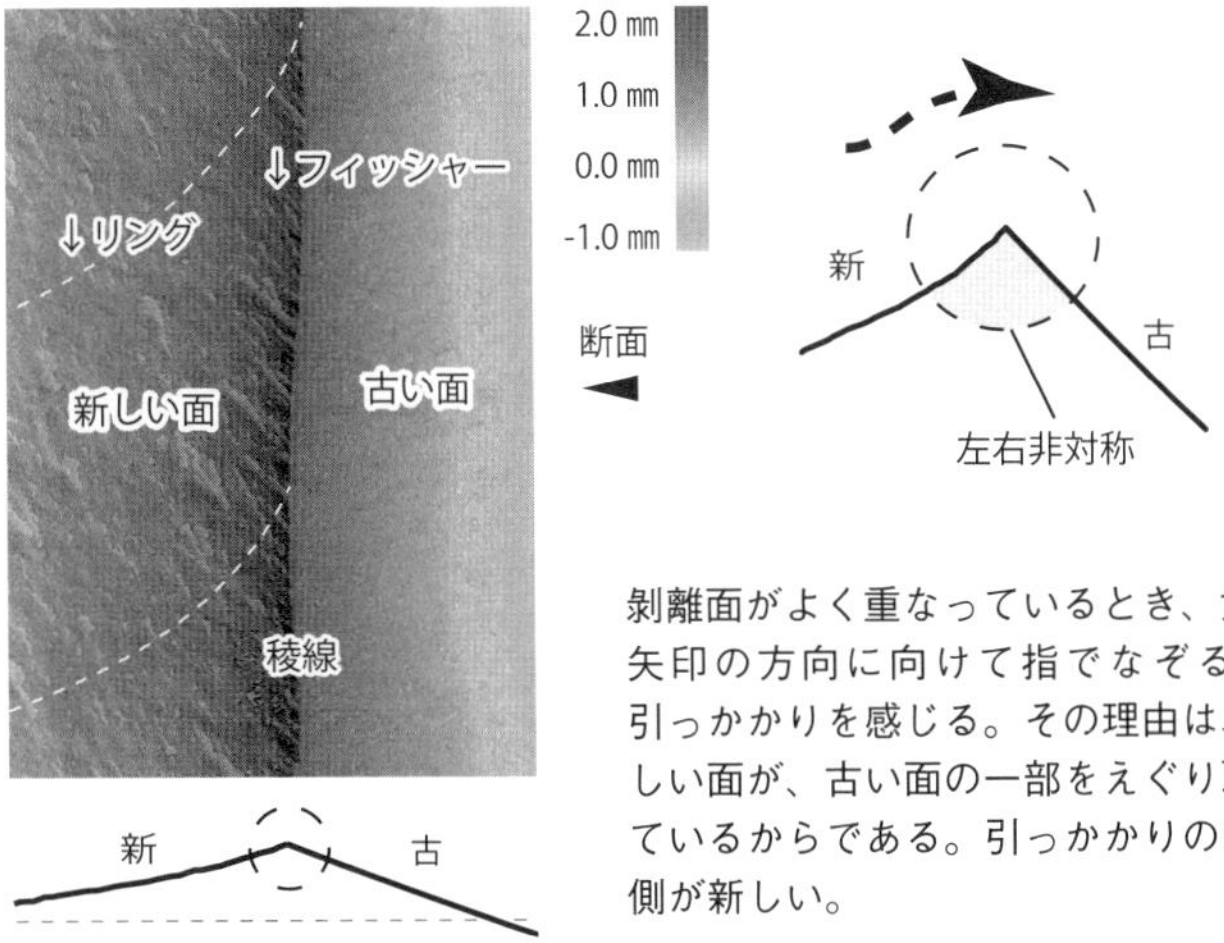

剥離面がよく重なっているとき、太い矢印の方向に向けて指でなぞると、引っかかりを感じる。その理由は、新しい面が、古い面の一部をえぐり取っているからである。引っかかりのある側が新しい。

図4-12　剥離面の新旧を見きわめる

　このように、隣り合う剥離面同士の新旧関係について、視覚と触覚を頼りとして判断できます。見る眼が慣れてくると、これは光にかざしただけで、肉眼でも区別できます。やや小さな剥離面になると、約三～六倍のルーペを用いて、自然光あるいは蛍光灯を斜め上から当ててみて、陰影をみるのがよいでしょう。上からだけでなく、斜めから剥離面の際（境）をよく観察することです。

　「切り合い関係」を正しく判断することは、遺物としての石器に「体系立った記号」を与えることを意味します。さらに、その眼を養うことで、比喩的な表現ではありますが、文字通り「石を読む」感覚が得られます。極端な場合には、残された遺物の全ての（といっても、ごく小さな加工面や、隣接しない剥離面は不可であるが）剥離面の順序関係を、かなり正確に読み解くことができるのです。図4-13は、フランスのヴォルグ遺跡から出土した石器の剥離痕の順序を、日本の考古学者、稲田孝司が詳細に読み解いた一例です。稲田は尖頭器の作られ方に一定の秩序があったことを明らかにしています[64]。

なぜその遺物ができたか、なぜその形となり、最終的に捨てられたのか、どう作って、使って、維持管理したかなど、遺物形成の歩み（ライフヒストリー）を判断する最も基本的な分析単位が、痕跡を正しく読むことにあるといっても過言ではありません。

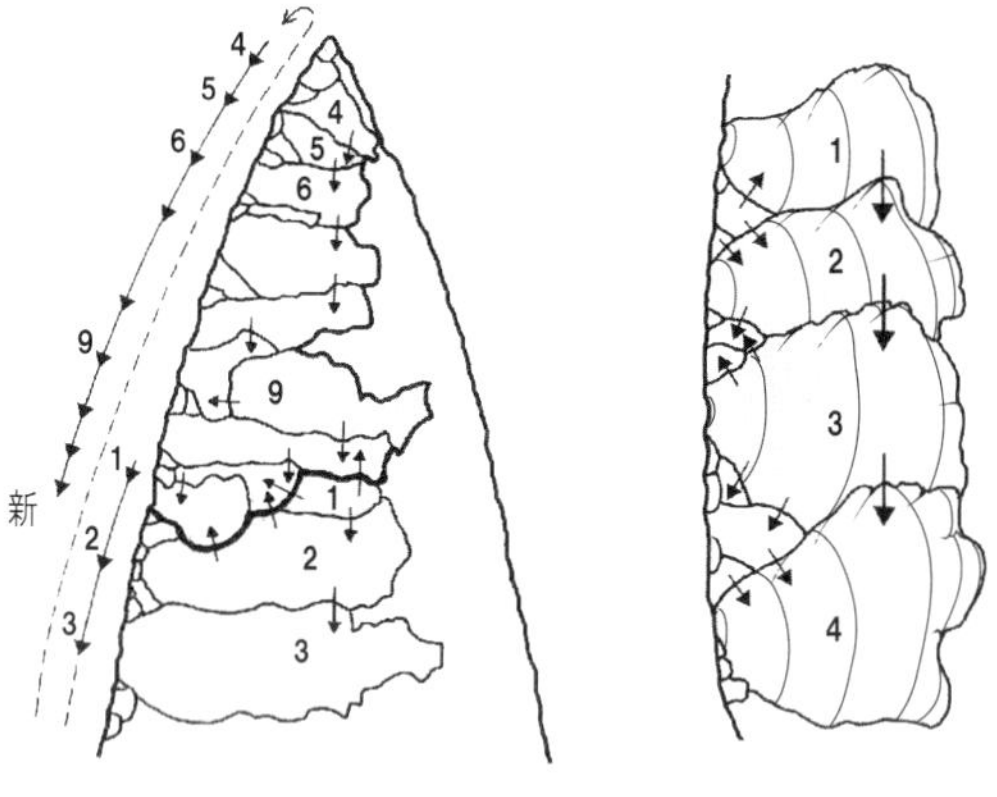

図4-13　剥離面の切り合い関係

数字が小さいほど、古い（先に剥がされた）面であることを示す。

土器の断面に表れた「接合痕跡」や石器の表面に表れた「切り合い関係」を正しく判断するためには、土がどう練られ、石がどう割れるかということについて、経験的に理解を深めておくことが大切です。そのために、様々に起きうるバリエーションというものを、分析者自身があらかじめ知っておくことが肝要です。模造の経験がここに活かされてくるのが分かるでしょう。

なお、通常、過去のモノ（遺物）は傷んでいます。考古資料から「切り合い関係」を読み解くには、使用・維持・廃棄されて以降に上書きされた「痕跡」の意味についても、同時に考える必要があります。

模造して過去に迫ろう

やってみる経験が、モノを観察する眼を鍛えるほかに、新たな研究の視角を生む可能性も秘めています。

実験考古学者の久保田正寿は、石器製作の経験に基づいて、ハンマーの形状の再検討を試みています。ハンマーの形からグリップの位置を想像して、使い手の石器の握り方を推測しています。[65]こうした研究は、主観に基づいているために、一見非科学的であるように思えますが、モノの観察と経験知に基づいて、過去の「モノ扱い」に関わる仮説を発想しているという点において、探検のための実験とも呼べるでしょう。

久保田の実験考古学は、まず考古資料の観察を第一義としています。徹底した「経験」を積んで過去の技量を体得します。それから、その十分な経験を裏付けとして、仮説を発想してゆきます。考古資料の観察→経験（実験）→観察のプロセスを通して、初めに抱いた仮説を考古資料で検証します。

久保田は、たびたび「環境」を問題としているものの、久保田の言う「環境」とは、自然環境に限る「意味」ではなく、行為を取り巻く社会・文化的な「環境」を含めた意味で用いられています。コンテクスト（背景）といってもよいかもしれません。また、久保田はハンマーには芯があると述べており、芯を利用したハンマーの形がどのようなものであるかを理解しようとしています。そして、ハンマーの握り方までを想像して、石器形態の意味について、あるいは過去の人々のハンマー扱いの仕草に迫ろうとするのです。

類似の研究が、フランスの旧石器研究分野で行われています。ルイス・デ・ウェイヤーとエリック・ボエダらは、過去の道具選択のあり方にアフォーダンスの考え方を用いて、この問題にアプローチしています。デ・ウェイヤーらによれば、アフォーダンスとは過去の人びとの認知（判断）領域にあるもので「最終製作物に残る技術機能基準の選択」[66]にあたります。どういうことかといいますと、ある石器に対して自然に存在する部位をどう残し、その部位をどう道具の一部として加工してゆくか、といった作り手の概念、意図、計画性などを、石器のなかに読み解こうというものです。デ・ウェイヤーらは、野山から採取したばかりの石の塊の、どの部位が、どう選択され、道具として形になるか、石塊扱いを決定づけた作り手の「判断」に迫ろうとしています。作り手が、素材に対してどうアフォードしたか、現代の石器づくりの経験に照らして、判定しようというのです。

このように、素材のどの部位を改変し、どの部位を維持して加工を計画したかという点を、ひとつの道具のなかで概念化して捉えることにより、道具の成り立ちを説明します。石器を作って、使うという経験的知識に依拠することで、過去の人々の好み、選択性を読み解こうとするのです。

私もこれを「石器扱い」として、作者の「判断」を過去の遺物に見出そうとしたことがあります。石を手の中でどう回転して剝離を進めていったか、あるいは打ち割り角度の選択性（鈍角指向）に割り手の性状を見出して、それを「石器扱い」として捉えたことがあります[67]。ハンドアックスや礫器（礫の一部を加工した礫塊石器）のグリップを作り出すために、元々あった礫の丸味をそのまま残して、礫の一方だけを加工してゆく、こう説明を加えて人々の認知（判断）を探ろうとしたデ・ウェイヤーらは、「石器扱い」を読み解く際の私たちとほぼ同じ頭の働きをしているといえるでしょう。

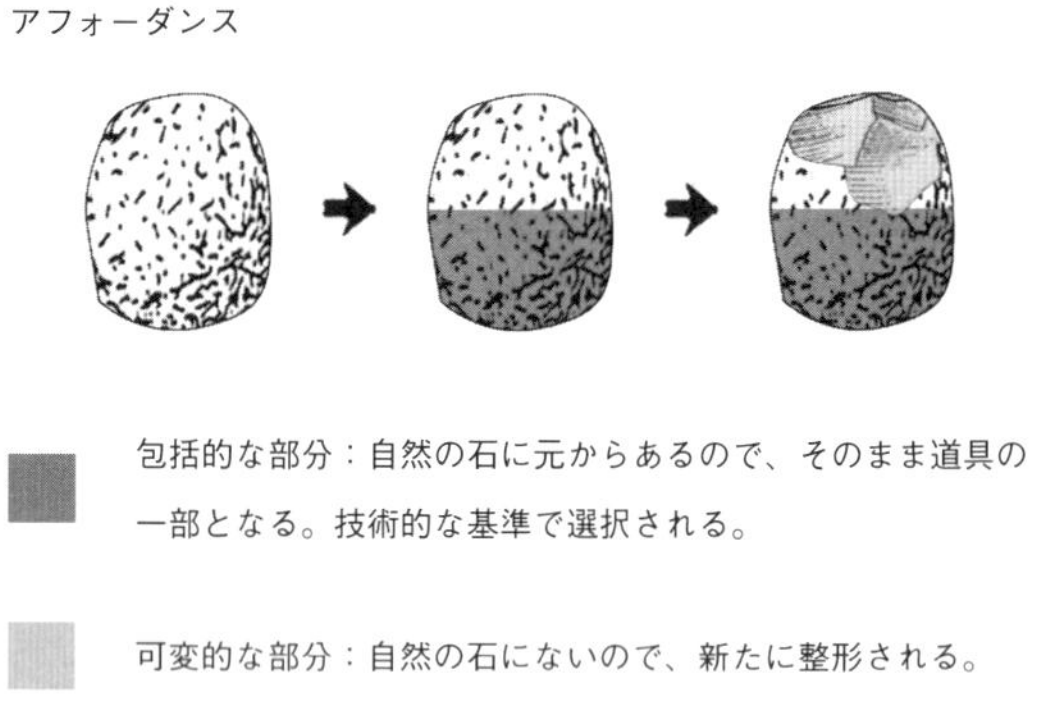
アフォーダンス
包括的な部分：自然の石に元からあるので、そのまま道具の一部となる。技術的な基準で選択される。
可変的な部分：自然の石にないので、新たに整形される。

図 4-14　作り手の認知と「判断」

このように、石器を扱う私たちの経験が、モノ（石器）の意味を探るチャンスとなっています。モノを扱う経験が、モノを見る者《もの》の認知に対する変化を促して、モノに過去の人々がどうアフォードしたかを判断するよりどころとなっているのです。

ルール違反をした複製家たち

以上のように、正しい手順で過去を「模倣」した経験は、過去に対する何らかの洞察を得る最良の手段となりえますが、その手順を誤らないようにすることが大切です。

二〇世紀の石器の複製家の多くは、銅製の押圧具を好んで用います。その理由が、金属器登場以降の文化を対象とした考古学的な試みであれば問題はないでしょう。ところが、二〇世紀の多くの複製家は、その利便性から銅製押圧具を用いて、金属器登場以前の「石器」の復元的製作を手掛けています。

複製家たちは、たびたび銅製の押圧剥離具の効能を述べています。銅製の押圧剥離具は、角製のそれに比べてわずかに硬く、剥離の効能が優れていることを強調します。さらに、銅製の押圧剥離具は、研ぎなおしの手間が少ないために、使い勝手が良いと述べられています(68)。

模造することの目的がものづくりにのみあるのであれば、その手段は問いません。しかし、考古学における模造実験の本質は、対象とする時代の「環境」に似せた営みでなければなりません。過去の生活水準にあわせた復元的な営みこそが推奨されているのです(69)。この両者をごっちゃにして、表面的に過去の「モノ」に似せた「モノ」を作ることだけを考えて、模造が行われた場合に、問題が生じます。

金属器登場以前の石器を模造するのに、一九世紀末の複製家、フランク・クッシングは、金属や釘を用いていました(70)。現在も、米国の多くの人々が、銅製の押圧剥離具、あるいは銅製ハンマー（カッパー・ボッパーと呼ばれる）を利用して、金属器登場以前の石器を作ります。時折、こうした人々の経験談が、過去の事実のように独り歩きするのは、危ない兆候です。そこで得られた「経験」は、過去の正しい再現でもなければ、「追体験」でもありません。

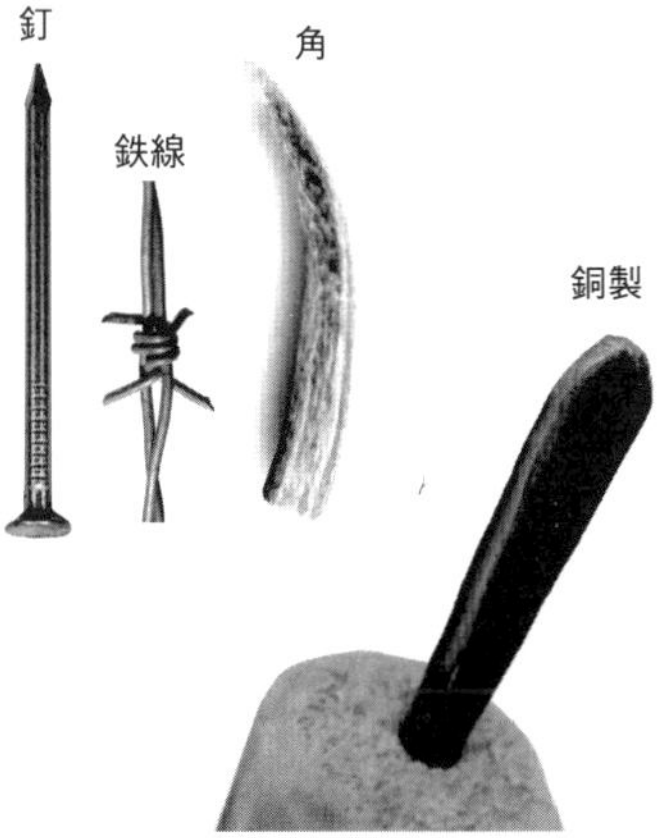

図 4-15　先住民の押圧剥離具の素材（20 世紀初頭）

ものづくりを通して、過去の「追体験」をしようと試みるならば、たとえ利便性が高く、効率的に作られるとはいえ、知りうる限り過去に存在しない方法や素材を用いるべきではありません。先に紹介した、松原による実験素材の準備のあり方が良い例です。考古学における実験は、可能な限り文献記録を参照して、原則的にその全てが考古資料に基づいて行われるべきと考えられます。

実験する際の注意として、模造対象の時代と同等のレベルにある素材を使うことが求められます(71)。そのために、対象とする時代の背景について、文献等で事前にしっかり調べておく必要もあります。第3章でみてきた民族誌的記録の数々は、こうした実験的仮説を検証するための基礎（アイデア）を提供しています。

前提が危ない

また、民族誌や考古資料を参照して、過去の文化的水準を調べ尽くすといった努力も怠ってはなりません。

ある論文で、径二・四ｍの巨木を磨製石斧のみで切り倒した際の打数（斧を振った回数）を計算しています。ところが、こうした実験デザインそのものに対しては、疑義が呈されます。

まず、径二・四ｍもある太い立木を磨製石斧のみで一気に切り倒すような暴挙を、過去の人たちは本当にしていたのでしょうか。私が複数の文献を調べた限りでは、世界のあらゆる民族が、径一ｍを越すような巨木の伐採に挑む際には、火の力を借りています。斧を振る力のみならず、火力を用いて、伐採効率を上げています(72)。磨製石斧はせいぜい径一ｍ未満の木を切るのに使っており、細い立木は確かに石斧のみで切り倒した可能性がありますが、より太い木に対しては、火力を補助的に用いた可能性を考慮しておく必要がありそうです。

また、立木の辺材（木の芯から外れた周りの部分）に切れ目を入れて、それを放置して、材を十分に弱らせてから切り倒すといった木材処理が施されていた可能性もあるし、あえて伐採しないで立木のまま作業する例もあるようです(73)。過去の人たちは、私たちの想像以上に巨木の扱いに慣れており、かつ計画的に、時間をかけて、伐採していた可能性もあるのです。

このように、あらゆる条件を考慮して、実験をデザインする必要がありますが、巨木を石斧一本で、一人で切り倒すといった現実味のない試みのように、いくつか前提が危ういと感じる「再現」の例があります。そうした試みに対

図4-16　立木から板を剝ぐ北西海岸の先住民

しては、前提を問い直す必要があると思えます。「再現的」か「復元的」かという質的評価が、「モノ」の出来栄えや正確性にあるのではなく、そのプロセスにあるべきだと主張するその理由は、実験考古学が目的に沿った「モノ」づくりをしているからです。

そうした意味で、実験考古学の種類を知っておく必要もあると思います。そこで、次章で実験考古学の種類と成り立ちについてみてゆきたいと思います。

註

（1）上田閑照『経験と場所』（岩波書店、二〇〇七年）。

（2）菅豊彦『経験の可能性—ウィトゲンシュタインと知の基盤—』（法律文化社、一九八八年）。

（3）鈴木美保「研究史にみる石器製作実験—理論・方法・今後の展望—」（石器技術研究会編『石器づくりの実験考古学』学生社、二〇〇四年、六—二一頁）。

（4）Evans, J. (1893) *The Forgery of Antiquities.* Spottiswoode.; Munro, R. A. (1905) *Archaeology and False Antiquities.* Methuen.

（5）Stevens, E. T. (1870) op. cit.〔第3章註（30）〕

（6）大山柏の『土器製作基礎的研究』（一九二三年）、直良（村本）信夫の土器焼成実験（一九二四年）、杉山寿栄男の『日本原始工芸概説』（一九二八年）など、日本の土器づくり分野においては幾つかの先駆的な試みがあります。石器については、樋口清之「實験的石器製造法」（『考古学雑誌』17—3、一九二七年、二二一—二三三頁）があります。

（7）ボルドの著作『旧石器時代』（一九六八年）やティキシェの論文「石器記述のための用語集」（一九七四年）は、今でも石器研究初学者のためのバイブルです。

（8）Crabtree, D.E. (1972) An introduction to flintworking. *Occasional Papers of the Idaho State University Museum*, 28. Idaho

State University Museum.

（9）Crabtree, D. E.（2008）*A Reader in Stone*（DVD）, Idaho Museum of Natural History.

（10）Callahan, E. & R. Harwood.（1986）A thinking man's flintknapper the Errett Callahan story. *Flintknapping Digest*, 3（2）: pp. 4–11.

（11）Olausson, D., et al.（2019）Errett Callahan（1937–2019）and his impact on Swedish archaeology. *Fornvännen*, 2019（4）: pp. 258–262.

（12）Callahan, E.（1979）The basics of biface knapping in the eastern fluted point tradition: a manual for flintknappers and lithic analysts. *Archaeology of Eastern North America*, 7（1）: pp. 1–180.

（13）Thomas, D. H.（1986）Points on points: a reply to Flenniken and Raymond. *American Antiquity*, 51（3）: pp. 619–627.

（14）Whittaker, J. C.（2004）*American Flintknappers: Stone Age Art in the Age of Computers*. University of Texas Press.

（15）Ascher, R.（1961）Experimental archaeology. *American Anthropologist*, 63（4）: pp. 793–816.

（16）Heyerdahl, T.（1950）*Kon-Tiki: Six Men Cross the Pacific on a Raft*（with eighty photographs of the voyage）. Rand McNally & Company.

（17）Semenov, S. A. & M. W. Thompson.（translator）（1964）*Prehistoric Technology: An Experimental Study of the Oldest Tools and Artefacts from Traces of Manufacture and Wear*, Cory, Adams & Mackay.

（18）ジョン・M・コールズ（河合信和訳）『古代人はどう暮らしていたか―実験考古学入門―』（どうぶつ社、一九八五年）

（19）Ingersoll, D. W. & W. K. MacDonald.（1977）Introduction. In: Ingersoll, D. W. et al.（eds.）*Experimental Archaeology*. Columbia University Press: pp. xi–xvii.

（20）Bell, M. G., et al.（eds.）（1996）*The Experimental Earthwork Project, 1960–1992*. Council for British Archaeology.

（21）ジョン・M・コールズ（鈴木公雄訳）『実験考古学』（学生社、一九七七年）。

（22）前掲コールズ（一九八五）、Ascher, R.（1961）op. cit.

（23）前掲コールズ（一九八五）。

（24）ちなみに、日本では一九七〇年代を中心として新井司郎や後藤和民が加曾利貝塚博物館で精力的に土器づくりを行っています。この頃の彼らの取り組みが、本物志向の土器づくりを一般大衆に広める一翼を担っていたことは見逃せません。

(25) Callahan, E. (1974) The Wagner basalt quaries: a preliminary report. *Experimental Archaeology Papers*, 3, Virginia Commonwealth University. pp, 9–128.

(26) 前掲コールズ（一九八五）。

(27) Callahan, E. (1976) *The Pamunkey Project, Phases I and II*. Experimental Archaeology Papers, 4, Virginia Commonwealth University.

(28) 前掲コールズ（一九八五）。

(29) Amick, D. S., et al. (1989) The potential of experiments in lithic technology. In: D. S. Amick, and R. P. Mauldin (eds.) *Experiments in Lithic Technology*. Oxford: BAR 528, pp. 1–14.

(30) 堤　隆「実験考古学」『用語解説　現代考古学の方法と理論Ⅱ』（同成社、二〇〇〇年、一一二—一二〇頁）。

(31) 阿子島香『石器の使用痕』（考古学ライブラリー58、ニュー・サイエンス社、一九八九年）。

(32) より関心のある方は以下の書籍にあたってみてください。安斎正人『無文字社会の考古学』（六興出版、一九九〇年）、安斎正人『理論考古学—モノからコトへ—』（柏書房、一九九四年）、安斎正人『現代考古学』（同成社、一九九六年）、安斎正人『人と社会の生態考古学』（柏書房、二〇〇七年）。

(33) 最近は、土器の胎土を調べる分析科学も中範囲（中位）の研究にあたるといった意見もあります（水沢教子『縄文社会における土器の移動と交流』〔雄山閣、二〇一四年〕）。確かに、最新分析技術を用いたアプローチのなかにも、経験的な観察と抽象的な理論とを結ぶ実証的な研究が潜んでおり、中範囲（中位）の線引きははっきりしているわけではありません。

(34) Callahan, E. & J. Pelegrin (1981) An interview with flintknapper Jacques Pelegrin. *Contract Abstracts*, 3 (1): pp. 62–70.

(35) 山中一郎「型式学から技術学へ」（『郵政考古紀要』54、二〇一二年、一—四一頁）。

(36) Pelegrin, J. (1990) Prehistoric lithic technology: some aspects of research. *Archaeological Review from Cambridge*, 9 (1): pp. 116–125.

(37) Callahan, E. & J. Pelegrin (1981) op. cit.

(38) たとえば以下の文献があります。松沢亜生　1993『石器を測る』平成2～4年度文部省科学研究費補助金（一般研究B）研究課題「石器製作経過復元と製作追試実験研究」研究成果報告；大沼克彦　1998『日本旧石器時代の細石刃製作用岩石加熱処理に関する研究』平成8年度～9年度科学研究費補助金（萌芽的研究）研究成果報告書；御堂島正　2005『石器使用痕の研究』同成社

(39) M.L. Inizan ほか（大沼克彦ほか訳）『石器研究入門』（クバプロ、一九九八年）。

(40) 松原正毅「弥生式文化の系譜についての実験考古学的試論―抉入片刃石斧をめぐって―」（『季刊人類学』2―2、一九七一年、一四四―一九一頁）。

(41) 佐原真「一九七一年の動向　弥生時代（下）」（『考古学ジャーナル』74、一九七二年、三―一三頁）、佐原真「実験考古学によせて」（前掲コールズ〔一九八五〕、六頁）、都出比呂志「研究報告をめぐる討議」（『考古学研究』21―1、一九七四年、一五―三五頁）。

(42) 鈴木公雄「実験考古学の方法」（『考古学調査研究ハンドブックス3　研究編』、雄山閣、一九八五年、一二一―一二五頁）。

(43) 四〇年以上前、ビンフォードとトーマスはそれぞれ、実験考古学者が自らの個人的な経験、スキルレベル、行動を考古学的記録に投影する傾向を批判しました。ビンフォードはそれを「エゴグラフィックなアナロジー」と呼び、トーマスはそれを「フリントナッパーの根本的なうぬぼれ」と呼んでいます（Binford. L.R.〔1981〕*Bones: Ancient Men and Modern Myths.* Academic Press.／註（14））。

(44) 仮説を経験的に反証することは、論理的に可能です。なぜなら、全てのカラスは黒いという仮説に対して、黒くないカラスという反例を発見することで、仮説を反駁できるからです。中口の言うマイナスの情報とは、この「反例」のことを意味しているのかもしれませんが、はっきりしません。

(45) 中口裕『実験考古学』（雄山閣、一九八二年）。

(46) Outram. A. K. (2008). Introduction to experimental archaeology. *World Archaeology,* 40 (1): pp. 1–6.

(47) Reynolds, P. J. (1999) The nature of experiment in archaeology. In: A. F. Harding (ed.) *Experiment and Design: Archaeological Studies in Honour of John Coles.* Oxbow Books: pp. 156–162.

(48) Tixier, J. (1972) Obtention de lames par débitage « sous le pied », *Bulletin de la Société préhistorique française,* 69: pp. 134–139.

(49) 塩地潤一ほか「縄文時代編み籠の技法・構造・素材処理研究―編み組み製品の製作と使用に関する研究1―」（『人類誌集報2015-4』首都大学東京人類誌調査グループ、二〇一五年、二九―九四頁）。

(50) 名久井文明「樹皮製容器の機能を探る―樹皮鍋を用いた調理実験―」（『日本考古学協会第62回総会研究発表要旨』日本考古学協会、一九九六年、七五―七七頁）、名久井文明『生活道具の民俗考古学―籠・履物・木割り楔・土器―』（吉川弘文館、二〇一九年）。

（51）前掲中口（一九八二）。

（52）註（19）。なお、岡内三真は厳密ではない模造（simulation）を「再現」、厳密な再建（reconstruction）を「復元」と呼び、種々の制約下で安全に作られた再構築物を用いて、教育的に実施される「再現考古学」と、当時の技術水準を踏襲して、詳しい観察と記録がなされる「復元考古学」とに分けています。この発想は、「実験考古学と遺跡、遺構、遺物」『考古学ジャーナル』No. 479：二―三頁（二〇〇一年）に記されています。

（53）雨宮国広『ぼくは縄文大工―石斧でつくる丸木舟と小屋』（平凡社、二〇二〇年）。

（54）次の文献に記されています。本多勝一『生きている石器時代―ニューギニア高地人―』（偕成社、一九七六年）、前掲石毛（一九七八）。

（55）Le Roux, C. C. F. M. (1948) op. cit.〔第3章註（54）〕

（56）Stevens, E. T. (1870) op. cit.〔第3章註（30）〕

（57）Le Roux, C. C. F. M. (1948) op. cit.

（58）Lund, M. (2015) Egyptian depictions of flintknapping from the Old and Middle Kingdom, in the light of experiments and experience. In: Graves-Brown, C. (ed.) *Egyptology in the Present: Experiential and Experimental Methods in Archaeology*. Swansea: pp. 113–137.

（59）Lund, M. (2015) op. cit.

（60）Griffith, F. L. (1896) Beni Hasan (Vol. III). *Archaeological Survey of Egypt*, 5th Memoir. Egypt Exploration Society.

（61）高橋護「器壁中の接合痕跡について」（『論苑考古学』天山舎、一九九三年、四一五―四三六頁）。

（62）松沢亜生「石器研究におけるテクノロジーの一方向（1）」（『考古学手帖』7、一九五九年）、同「石器研究におけるテクノロジーの一方向（2）」（『考古学手帖』12、一九六〇年）、同「石器研究における製作実験の意義―剥離面の解釈〝切り合い関係〟の語るもの―」（『考古学ジャーナル』167、一九七九年）。

（63）前掲松沢（一九五九）、同（一九六〇）。

（64）Inada, T. (2016) Bifacial reduction sequences observed on the Solutrean large 'laurel leaves' from Volgu (Rigny-sur-Arroux, Saône-et-Loire). *Bulletin de la Société préhistorique française*, 113 (3): pp. 475–500.

(65) 久保田正寿（二〇〇五）「両極敲打技法による『打製石斧』の製作」『日本考古学協会第71回総会研究発表要旨』55-58頁、久保田正寿（二〇一〇）「『打製石斧』は着柄されていたのか―縄文時代中期の事例を中心に―」『日本考古学協会第76回総会研究発表要旨』140-141頁など。

(66) De Weyer. L., et al. (2022) Time, memory and alterity in prehistoric lithic technology: synthesis and perspectives of the French technogenetic approach. *Journal of Lithic Studies*, 9: 1-46.

(67)「石器扱い」については、以下の文献で言及しています。長井謙治『石器づくりの考古学―実験考古学と縄文時代のはじまり―』（同成社、二〇〇九年）、長井謙治「『前・中期旧石器』時代の石器製作技術―所謂「鈍角剝離」の再検討から―」（『旧石器研究』7、二〇一一年、九三―一〇六頁）。

(68) Ascher, R. (1961) op. cit.

(69) Ingersoll, D. W. & W. K. MacDonald. (1977) op. cit.

(70) Cushing, F. H. (1894) Primitive copper working: an experimental study, *American Anthropologist*, 7 (1): pp. 93-117.

(71) Ingersoll, D. & W. MacDonald. (1977) op. cit.

(72) 一八五〇年の夏のある日、北米の先住民ルートディガーが、カヌーを作るために直径九一㎝を越える松の木を石斧で伐採する様子が観察されました。伐採は何人かで交代しながら行われましたが、直径一ｍを越す原木は石斧ではなく火を使って切り倒しています（Yaple, J. [1897] Survivals of the stone age: use of the stone. axe. *The Antiquarian* (*Vol. I*). The London Printing and Publishing Company: pp. 323-324.）。

(73) 佐原真『斧の文化史』（ＵＰ考古学選書６、東京大学出版会、一九九四年）。

第5章　実験の枠組みを考える

石器づくりは正確に再現できない。
（ジャック・ペレグラン）

科学的実験の始まり

ここからは、川喜田二郎の仕事から学んだことを、整理します。

さて、川喜田は、フィールド・サイエンスの先駆者として著名な日本の思想家、もと文化人類学者・地理学者ですが、一般にはKJ法（独自の発想法）を提唱した人物として有名です。突然、ここで川喜田の業績にふれる理由は、川喜田が提唱した「野外科学」が、実験考古学と深く関係した考え方を持っていると考えるからです。

登山家でもあり、探検家でもあった川喜田は、自身の長年のフィールドワークの成果を統合する方法論を構築すべく、現実界の観察に基づく実験科学と野外科学、書斎科学とに分けて、前二者が「経験科学」として、その性格を違えて存在していることを説明しました(1)。川喜田は、デカルト的な量的科学を越えて、質的科学の価値づけを試みます。分析科学のみならず、古典と推論を含めた総合的創造もまた、野外科学として立派に存在しうるものだとして、フィールド・サイエンスの方法を提唱しました。現場からの情報を集約するための科学的方法を考えたのです。

川喜田は、フィールドの科学に対する反発をも予測の上で、むしろ狭量な実験科学至上主義者たちを改心させるという強い覚悟で野外科学的方法を打ち立てます(2)。野外科学と実験科学、古典科学（書斎科学）が、あたかも車の両輪か、三本の主柱のように揃ったとき、初めて健全な科学の道になると訴えたのです。

ラボ実験	フィールド実験
−	1）「モノ」の復元 2）行動の復元 3）形成過程の復元 4）経験する
−	帰納的推論、アブダクション
−	構造的類似（アナロジー）
反復的で再現性がある	個性的で再現性が低い
人工的	やや人工的、自然的
変数を厳密に制御する	ノイズはある程度制御するが、完全ではない
仮説の検証（一般化）に用いる	仮説の発想（一般化）、変異の意味（定義）づけに用いる
法則追及的	把握的、発想法的
実験科学的	野外科学的

表 5-1　実験考古学の種類

この川喜田が試みた科学の拡張は、フィールドワーカーたちに勇気を与えました。フィールドでの経験を論理立てて説明するための道筋が示されたからです。現場における「もの」と観察に基づく文化人類学、地理学のみならず、これは考古学の分野でも、まったく同じように、その意義を説明できます。

川喜田は、実験科学を分析的で仮説検証的なもの、野外科学を総合的で仮説発想的なものに分けています。(3)実験科学的な手法の強みは、外界の条件をなるべく一定にして、ある現象を起こせること、野外科学的な手法の強みは、時間スケールで変化する自然現象（人間を含む）そのものを捉えられることにあると述べています。これは、巷にあふれる実験的、体験的試みを体系立てて整理する際の、ひとつの方向性を与えます。

そこで、川喜田による科学の分類法を用いて、有象無象にある世の実験考古学を整理することから始めてみました。

実験考古学の類型学

実験考古学を川喜田的基準に沿って整理したのが表5-1です。再現性、環境、統制、推論のあり方などから、二つの実験考古学に分けることができます。

その二つは、ラボ実験と、フィールド実験です。ラボ実験とは、人工的な環境下で変数を厳密にコントロールした法則追及的な実験、フィールド実験とは自然的、あるいは一部人工的な環境下で、変数を厳密にはコントロールしない実験として分類できます。前者を仮説の検証と一般化を主目的とした実験科学的な実験、後者を仮説の発想（一般化）と変異の意味（定義）づけを主目的とした野外科学的な実験と呼んでみたいと思います。

変数とは結果に影響を及ぼすことが期待される要素のことであり、コントロールは制御、あるいは統制とも呼ばれます。石器を作る過程において、非常に多くの要素が変数となりえますが、どの要素を変数と捉え、どの要素をコントロール（制御・統制）するかは、実験の目的にあわせて、実験者によって判断されます。

フィールド実験とは、必ずしも屋外で行う実験のみを指しているわけではありません。室内で行うコントロールが厳密ではない実験もフィールド実験に含まれます。ラボ実験とは、あくまでも徹底的な人工的環境下で、変数のコントロールを厳密に行った実験に限られます。

フィールド実験は、コントロールの度合いが高いものから、ほとんどないものまでばらばらです。たとえば、統制できない二次変数を意図的に無効化するか、均衡化（恒常化）することで、ある事象とそれによって形成される痕跡に関する仮説をテストする実験分野がありますが、これは「実験痕跡研究」（experimental traceology）と呼ばれます。いくつかの行動類型に対応して生じる痕跡を直接、あるいは間接に求めてゆきます。

この手の実験は、一般的には、一部人工的な環境を、屋内あるいは屋外に準備して行われます。その多くの場合において、結果に余分な影響を及ぼすことが予測される変数（剰余変数といいます）をできるだけ取り除くよう計画されているものの、ラボ実験ほど十分な制御ができるわけではありません。たとえば、使用（運搬）の痕跡（use wear）や形成過程（formation process）を扱った実験では、独立変数（結果に作用する要素）を操作する主体が、人間による作用と自然現象であったりします。そのため、実験装置を使って実施されるほどに、厳密な意味での変数制御ができているわけではありません。これらの実験は、表面的には実験科学的ではありますが、本質的には野外科学的であると考えられます。

ラボ実験は、遺物、構造、およびそれらに関連する特徴や剝離現象の生成に関わる仮説を生成、テスト、シミュレートする目的でよく使用されます[4]。他方、フィールド実験は、個性的な事柄に対する仮説を発想し、一般化する目的で使われます。ラボ実験は非生物的な現象面の把握、あるいはデータの可視化（見える化）に適しており、フィールド実験は生物的な行動面の把握に適しています。フィールド実験には、体験的・探検的・探索的な試みから、ある程度の条件を設けて、模造・復元・テストしようとする科学的実験が含まれますが、統制の強弱に差があります。

フィールド実験には、さまざまな性格のものがあるために、その主題的特徴から四つのサブ領域――「モノ」の復元、行動の復元、形成過程の復元、経験――に分けることができますが、この点については、後程くわしく触れてみたいと思います。

ラボ実験の強みと弱み

まず、ラボ実験に期待される効果として、変数操作ができること、ノイズ操作ができること、実験の再現性がある為に普遍的価値が得られることが挙げられます。ノイズとは、結果に影響を及ぼすことが懸念される迷惑変数のことです。

さて、ノイズや変数の操作がしやすい点は、剝片が生まれるプロセスを実験する場面を想像していただければ、理解しやすいと思います。図5-1は、ハロルド・ディブルとゼルジコ・レゼクが試みたラボ実験の模式図です。静的な実験装置を作ることで、剝離の物理的・力学的原理を理解しようとしています。叩く石の硬さ、大きさ、重さ、振り下ろす角度、表面積、速度、叩かれる石の質、表面状態などを一定に保ちます[5]。もし、圧力量に対する剝片の生成原理を明らかにしたいなら、荷重の大きさを空気電圧機で調整しながら、実験することが可能です。図の実験では、その反対に圧力量を一定にして、素材角と叩く位置を動かしています。その際、素材の形状を整えるなどして、結果

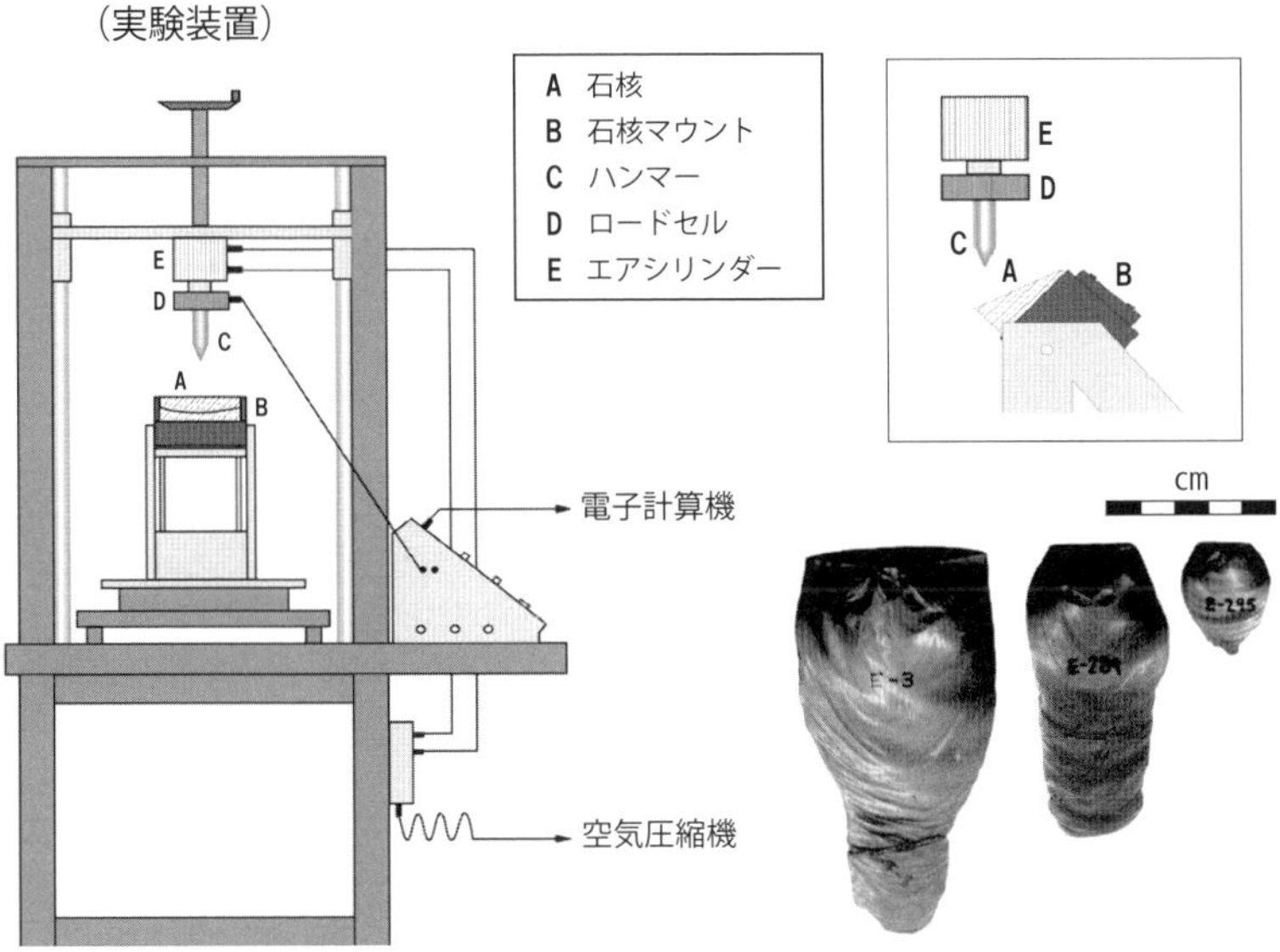

図 5-1　ラボ実験の仕組み（実験装置）

人間的な要素を意識的に取り除いて、原理・現象面を明らかにする。

に影響を及ぼすことが予測されるその他多くの要素が統制されます。このように、実験装置を用いることで、変動条件を規定し、不変条件を制御します。外界の条件をなるべく一定にして、調査目的に叶う特定の現象をおこさせる工夫をしているのです。そのため、得られた結果に因果律が生まれ、普遍的価値が生じることが期待されます。

さらに、結果の妥当性について評価できるようになります。たとえば、ラボ実験において、ある変数を操作すると、ある変数に違いが生じるという、変数間の因果関係が確認できたとしましょう。この場合、実験に「内的妥当性」があると判断されます。つまり、因果の関係でともに変化しあう性質（共変関係といいます）があることを認めることができるのです。コントロールする要素を増やすと、後から第三者が追実験しやすくなり、得られた結果の再現性も高まります。こうした魅力的な強みが、ラボ実験には存在します。変数制御が不十分、あるいは人間が統制を試みたフィールド実験では、基本的にはこの関係性を厳密に把握することが難しくなります。この点、装置を用いたラボ

	期待される効果	期待されないところ
ラボ実験	・変数の操作ができる ・再現性が高い ・結果の妥当性が評価できる ・普遍的価値が高い	・リアリティがない ・緊張感、責任感、切迫感など背景的な要因を「再現」することが難しい ・現実世界の考古資料の解釈に応用しづらい ・時間と費用がかかる
フィールド実験	・現実世界に近い ・人間行動に直接アプローチできる ・新たな視点の発見、洞察 ・得難いユニークな結果が得られる可能性がある	・統制が不十分になる ・再現性に乏しい ・信頼性が低い ・研究者の主観が入りやすい

図 5-2　ラボ実験とフィールド実験

実験の強みです[6]。

その反面、ラボ実験にはリアリティがないのが欠点です。石器の素材は必ずしも均一ではなく、その形も様々です。傷（節理と呼びます）や不純物（夾雑物と呼びます）が入っていたり、風化が石の内部に局所的に及んでいることもあるために、実際にはこうした変質部分の影響を受けて石は割れます。しかし、この手の実験では、溶解ガラス（ソーダ石灰ガラスを成形して用いるのが一般的です）を使うなどして、故意に岩石内部構造のノイズを無効化します。さらに、割られる側の面（作業面）の形状を一定に保ち、再現性を高めるための操作をします。そのため、考古資料にほとんど見ないようなサンプルを稀に生み出すこともあるのです（図5-1）。

また、試料が生まれた背景を理解することができません。実際に石器を作るのは生身の人間ですが、厄介なことに人間には、心と体が存在します。私たちは、現実世界において、なんらかの緊張感や責任感、切迫感を感じながら、手仕事としての石器を作りますが、ラボ実験では、こうした身体的・生理的な内的要因を理解することができません。しかも、これらを相互に織り交ぜながら、行動するのが人間です。そうした複雑性に対処することもできません[7]。

郵便はがき

料金受取人払郵便

本郷局承認

6771

差出有効期間
2026年7月
31日まで

113-8790

東京都文京区本郷7丁目2番8号

吉川弘文館 行

愛読者カード

本書をお買い上げいただきまして、まことにありがとうございました。このハガキを、小社へのご意見またはご注文にご利用下さい。

お買上**書名**

＊本書に関するご感想、ご批判をお聞かせ下さい。

＊出版を希望するテーマ・執筆者名をお聞かせ下さい。

お買上書店名	区市町	書店

ふりがな ご氏名		年齢　　　歳　　男・女
〒 □□□-□□□□ ご住所	電話	
ご職業	所属学会等	
ご購読 新聞名	ご購読 雑誌名	

今後、吉川弘文館の「新刊案内」等をお送りいたします(年に数回を予定)。
ご承諾いただける方は右の□の中に✓をご記入ください。　□

注 文 書

月　　日

書　　名	定　価	部　数
	円	部
	円	部
	円	部
	円	部
	円	部

配本は、○印を付けた方法にして下さい。

イ. 下記書店へ配本して下さい。

(直接書店にお渡し下さい)

(書店・取次帖合印)

書店様へ＝書店帖合印を捺印下さい。

ロ. 直接送本して下さい。

代金(書籍代＋送料·代引手数料)は、お届けの際に現品と引換えにお支払下さい。送料・代引手数料は、1回のお届けごとに500円です(いずれも税込)。

＊お急ぎのご注文には電話、FAXをご利用ください。
電話 03―3813―9151(代)
FAX 03―3812―3544

こうした限界が生じる理由は、ラボ実験に用いられる構成要因が、予め分析者によって選ばれ、単純化されていることにあると考えられます。実際に、制御する項目を増やしすぎたあまりに、過去に（人間が）操作できたはずの変数間の重要な相互作用まで取り除いてしまった実験があります。たとえば、打面の形状が歪な場合、ハンマーを持ち替えて、ハンマーと打面が接触する位置をわずかに変えて対処する、あるいは作業面がやや窪んでいたり、打面直下にごく弱い節理がある場合、打面を少し厚めに取り、少し強めに叩いて失敗を防ごうと試みるといった技能的な相互作用が無視されます。結果、誤った答えを導いてしまったという実験の失敗例が、報告されています(8)。

また、現実的な問題として、ラボ実験をセットアップするのに、かなりの時間と財政的投資を必要とするという点もあげられます。多くの場合、機械装置を構築して、同一条件を満たすテストサンプルを準備するのは大変です。

つまり、複雑な人間行動を理解するという点において、ラボ実験はあまり貢献することができないばかりか、十分な設備投資資金と時間を費やして、実験設計を慎重に行う必要があるのです。

フィールド実験というもの

フィールド実験はどうでしょうか。ラボ実験にくらべて、文脈（実際の具体的な「モノ」や行動、プロセス、知覚のことです）を研究の対象としているため、知りたいテーマに直に関わる結果が得られることが期待できます。

もう一度、石器を作る場面を想像しましょう。ある変数（たとえば、石器製作者の性差）を独立変数とし、剥離面の属性的様態と製作物の重さを従属変数（測定対象）として調べる場合を考えてみます。実験者の性差の効果を吟味しようと、男性の実験者と女性の実験者とが、別々に、同一の課題をこなしたところ、両者の間で有意差が見出されたとします。この効果は、本当に、性差に帰されるのでしょうか。

両者の間では、年齢や身長・体重などの体つき、筋力、知性などが異なりますが、こうした重大な二次変数はある程度コントロールできても、そこまで厳密に細かいところまでコントロールすることはできません。仮に、無作為に数多く被験者を選ぶなどして、男女という性差（主変量）が影響を及ぼす関係が確率的に提示されたとしても、その他多くの迷惑変数（結果に影響を及ぼす邪魔な値のことをいいます）を特定して、因果律を求めることは至難でしょう。

このように、石器を作るという場面ひとつとっても、その行動を規定する制御できない要素が数多くあることに気付きます。つまり、石器づくりそのものの正確な「復元」を目指すのではなく、その行動に直接アプローチをするのです。ビューロー（柵で囲っただけの野外実験場）でチンパンジーの石器使用の様子をビデオ撮影することに成功した日本の霊長類学者、松沢哲郎は、この自らの実験場での試みを「野外実験」と称しており、この野外実験でチンパンジーに利き手があることを見つけています(9)。現実世界の緩やかな「再現」を目指すのが、フィールド実験の特質といえましょう。

フィールド実験は、その性格からいくつかのサブ領域に分けて考えることができます。各々は、条件を統制する強度を違えており、対象が生物と非生物とに分かれます。それでも、全て現実世界の現象、行動に関わる「復元」や「再現」、「経験」のいずれかを対象としています。

詳しくは後に述べますが、フィールド実験全般に対しては、新たな視点や価値を発見し、他では得難いユニークな結果をもたらすことが期待されます。複雑で個性的な世界にアプローチできることに、フィールド実験をする意義があるのです。やってみることで経験と洞察が得られます。この点、フィールド実験は、野外科学に準ずる試みだといえそうです。

再現性について

ただ、フィールド実験の弱みは、何といっても再現性が劣ることです。ここでいう再現性とは、追試性のことであり、実験の再現性のことを意味します。

先ほど、石器を作る場面を想像して、フィールド実験としての石器づくりの特性を考えましたが、変化は連続的で複合的です。このことは、石器を作るという行為が、二度と同じ状況を繰り返すことができない自然的な営み（対象）である、ということと関係します。先に述べたチンパンジーの石器使用に関しても、自然の観察が重視されており、再現性があるわけではありません。

考えてみれば当然のことのように思えますが、石器を作る人（行為者）の心と体は、毎分毎秒、時間とともに変化しています。ですから、同じ条件で繰り返し実験することはできません。まさに自然そのものです。自然は、歴史的、地理的にも異なっているために、科学一般で求められる再現性は近似的にしか適用できません。この点は、川喜田が野外科学の限界として指摘した通りでしょう。

図 5–3　現実的ではあるが再現性は低い

石の槍を投槍器を使って投げてみる。速度はスピードガンで測定（μ25〜28m/秒）。

石器を作るという行為は、人間が行うので、自然ではないという人がいるかもしれません。しかし、ここで伝えたいのは、そういうことではありません。自然としての人間の営みです。そのため、人間の営みは、その全てが再現性に乏しい営みであると理解できます。槍を投げるにせよ、伐採するにせよ、土器を焼くにせよ、舟を作って大海に乗り出すにせよ、あらゆる人間的要素を扱うフィールド実験はラボ実験よりも信頼性が低いです（図5–3）。

また、フィールド実験の弱みは、再現性の低さゆえに主観が入り込みやすいという点も挙げられます。ここでいう主観とは、一個人の思い込みといった次元のものではなく、人間のパターン認識能力に頼っているという点でのある種の限界です。あるパターン認識をするのに際して、フィールド実験においては、観察者（記録者）の側の熟練と取捨選択が要素として介入します。特に、同定における曖昧さは問題です。たとえば、日本の石器使用痕研究者が用いる光沢タイプ（被加工物の種類に沿ってA〜Eに分けています）の判断が、誰でも同じになるという画一的な基準に従っているわけではないために、分析者ごとに微妙に結果が違ってきます。この問題をどう解決したらよいのでしょうか。この曖昧な判断が、観察者（記録者）の経験側にゆだねられているというのは、再現性の高さを意味しません。

とはいえ、主観的であることが、イコール悪でもありません。フィールド実験の強みは、正確性を高めて、再現性を担保することにのみあるのではなく、仮説を形成すること
にあるからです。つまり、仮説の形成とは、仮説を意義付け、一般化するということです。たとえば、民族誌的観察がそうであったことを思い出せばよいでしょう。何ら統制されない数ある現象のなかから、民族誌家による関心に沿って選ばれた、ある種の（ありのままの過去の姿ではない）偏りのある記述が民族誌でもあるわけです。思いがけない経験が、ときおり発想の源となり、深い洞察を得ることになりえます。ゆえに、フィールド実験には、主観的に仮説を生み出し、蓄積させることが、ある面では求められているのです。

私は、フィールド実験のなかに、「経験」の領域を含めています（表5-1参照）。この理由は、研究者自らが経験することにより、知覚と感性の変化を起こすことを期待しているからです。つまり、自らが被験者となり、実験企画者となり、研究者となることで、その効果が期待されます。単なる「経験」に再現性はありませんが、意図して条件統制をほとんど行わない経験・知覚の実験研究が、近年の諸外国にみられます。この点については、第9章で触れてみたいと思います。

仮説と検証

考古学が過去の人（ヒト）を対象とした学問である以上、考古学の分野においては、ラボ実験よりもフィールド実験のほうが適している場合が多いです。考古学の実験には、野外科学的な考え方が重要になるのです。

ここで私は、ラボ実験とフィールド実験のどちらが信頼できるか、また優れているかを議論することではなく、その二つの目的がそもそも違っていることを理解しておくことが大切だということを強調しておきたいと思います。石器づくりに限らず、土器を作る、鋳造する、家を作る、穴を掘る、舟を作る、舟を漕ぐなどといった試みは、その全てが、あらかじめ結果に影響を及ぼすような変数を細かくコントロールした試みではありません。

「仮説」としてよく使われる定義として、「経験的な事象を科学的に説明もしくは予測するために定式化された未検証な命題（または命題群）」[10]がありますが、この定義に当てはめてみると、石器を作る、土器を作る、舟を作るという行為から、無理やり吸い出した単純明快な「命題」や「命題群」という意味での「仮説」に対して、文字通りの「検証」をすることは、大変難しいことが分かります。

石器を作る原石の形や質は一定ではないし、どんなに優れた割り手も完璧にハンマーを振り下ろせるわけではありません。もちろん、作り手たちは、その日のどんな内的・外的要因が独立変数となって、結果に直接関与したかを知っているようで、正確に知っているわけでもありません。あるひとつの操作に対して複数の変数が同時に変化してしまう場合は、変数の交絡（confounding）が生まれます。その途端に、主従の関係で変数を論じられなくなってしまうのです。

川喜田は、実験科学と野外科学とが異なる点は、仮説検証的か仮説発見的かにあると説明します。もちろん、意識するかしないかに関わらず、仮説の発見と検証は、連続したり、繰り返されたりしています。それゆえに、仮説を発見して検証するという、互いの役割が排他的であるわけがありません。野外科学的な仮説検証の方法があってもよいのです。

ただ、考古学の世界において、再現性の乏しい探検的な実験が、実験科学に先行して仮説を生み出す役割を担ってきたのは確かです。ジョン・エヴァンズに代表される二〇世紀初頭の主たる実験テーマは、どう作り、どう使ったか、といった素朴な問いに始まる体験的なものでした。こうしたトライアルな色合いの濃い実験的試みは、その全てが野外科学的な探索でした。とりあえずやってみる、という類の実験的試みです。

以上の意味において、ラボ実験とフィールド実験は、自転車のペダルのように、一方が一方を押し上げ、刺激する関係にあるように思えます。両者はトレードオフの関係にあり、その性格を違えているので、どちらか一方が一方を排除する性格を持つものではありません。私がここで、野外観察と再現・体験的な試みをフィールド実験の一部として積極的に位置づけようとしているのは、こうした理由もあるのです。

ラボ実験とフィールド実験

具体例を挙げておきましょう。

ラボ実験　主な対象は物理現象で、主題は「痕跡」の復元とシミュレーションです。ラボ実験においては、変数の適切な制御と操作性をもたらす機械的または自動化された機器がよく使われます。

物理現象を扱うラボ実験の草分けは、考古学者と破壊力学者との共同研究にあり、石の破面（割れ面）を工学的に特定します。ジョン・スペスは、ガラス製プリズムの上に鉄球を落下させて、剝片を生じさせる実験をしており、鉄球の直径、落下高、打点の奥行きを様々に変えた場合に、剝片にどのような違いが表れるかを考えました。[11] この研究は、現在でも十分に価値あるものとなっています。また、ブライアン・コッテレルとヨハン・カミンガ、アレリック・フォークナー、ジョン・トーマンチュク、ウォレス・ハッチング、松沢亜生らも、石の割れ模様（力の大きさや方向、応力パターン、亀裂速度、円錐）や割れ形状（剝離開始部や終結部）に関するラボ実験をしています。

ディブルらの研究チームは、石の物理的特性が、現在も過去と同様に表れるという均一主義の仮定に基づいて、剝片生成に関わるラボ実験を進めています。[12] この研究チームの実験では、要素間に生じた原因と結果の主従（因果）関係を捉えられるようデザインされています。一見同じように見える石も、実際には個体ごとに、微妙な硬さや質感（風化）の違いがあります。こうした変異を最小化するめに、あらかじめ同じ形に整えた人工ガラス、磁器を用いるなどして、徹底的に条件を揃えます。また、素材はもとより、叩く位置と強さ、速さ、角度も一定にするために、ハンマーの落下装置が用いられます。実験技術の精度を高めることで、再現性を強め、その結果の正確性を高めています。

アンドリュー・ペルシンも、基本的にはこれとほぼ同じコンセプトで実験をデザインしています[13]。ペルシンの実験では、ガラス板（レンズ）など、形をあらかじめ標準化した検体を用いることで、天然素材を用いた際に問題となる変数のほとんど（たとえば、石の表面状態、潜在割れ、不純物、不揃いな形状など）を制御します。実験の条件を厳しく統制することで、素材の一般的な性質と機能に関わる仮説がテストされます。

その反面、制御しない変数を故意に含んだラボ実験もありますが、この実験の目的は、人間的な石割り要素を実験装置にあらかじめ組み込んでおくことにあります。たとえば、ピーター・ケルターボーンは、あえて考古資料に似せて手作りした石核を用意して、自作の実験装置で押圧剝離のメカニズムを検討しています。これは、ラボ実験に特有の弱点とされる汎用性の低さを克服して、要素間の相互関係を保つための工夫といえます[14]。

他に、制御された方法で再現するシミュレーションが挙げられます。シミュレーション研究は、考古学的仮説を生成および検証するために、制御された方法で特定事象を再現します。製作後に地面に飛び散った石片が、時間の経過とともに百年後、千年後に拡散移動すること、石片

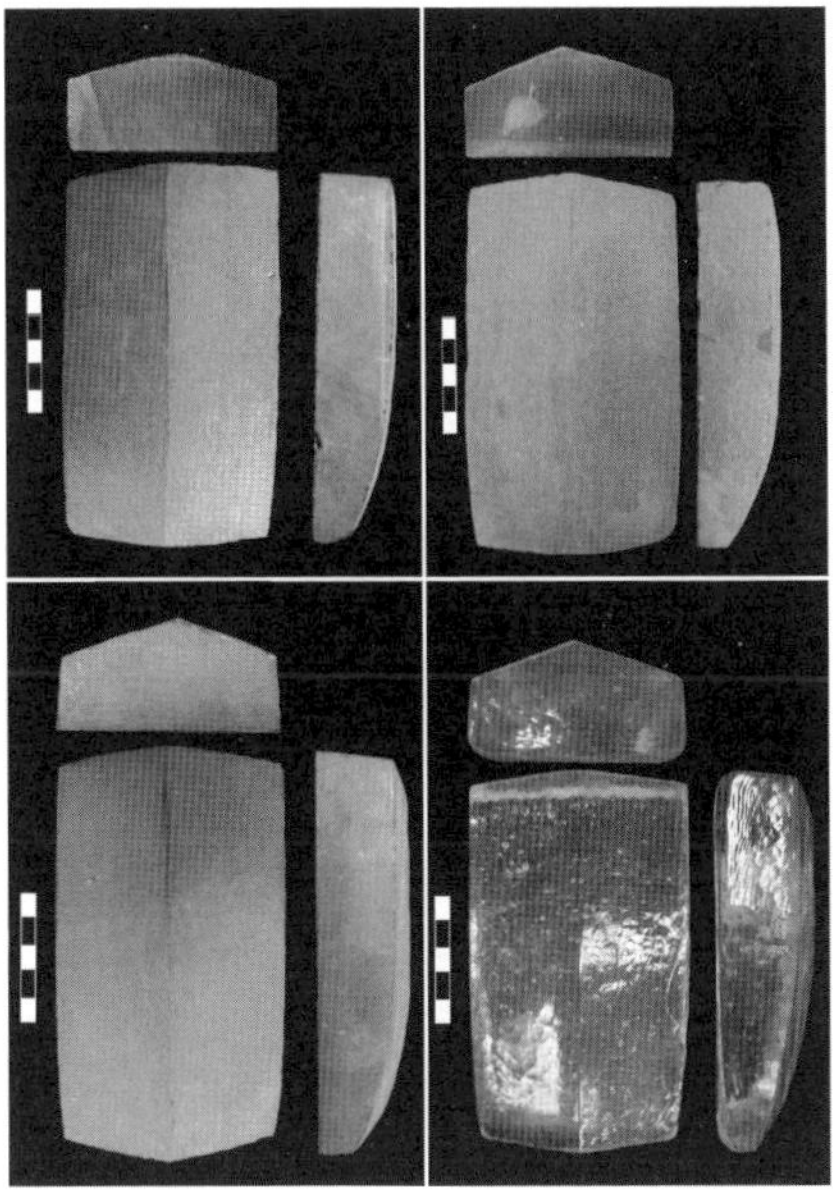

図 5-4　ガラス検体

ラボ実験では素材の変異を統制する目的で、珪質岩の代替品としてほぼ同形同大に成形されたソーダ石灰ガラスなどが用いられる。

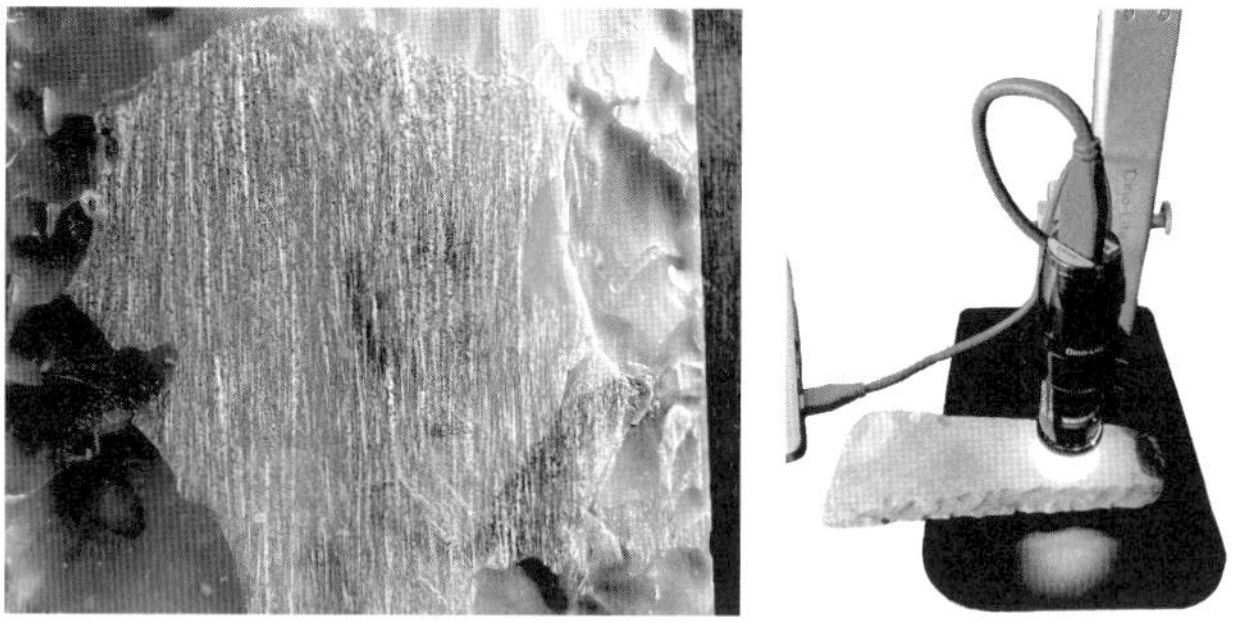

図 5-5　モノの「痕跡」を観察する

簡易なデジタルマイクロスコープ（Dino-Lite）で石斧を作る際に磨いてできた擦痕（線状痕）を観察している。剥離した面の一部を切るように擦痕が形成された様子が、パソコン上に映し出される。手持ちの砥石で擦っているので、線状痕は完全な直線ではなく、微妙に揺れている。

の集中範囲が散漫に大きくなること、およびその移動の因子（霜柱・風）があることを突き止めたピーター・ボワーズらの実験もよく知られています。[15]

トーマス・ウットリーは「摩擦モデリング」を実験的に用いることで、陸上と海底の地形変量を人間のエネルギー表現に変換して、ある単位空間を移動する際の人間のエネルギーコストを計算しています。[16]千葉史も東北地方沿岸部における経路予測を行って、岩手県域にもたらされた北海道産の黒曜石が、陸路ではなく海路で渡ってきた可能性を示しています。[17] 千葉らによるＧＩＳの応用実験研究は、先史時代における北海道と本州以南の人々の効率的な物資運搬ルートが、太平洋沖に存在したことを仮説的に生み出すきっかけを与えています。

フィールド実験　フィールド実験の考古学は、その主題の特徴から四つのサブ領域に分けられます。以下、①「モノ」の復元、②行動の復元、③形成過程の復元、④経験する、の順で対象と具体例をいくつか紹介します。

①「モノ」の復元　痕跡（技術、使用）、技術プロセス、技能を対象とします。ビジュアル的な複製から、「モノ」のごく一部分に限定した再現、あるいは過去の出土品の復元に忠実な信頼性の高い素材と方法を用いて作成された複製までさまざまです。この領域においては、ものと「痕跡」の復元的な試みを通して、考古学的資料の製作と使用に関する仮説を検証します。[18] 遺構と遺物（石、粘土、木、骨、角、貝、氷、金属、ガラス、琥珀、皮革、布、繊維）が対象です。石器の技術（剥離、敲打、研磨、穿孔）と使用、土器の技術（焼成、乾燥、装飾）と使用、金属器の技術（鋳造、製

錬、鍛造）と使用、琥珀の加工技術、縄圧痕の同定等に関する研究があります。

技術の把握と考古資料との比較検討を主眼として、石器、土器と土製品、金属器、木器、骨角器、織物、ガラスなど素材を違えた各種技術プロセスの復元的試みが行われています。[19] たとえば、湧別《ゆうべつ》技法やルヴァロワ技法と呼ばれる固有の石器製作方式、あるいは高度な製作技能を要する大型の短剣や薄身のナイフ、特殊な狩猟具の製作過程などが復元されています。[20] また、製作過程で生じた屑（残渣）の種類や量、診断的痕跡をクラフト的に模造することにより、製作プロセスを把握して、作り手の判断や認知、失敗の原因を探ったり、使用の痕跡を特定したりしています。[21]

石器の技術痕跡を対象とした例として、大沼克彦らによるハンマー・モードの研究があります。大沼らは剝片打面部の属性が、ハンマーの種類と叩き方の違いを判定する際の根拠になることを明らかにしています。[22] また、使用痕跡を対象としたものとして、御堂島正や岩瀬彬、佐野勝宏らによる包括的な研究があります。[23] 御堂島は、「モノ」の復元のみならず、行動の復元、形成過程の復元に関わる「痕跡」形成の実験研究を体系だって展開しています。[24]

卓越した石器製作者であり、考古学者でもあるジャック・ペレグランは、石刃剝離技術（或いは細石刃剝離技術）の体系的な考察を試みており、剝がされる石刃のサイズと剝離の姿勢、素材保持、知識と技能のあり方に一定の関係性があることを明らかにしています。[25]

石器製作者の技能差、個人差に関わるものとして、グレッグ・ナン、ジャン・アペル、ジョエル・ガンによる実験研究が挙げられます。[26] 剝離痕や接合資料（石片をくっつけた資料）に表れた「痕跡」とその組織を手掛かりとして、初心者と熟練者、子供と大人など、作り手の人物像に迫る試みをしています。最近は、3D画像解析データが用いられるなどして、立体的に可視化することで表れる「痕跡」が分析の対象となっています。

その他、石器がつけた骨の解体痕、石器に残された痕跡（切断、彫刻、削り、研削、叩き、穴開けによる）、石とハンマーが衝突した際にできた微視的痕跡（微小磨滅、線状痕跡、半同心円状の亀裂、打撃痕跡、残滓）、岩絵（rock art）の製作痕跡（敲打痕、研磨痕）、石製・牙製装飾品の穿孔痕、骨製・貝製刃器の製作痕、使用痕、残留物（残渣）検査な

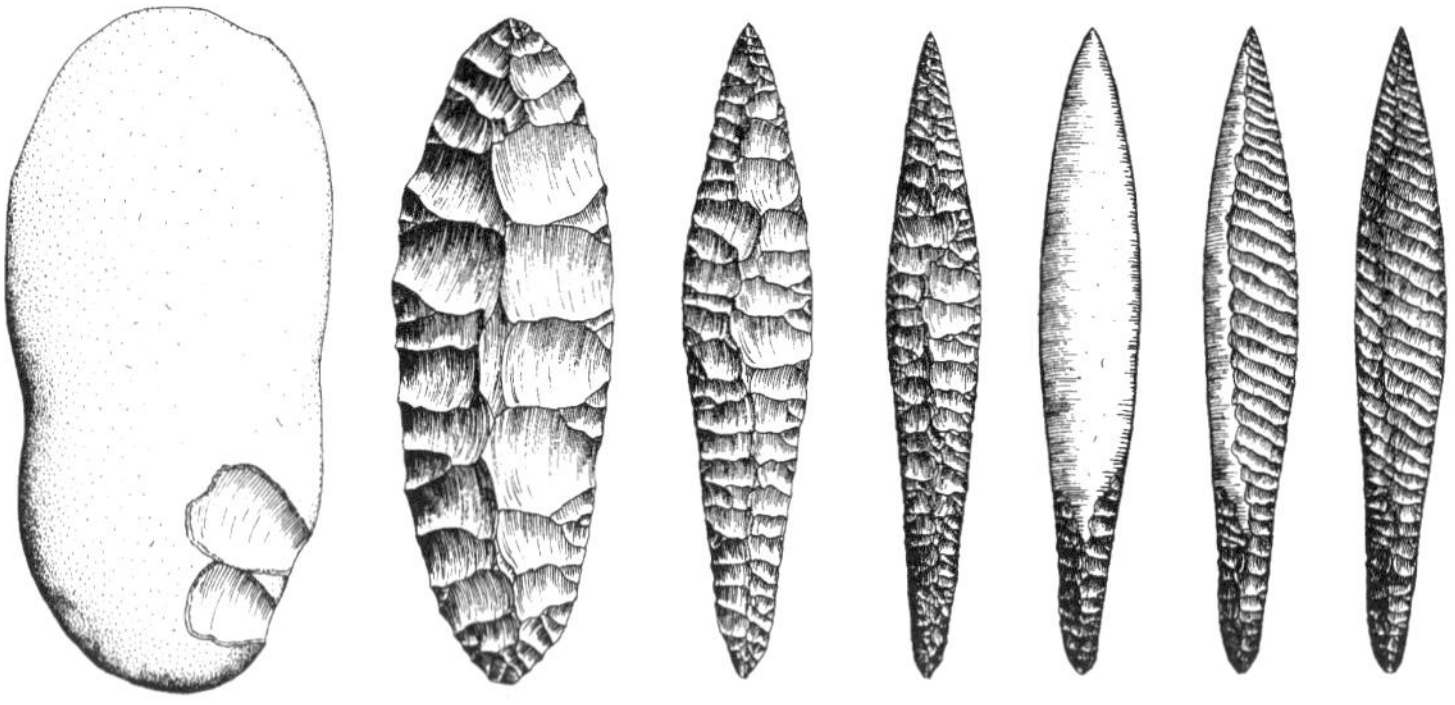

図 5-6　モノの製作過程を知る

ど、さまざまな「痕跡」の復元が行われており、日本で研究が最も進んでいる分野といえましょう。

ユニークな実験として、氷が石器素材の代わりになりえたか、というありそうもない仮説を検証することを目的として実施されたグラント・マッコールとブレント・ペルトンの実験があります(27)。この実験では、氷に貝殻状断口が生じることが確かめられましたが、氷が利器として過去にも用いられたかどうかは分かっていません。氷素材の利器が過去に存在した可能性が議論できる道を切り開いた点に意義があります。

実験はやや人工的な環境下で行われることが多く、ある程度の再現性は認められます。

②行動の復元　行動の復元に関わる実験は、テーマ設定に従って数多く存在しており、効率（効果）、相互作用、痕跡・空間（使用、維持・管理、廃棄）、エネルギー（コスト）、運動（神経）を扱います。森林開発（伐採、火入れ）、狩猟、作物（耕作、収穫）、建造、航海、貯蔵、運搬、調理、工芸（石、粘土、木、骨、角、貝、氷、金属、ガラス、琥珀、皮革、布、繊維）、採掘、音、言語、葬送、闘争、アートなどが対象です。先人の活動を模倣して、考古学的・生理学的・運動学的データを記録します。仮説を検証、或いは意義付け、洞察を得ることを目的とします。

日本では、動物の解体、大型掘立建物の再建、丸木舟の復元、修羅を用いた石引き、発火（火おこし）、金属器製造、石蒸し料理（調理）、堅果の貯蔵、狩猟（採集）、農耕などの実験が行われており、枚挙に暇がありません(28)。海外では接着剤（タール）の精製、アザラシの脂身を茹でる、輓曳犂《からすき》を用いた土地耕作、ビールの醸造、火葬、フリント採掘、楽器の演奏、巨石記念物の運搬、土木工事、火入れと播種《はしゅ》、栽培、皮鞣《なめ》し（剝ぎ）、線刻（彩色）画、紙すき、ガラス細工、織物生産、植物加工、装飾芸術の模造などが試みられています。

石器の飛散をあつかう実験は、空間利用を探る貴重なデータをもたらしています。たとえば、立った状態で石を叩いた場合と、座った状態で石を叩いた場合とでは、剝片の散らばりかたが異なることが分かっています(29)。立って作業をした場合、打ち剝がされた剝片は、割り手が向いている方向の側に放射状に散る傾向がありますが、座って作業をした場合、剝片は積み重なるように小さなまとまりを形成します。この二つの対応関係は、作業域が地面とどれだけ離れているかという物理的空間性に影響を受けていることが予想されるために、理想的な保存状況（遺物が埋没してほとんど撹乱・擾乱を受けなかった）にある遺跡においては、現在も過去も同じ「痕跡」が残されることが期待できます。

さらに、複数人で作業したか、一人で作業したか、あるいは遺棄・廃棄・放棄されたかなどを推定できる「根拠」がいくつか提示されています。極微細剝片（パウダー化したごく小さな石片）は、割り手の利き腕付近に落下することが分かっているので(30)、遺跡の中の極微細剝片のまとまりを調べれば、割り手がどこにどの向きにいたか（剝離の座）が推定できます。

ただ、事はそう単純でもないようで、実験結果が遺跡で実際にみられる現象とは異なる場合があることも分かっています。以後の自然的な作用によって、遺物が移動することが分かっており、こうした埋没前後の遺物移動の実態を同時に把握して初めて、実験データが利用できます(31)。後に述べる形成過程の復元が欠かせません。

また、人間や人間以外の生物（大型哺乳類）が傷つけた痕跡についても調べられています。踏みつけに関わる研究は、おおむね数百〜数千枚の石片を地面に撒き、それを一定時間ランダムに踏みつけることで生じる傷の発生パター

図 5–7　打割りのコストを調べる

MET（代謝等価強度）を用いて、石器製作をする際の打ち手のエネルギー損失を測る。

ン、石片の移動形態と距離などを調べます。そのダメージは不規則的、表面的、孤立的で、表裏両面に直角の傷を生み出すことや[32]、人間の踏みつけで使用痕がかき消されたり、偽使用痕が生じたりします。

　その他に、槍や弓の投射実験、斧を使った伐採実験などが代表的な例ですが、こうした具体的な行動をテーマとした実験では、痕跡の他に技術、効能、相互作用が調べられます。行動そのものが観察の対象となっているのです。たとえば、弓、投槍器、投矢器を用いた実験では、矢や槍を飛ばす力（射程）、貫通させる力（殺傷能力）、命中精度などに関する知見が得られており、復元住居で焚火をしたり、炉で薪を燃やしたりする燃焼実験においては、屋内の冷暖房効率、材の適性と燃焼効果など、本来知りえない住環境に関わる知見のほか、調理に関するさまざまなデータが得られています。土器の煮沸実験においては、煮沸するのに必要な薪の量や器壁の厚さが、その効率性という点で共鳴することが論じられています[33]。

　行動の復元をする実験の特色として、特定の行動と「痕跡」との間にある相互作用が観察されるほかに、行動に要した時間と消費エネルギーを計算して、どれほどの労働力が投下されたかが調べられたり、経済的なコストを計算して、生産の効率性が評価されたりします。石器製作に関するものでは、ＭＥＴ（代謝等価強度）を用いて、ハンドアックスを製作する際のエネルギー損失量を計算した研究があります。この研究では、腕の長さとハンマーの硬さが疲労に関係することが分かっています[34]。また、石斧と鉄斧の効力の差を明らかにするために、吐き出された空気量から含有酸素の量を測定した研究もあります[35]。この研究により、石斧と鉄斧を用いた場合では、石斧の方が六倍多くのエネルギーを消耗することが明らかになったことは、第6章でも紹介します。

石器を作る過程での石材消費量を算出したマーク・ニューカマーらの実験もあります(36)。極端な例ではありますが、完成までに約四七〇〇個の石片を生むハンドアックスは、もと二九四八gあった塊を二三〇gにまで減じてしまいます。約九一%の石を無駄にします。その反面、八二〇gの黒曜石の石核から、使用に適する石刃が八三枚（もとの石核の九一%）、あわせて三一mもの刃部を作り出せたことは驚きです。

なお、難易度の高い例として、航海実験があります。航海実験においては、海流の動く方向、天頂にくる星々、鳥の飛ぶ道筋、海の色、流木や海藻、雲のでき方、海のうねりの歪み具合など、高い水準にあった古代の航海技術を実験者が体得することが必要です。第4章で紹介したコン・ティキ号、ホクレア号の航海実験が有名ですが、最近は更新世の大洋航海を手掛けた挑戦的な試みもみられます(37)。この手の実験は、「復元」のもととなる考古資料があることが前提です。なぜならば、船体構造が忠実に「復元」されていることが、実験結果の良し悪しに大きな影響を及ぼすことが分かっているからです(38)。実験の成功は過去の証明ではないものの、可能性を提示します。

図5-8　竹筏舟を使った航海実験

３万年前の舟を想像して、台湾で行われた「イラ２号」のテスト航海の様子。

　実験はやや人工的、模擬的な環境下で行われることが多く、ある程度再現性があるものから、再現性が低いものまで含まれます。

③形成過程の復元　痕跡（自然）、自然プロセス（浸食、燃焼、崩壊、埋没、生物・非生物による擾乱《じょうらん》、再生）を対象とした実験です。

　遺跡がどう作られていくのか、遺物が遺棄され考古学者に発見されるまでに、どんな変化をたどってきたか、長大な時間スケールを持つ自然現象と痕跡の相互関係を探ろうとする実験が行われています。変数の事前制御は限定的で、事後的に判明します。仮説を検証、或いは意義付け、知見を得ることを目的とします。

この分野の研究は、私たちが遺跡から発見する遺物が、そっくりそのまま過去の行動の証として存在するのではなく、様々な変形を被った最終的な形であるという認識をもたらした点で、重要な貢献をしています。遺跡を発掘すると、様々な場所から、遺物が散らばって見つかりますが、その空間的な位置関係は、過去の人たちの行動の結果として（ほぼダイレクトに）残されている場合もあれば、そうではなくて、遺跡・遺物が埋没した前後の自然営為によって、（かなり変形された姿として）形づくられた場合もあります。形成過程の復元は、こうした認識を確固たるものとし、考古学者が遺跡や遺物の空間的な意味を解釈する際の指針を与えます。

イギリスのブッツァー古代農場（Butser Ancient Farm）では、大掛かりな観測実験が半世紀かけて継続的に行われています。第4章で紹介したウィルトシャー州オーバートン・ダウンの二つの土塁と、ドーセット州ウェアハム近くのモーデン湿原の二つの土塁は、いずれも一九六〇年と一九六三年の建設以来監視され、年単位で発掘調査が行われてきました。土壙《どこう》（人が掘った穴のことです）や溝に堆積した遺物や層がどのような時間的関係を持っているか、あるいは土壙の最終形態が埋没後にどう変化するかなどの貴重なデータが得られています(39)。こうしたデータは、長期的に観察されていることが重要ですが、それでも高々数十年の経年変化を調べた結果であるために、考古学的な数千数万年の時間的変化には及びません。それでも、発掘者が生《なま》の遺跡で掘り出した遺構の形を、どう意味づけたらよいか考える際に役立つ知見をもたらしています（図5-9）。

オーバートン・ダウンに匹敵する大規模な野外実験施設は日本にまだ無いものの、竪穴住居の崩落過程を記録する試みが、岩手県の御所野《ごしょの》縄文公園で続けられています。出火による家屋の焼失過程、あるいは老朽化による損傷過程が観察、記録、報告されており、復元住居の耐久性、機能的構造、材の適性など、本来知りえない住環境に関わる貴重な情報をもたらしています(40)。

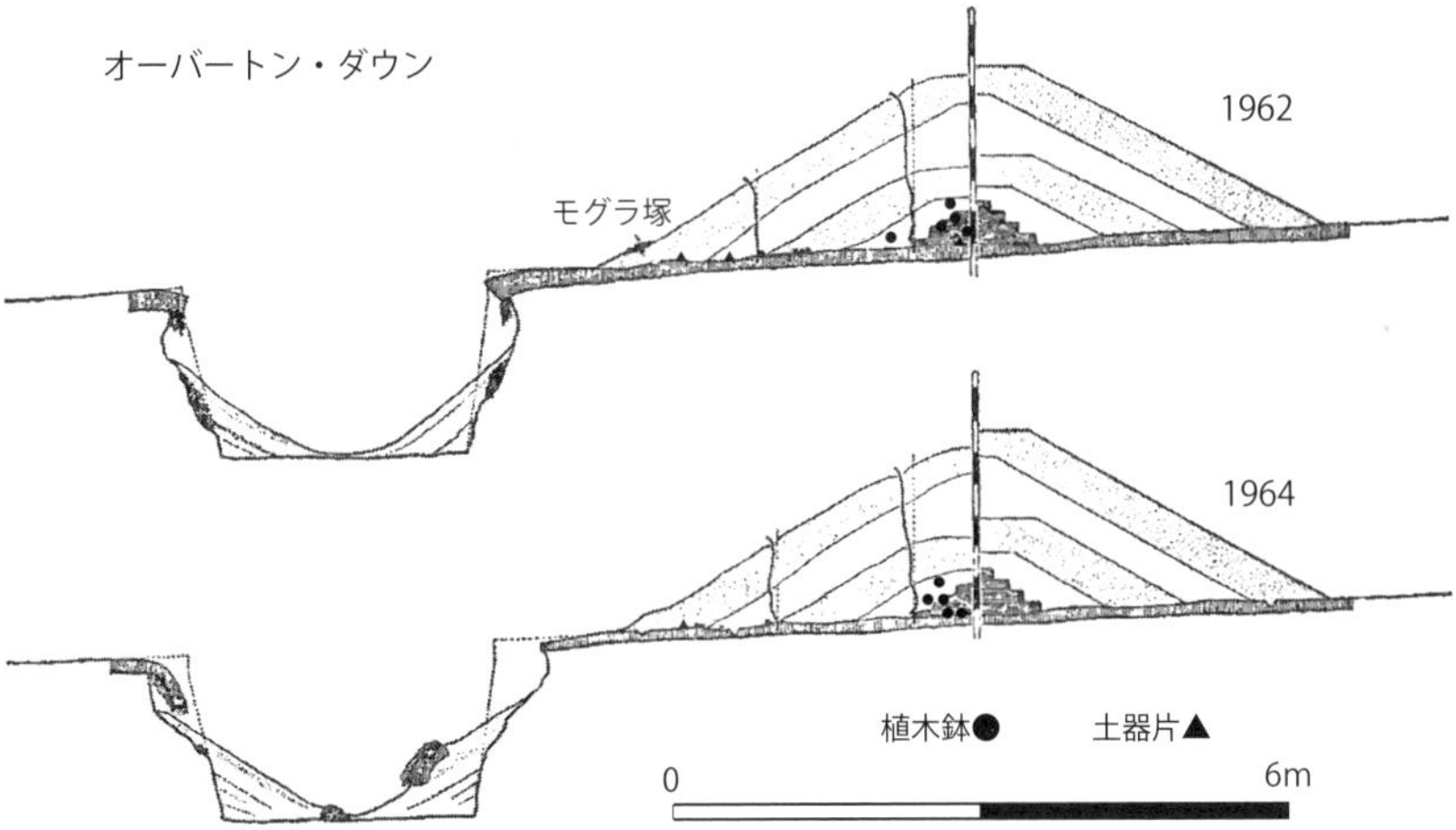

図5-9　土塁の崩壊過程を調べる

斜面地で遺物がどう動くか、岩石がどう風化するかなど、野外観測による方法を適用した実験もあり、他に埋没前の肉食（齧歯《げつし》）動物、土壌動物、気性攪拌《かくはん》（特に風）、地形要因（特に河川）、埋没後の遺物の保存と分布に影響を与える固相流、低温攪乱作用（融凍攪拌）、土壌水分作用、崩積《ほうせき》作用（地下水、圧縮差、植物の成長、土壌動物相など）などを調べた実験がみられます。

斜面地では、植生による重力流が働いて、大きな土器が小さな石器よりも遠くに移動したり、土壌の凍結融解作用により、軽くて平らな遺物ほどよく動くことが分かっています。凍結融解作用は、ランダムに遺物を動かすばかりか、環状の配置を生むことがあるらしく、旧石器時代の礫群を考える際の視点のひとつをもたらしています。一〇g以上の遺物については、基本的には降雨に伴う流水・霜柱の影響によって移動します。実際には複数の営力が関係することが分かっていますが、降雨による地表流水がリル（流路）を作り、そこに沿って微細な礫が大きく移動することも分かっています[41]（図5-10）。

また、土に埋まった遺物はバイオゾーンとして上下拡散したようです。モグラなどの小型哺乳動物は、五cm以下の小さな遺物を埋没後に三〇cm程、土の中で上下方向に動かすことがあったそうです[42]。考古学者は、遺物が見つかった垂直分布（絶対的な深度）を年代上

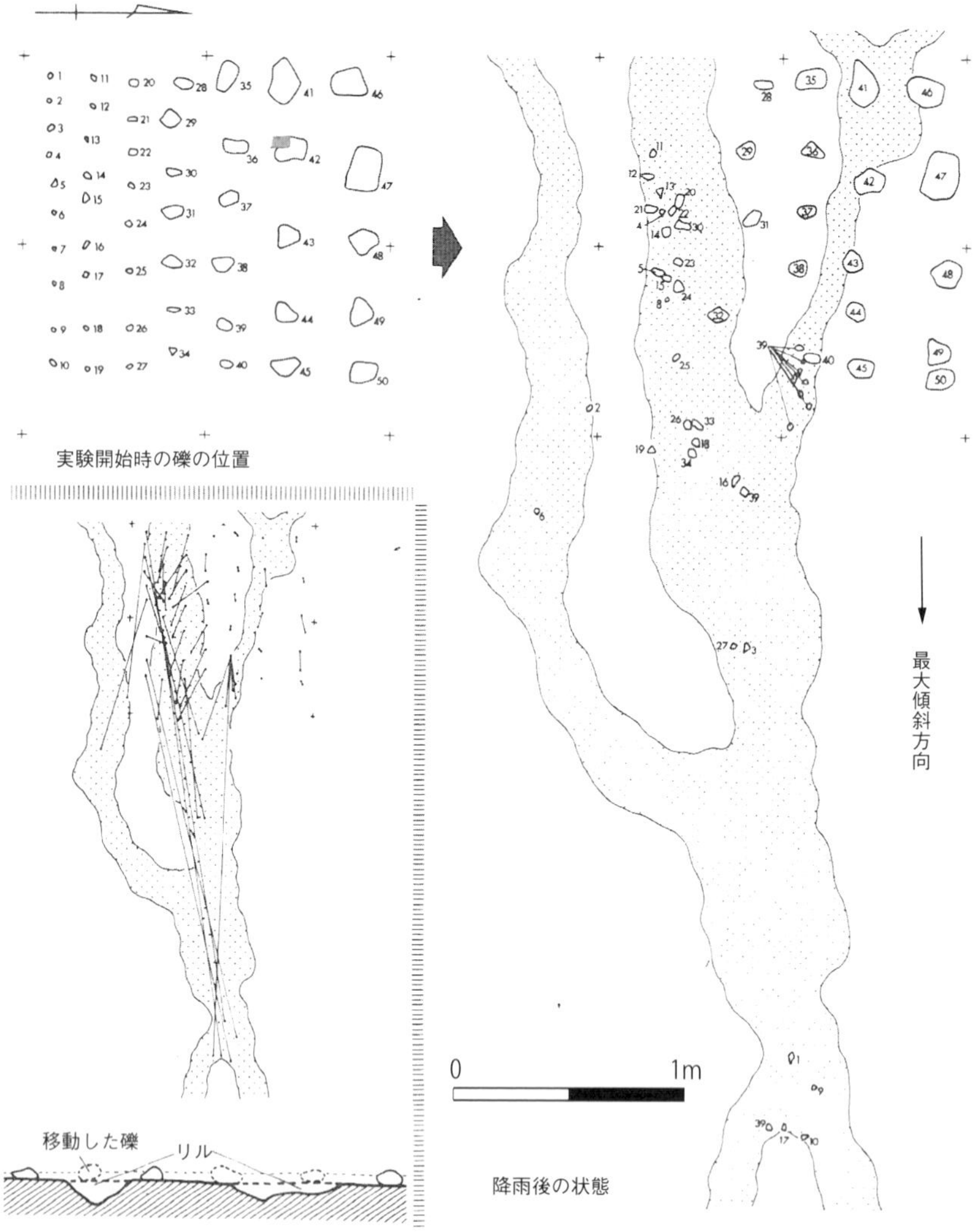

図 5-10　遺物の移動を探る

における新旧の目安として重視しますが、こうした判断にも慎重さが求められるのは明らかです。

他に、遺跡を丸ごと野外に作って、その遺跡を再発掘するという実験も行われています。人間や小動物による埋没後のかく乱作用が、遺物をどれほどの速さで、どう傷つけるかが調べられています[43]。この手の実験は、出土資料が過去に人々の手を離れた後に、どんな変化をたどって現在に残ったかという、遺跡（遺物）形成に関わる知見をもたらしています。デンマーク・ライレの歴史・考古学実験センターでも、再建した村が自然の過程でどう腐朽してゆくか、将来役立つかもしれないデータがとられています。ライレの歴史・考古学実験センターは、二〇〇九年より「伝説の地・ライレ（Sagnlandet Lejre）」の歴史考古学研究コミュニケーションセンターとして活動を続けています。

更にユニークなものとして、森林再生の実験が挙げられます。山田昌久らの研究グループは、人為的な裸地を作って、そこで二次林がどう発生するかを調べています[44]。こうした実験に追試性は望めませんが、考古学的環境を復元することにより、土地利用に関わる知見が得られます。自然現象と「痕跡」の相互関係を探る長大な時間スケールを持った観測実験とも呼べるでしょう。

このように、自然現象を相手にしたフィールド実験が、考古学の分野でも行われています。この分野の実験は、遺跡形成過程というタフォノミー（化石生成）の認識が芽生えた一九六〇年代以降に登場しました。実験は自然的、模擬的な環境で行われるため、再現性は低いです。

④**経験する**　経験（体験）、感知、知覚（嗅覚、触覚、聴覚、味覚）、民族誌的観察が相当します。経験、感知、知覚は、研究者自らが、過去の行動を復元する行為（実践）を通して得られます。仮説を発見し、洞察を得ることを目的とします。

具体的な例として、石器づくりなどの経験（クラフトワーク）、原体験（生活体験／なりきり縄文人）が挙げられます。忠実に復元された村の住居にしばらく住んで、過去の日常生活を体験してみることで、過去の人々が彼らの生活をどう経験したかということに対する識見が得られます（図5-11）。

図 5-11　復元住居で暮らしてみる

デンマークの歴史・考古学実験センター（「伝説の地・ライレ」）に復元された鉄器時代の住居で生活体験をしているところ。深い洞察を得るのが目的である。

過去に生きた人々の風景、すなわちある土地に住む人々が抱いた大地のイメージを経験的に収集し、社会的に共有された自然観を再構築しようとする試み(45)、あるいは匂い、手ざわり、音、味わいなどから人間の認知活動について再現する試み(46)もまた、これに相当します。味覚を用いたユニークな例として、試食実験がありますが、これは生身の人間を実験台にしたものです。遺跡から発見された無機物の硫曹鉱（$Na_2SO_4 \cdot 10H_2O$＝天然の硫酸ナトリウム）を理解しようと、それを服用して自らの身体の変化を確かめた例などは、実験者の勇敢さこそが試される（非合法的ではない）人体実験に相当します。それでも、こうした試食実験を通して、古代の薬用効果が確かめられた例もあるのです(47)。

経験としての石器づくりは、作り手の意思決定や判断を「行為者目線」で考える視点をもたらします。自ら石器を作ることで、観察対象である人間の注意（emic）の側に立とうと試みます。石器を作る経験は、石器を作る身体が技としてどう生成され、変化し、実践されるかといった一連の変化について知るための良い機会をもたらします。また、動作（・作業）連鎖の「準線」を構成する技術（technique）がどのようなものであったか、あるいは、一定の特殊なキズが何を意味しているのかを判断する際に役に立ちます。たとえば、階段状剥離（step fracture）や突き抜け剥離（over-shot flaking）が「失敗剥離」であるか否か、あるいはその一打が「適切な処理・修正」であったかどうかは、石器を「読む」（判断する）場面において、石器づくりの経験が生かされます。他に、目的的な剥離を生み出すために、剥離を誘導する稜線を準備するための手続き、または失敗（トラブル）を回避するためのノウハウなどが経験できます（図5-12）。

大場正善は石器づくりの「経験」を考古記録のアブダクション・アプローチに組み込むべきであるという考えを述べています。大場の言う技術学的方法は、遺物の読み取りの現実に即しており、復元製作による「経験」をモノの読み取りにどう生かすかという際の実体を説明しています。(48)

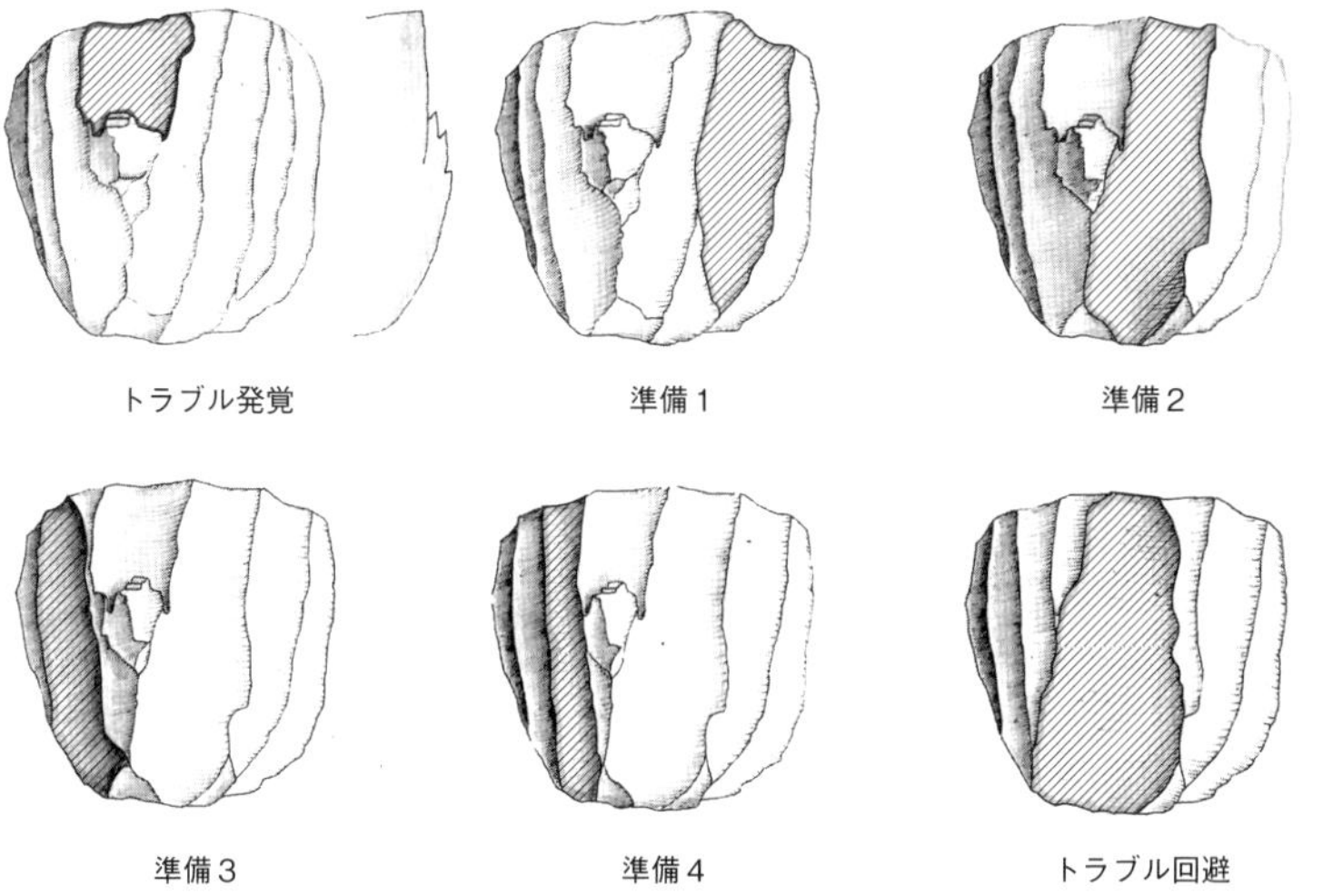

図 5-12　トラブルの事後処理を経験する

失敗した石核上の「瘤」は、周りを順次取り除くことで、最終的に除去できる。こうした「ノウハウ」は、石器製作者により経験的に蓄積された。

他に、なりきり縄文人（楠本政助、岩城正夫、雨宮国広、関根秀樹）たちは、一見遊んでいるようにも思えるものの、主体者である彼ら自身が、縄文的な生活体験を通して「過去」への洞察を深めています。

学校教育や社会教育の目的で、学生や社会人を対象として行政的に実施される「再現的」なイベント、あるいは民間セクターで実施される「体験考古学」的な催しにも、ごく断片的な形ではありますが、同じような効果が期待されます。具体例を挙げると分かりやすいと思います。子供がある体験学習施設で、二つの石で挟み打つように、くるみ割りをしている場面を想像して欲しいと思います。くるみ割りを体験できた子供たちは、くるみ割りを体験したことのない大人たちよりも、より多くの気付きを得ることができるでしょう。少なくとも、経験をした子供の何人かは、くるみの硬さに気付くでしょう。さらに、叩く石の側にできた窪みが深くなりすぎると、作業効率が落ちるということに気付くかもしれません。あるいは、くるみの尖った側を縦に向けて叩き割ると、石の側に浅く崩れた丸い傷が付くことを発見するでしょう。苦労して自分で割って食べたくるみの味は、スーパーで買ったものより美味しく、ありがたく感じるかもしれません。こうした気付きは、忘れがたい記憶として残ります。やってみることで、くるみを割るという主題に対する、何らかの「識見」が得られるのです。

民族誌的観察も記録者の「経験」に含まれます。民族誌または民族誌的観察は、生きたシステムに対する優れた情報源を得る一助となりえます。

実験考古学を分けてみる

以上の分析を踏まえて、実験考古学の制御と対象から構造的に捉えてみます。

図5-13は、実験考古学の制御と対象から概念的にその位置を示したものです。縦軸は制御（統制）の強さ（高さ）と弱さ（低さ）を示しています。そして、横軸は、結果に影響を与える原因の対象を示しています。実線は実験科学的（ラボ実験）、破線は野外科学的（フィールド実験）です。この図を見て分かるのは、おのおのの実験が制御の強さを違えて、存在しているということです。第4象限の右下方に向かうほど、体験的な要素が強くなり、仮説発見的な目的を帯びます。その反対に、第2象限の左上方に向かうほど、非体験的な要素が強くなり、仮説検証的となります。実験科学は第2象限の左上方を理想としています。

再現に際して条件が人為的に設定されない試み全般、つまり経験する領域については、実験ではなく体験とすべきだという意見もあります。しかし、私はそのような狭い定義を用いて、実験と体験を線引きすることはしません。私は、「実験科学」を極とするならば、その対極に「経験」の領域があるとみています。図5-13の左上端の太丸印と、右下端の網掛けの領域です。この二つを極とするその間に、いくつものフィールド実験があると考えています。

「モノ」の復元と行動の復元の領域が、上下に大きく変化するのは、担い手の技量と実験デザインの違いに起因し

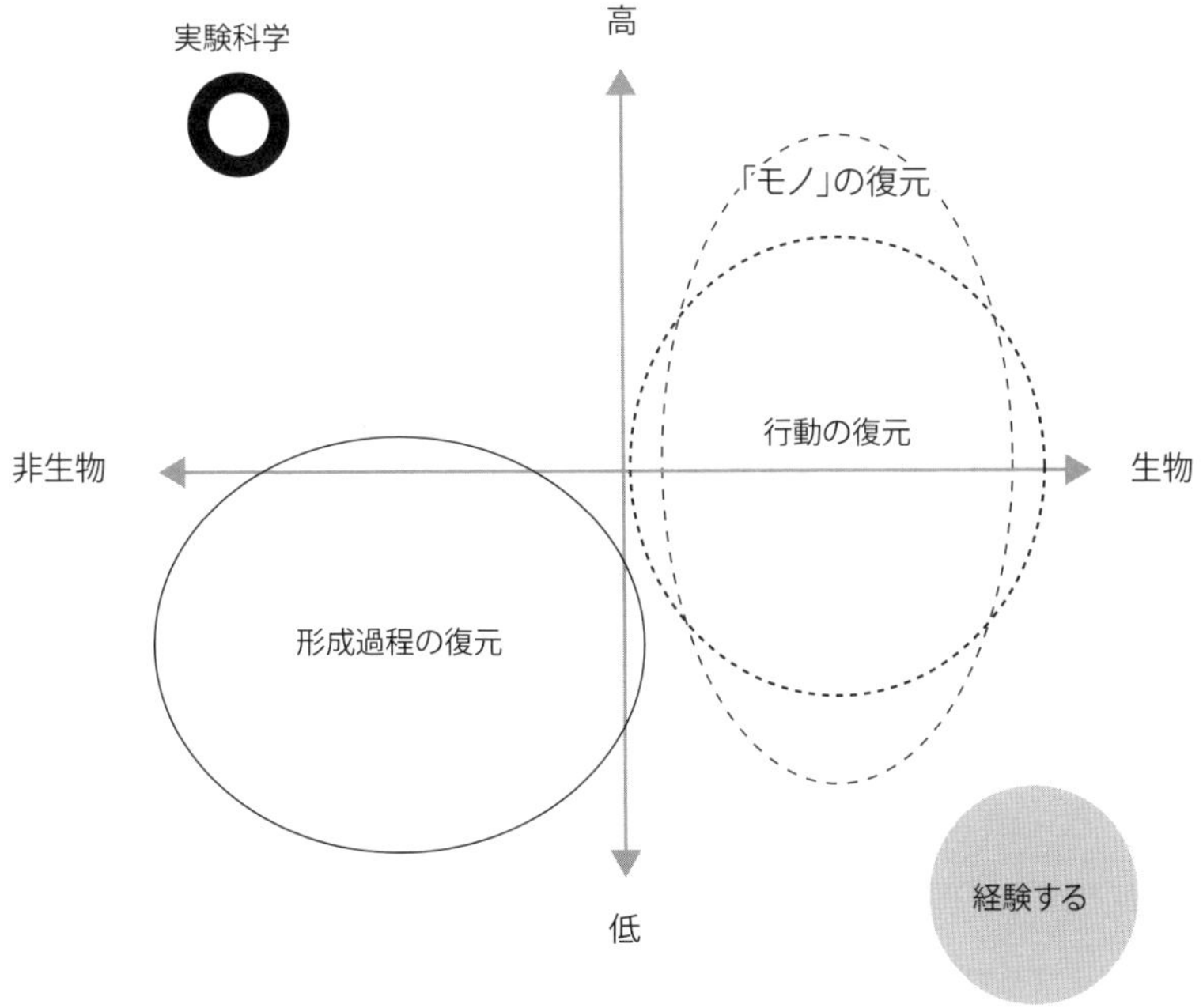

図 5-13　実験考古学の制御と対象

ます。形成過程の復元が第3象限の下方にくるのは、実験の環境と対象が自然的であることによります。形成過程の復元が第4象限にわずかにかかるのは、稀に生物擾乱《せいぶつじょうらん》（生き物による土壌のかく乱）を主題とした実験があるためです。「モノ」の復元と行動の復元の領域が、実験科学に相当する最上段に達しない理由は、いかなる熟練者であっても、ヒト（生物）が技能でカヴァーする変数操作には限界があると考えられるからです。

経験（体験）は知覚（感性）の領域として、第4象限の右下方に配置されますが、経験（体験）には統制がないため、正確には場外にあります。

以上のように、実験考古学には、管理された科学的な方法で試される第1・第2象限から、単に概念を探求し、アイデアを試したり、発想を得るための第4象限まで、幅広いジャンルに及んでいるといえましょう。

註

（1）川喜田二郎『発想法』（中公新書、一九七四年）。

（2）川喜田喜美子・高山龍三（編）『川喜田二郎の仕事と自画像―野外科学・KJ法・移動大学―』（ミネルヴァ書房、二〇一〇年）。

（3）川喜田二郎『野外科学の方法―思考と探検』（中公新書、一九七三年）、前掲佐原（一九九四）。

（4）たとえば以下の文献があります。Ingersoll, D. W. & W. K. MacDonald.（1977）op. cit.〔第4章註（19）〕; Mathieu, J. R.（2002）Introduction. In: J. R. Mathieu（ed.）*Experimental Archaeology, Replicating Past Objects, Behaviours and Processes*. Archaeopress: pp. 1–12.

（5）Dibble, H. L. & Z. Rezek.（2009）Introducing a new experimental design for controlled studies of flake formation: results for exterior platform angle, platform depth, angle of blow, velocity, and force. *Journal of Archaeological Science*, 36（9）: pp. 1945–1954.

（6）ただし、妥当性の評価の邪魔をする二次変数がいくつもあることが分かっているので、この評価は慎重に行わなければなりません。R・E・キリク（Kirk, R. E.［2013］*Experimental Design: Procedures for the Behavioral Sciences*（4th ed.）. Sage.）は、実験の妥当性を損なう脅威として、従属変数に影響を及ぼす迷惑変数（年齢、体力、習熟、測定・分析の方法と手順、被験者の意識）の存在を整理しています。

（7）近年、AI（人工知能）の実験分野への参入が期待されています。たとえば、AIによる動作解析によって、ある作業が何をしているか、その際に何を考えているかということについて、AIに学習させることによって、作り手の内的要因のいくつかを都合よくパラメータ化させることが期待されています。

（8）逃げ回るバイソンに見立ててタイヤを転がすことが（それが、たとえ統制しやすいからとはいえ）、いかに現実離れした馬鹿げた実験であるかということについて、メティン・エレンとデイビット・メルツァーが以下の文献で指摘しています（Eren, M. I. & D. J. Meltzer.［2024］Controls, conceits, and aiming for robust inferences in experimental archaeology. *Journal of Archaeological Science: Reports*, 53）

（9）松沢哲郎『分かちあう心の進化』（岩波書店、二〇一八年）

（10）佐藤郁哉『フィールドワークの技法―問いを育てる、仮説をきたえる―』（新潮社、二〇〇二年）

（11）Speth, J. D.（1977）Experimental investigations of hard-hammer percussion flaking. In D. W. Ingersoll, et al.（eds）. *Reprinted in Experimental Archaeology*, Columbia University Press pp. 3–37.; Speth, J. D.（1981）The role of platform angle and core size in hard-hammer percussion flaking. *Lithic Technology*, 10 : 16–21.

(12) Lin, S. C., et al.（2022）The mediating effect of platform width on the size and shape of stone flakes. *PLoS One*, 17（1）: e0262920. また、前掲註6も参照。

(13) Pelcin, A. W.（1997a）The effect of core's surface morphology on flake attributes: evidence from a controlled 14 experiment. *Journal of Archaeological Science*, 24: pp. 749–756.; Pelcin, A. W.（1997b）The formation of flakes: the role of platform thickness and exterior platform angle in the production of flake initiations and terminations. *Journal of Archaeological Science*, 24: pp. 1107–1113.

(14) Kelterborn, P.（2012）Measurable flintknapping for long pressure blades. In Desrosiers, P.（ed.）*The Emergence of Pressure Blade Making: From Origin to Modern Experimentation*, Springer: pp. 501–519.

(15) Bowers, P. M., et al.（1983）. Flake dispersal experiments: non-cultural transformation of the archeological record. *American Antiquity*, 48（3）: pp. 553–572.

(16) Whitley, T. G.（2017）Geospatial analysis as experimental archaeology. *Journal of Archaeological Science*, 84: pp. 103–114.

(17) 千葉史「地理情報システムを用いた遺跡集落ブロックの形成と最適交流経路の推定―北奥羽地方の縄文時代中期遺跡分布に関して―」（『情報考古学』6―2、二〇〇一年、一―一〇頁）。

(18) Dibble, H. L. & Z. Rezek.（2009）op. cit.

(19) 岡内三眞ほか『季刊考古学』81（雄山閣、二〇〇二年）。

(20) たとえば以下の文献があります。Tabarev, A.（1997）. Paleolithic wedge-shaped microcores and experiments with pocket devices. *Lithic Technology*, 22: pp. 139–149.; Stafford, M.（2003）The parallel-flaked flint daggers of Late Neolithic Denmark: an experimental perspective. *Journal of Archaeological Science*, 30（12）: pp. 1537–1550.; Crabtree, D. E.（1966）A stoneworker's approach to analyzing and replicating the Lindenmeier Folsom. *Tebiwa*, 9（1）: pp. 3–39.

(21) たとえば以下の文献があります。Newcomer, M. H.（1971）Some quantitative experiments in handaxe manufacture. *World Archaeology*, 3: pp. 85–94.; 大沼克彦「槍先形尖頭器の復元製作で生じた剝片の分析」（前掲石器技術研究会編〔二〇〇四〕、一一〇―一二二頁）、小菅将夫「両面加工尖頭器の製作技術」（同、一二三―一三六頁）。

(22) Ohnuma, K. & C. Bergman.（1982）Experimental studies in the determination of flaking mode. *Bulletin of the Institute of Archaeology*, 19: pp. 161–170.; 鈴木美保ほか「石器製作におけるハンマー素材の推定―実験的研究と考古資料への適用―」（『第四

紀研究』41―6、二〇〇二年、四七一―四八四頁）。

(23) 岩瀬彬『最終氷期最盛期の石器使用痕研究』（同成社、二〇二一年）、Iovita, R. & K. Sano.（eds.）（2016）*Multidisciplinary Approaches to the Study of Stone Age Weaponry*. Springer.

(24) 前掲御堂島（二〇〇五）、御堂島正『黒曜岩製石器の実験痕跡研究』（同成社、二〇二〇年）。

(25) Pelegrin, J.（1988）Débitage expérimental par pression: du plus petit au plus grand. In: Tixier, J.（ed.）*Technologie Préhistorique*. CNRS: pp. 37–53.; Pelegrin, J.（2012）New experimental observations for the Characterization of pressure blade production techniques. In: Desrosiers, P.（ed.）op. cit.: pp. 465–500.

(26) Nunn, G.（2006）Using the Jutland type IC Neolithic Danish Dagger as a model to replicate parallel, edge-to-edge pressure flaking. In: Apel, J. & Knutsson, K.（eds）. *Skilled Production and Social Reproduction: Aspects on Traditional Stone-Tool Technologies: Proceedings of a Symposium in Uppsala, August 20–24, 2003*. Societas Archaeologica Upsaliensis.: Apel, J. & K. Knutsson.（eds.）（2006）op. cit.; Gunn, J.（1975）Idiosyncratic behaviour in chipping style: some hypotheses and preliminary analysis. In: Swanson, E.（ed.）*Lithic Technology: Making and Using Stone Tools*. Mouton Publishers: pp. 35–61.

(27) McCall, G. S. & B. Pelton.（2011）The iceman knappeth: learning about soft stones from an experiment knapping ice. In: McCall, G. S.（ed.）*Pushing the Envelope: Experimental Directions in the Archaeology of Stone Tools*. Nova Science Publishers, Inc: pp. 93–100.

(28) 代表的な文献として以下のものがあります。村上恭通『倭人と鉄の考古学』（青木書店、一九九八年）、西田泰民ほか『考古学ジャーナル』654（ニューサイエンス社、二〇一四年）、山田昌久『考古学ジャーナル』574（ニューサイエンス社、二〇〇八年）、鈴木忠司編『礫群から見た岩宿時代集落の研究』（古代学協会研究報告第14輯、二〇一八年）。

(29) Newcomer, M. H. & G. de G. Sieveking.（1980）Experimental flake scatter patterns: a new interpretative technique. *Journal of Field Archaeology* 7: pp. 345–352.; 阿子島香「石器の平面分布における静態と動態」（『東北大学考古学研究報告』Ⅰ、一九八五年、三七―六二頁）。

(30) 岡澤祥子「旧石器時代研究における極微細石片の役割―石器製作実験に基づく検討―」（『第四紀研究』39―5、二〇〇〇年、四七九―四八六頁）。

(31) 佐藤宏之「石器製作空間の実験考古学的研究（Ⅰ）」（『東京都埋蔵文化財センター研究論集』Ⅳ、一九八六年、一―四二頁）。

(32) Mcbrearty, S., et al.（1998）Tools underfoot: human trampling as an agent of lithic artifact edge modification. *American Antiquity*, 63: pp. 108–129.

(33) 山田昌久編『人類史集報 2015-4（実験考古学）』（首都大学東京人類誌調査グループ、二〇一五年）。

(34) Mateos, A., et al.（2019）Energy cost of stone knapping. *Journal of Archaeological Method and Theory*, 26: pp. 561–580.

(35) Saraydar, S. C. & I. Shimada.（1971）A quantitative comparison of efficiency between a stone axe and a steel axe. *American Antiquity*, 36: pp. 216–217.

(36) Newcomer, M. H.（1971）op. cit.; Sheets, P. D. & G. R. Muto.（1972）Pressure blades and total cutting edge: an experiment in lithic technology, *Science*, 175: pp. 632–634.

(37) 海部陽介『サピエンス日本上陸―3万年前の大航海―』（講談社、二〇二〇年）。

(38) Cherry., J. F. & T. P. Leppard（2015）Experimental archaeology and the earliest seagoing: the limitations of inference. *World Archaeology*, 47（5）: pp. 740–755.

(39) Bell, M.G., et al.（eds.）（1996）op. cit.〔第4章註（20）〕; Cavulli, F.（2009）Experimental archaeology as a methodology to understand the formative processes of 'pits'. In: F. Cavulli（ed.）*Defining a Methodological Approach to Interpret Structural Evidence*（WS28）, BAR 2045: pp. 51–67.

(40) 高田和徳ほか『御所野遺跡環境整備事業報告書Ⅱ』（一戸町教育委員会、二〇〇七年）。

(41) 日本語で読めるものとして、たとえば以下の文献があります。御堂島正・上本進二「遺物の水平・垂直移動―周氷河作用の影響に関する実験的研究―」（『神奈川考古』23、一九八七年、七―二九頁）、御堂島正・上本進二「遺物の地表面移動―雨・風・霜柱・植物の影響について―」（『旧石器考古学』37、一九八八年、五―一六頁）、佐藤宏之・工藤敏之「遺跡形成論と遺物の移動―石器製作空間の実験考古学的研究―」（『古代文化』41―5、一九八九年、二八―三七頁）。

(42) 亀井　翼「モグラによる遺物の埋没と埋没後擾乱―茨城県稲敷郡美浦村陸平貝塚を対象として―」（『第四紀研究』52―1、二〇一三年）。

(43) Bocek, B.（1992）The Jasper Ridge reexcavation experiment: rates of artifact mixing by rodents. *American Antiquity*, 57（2）: pp. 261–269.; 前掲御堂島（二〇二〇）。

(44) 前掲山田昌久編（二〇一五）。

（45）Tilley, C. (1994) *Phenomenology of the Landscape: Places, Paths and Monuments*. Berg.

（46）Saunders, N.J. (1999) Biographies of brilliance: pearls, transformations of matter and being, c. AD 1492. *World Archaeology*, 31 (2): pp. 243–257.; Watson, A. and Keating, D. (1999) Architecture and sound: an acoustic analysis of megalithic monuments in Britain. *Antiquity*, 73: pp. 325–336.

（47）Watson, P.J. & R.A. Yarnell (1966) Archaeological and Paleoethnobotanical Investigations in Salts Cave, Mammoth Cave National Park, Kentucky. *American Antiquity*, 31 (6): pp. 842–849.

（48）大場正善「動作連鎖の概念に基づく技術学の方法―考古学における科学的方法について―」（『山形県埋蔵文化財センター研究紀要』七、二〇一五年、九七―一一五頁）。

第6章　実験の考え方を学ぼう

実験が理論的指針を持たなければ、結果は体系的に積み重ねることができず、ただ高くつくだけである。

（山田しょう）

さて、人間行動を扱う考古学においては、ラボ実験とフィールド実験が様々な方面への可能性を秘めていることを述べてきました。

それでは、考古学的実験を通して、私たちは、過去へどうアプローチしてゆけばよいのでしょうか。つぎに問題となるのは、過去と現在という時間をどう飛び越えて、これを総体として捉えるかということです。つまり、過去を見据えた構造的な論理体系をどう構築するか、という点です。

静態として沈黙する出土品から、過去の動態をどう解き明かしてゆけるのか、現在の痕跡から過去の行動をどう明らかにできるのか、幹となる考え方と実験の心構えについて、解説します。

類推の方法

ここで、キーワードとなるのが「類推」です。

類推とは、普段あまり使わない言葉だと思います。類推は、アナロジーと片仮名表記されますが、さらに聞き慣れない言葉かと思います。類推（アナロジー）には、類似するものから推し量るという意味があります。日常生活のたとえ話なども、何気なく使うことがあると思います。

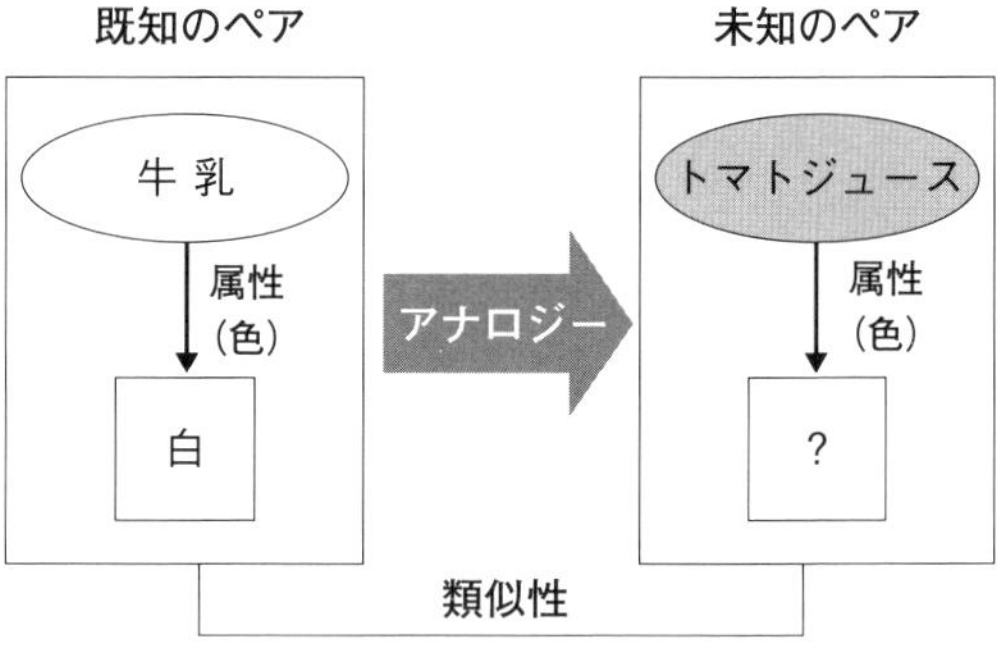

図6-1　類推の構造

細谷功は、著書『アナロジー思考』で、類推について分かりやすく解説しています。アナロジーとは、既存の知識を使って、新しい事柄を類推する思考法のことであると一般的には理解されます。細谷は、これをさらに詳しく捉え、既知の領域と未知の領域との間に類似性を見つけて、未知の領域でのアイデアを生み出す考え方として定義しています[1]（図6-1）。牛乳が白なら、トマトジュースは赤といった関係のことです。

アナロジーの考え方は、認知科学などの分野で学術的に研究が進んでいます。アナロジー思考においては、抽象化の概念が問題になりますが、考古学においては、構造的類似を手掛かりとして、抽象化します。

考古資料は、時間によって変形を受けている可能性があるために、たとえば「見た目」だけの表面的類似が「類推」に使えないこともあります。特に、石器の「かたち」などは、使うなかで刃の修正を繰り返すこともあるために、概念を抽象化して、比較することが難しいです。

民族誌についても同様で、考古資料と似た形のものが民族誌に描かれていたからといって、過去のそれがそこに描かれていたように機能していたとは限りません。こうした表面的な類似（形式的類推といいます）のみを手掛かりとして、使い道をやや単純に類推したことで、誤解をまねくような石器の名称がつけられた例があります。石匙、石槍、石箆《いしべら》などは、匙や槍や箆に形が似ているというだけで、実際に匙や槍や箆としてのみ使われていたわけではありません。実際に使って実験的に検証するという研究（実験使用痕研究）によって、石匙、石槍には切削用、解体用のナイフ、石箆には土掘り具としての機能も備わっていたことが分かっています。こうした例は、他にもありますが、いずれにせよ石器の外見がよく似ていることだけを手掛かりとして類推すると、間違える元となります。

それはさておき、考古資料には「痕跡」として、何らかの人間行動の物的証拠が残されています。考古資料の「痕跡」には、製作痕、使用痕、運搬痕など、過去のさまざまな人間行動の一場面をものがたる証拠が含まれています。また、廃棄（「モノ」が捨てられて以後の自然損傷痕を含みます）された時点から、発見されるまでの、人間行動に伴わない自然の作用で生じた「痕跡」、発掘以後に誤って壊してしまった「痕跡」も上書きされています。こうした「痕跡」どうしの構造的な類似（関係的類推といいます）を手掛かりとして、デドレ・ゲントナーらが提唱している「構造写像理論」を応用することで、過去の行動の一場面を類推することができます。(2)

ただ、類推が明らかにする未知の世界は、一〇〇％真実かといえばそうではありません。あくまで、仮説を生み出すための推論です。必ずしもその結果の妥当性を一〇〇％保証するものではないということを知っておく必要はあります。つまり、類推で証明することはできないのです。

このように、類推は、思考法の一種であり、証明の手段ではありませんが、新しい領域に対する発想やアイデアを抽出するという点で、フィールド実験に打ってつけの考え方です。新しい領域とは、ターゲットとなる過去であり、既知の領域とは、現象を再現している現在である。そう考えて頂けると、理解しやすいと思います。

構造的類似を探す

日本の考古学者、五十嵐彰は、人間行動と物質痕跡を結びつける「実験痕跡研究」の枠組みを提示しています。(3)この研究の枠組みは、多様な人間行動を、痕跡と行動との相関を手掛かりとして、システムとして理解するものですが、実験考古学にとって、欠かせないひとつの視点です。五十嵐が提唱した実験痕跡研究の枠組みは、人間行動と物質的痕跡を結びつけるトラセオロジー（痕跡学）として、広義の類推（アナロジー）の重要な一部分を担っています。

御堂島正、鈴木美保もほぼ同様の説明をしていますが、ここでは五十嵐のものを例に挙げて説明しましょう。

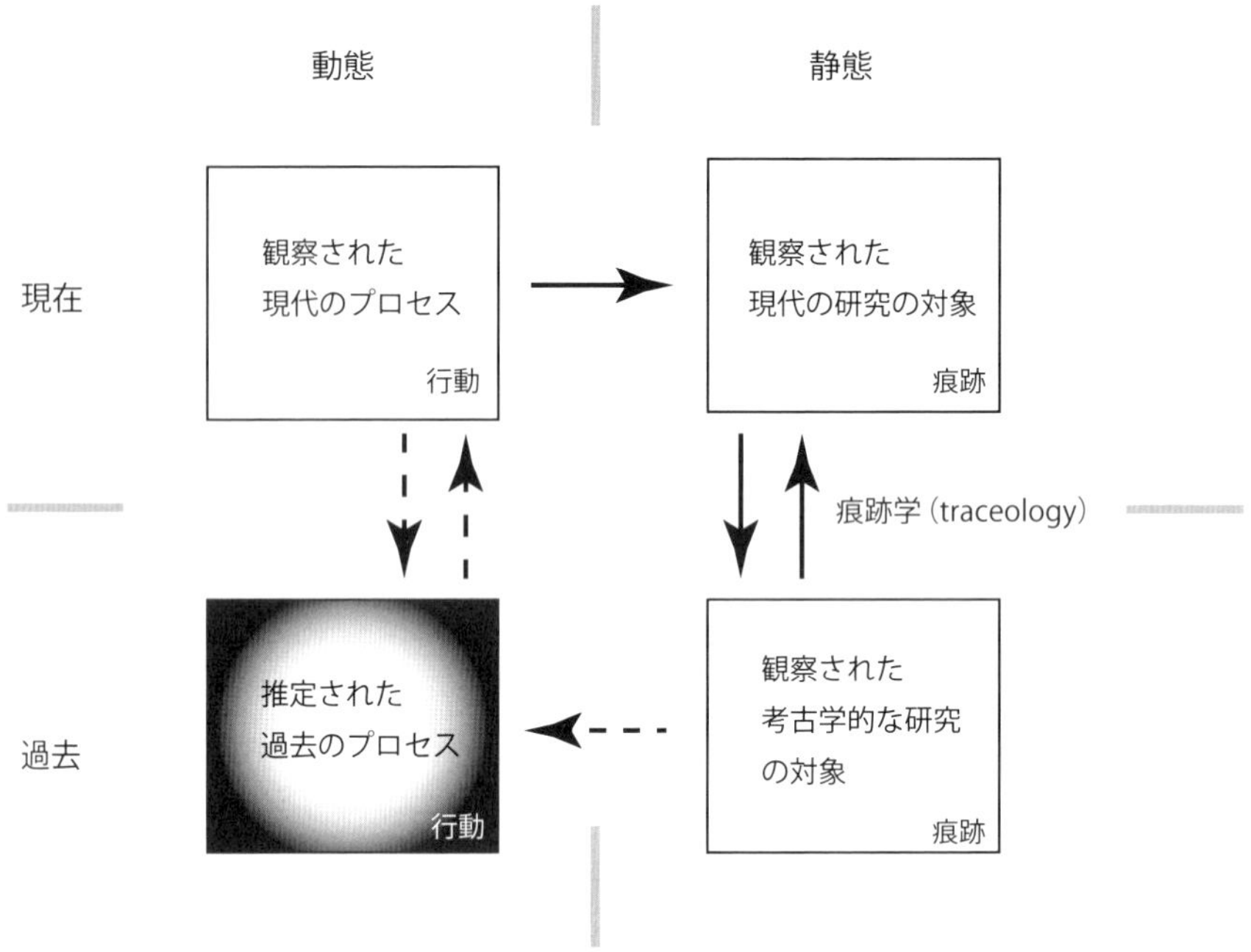

図 6-2　実験考古学における推論の方法

現在と過去をつなぐ痕跡比較（痕跡学）は形式的類似性に基づき判断される。

実験の構造―科学的方法論の確立を目指して

この考え方は図で記します。

図6-2はアメリカの考古学者、ギフォード・ゴンザレスによる類推モデルを参照して、実験痕跡研究の位置づけを分かりやすくするために作成したものです(4)。

この類推モデルは、現在の行動と痕跡を手掛かりに、過去の行動にリンクするまでの手続きを模式的に記しています。縦軸に時間、横軸に共時空間を示しています。現在と過去、動態と静態の領域が配置されます。左下のぼんやりと黒く霞《かすみ》がかかっているのが未知の領域で、過去の行動です。他は全て既知の領域です。動態とは、動きのある実態としての人間行動、静態とは、沈黙する実態としての資料に残された「痕跡」です。

つまり、フィールド実験の現場においては、現在の動態、すなわち実験的領域からスタートして、過去の動態、すなわち考古学的領域にいたるという道筋を経て類推します。図でいえば、左上（第2象限）からスタートして、時計回りに右上（第1象限）、右下（第4象限）、左下（第3象限）へと向かうルートをたどります。

手順としては、まず、現在の動態で観察されたプロセスから研究対象（目的に沿った、様々な痕跡）を抽象化して、静態へと移ります（第2象限から第1象限への共時空間での移行）。次に、観察による事実の抽出を通して、抽象化した研究対象に認められる「痕跡」と考古学的な研究対象の「痕跡」とのあいだに認められる構造的類似を把握します（第1象限と第4象限の通時的往還）。この際、考古学的な研究の対象には、時差のある痕跡の上書き（改変）が起きている可能性があるため、この往還は何度か行われることがあります。そして、最後に、考古学的な研究対象に認められた、静態としての「痕跡」から、動態としての過去のプロセスを推定します（第4象限から第3象限への共時的移行）。この類推過程を経て、現在と過去を越境します。

重要な点は、この類推モデルにはいくつかの仮定が含まれていることです[5]。その仮定とは、つまり（1）観察された痕跡とプロセス（行動）との間には因果関係があり（上下段で左右を指した矢印の関係）、（2）現代の痕跡（モノ）と過去の痕跡（モノ）との間にある形式的な類似性は類推に役立てることが可能であり（痕跡学）、（3）現在と過去との動態に推定される同形的類似性（斉一説）を手掛かりとして、過去を明らかにすることができる（左段の上下を指す破線矢印の関係）といった前提のことです。

この仮定のいずれかひとつでも「真」ではないと判明した時点で、結論は「真」ではなくなります。結論は推論的に導かれたものであり、絶対的なものではありません[6]。行動と痕跡との間にある相互関係は、確率的蓋然性でしか表現できない点は、認識しておく必要があります。

民族誌が教える石斧の効能

ここで、興味深い事例をひとつ取りあげたいと思います。次の引用は、本多勝一によるニューギニア高地人の記録

です。(7)

伐採開始。コボマの石斧のふり方の速さに、まずおどろく。たちまち切り口がひらいてゆく切れ味のよさに、二度びっくり。木の両がわからそれぞれ直径の1／3ほど切ったとき、もう切り口に足をかけてひきたおそうとするのには、写真を十分とるひまもなかった藤木さんがぎょうてんして「ちょっと待った!」。石毛さんとわたしが切り口のようすを写生していると、いったいなんのために作業を中断されたのかワケのわからないコボマは、とうとう怒っていってしまった。写生がおわって、やはりたおれるまで作業をつづけてもらうためには、包丁のほかにタオルも一本彼に進呈して、つれもどさなければならなかった。ついでわたしたちの実験。いくら力まかせに切りつけても、石斧の刃が木に食いこまぬ。横すべりしてはねかえってしまう。なんどもやっているうちに、要領がわかった。石斧の刃は鉄のようにうすくない。木にたいして真横から、ほとんど直角に切りつけなければダメである。少し切り口ができれば、もっとななめにふりおろしてゆく。コボマが切りたおすまでにかかった時間は四分弱。同じ種類の、同じくらいの太さの木を鉄の斧で切りたおさせてみると、ちょうど一分間。鉄と石では四倍近い差がある。が、この差は、「石器時代」の世界にたいして「原子力時代」のわたしたちが想像していたよりも、はるかに小さい。切面も、鉄の斧とかわらぬくらいスベスベしている。石器時代はわたしたちが考えるほど不便なものではないようだ。

この本多による記録はたいへん具体的で、コボマの石斧扱いの様子が、まるで目の前に再現されるかのように記されています。記録の中で、最も目を引くところは、鉄の斧が石の斧に比べて四倍早く木を切れたというところではないでしょうか。

この点をさらに確かめるべく、本多と共同でこの現地調査にあたっていた石毛は、帰国後に検証実験を行っています。石毛によると、コボマと同じ石斧を用いて実験すると、直径五cmの立木を八分、直径一二cmの立木を一三分で倒すことができたといいます。(8)ともに樹種はアカマツでした。

他の民族誌をあたってみると、たとえばハイダーは、グランドバレーのダニ族が直径二二cmの立木を約五分、直径二二〜二五cmの立木を約七分で切り倒したと記録しています(9)。また、オーストラリアの先住民が、ハンドアックス状の礫器を手に持ち、直径一五cmのアカシアの木を二分で伐採したことをアンダース・クラフが記しています(10)。

時間は一律ではありません。コボマとそれ以外の人物との間で、時間にばらつきが生じたのは、ひとつには石斧を扱う人物の技能がこれに大きく影響した可能性が考えられます。失礼ですが、石毛はコボマより石斧の扱いに慣れていないと仮定させていただくと、石毛がコボマより二〜三倍の時間がかかっているのは、単純にスキルの差であるように思えます。また、これには、斧の形と構造が関係しているとも考えられます。ダニ族が、石毛より四倍近く太い木の伐採に挑戦したにも関わらず、石毛より二倍早く切り倒せたのは、ダニ族の技量の高さのほかに、斧の性能がそもそも違っていたからかもしれません。さらに、木材の乾湿状態が伐採効率に関係するとも予想されます。生の材木と乾燥状態にある材木とでは、加工の効率が違っていたでしょう。民族誌においては、こうした行動条件の統制ができていないために、単純に時間の違いが何を素因として起きているのか、分からないことがあります。

図6-3　石斧で立木を伐採する

このように、民族誌的観察においては、実際の現場で起きている行動の結果（要素）を切り取って比較せざるを得ない所があります。結果に影響を及ぼす多くの迷惑変数を制御することができない以上、鉄の斧が石の斧よりも伐採効率が優れている、といった漠然とした仮説を立てることができても、四倍の効能があったと一般化することはできません。

時々、私は、一般書などで、この四倍（あるいは三倍）という数値が独り歩きしているのを目にします。しかし、この四倍という値は「絶対的」なものではありません。あくまで、様々な民族誌的記録、およびフィールド実験結果を寄せ集めたら、そうなっていたという数字に過ぎません。

ふたたび民族誌を検証する

さて、読者の皆さんは、斧頭の素材が変化して、伐採効率が向上した、という話を聞くとまずどんな感想を抱くでしょうか。

鉄斧の登場で生産効率が上がったことが、金属器登場以降の社会の変化と豊かさを標榜する根拠として、たびたび言及されることがありました。しかし、少し考えてみたら、この話が根拠の薄い、やや極端なものであるようにも思えます。鉄が文明の礎となり、近代化と産業革命の原動力となったことは否定しません。しかしながら、石から鉄へと素材が移り変わることが、社会・文化の根幹的な変化を促す要因になったかというと、それは甚だ疑問です。浮いた時間で昼寝をしたり、宴会をしたり、意外とどうでもいい時間に費やしていた可能性もあるのです(11)。

デンマークの偉大な考古学者、クリスチャン・トムセン（Thomsen, Christian Jürgensen 1788～1865）は、材質で古物を分類する方法、すなわち石器時代から銅器時代、鉄器時代へという三時期法（three age system）を提唱しました。物質的文化の変化に基づくこの発展段階は、L・H・モルガンの古代社会に始まる素朴な進歩史観をトレースしたものであり、現在は一部否定されています。

確かに（石から鉄へという）素材の変化がみせる道具の効率は、素朴な進歩史観を説明するのにちょうどいい。しかし、少し穿った見方をするならば、この発展段階を裏付ける都合のよい証拠として、十分な検証がないままに、民族誌に登場する一部の数値だけが独り歩きした可能性も考えられます。

実際に、この問題に関しては、これまで多くの検証実験が行われています。佐原真が著書『斧の文化史』で紹介したW・H・タウンセンドは、伐採対象の太さ（径）の違いによって、石斧と鉄斧の伐採効率は違ってくるが、伐採姿勢（斧の振り方）の違いは効率にあまり影響がないことを明らかにしています(12)。また、伐採対象が太くなればなるほど、樹木の硬さ（樹種）が伐採時間に影響を及ぼすことも分かっています。スティーブン・サライダールとイズミ・シマダは、実験フィールドに酸素分析計を持ち込んで、伐採者が伐採中に消費した酸素総量を測っています。その結果、石斧は鋼（手）斧の六倍以上の作業時間を要し、かつ五倍以上のエネルギーを必要とすることが明らかとなりました[13]。

しかし、石斧と青銅斧とで立木の伐採効率がどう違うかについては、民族誌に記載がほぼなかったことも相俟って、意見が分かれています。たとえば、ジェイムス・マシューとダニエル・メイヤー[14]は、石、青銅 、鋼鉄の斧の効率（木を倒すのにかかる時間と斧の振りの回数）をテストして、石斧と青銅斧で作業効率に差はあるが、鉄斧と青銅斧に大差はないと結論付けました。代わって、ピーター・ローリー＝コンウィは、石斧と青銅斧の作業効率に大きな差はないと主張しました[15]。

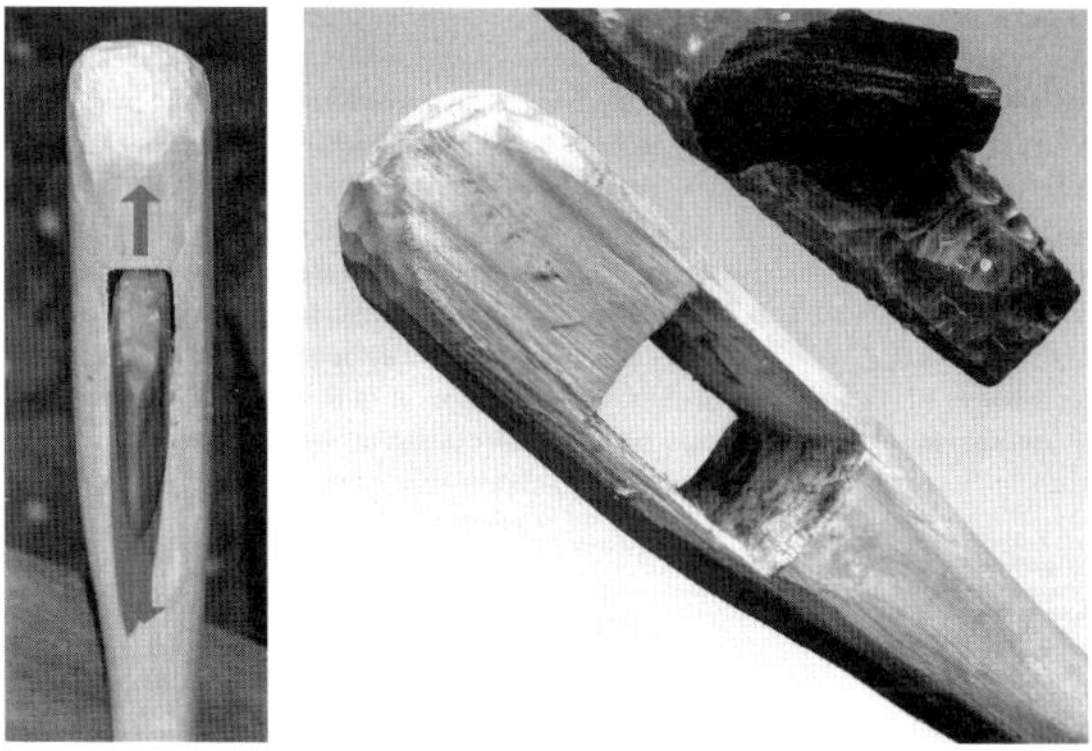

図 6-4　刃と柄の組み立て方と柄の軟らかさ（弾力性）

この二人の実験は別々の場所で、ほぼ無関係に実施されたものの、その各々の実験から得られた結論（仮説）は、微妙に違ったのです。なぜ、こうした意見の食い違いが生まれるかというと、その理由はいくつか考えられますが、そのひとつに、制御しきれないパラメータが迷惑変数となり、結果に影響を及ぼした可能性を指摘できます。実験を手掛けた人物の技量差が考慮されていないことや、素材に対する統制が不十分であったことに原因があると思われます。

こうした状況を一歩進めるきっかけを与えたのが、アンドレア・ドルフィーニらが試みたラボ実験です。この研究グループは、青銅斧の作業効率を評価するための統制実験を行いました[16]。ドルフィーニらの実験では、明らかにしたい変数以外の多くが事前にコントロールされました。斧頭の素材（全て同じ銅合金）、切れ味、柄の素材、柄の長さ、対象木材の種類（樺の木を選択）、硬さ、乾燥度、伐採者の技能、環境要因（天候など）など、結果に影響を及ぼしそうな変数は、実験室であらかじめ十分に制御されたうえ、実験結果が比較されたのです。

この実験では、作業効率を評価する際に重要な要素が、斧頭のデザインではなく、刃と柄の組み立て方と柄の柔らかさ（弾力性）にある可能性を明るみにしています。刃と柄の構造と、柄の弾力性が、斧頭の設計そのものよりも、伐採効率を評価するうえで重要だということが分かったのです。斧の伐採効率に影響を及ぼす因子は、斧頭の素材以外にもあったのです（図6-4）。

以上の研究事例を参照すると、民族誌的記録という仮説に対して、フィールド実験とラボ実験を組み合わせて、検証、実験、検証を続けることで、より真実に近い結論に向かって前進していることが分かると思います。つまり、フィールド実験とラボ実験のどちらか一方が優れているというわけではなく、その双方が仮説の生成と検証の役割を分かちあう存在となっているのです。

フィールド実験の推論構造

伐採実験を例として、さらにフィールド実験から結論（仮説）を推論する際の注意点についてみておきたいと思います。

ちなみに、推論（inference）とはプロセスのことです。そして、そのプロセスとは、いくつかの前提から結論を段階的に導いていくことです。これを別の言葉で言い換えると、推論とは、前提（既知の情報やデータ）から、結論（未知の情報やデータ）を導き出す論理的に統制された思考過程のことをいいます。

重要なキーワードが二つありますが、それは、演繹法と帰納法です。帰納法は、様々な観察や経験に基づく事実から、共通点を見出し、結論を導く方法です。たとえば、鉄斧で木が切れた（経験A）、鉄は石より切れた（経験B）、

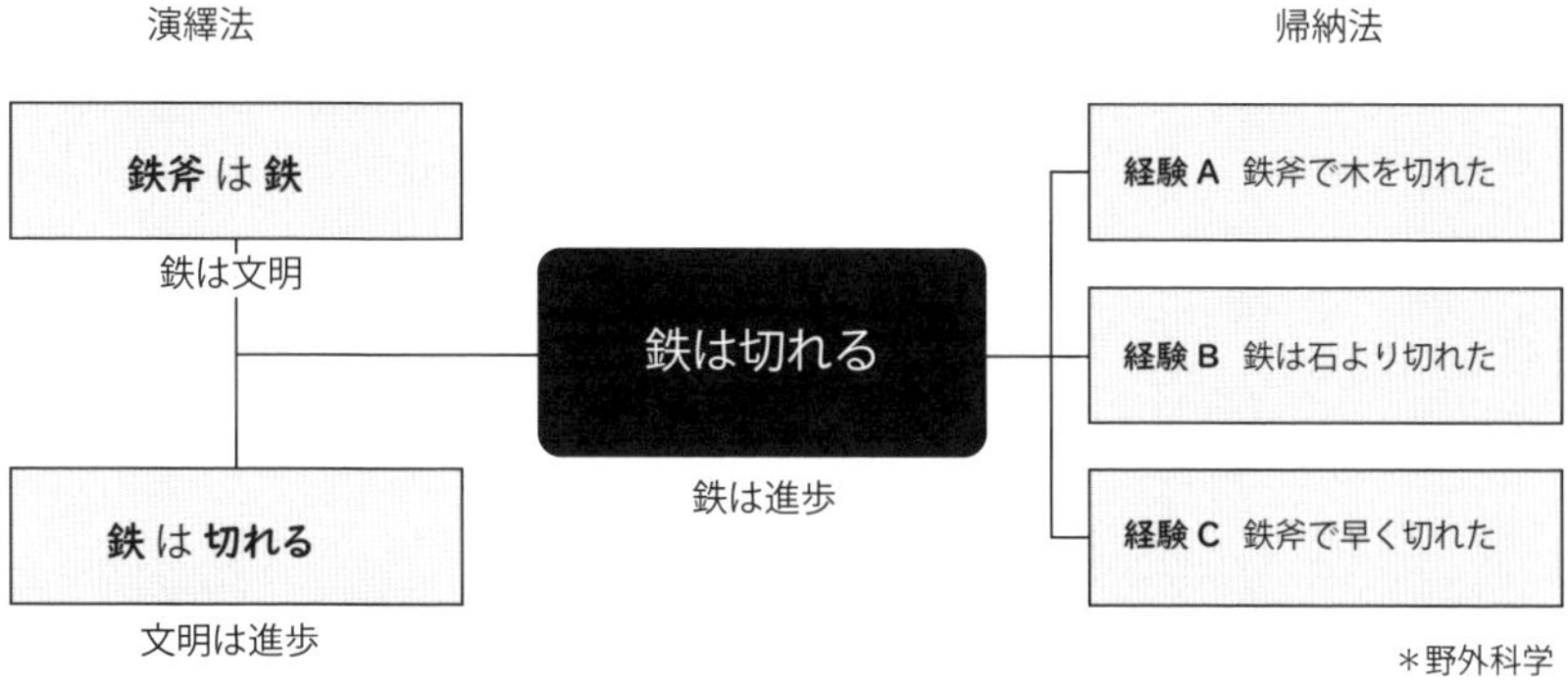

図6-5　伐採実験の推論構造

鉄斧は石斧より素早く切れた（経験C）などと、事実を根拠として列挙（蓄積）します。帰納法にほかにいくつかの種類のものがありますが、実験考古学でよく採用されているのは、こうした事例を掲げて、その共通点を探してゆく方法です。こうした、蓄積型の帰納法をとる場合、事例の多さが重要です。

一方で、演繹法とは、前提に物事を当てはめて、結論を導きだす方法ですが、前提が真であれば、結論も真になるという考え方です。

図6-5を見ていただきたいと思います。この図をみると、フィールド実験は、表面的には、帰納的な推論をしていると分かります。ただし、実際に私たちの頭の中は、このような単純な構造にはなっておらず、演繹と帰納を繰り返して、やや合理的な判断をしています。これを、仮説演繹法といいます。

（P1）鉄で木を早く切れた
（P2）石は木を切るのが遅かった

（H）石より早く木を切るのは鉄である
（P3）鉄斧は木を切れる

（Pr）鉄斧は石斧より早く木が切れるだろう
（V）鉄斧の効能を確かめたら、早く切れた

鉄で木を早く切れた（P１）という根拠1と、石で木は早く切れなかった（P２）という根拠2をもって、石より早く木を切るのは鉄である（H）という仮説を導きます。さらに、鉄斧は木を切れる（P３）という前提から、演繹的推論により、鉄斧はや石斧より早く木が切れるだろう（Pr）という予測をします。そして、実際に鉄斧の効能を確かめて、石斧より早く木が切れることが検証できれば（V）、石より早く木を切るのは鉄である（H）、という命題を正当化できるのです。

こうした科学的推論法はごく一般的に用いられており、実際には、帰納法と演繹法が組み合わされて、仮説の生成と予測、予測の検証が行われます。

この一連のプロセスは、P１、P２、Hに至る仮説生成の文脈と、P３、Pr、Vの正当化の文脈に分けることができます。前半のP１、P２、Hで帰納法、後半のP３、Pr、Vで演繹法が用いられており、最後に予測（Pr）と検証（V）を行います。

仮説形成における注意点

ここで、次のような場合に注意が必要です。

（P１）○斧で早く切れた
（P２）○斧で早く木が倒せた
（P３）△斧は木を切るのが遅かった
（P４）使い手を変えると、△斧でも早く切れた

（H）○斧は△斧より早く木を切れる（?）

この場合は、判断に困る状況が生まれたといえます。事実（前提）がP１〜P３までであれば、特に問題はありま

せん。Ｐ１～Ｐ３の前提を用いて、○斧は△斧より早く木を切り倒すことができるだろう、といった帰納的な推論を行うことができるからです。しかし、Ｐ４の新しい事実を加えると、その扱いが難しくなります。

帰納法は、このように、サンプル数が問題となります。もし、前提がＰ１～Ｐ３までしかない場合には、そこから帰納的に導かれる仮説は、○斧は△斧より早く木を切り倒せただろう、となります。この場合の仮説（Ｈ）に飛躍はありませんが、Ｐ４が判明した時点で、その妥当性が揺らぎます。Ｐ１～Ｐ４の前提から、○斧は△斧より早く木を切れるという仮説を導くのには、飛躍があります。

こうした場合、新たな仮説が生まれる可能性を予測して、より多くの前提を確かめるべく、Ｐ５、Ｐ６、Ｐ７……と実験を進めてゆくべきです。しかし、この判断は実際難しく、何をノイズとして仮説形成するかが問題となってきます。

そこで犯しがちな過ちは、私たちの頭の中で同時に動いている演繹的推論が、この意思決定を左右するという点です。先の例で言いますと、実験を行う前に、○（青銅）は△（石）より文明的だから、進歩しているはずだ、という演繹的な推論をして、ぼんやりとした仮説を抱いていたとします。すると、Ｐ１～Ｐ３の事実が観察できた時点で、実験を止めてしまって、仮説（Ｈ）を導いてしまう危険性もあるのです。

事実をさらに精査し、観察を続けてゆくと、使い手の技能が事実の偏りを生んでいた、あるいは柄の形の違い、斧の使い勝手など、他のいくつもの要因が、結果に関係していたことに気付くかもしれません。

ところが、こうした有限の前提（経験）を対象とした帰納的推論には、事実の提示から共通点の発見（普遍化）に至るまでの飛躍が起きるという、危険と隣り合わせにあります。フィールド実験で行われる帰納論的推論には、こうした推論過程における、一定の限界もあるのです。

先の実験で、青銅斧と石斧の効能について導かれた結論が、研究者ごとに分かれたのは、こうした前提の用いられかたの違いが関係したからではないかと推測されます。ここで分かることは、実験を手掛ける前に、できるだけ仮説を持たないようにすることの大切さです。とりわけ、野外科学（フィールド実験）においては、観察から事実を提示することに注力すべきです。フィールド実験から得られた推論は、その先に「検証」されるべき「仮説」を提示したに過ぎないことを、忘れてはなりません。

アブダクション

では、仮説はどのように生み出すべきなのでしょうか。その具体的な方法論を知っておく必要があるように思えます。アブダクションの考え方を実験考古学に援用するのが有効です。

アブダクションとは、起こった現象に対して、法則を当てはめ、仮説を導き出す推論の方法です。従って、アブダクションにおいては、起こった現象を把握して、法則を把握する、というこの二つが実現できるかどうかが、重要です。なにがどうなっているのか分からない、では仮説を生み出すことはできません。まず、起こった現象を把握するには、変化や微差に気付く必要があります。そして、気付くには、経験しておく必要があります。

羽田康祐が著書『問題解決力を高める「推論」の技術』で、アブダクションについて、分かりやすくまとめています。そこで、羽田の仕事を参照して、以下に実験考古学の推論の手順について、考えてみましょう。

羽田は、「気付き」を得るために、洞察的帰納法で「法則を発見して」「ストックしておく」ことが重要だと述べています。[17] ここでいう法則とは、「一定の条件下で物事の間に成立する普遍的・必然的関係」のことで、あくまで対象に認められる共通点や関係性です。広く応用できるような式で表せるものではありません。洞察的帰納法とは、経験から物事の奥底にある原理や本質などを導くことです。

この点を、さらに、考古学的な例を挙げて説明しましょう。たとえば、発掘調査をしている場面を想像します。さまざまな掘り出されたモノが土の中から出土します。しかし、それらは、モノであり、自ら何かを語りません。ゆえに、考古学者は、常に、もの言わぬモノを語らしめる努力をしなければなりません。

そこで、考古学者には、モノに表れたわずかな変化に気付き、問いを立てる力が求められます。なぜ、この穴の形はいつも違っているのだろう、なぜ、遺物が一か所に偏って出てくるのだろう、なぜ、石器が斜めに傾いて出てくるのだろう、なぜ、この石器だけは、色が違うのだろう、といった疑問のことです。

こうした「気付き」をどれだけ多く得ることができるかは、「経験」が左右します。つまり、穴の大きさ、遺物の形成過程、石器の風化速度など、対象に共通した本質について、経験的に知っていることが、対象を疑問の形で捉えられる、はじめの一歩となりえます。

ただ、実験考古学で用いるアブダクションでは、

（1）知覚的気付き

（2）観察的気付き

という二段階のステップを踏むことに特徴があります。この点が、実験考古学に特有の仮説生成のあり方です。

知覚的気付きとは、動態、すなわちプロセスからの導きによるもので、石器を作る、石を割るといった経験界から導かれます。この経験界とは、図6-2の左上の領域、すなわち第2象限にあたります。これを別の言葉でいうと、何らかの「行動」を起こしているときの「気付き」です。

一方、観察的気付きとは、静態、すなわち研究の対象から導きかれます。石器を観察する、割れた面を観察するといった観察界から出てくるものです。この観察界とは、図6-2の右上の領域、すなわち第1象限にあたります。これを別の言葉でいうと、何らかの「痕跡」を認識（特定）する際の「気付き」です。

このように、痕跡と何らかの行動との対応関係を把握することで、動態としての「行動」と、静態としての「痕跡」の関係性が捉えられます。この点が通常の科学一般のアブダクションとはやや異なる点かと思います。

それでは、石を割った場面を例にあげて、アブダクティブな推論の練習をしてみましょう。

まず、「行動」を起こしている際の、知覚的気付きとして、

図6-6　加工途上の剥離面

剥離面は様々な要因により、凹凸をなして重なり合う。

気付き1：あれ、よく階段状にガタガタになるな
気付き2：あれ、いつもと違うハンマーを使って割ったら、変なしわができたな
気付き3：あれ、失敗すると、決まって大きな瘤（こぶ）ができるな

次に、考古資料（発掘した過去のモノ）を対象とした観察的気付きを得ます。

気付き1′：この石器の表面は階段状にガタガタだ
気付き2′：この遺物には○○形を呈するしわがある
気付き3′：この遺物には径○㎜の瘤（こぶ）がある

こうして、観察的気付きから導かれた情報は、なんらかの「痕跡」として研究の対象となりえます。先の例でいえば、石の表面形状の具体的属性、つまり階段状、しわ状、こぶ状などが相当します。

そして、それらの「痕跡」が生じた理由（原因）を次に予測します。「痕跡」が生まれた原因について、ストックされた「経験」を頼りに、推論するのです。

気付き：この石器の表面は階段状にガタガタだを例に挙げると、

経験1：そういや、初心者が割ると、よくこうなっていた
経験2：そういや、子供が割ったとき、よくこうなっていた
経験3：そういや、久しぶりに割ったとき、よくこうなっていた

経験4：そういや、○○山のサヌカイトという石を割ったとき、よくこうなる
経験5：そういや、ハンマーが軟らかすぎると、よくこうなる
経験6：そういや、ハンマーをあてる力が弱いと、よくこうなる
経験7：そういや、加熱処理に失敗した石を割ったとき、こうなっていたら？

という経験が、気付きを「仮説」に変える端緒となるのです。

つまり、経験を用いて、

仮説1：石器の表面が階段状にガタガタになっているのは、ハンマーが軟らかすぎるから？
仮説2：石器の表面が階段状にガタガタになっているのは、加熱処理に失敗して、石の内部組織が壊れているから？

といった仮説を生み出すことができるのです。以上が、実験考古学におけるアブダクティブな仮説形成の一般的な道筋です。

ここで忘れてはならないことは、アブダクションという推論法は、法則（抽象化した経験）があればあるほど、新しい「仮説」を瞬時に複数生み出すことができるというメリットがあるという点です。(18)

右には、瞬時に思いつくだけの事柄について、経験1～7まであげていますが、私よりも多くの（石を割る）経験をストックしている人物は、石器の表面が階段状にガタガタになるという現象に対して、さらに多くの別の仮説を導く可能性があります。アブダクションが仮説発想法として紹介される所以は、ここにあるのです。

その反対に、経験の乏しい人物は、あらゆる可能性を事前に想定できないために、より良い仮説が立てられず、思い込みや決めつけによって、結論めいた判断を下してしまう危険が生じます。一九七〇年代の日本の実験考古学が厳しく非難を受けたことは、第4章で紹介しました。この原因は、第一に、発見した痕跡を、思い込みや決めつけで処理し、推論を停止してしまったことにあると思われます。第二に、アブダクションによる推論構造が、はっきりと目

に見えるものではなく、むしろ暗示的であった点もこれに関係していましょう。

アブダクションの難しさは、経験の量を測定できないことと関連します。経験は具体的に数値化できないために、アブダクティブな仮説形成の妥当性を、客観的に評価することはできません。そのため、できるだけ多く経験しなさい、あるいは、推論者は十分な経験を有しているから信頼できるはずです、といった曖昧な言い方しかできないのです。[19]

いずれにせよ、実験考古学に関わらず、考古学一般における仮説形成には、多くの経験的洞察がストックされていることが大切です。[20] ここにあげた例でいうと、どれだけたくさんの石を過去に割ったか、といった経験の質と量が気付きの内容に影響を及ぼし、かつ仮説の質の良し悪しに関係します。

経験がアブダクションの定石となるのです。

仮説を検証する

経験と観察から導いた「仮説」については、検証されます。

仮説1：石器の表面が階段状にガタガタになっているのは、ハンマーが軟らかすぎるから？

に対する検証は、あらゆる場面を想定（構造化）したうえで、実際にハンマーの硬さを変えながら、実験します。つまり、検証実験を行います。

この際には、実験のデザインを正しく立てることが大切です。そして、仮説を構造化して、検証可能な実験プログラムを作ることが求められます。仮説1に対しては、たとえば、使っている最中に何らかの影響が及んだ可能性はないだろうか、使い方の違いで後から生じた可能性はないだろうか、あるいは出土状況から判断して、捨てられた後に生じた傷が、この痕の深さを促進させた可能性はないだろうか、などと結果に影響を及ぼす可能性のある要因（二次変数といいます）について演繹的に考えます。よく全体的な整理を行ったうえで、実験をデザインします。

この最後のステップで行う実験は、ラボ実験をすることが好ましいです。なぜなら、ラボ実験が最も信頼性が高く、かつラボ実験が検証を目的とした、確認のための実験的要素を持っているからです。[21]

とはいえ、人間行動を対象とした考古学における実験では、ラボ実験をデザインすることが適当ではないこともありえます。そうした際は、できるだけ予想される二次変数を制御して、得られた結果に対する原因が特定できそうな実験設計を心がけるべきです。仮説1に対しては、たとえば対象物へのハンマーの荷重量、ハンマーを当てる角度、ハンマーを当てる位置、実験担当者の技能などが二次変数となることが、先行実験により明らかになっています。[22] こうした、過去の実験の上に、実験を重ねることで、仮説の検証に至ります。

実際は、これほど単純ではありませんが、一例として仮説を導き、検証するまでの一連の手続きをシミュレートしてみました。結果（この場合は、石器の表面が階段状にガタガタになる理由が、ハンマーの硬さに関係するという仮説）に対する原因は、以上のアブダクティブな推論を経て確かめられます。結果が真となれば、仮説1が妥当であることが証明できます。

実験における統制の意義

以上のように、考古学における実験は、経験と観察を通して、アブダクティブに「仮説」を生み出します。そして、その「仮説」から演繹的推論をすることで、予測を立て、実証的に検証します。仮説の妥当性は、仮説演繹法により、強めてゆくことができます。

アブダクションをとるにせよ、仮説演繹法をとるにせよ、確認のための実験は、条件統制を厳しく行うことが必要です。[23] これは、パラメータの制御とも言われることがあります。

ラボ実験が理想ですが、フィールド実験でしかできない場合もあり得ます。そうした場合は、予想されるできるだけ多くの変異を事前にコントロールして、得られた結果の妥当性を高めておくよう、実験をデザインします。実験でコントロールする要素を増やすと、より多くの変数を一定に保つことができるようになり、その結果、特定の変数の影響を分離することに成功します。この点が実験における統制の意義です。細かく条件統制するのに適したのはラボ実験ですが、フィールド実験においても程度の差はあれ、目的に合わせた条件統制をすることが可能です。

ジェイムス・マシューは、仮説を一般化して、新たな変異を意味付ける（定義づける）役割も、フィールド実験にはあると述べています[24]。確かにそうした一面があると私も思います。どれだけ実験しても、やっぱり同じ結果になるという根拠を積み重ねることで、仮説は一般化されるでしょう。また、新たな変異は、新たな仮説として意味づけることができるはずです。たとえば、丘の中腹にある鉄精錬炉を使ったスリランカの実験では、この地域に貿易風が吹き込んでいたことにより、強風が自然のふいごのように作用し、結果的に製鉄に成功したことが実証されました[25]。野外で自然条件を制御できなかったことが、結果的な相互作用を起こして、予想だにしなかった発見につながりました。こうした発見をラボ実験で企てることはできません。

欧米では、明らかに過去の人々の行動を模倣しただけの「実験」に対しては、予備的実験（exploratory experimentation）、あるいは配向実験（orientational experiments）と呼んでいます。その一方で、多くの変異をコントロールした実験に対しては、確認実験（confirmatory experimentation）、共同実験（corroborating experiments）と呼んでいます。

確認実験や共同実験では、しばしば多くの変異がコントロールされるため、再現性が高く、追試に有利に働きます。そのため、仮説の検証（または一般化）に役に立ちますが、先にも述べたように、こうしたタイプの実験は、非常に単純化した現象界での関係性を問題としているために、複雑な人間界での行動の理解には、ほとんど役に立ちません。

私は、予備的、共同……などの表現は、やや文学的で少しイメージしづらいので、この二つをフィールドとラボと呼ぶのが良いと思っています。

ラボかフィールドか

これまで述べてきたことから想像できると思いますが、考古学における「実験」は、仮説を生み出し、それを検証する正当な手段として、現代の科学的アプローチの一部分であると認識されるようになっています。そのため、変異（変数）を統制（制御）した再現性のある実験を試みることが、最も信頼できる結果をもたらすと考えられます。

ダナ・ミルソンは、実験考古学は客観的なアプローチを試みる必要があり、独立変数を制御した科学的方法論を採用すべきと主張します[26]。実験とは呼べない類の体験的な試みについては、実験考古学とは異なる性質のものとして捉えるべきとの立場を表明します。

こうした、ラボ実験かフィールド実験か、といったやや極端な議論は現在も欧米諸国で続いています。

一般論として、ハードサイエンス（実験科学）による実験は、一つ以上の独立変数を操作し、従属変数の変化を記録しながら、他のすべての迷惑変数を制御します。ところが、石器を作る人たちは、それらの独立した要因の多くをほぼ無意識に変化させて、石器を作ってしまいます。いちいち変数を意識することなく、身体性に任せた技能に頼って、職人的に作ってしまいます。ここに、石器づくりが直接には実験科学の対象となりえない難しさが潜んでいます。しばしば、単なる石器づくりの「経験」に基づく意見というものが、主観的な思い込み、と批判される理由も、ここにあります。無関係な迷惑変数を制御することなく、結果が得られることが、混乱を招くのです。

仮説検証プロセスそのものは厳密である必要があり、検証過程において人間の動機が変数となってはいけません[27]。つまり、仮説の検証に石器づくりの経験、および経験的意見はあまり役に立ちません。この点は、ブラインドテスト（目隠しテスト）の際の条件設定という問題にも関係します。つまり、文化的現象を扱う「実験」においては、仮説検証段階において、動機やスキルといった人間側の条件が（法則的に）制御できない点が問題です。

考古学における科学的実験は、特定のテーマに対する一つ以上の独立変数を操作し、従属変数の変化を記録しながら、他のすべての迷惑変数を制御することから始まります。その一方、人文科学的実験は、身体性を加味した経験を重視しています。

フィールド実験とラボ実験は、その双方をうまく組み合わせることで、その各々の強みを生かすことができます。私たちは、フィールド実験とラボ実験の特質を知り、その双方を正しく効果的に運用する必要があるのです。

科学的方法論の採用

ミルソンは、条件制御した実験に二つの形があると述べています。[28]

（1）仮説をテストする。

（2）方法をテストし、確認する。

さらに、実験計画の手順として、以下の五点を挙げています。

（1）実験対象の「再現」にあたっては、専門家を使用すること（過去の人々は自らの技巧に習熟した専門家でもあったため）。

（2）過去に使用されたものと可能な限り類似した材料を使用すること

（3）実験の各部分は綿密に記録すること

（4）実験のそれぞれの要素は注意深く記録し、科学分野の有識者に受け入れられる基準を満たすこと

（5）論文は査読を受けること

いっぽう、宮路淳子は実験考古学は、考古学的データに基づく科学的営みであるべきであることを強調します。その方法論は、（1）現代人がいかに努力をしても古代人になれないという前提条件から出発すること、（2）どのような実験で仮説を検証できるかの条件設定から出発して、（3）様々に条件を変えながら繰り返し検証し、（4）最も妥当な推論を導くことであると指摘しています。

そして「基本的な科学的批判を受け入れることができ、客観性をもち、追検可能でなければならない。発掘の所見から一つの仮説が生まれ、肯定的・否定的両方の立場から様々な実験を繰り返し、仮説を検証または棄却する。この

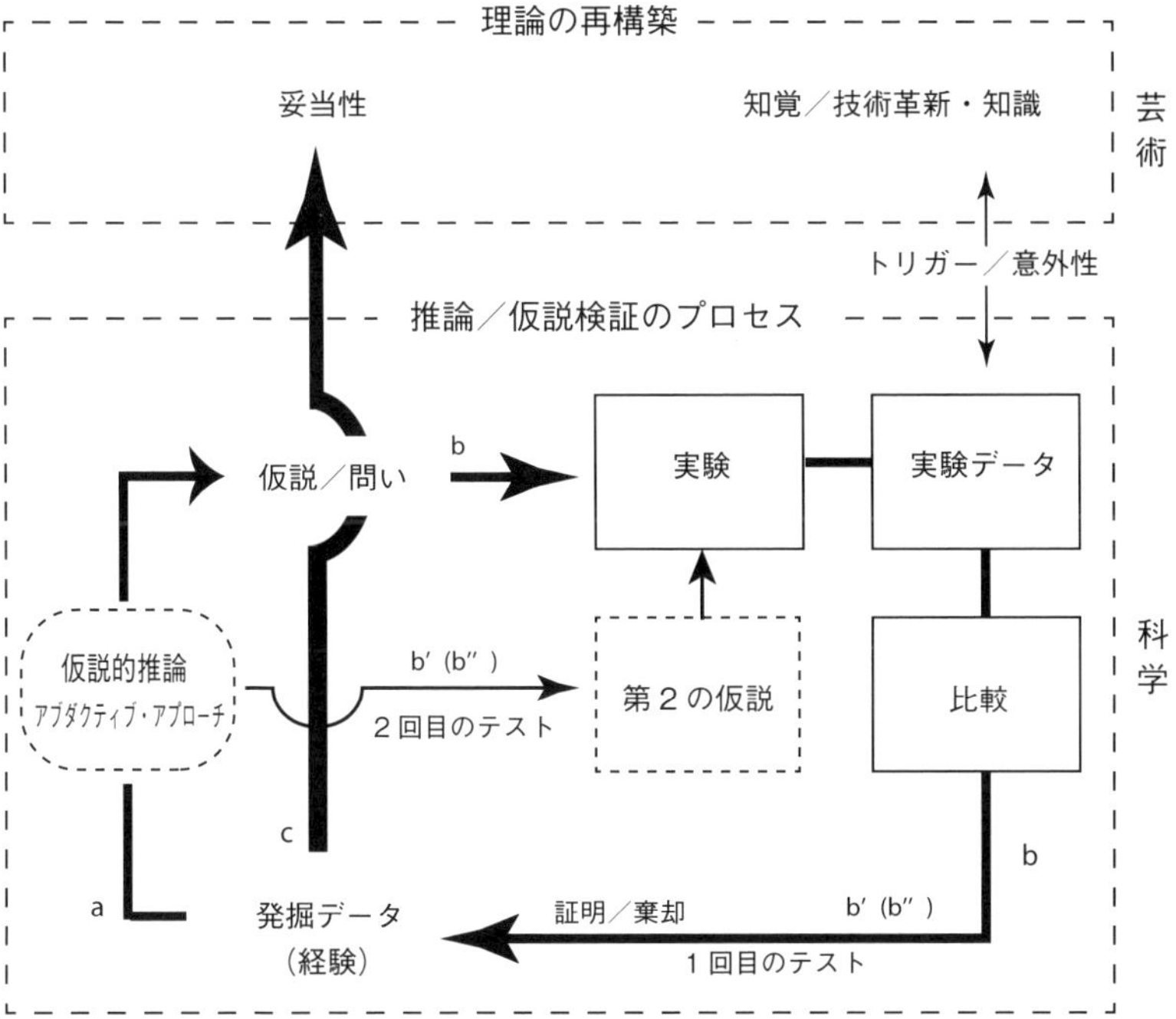

図6-7　実験考古学の方法論

仮説はアブダクションによる。意外性はトリガーとなり新しい「知」をもたらす。

理念のもと、長期的な展望をもって実験計画が立てられる[29]」べきことを説いています。宮地は、実験考古学においては、「客観性を担保することが重要であり、仮説検証プロセスをとる必要がある」と述べています。

図6-7に筆者のこの理解を示しています。これまで述べてきた内容について、推論／仮説検証プロセスと理論の構築に至るまでの流れについて、フローチャート式にまとめています。必ずしもこの通りになるとは限りませんが、一つのひな型として理解していただけたら幸いです。

まず、仮説の形成には、アブダクティブ・アプローチ（アブダクション）を用います。発掘調査、資料の観察、クラフト的な経験、民族誌的観察などで得られた様々な所見から、ある種の帰納的推論によって仮説を導きます。

次に、実験と比較が行われます。ここで棄却された仮説は、ふたたび仮説的推論を経て、二回目、三回目のテストが行われます[30]。

そこで得られた結果は、それが事実なのではなく、あくまでひとつの可能性を持つものであるという立場を崩さないことで、考古学研究に必要なデータとなりえます。有りうるプロセスは、a↓b↓c、a↓b↓a↓b′↓c、a↓b↓a↓b′↓a↓b″↓cです。

図6-7には、意外な発見が起きうることについても、記しています。「推論／仮説検証プロセス」の過程で見つかった「意外性」は、新しい知の獲得のトリガー（引き金）となって、理論の構築に役立ちます。右側に矢印が上下の向きに飛び出しています。これは、突拍子もない閃きや発想など、実験を繰り返し行っている際の「経験」によって生じる直感、つまり、思わぬ副産物としての「発見」を意味したものです。この「発見」は、仮説形成をしている段階、考古資料を観察している段階、仮説検証をしている段階、先行研究をまとめている段階、書斎でパソコンに向かって文書を執筆している段階のいずれにおいても、起こりうることが期待されます。

aの仮説的推論のプロセスにおいては、モノ（考古学的事実）の観察に「経験」が活かされます。「やってみる」ことは、あることに気付いたり、意外な知識をもたらすきっかけを与えます。偶然得られた気付きは、実験者に知覚の変化をもたらし、突拍子もない発想をもたす可能性も秘めています。経験することで、ときどき意外な発見があるのはこのためであり、実験的な営みの付加価値といえるでしょう[31]。

ちなみに、図6-7に示した実験のアウトラインは、対象の時空間的な範囲と資料の組み合わせに関係して、大きくなったり、小さくなったりすることが考えられます。たとえば、狭い範囲を対象とした実験では、限られた時間幅での遺跡、または特定の地域に焦点を当てればよいし、より広範囲にわたる実験では、大陸全体または数百万年にわたる変動を調査することになりましょう。このように、対象の範囲にあわせて、実験を大きくデザインします。

実験をデザインする

では、仮説を発見し、意義付けるまでにどんな実験をするのか、という点について、詳しく見ておきましょう。

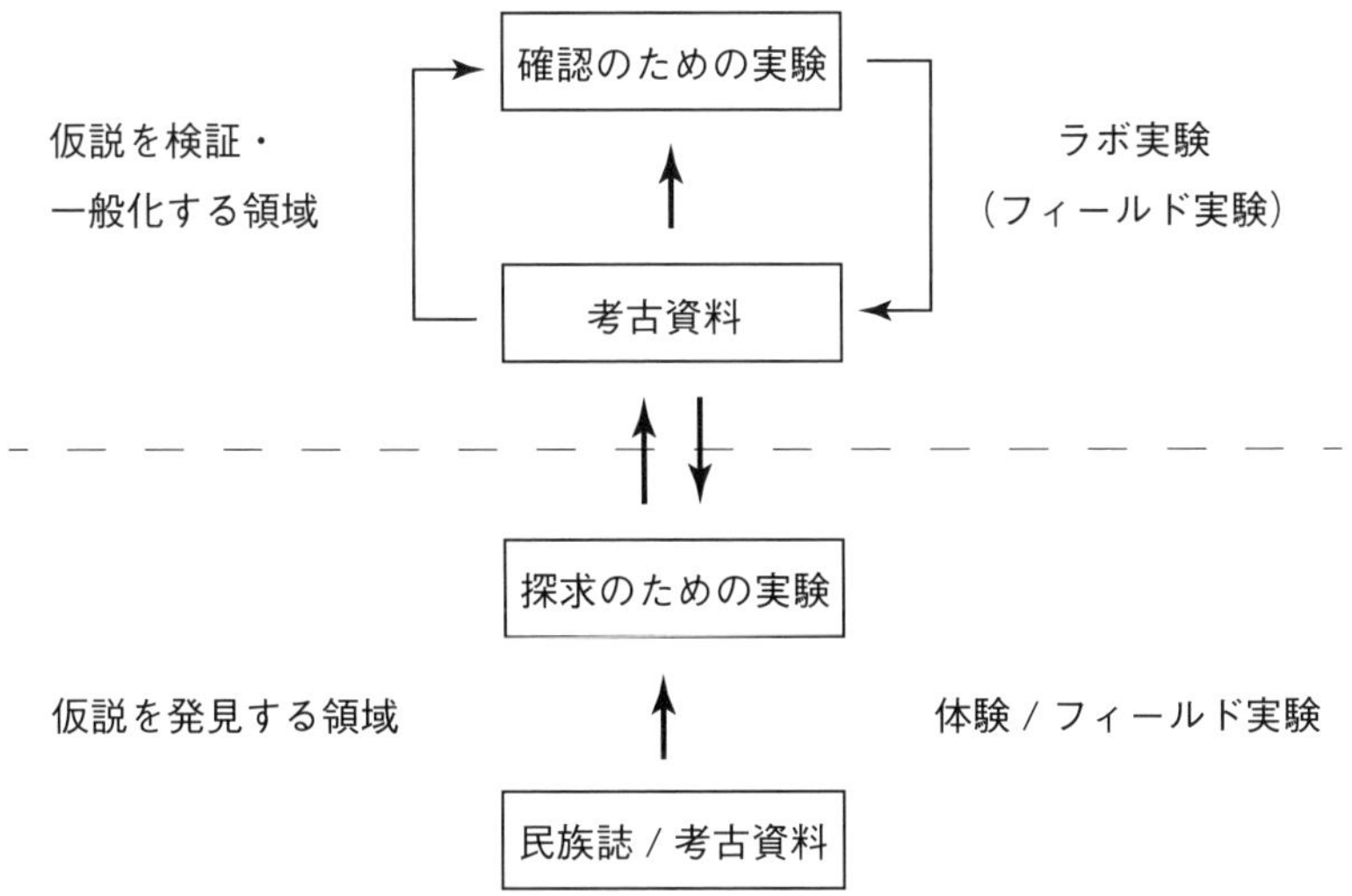

図 6-8　仮説の発見と検証、実験の位置づけ

すべて、考古資料に基づいて、実験が行われる。

論集『石器技術における実験』（*Experiments in Lithic Technology*）において、考古学における実験研究には「確認のための実験」と「探求のための実験」があると述べられています。[32] この二つの実験の目的は違っています。

1. 確認のための実験は、考古学データの解釈に役立つモデルを作成する
2. 探求のための実験は、変異相互の関係を正確に定義する

この二つの実験は、仮説演繹法という推論の過程で用いられます。確認のための実験は、人工的な環境を作り出して、要素間の法則的関係を明らかにします。変数の制御とその影響の理解に重点が置かれます。探求のための実験は、ありのままの現場を対象として、過去の現象や人間行動を再現します。観測的、体験的、経験的なものも含まれます。

実例を挙げて、このプロセスを説明しましょう。たとえば、縄文土器を焼いてみる場面を想像します。民族誌や考古資料を参照して、体験的に縄文土器を焼いてみたとします。この最初のクラフト体験的な試み（体験／フィールド実験）によって、おそらく実験者は、様々な知見と洞察を得ることができるでしょう。このプロセスが、仮説を発見

図 6-9　焼成後の観察をノートに記す

土器焼きフィールド実験の様子

する領域にあたります（図6-8の下段）。

次に、縄文土器を上手く焼くことができなかったら、再び考古資料を観察して、その理由を探ってみましょう。なぜ壊れたのか、壊れない工夫としての痕跡が考古資料に残されているか、考えてみましょう。焼き方がまずかったのか、素地土（粘土、砂、シルト、混和材）の種類が違ったか、そもそも作り方が間違っていたか（ナデ・ミガキの強度など）、焼成前の乾燥が不十分だったのかなど、いくつもの失敗の要因について、仮の答えとして、思いつくだけ実験ノートに記してみましょう。この際、仮説を発見する領域と、仮説を検証・一般化する領域を、資料の観察を通して行き来することになると思います（図6-8の点線付近）。

もし、これらの仮説群のなかから、焼成前の乾燥時間が失敗の原因だったという可能性が突き止められたら、次はこの仮説を検証・一般化する（意義付ける）ことを目的とした領域に移行します（図6-8の上段）。

改めて考古資料の観察を通して、より具体化された仮説を確認するためのラボ実験を試みます。フィールド実験でも仮説を意義付け、ある程度一般化することはできますが、この段階では、変数をより制御した再現性のある実験が試みられなければなりません。この点、仮説を発見する領域で試みられる実験と、仮説を検証・一般化する領域で試みられる実験とは、その実験の性格が異なっていることに注意してください。そして、非常に重要なことは、いずれの領域においても、考古資料（遺構や遺物などの出土資料）の観察を通して、仮説を立ててゆくことです。

考古学における実験は、考古資料からスタートせねばなりません。考古資料がない実験には、致命的な問題を抱えている場合があります。探求のための実験と確認のための実験は、常に考古資料の観察を介しながら、繰り返し何度も行います。

探求のための実験は、リアリティを持って実施することで、何らかの「知見」が得られるチャンスを与えます。つまり、探求のための実験が、たとえ体験的、擬似的なものであったとしても、ある現象とある現象とが関係しているかもしれない、といった「仮説」を思いつくきっかけを与えます。他方、思いついた「仮説」は、考古資料の観察と確認のための実験を通して、「検証（意義付け）」されます。

つまり、探求のための実験と、確認のための実験は、仮説を発見し、意義づけるそれぞれの領域で、試されるものだということが分かるでしょう（図6-8）。

このように、実験考古学には、性格を違えた実験が、異なる目的に沿ったステージで各々試みられていることを理解しておくことが大切です。確認目的か探求目的かを定めたうえで、この二つの目的に沿って異なる特性を持つ「実験」を選択するのが肝要です。

なお、実験による「結果」が偶然によるものではなく、再現できることを確認するために、繰り返し「実験」を行うことは、実験の信頼性を高めます[33]。

実験における再現性の有無は、条件統制の質と量に関係し、結果の確からしさを決定します[34]。より正確な方法で実施されたか（たとえば、正しい材料が用いられたか）、あるいは再現性があるか、という二点については、実験の信頼度と関係します。

実験の落とし穴

ここからは、実験考古学における注意点をいくつか挙げておきます。

日本の復元的製作実験考古学者である大沼克彦は、復元製作は技術に関わる仮説を提起するものであると説明します[35]。大沼は、復元的な製作体験が考古学に果たす役割は、過去の人々との認識の「共有」であり、復元体験からもたらされた「認識」を手掛かりに、過去の技術総体とその実態に迫ることができると述べています。大沼が指摘した過去の作り手との認識の「共有」とは、少なくとも復元に携わった現代の私たちが、何らかの経験知を身につけることを意味しています。

私たちの復元経験は、私たちが、モノづくりの観察者から、モノづくりの主体者となるきっかけを与えます。徹底的に練習を積んだ「経験」は、モノを捉える視点の変化を起こすことが期待されます。こう考えると、復元製作において重要なのは、目に見える結果よりも、目に見えない経験の量と質、すなわちその行為そのものであるようにも思えます。

過去に迫るための「共感」を心がけた復元製作のプロセスを、個人の「経験」として伏せてしまうのではなく、記録として残すことも重要です。特に、製作（制作）者しか導き出せない、非言語的な情報を可視的に捉え、記録する方法を生み出すことが求められます。

ただ、経験に基づく判断をする際は、慎重になる必要があります。かつて、ペレグランが述べたように、まず、しっかりと練習を積んだうえで、徹底した技能の習得をはかり、それから、謙虚に判断（解釈）をするという姿勢が求められます[36]。

最近の新しい研究動向として、イギリスでは「感覚考古学」あるいは「知覚考古学」という分野が注目されます。これからの実験考古学は、こうした世界の趨勢と無関係ではありません。この点については、第9章で改めて述べてみたいと思います。

熟練者の声に注意しよう

経験の落とし穴として、経験至上主義になることも避けなければなりません。時折、リズミカルに手際よく石器を作り上げてゆく人物をみると、その人物は事物の詳細を熟知しているのではないかと錯覚を抱くことがあります。ひょっとしたら、この人物は、何でも知っているのではなかろうか、ならばこの人物の「神の声」を聴いてみたい。

こうした感覚は、本人（熟練者）の想いとは別に、他者（熟練者を眺める者）が感じることが多いです。しかし、こうした熟練者に対する過度な期待は抱くべきではありません。どんなに優れた作り手であっても、自ら把握していない非言語的な領域が存在します。把握できないとは、正しく言語化できないとも言うことができると思います。勘や慣れといった、熟練者でも言語化し難い領域があることは、身体技法とわざ（技）の分野でたびたび指摘されていることです。

たとえば、人工知能（ＡＩ）の分野において、真のエキスパートは無意識的な動きをすることが知られています。この動きは合理的ではなく、むしろ没合理的で、その理由は熟練者の身体はある種の非言語的な自動化をしていると考えられるからです[37]。

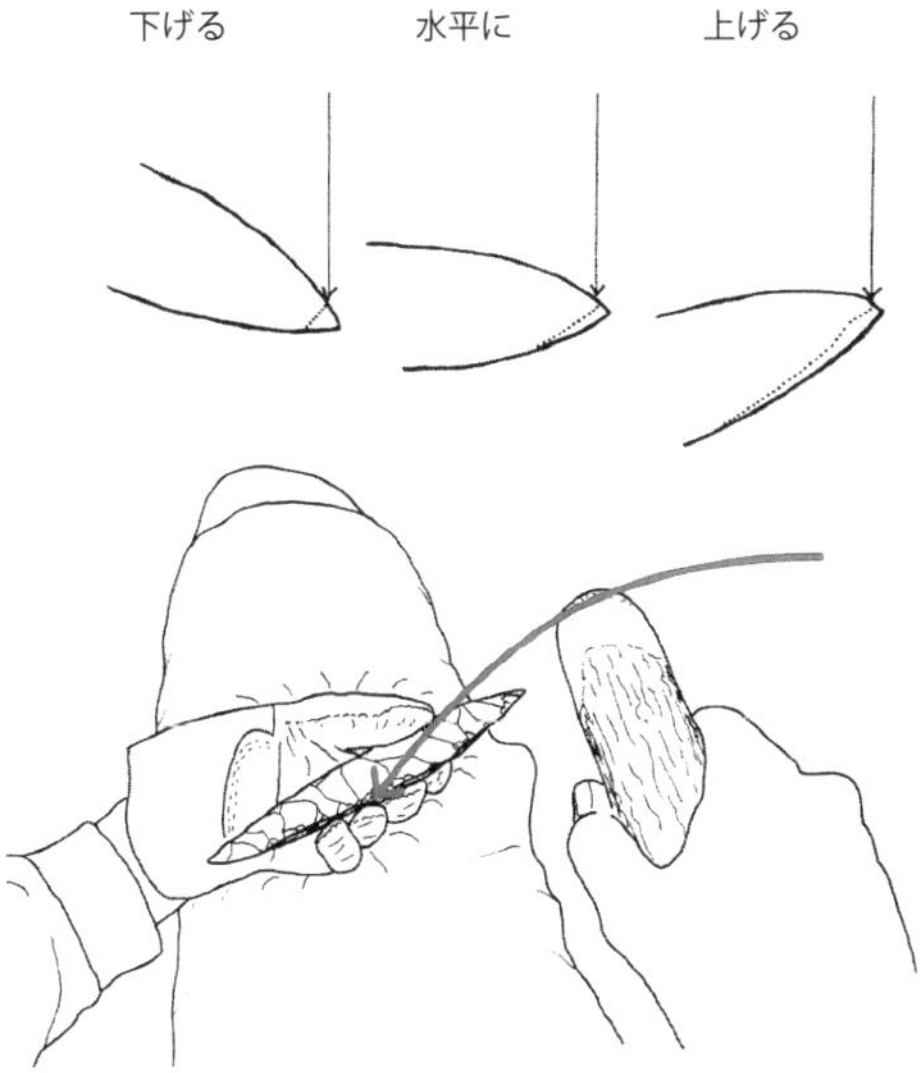

図 6-10　薄身化プロセスの技能（一部）

真の熟練者は、創造家でもあるがゆえに、ある種の閃きによって処理してしまう、そんなアーティストとしての一面を兼ね備えています。勝手に体が動いたというそれがあたります。

石器を作る場面でいうと、薄身の両面加工の石器（biface）を作る際、だんだん薄身化していく中途の第二・三工程が、この非言語領域を持っています。第一工程は粗割り、第二・三工程が薄身化のプロセス、そして第四工程が仕上げの成形プロセスに分けられます[38]。この薄身化に関わる第二・三工程をマスターすることが、初心者にとって難しい。この点は、石器製作経験者により、再三指摘されています。

大きく薄い両面加工の石器を作るには、軟らかいハンマーを用いて、わずか数ミリ端の縁を叩きます。その際、適切な角度と力で薄身の剝片を剝ぎ取るが、状況に応じて、素材の縁を下げたり、上げたり、手首を捻ったり、ハンマーを振り抜いたり、力を制御したりしています。この薄身化過程で作り手は、しばしば状況に応じた瞬時の判断をしています（図6-10）。

文化人類学者、後藤明は、モノづくり一般に認められるこうした場面を「絶え間ない即興」と表現します[39]。打撃を重ねて、わずかな軌道修正を繰り返しながら、ひとつの石塊から石器を作ってゆくプロセスには、まさに即興的な一面が存在していると見るべきです。こうしたモノづくりの即興的場面に対して、なぜそうしたかと問われても、あるいは事前に必要な技能を指示せよと求められても、それら全てを言葉で伝えることが難しい。熟達者はそう答えるでしょう。

いま、私の手元には、石器の作り方を指南した世界中のハウトゥ本がありますが、そのいずれにおいても、刻一刻と状況が変化してゆく両面加工をする技能について、参照できる情報を漏れなく記したものはありません。

私が石器を作る場合はどうでしょうか。かつて、自らが石器づくりをしている場面のビデオ動画を解析して、その無意識的な判断・動作のつながり（連鎖）を調べてみたことがありますが、面白いことに、私は、大型の両面加工石器（ハンドアックスや石槍などの biface）を作る際、見る、擦る、叩くのルーティンを繰り返して、薄身化作業を進めていました。このルーティンは割り手個人の癖に沿って、微妙に違っていると予想されますが、いずれにせよ、こうしたルーティンは熟練効果（慣れ）に従って、次第に「型」として自然に身に付いた部分であると考えられます。予め、このルーティンを誰かに教わったわけでもなければ、こうしたルーティンを強制的に定着させたわけでもありません（図6-11）。

それればかりではありません。この第二・三工程の薄身化作業においては、傍目《はため》には角のハンマーを振り下ろしているだけに見えますが、状況に応じて打面を孤立させたり、振り抜く力を弱めたり、打点の順序をずらしたり、勘（経

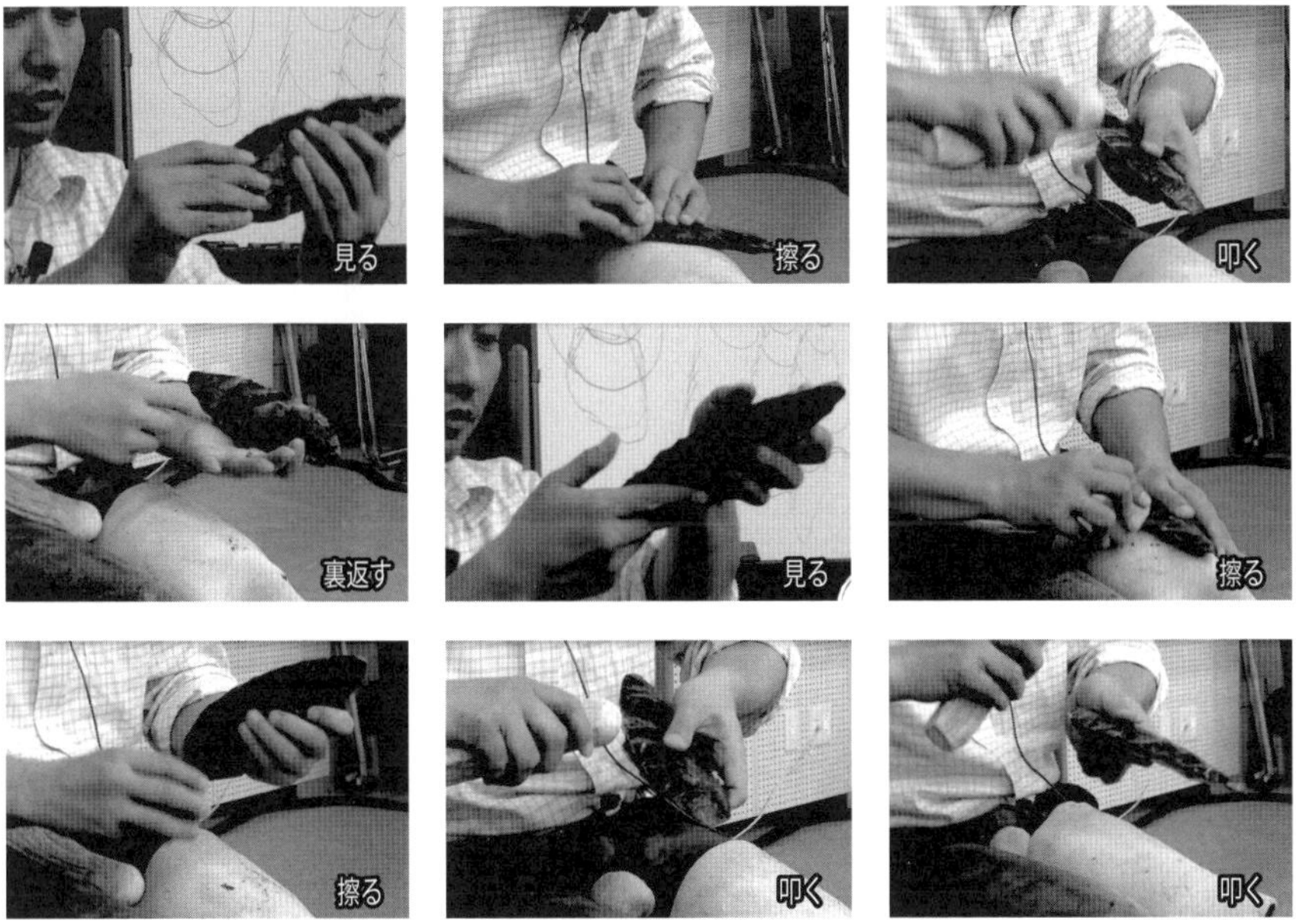

図 6-11　尖頭器の薄身化作業

見る、擦る、叩くのルーティンがある。第２・３工程でその場その場の対応をしている。

験）に頼った瞬時の判断をしています。こうした技能とノウハウは、正しく言語化して他人に伝えることが難しい。そんな領域が、石器づくりに存在します。

もちろん、石器にかぎらず、土器や、その他一般のモノづくりにおいては、言葉で伝えたり、頭で理解して、行動しているわけではない領域というものが、必ずと言っていいほど存在します。要は、その場その場の状況に応じた適切な対応をしているのです。

こうした理由から、熟練者の経験的見解は、必ずしも解決のための最終手段とはなりえません。視る眼を鍛えた熟練者は、過去のモノを診断、同定、断じられる、などといった表現が、誤解を招く不適切な表現であることは、おわかりでしょう。メティン・エレンとデイビット・メルツァーは、権威に基づいて実験が決定的であると宣言する実験者について、実験者のうぬぼれと呼んでこの問題を論じています[40]。

「経験」を殊更重んじるのではなく、「経験」は経験として、推論のしかるべき過程で用いられるべきであるということも、付言しておきたいと思います。

制御できない石器づくり

ハンマーを打ち付ける角度や、打ち付ける面の状態を少し変えれば、少し違った剝片が生じることが知られています。つまり、剝片を叩き割るという行為の中に、数えきれないほどの変数が含まれているため、実際にどんな要素群（要素と要素と）が関係しあって、ある結果をもたらしているのか、直ちに判断できないことがほとんどです。たとえば、上達した石器製作者は、少なくとも意識的なレベルで、どのキー変数が操作されているか、または効果が何であるかを正確に知ることなく、一貫した成果を残すことができてしまいます。

かつてフランスの考古学者、ナタン・シュランガーは、「石器を作る原石の形態や質は一定ではないし、どんなに優れた割り手も完璧にハンマーを振り下ろせるわけではない」[41]と主張しました。もちろん、割り手たちは、その日のどんな内的・外的要因が独立変数となって結果に直接関与したかを、知っているようで知りません。優れた割り手は、石器を作る際に自らの筋肉記憶（反復訓練で身に付いた身体技能）が働いていることを実感しています。それでも、それが成果物にどう影響を及ぼしたかを正確に説明することができません。後から、あの日は調子が悪かった、気分が乗らなかった、イライラしていたから、適当に作ったなどと言われることもあるわけです。つまり、複数要因の相互関係（インタラクション）が働いているのが、石器づくりの実態です。ゆえに、石器を作るという要素を分解することも、一律に技能を測ることも、難しいことを認識しておく必要があるのです。この点は、ラボ実験をデザインする際の注意点のひとつです。

あなたに実験の技能はあるか？

複製における技能は看過できない要素です。その意味については、より強調されるべき点であるように思えますが、この分野に対する議論はいまだ十分ではありません。

たとえば、「モノ」の復元、行動の復元に際しては、実験を担当する側の一定の技能が求められますが、あらゆる経験は、数値化して定量的に評価できるものではありません。

イギリスのブッツァー古代農場（Butser Ancient Farm）で行われる実験の基本方針として、実験データを可能な限り数値化することを理念的に推奨しているものの、一部例外も認められています。その例外とは、人間の動機と技能に関わる変数です。実験農場の初代所長、ピーター・レイノルズは、「人間の動機や技能を正しく評価、または計算することは不可能であり、故に「達成にかかる時間」は重視されるべきではない」と述べています(42)。

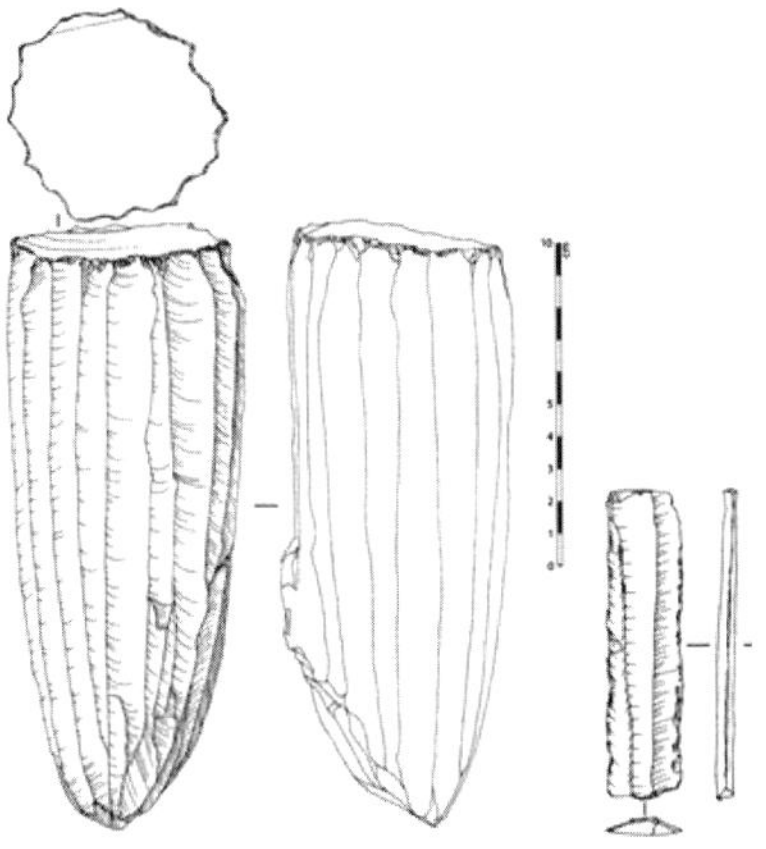

図 6–12　コーカサス地方・アルメニアの石刃核と石刃

この形になるまでに、どんな固定をして、どんな力の加え方がなされたのだろうか。私たちは、少なくとも一通り以上の方法でこの資料が作られることを知っている。

ときおり、十分な技能を習得していない（と判断される）未熟な実験（担当）者が、行動復元した際に要した「作業時間」を記録したリポート（論文、報告書）を目にします。現代社会で普通に暮らす二〇歳前後の学生が、丸木舟を作るのに要した時間を記録したり、ほとんど石斧を使ったことのない若者が、巨木を伐採するのに要した時間を記録したりしたものです。私たちは、こうした記録に、一体どんな意味があるのか、問うてみる必要があると思います。経験の浅い（未熟な）実験（担当）者が要した経済的コストが、過去の「真」の技術知を知ることに、ほとんど寄与しないばかりか、むしろ誤った思い込みをもたらす危険すら孕んでいることに、私たちはもっと敏感になるべきです。こうした意見に対して、過去の作り手のなかにも、子供や初心者（経験の浅い人物）もいたはずだから問題なかろう、といった反対意見が出るかもしれません。しかし、これでは木を見て森を見ず、となる

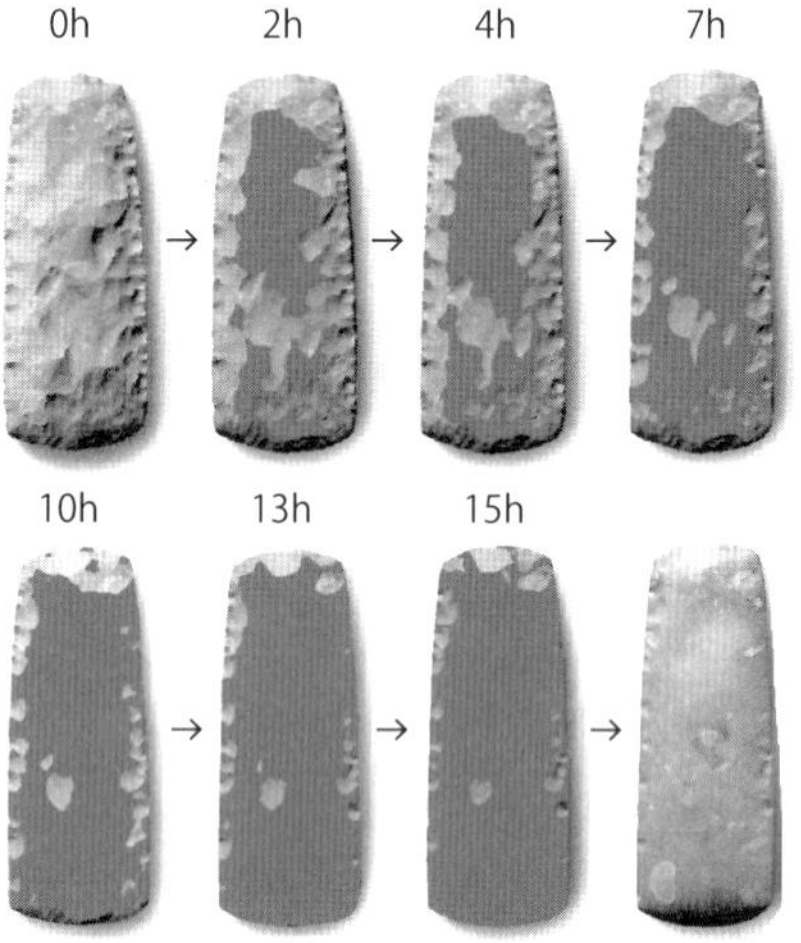

図6-13　熟練技能者による研磨時間の計算

でしょう。

一九世紀末から二〇世紀初頭の民族誌を参照すると、基本的には（今・現在と対置する意味で、いつまでとは特定できないもの）過去の作り手は、各々の分野に対して、私たちよりも遥かに習熟しており、十分に熟達していたと考えられます。むしろ、そう考えるべきでしょう。とりわけ、フィールド実験として「行動の復元」を手がける際は、その復元に際して、実験（担当）者が十分な技能を備えているか、厳しくチェックしておく姿勢が求められます。

図6-13は磨製石斧の熟練技能者、ウルフ・ハインが手掛けた完成に至るまでの研磨の時間です。約一五時間かけてフリント製の（敲打のない）打製石斧を磨き上げています。砥石には砂岩を用いて、手持ちで仕上げています。私は、ハインが石斧製作の熟練者であり、彼の作業時間が過去のそれを考える際の目安として参照できると考えますが、もちろんその根拠に明確な基準があるわけではありません。実験結果の妥当性を評価する上で、技能の高さを線引きしたり、定量したりすることは叶いません。もちろん、数年の経験があるとか、ただ長く生きているというだけで、技能があると信じることもできません。私は、ハインが製作した数々の磨製石斧と彼の工房を二度ほど見学させていただいたことがありますが、彼の十分な経験と技能について知っているつもりです。こうした主観的な評価軸に従って、私は、ハインの実験結果が妥当だと判断しています。

今後、実験結果の妥当性を評価するうえでも、実験における技能の評価基準に対して、議論を深めておく必要があるでしょう。

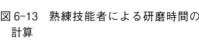

記録を残そう

なお、石器づくりを終えたあとに記録を残しておくことは、研究に有益です。日本の復元的製作実験研究者、大沼克彦は、石器づくりを終えた後に、以下の項目に対する記録を残すと述べています。

（1）日付、

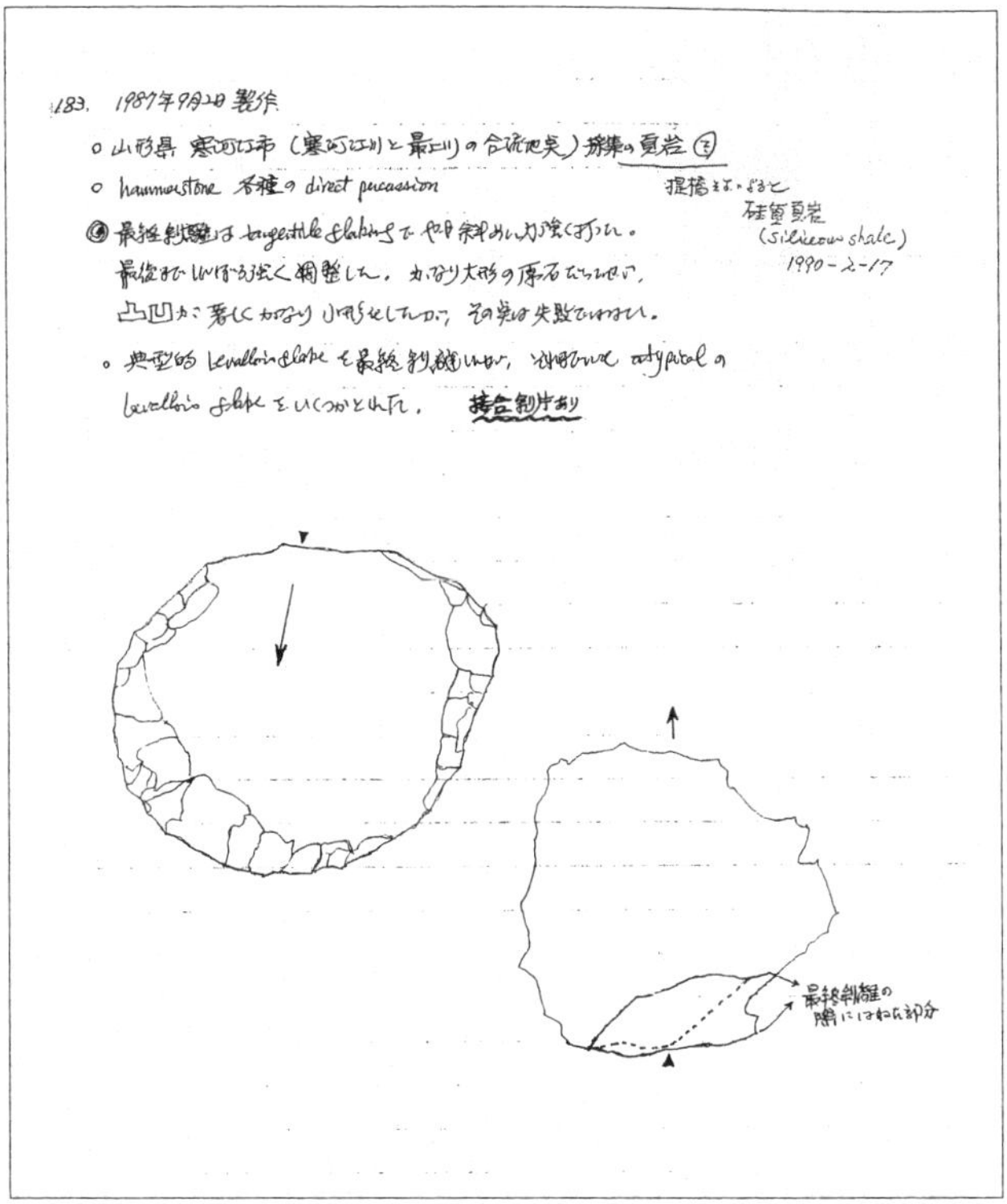

図 6-14　石器づくりの記録

（2）作品番号、

（3）作品の種類、

（4）石材名（産地名、形状）、

（5）石質、

（6）製作用道具（剥離・加工具）、

（7）製作方法（直接打撃、押圧剥離など）、

（8）成功点とその理由、

（9）失敗点とその理由、

（10）真似しようと試みた実物石器との相違点、

（11）実物石器に近づくための留意点、

（12）その他気付いた点など

大沼が著書『文化としての石器づくり』[43]で紹介したこれらの記録項目は、

大沼個人の経験による一例ではあるものの、石器を作る一人物の記録として、あるいは自身の成長の記録として、将来の発想の源泉として、残しておいて損はないものと思えます。また、書くことで考えが整理されます。公開するかどうかは別として、記憶に留めるためにも、記録を残しておくことが大切です。

民族誌とうまく付き合おう

民族誌は、優れた情報源です。多くの人間活動に関わる記録が、過去の技術水準を知る得がたい手掛かりとなっています。ただ、民族誌は、観察者の主観によって選ばれた情報からなっているという点、民族誌にも誤った記載がある可能性があるという点は忘れてはなりません。観察者によるフィールドでの経験が、観察者のバイアスを経て記録されたものと見なすべきです。そして、その情報には、時間と空間の概念が入っていないという点も重要です。調査しようとする主題の環境と、まったく異なる時間と空間的位置があるという点において、その隔たりが大きいことは確かです。

しかしながら、時間と空間を越えて共通する性質をそこに見出すことができるかもしれません。また、環境の違いを無視できるか、その逆に環境によって違いが表れていることが予想できたりするかもしれません。

このように、民族誌に記録されている内容は、実験で検証されるべき「仮説」をもたらしている場合が多いです。コールズをはじめとする何人かの研究者が、民族誌あるいは民族誌的観察を実験考古学に有用な情報源と見なしています。[44] 民族誌的観察を、民族・人類学者の仕事として、切り分けるのではなく、実験考古学者自らが行うことで、様々な仮説を思いつくチャンスが生まれるでしょう。その反対に、実験考古学者が第三者的に民族誌を参照することにより、民族誌に記された記載の誤りを検証することもできるかもしれません。

現にイヌイトの民族誌に誤りがあることを、メティン・エレンらの実験考古学研究グループが明らかにしています。[45] エレンたちは、イヌイトが凍った糞便からナイフを造って、犬を屠殺し、解体したという過去の民族誌的記録が「嘘の物語」として作られていた可能性があることについて、検証実験的なアプローチにより、明らかにしています。なお、民族調査、あるいは民族誌調査においては、「実際に動いている」様子を観察できるのが、大きな強みです。他方、それらは「過去の生きた化石」ではなく、時代とともに文化的変容を受けた「姿」である、という正当な認識を持つことで、実験対象の「仮説」が正しく得られます。探求のための実験とあわせてこの調査を行うことにより、何らかの仮説を発見する手掛かりが得られると思います。民族誌は、個別具体的な情報を秘めた源泉ですが、それゆえ、その上手な使い方が求められます。

実験のガイドライン

色々と実験考古学の考え方、およびその注意点について、思うところを述べてきましたが、考古学における実験をこれから始めようとする初学者にとって、ガイドラインがあると有益かもしれません。

以下、これまで述べてきた内容をまとめ、分析科学的な実験考古学を進めるうえでの指針を述べておきたいと思います。

スティーブン・サライダールによる著書『過去を再現する』(*Replicating the Past*)[46]に記された八項目を参考に、さらに三項目を追加して、私が考える実験考古学のガイドライン一一項目を次に掲げてみたいと思います。

考古学の分野において、これから科学的な実験を始めようとする方々は、実験デザインを立てる際の参照としてください。

1. 資料を観察する
2. 文献知識を得る
3. 適切な材料を使用する
4. 過去の文脈のなかで作業する

5．実験を行う前に経験を積む
6．できるだけ実験を複数回実施する
7．実験をする人物の期待効果を軽減する
8．報告が完全かつ詳細で特定の状況であることを確認する
9．結果の扱いに常に注意を払う
10．実験データを管理する
11．以上のガイドラインは一般的な推奨事項であることに注意する

1．資料を観察する　実験は、常に考古資料の観察に照らして行われるべきものです。テーマの対象に考古資料（モノ）がある場合、事前によく観察しましょう。

2．文献知識を得る　実験を始める前によく下調べをし、明らかにしようとする対象について、様々な専門的な知識を得ておきます。専門的な知識が欠如していると、自分がこれから取り組もうとする実験に対して、どんな材料を用意して、どんな計画を立てたらよいか、見当がつきません。そのため、正しく設計された方法で実験することができません。発掘調査報告書と世界の一九世紀の民族誌は電子化が進み、閲覧可能なウェブ上で広く公開されています。関連する考古学関係書、および民族誌をよく調べておきましょう。

3．適切な材料を使用する　対象の時代にしかない素材を用いて実験しましょう。対象とする時代の人々によって使用された、または少なくとも使用することができたことを保証するように試みてください。[47]

完新世初頭までに日本列島のヘラジカはほぼ絶滅しました。よって、本州の縄文時代人たちは、ヘラジカの角を手に入れることは難しかったと考えられます。その代わりに、本州以南にある軟石、堅木、中型哺乳動物の骨などがハンマー素材として使われたかもしれません。ヘラジカの角をハンマー素材として、日本の弥生時代の石槍を作るのは間違いです。もちろん、旧石器時代の石器を鉄のハンマーで作ることも、縄文時代初頭の鏃をステンレス製の釘を使

って作ることも、間違いです。彼らは、まだ、金属器の存在を知りません。

なお、マウスピースを付けて、ツタンカーメンのトランペットを吹くことも、古代の建物の燃焼実験をする際に、ＴＶ映えするという理由でガソリンを撒くことも誤りです。

4．過去の文脈の中で作業する　実験で用いられる方法は、調査対象の社会にふさわしいものであることが望まれます。洞窟壁画を再現する際は、顔料精製と塗布の手法という点で、対象とする時代の人々の能力を超えないようにしてください。材料を最新の動力駆動装置で粉砕および混合することで、実験を簡略化することは適切ではありません[48]。また、グラインダーを使用して石斧づくりをすることも適切ではありません。数百万年前のホミニン（初期の人類）が作った石器に対して、現代人しか思いつけないようなアイデア（たとえば、梃子を使って石を割るなどが当てはまります）で実験することも、的外れなものになるでしょう。ただし、「使用」のために用意するレプリカに関しては、その限りでもありません[49]。使用痕研究のために用意するレプリカに対しては、機能に関わる部分のみ、適切な素材と技術が使われていれば、すべてが「本物」である必要はありません。

輓曳犂を用いた土地耕作実験をする際には、牽引動物の調教をしておく必要もあるでしょう。しかし、どこまで調教すればよいかとなると、それは分かりかねます。実験計画に沿って、各自が判断して下さい。

いずれにせよ、過去の文化水準や環境と密接に一致するほど、その結果は有用になります。

5．実験を行う前に経験を積む　実践的な経験は、フィールド実験の結果に影響を与えます。特に人間行動を再現しようとする場合は心がけて下さい。実験する者に十分な技能と経験がない場合、結果に深刻な影響を及ぼす可能性があります。

対象の主題が正確な行動の復元を必要とする場合には、職人的な技量を持つ人物が実験の担い手となることが推奨されます。たとえば、弓矢の性能をテストする実験の場合には、経験豊富な射手が必要であるし、航海実験をする場合には、有能な漕ぎ手が必要です。舟の作り手と漕ぎ手には、原料、舟体、潮目、風向、季節などに対する豊富な知識と経験が必要です。石斧の効能をテストする場合も、その操作に精通した打ち手が必要です。立木の伐採に対しては、樹種、斧頭、斧柄、使い手の技能などに関する経験が必要になるでしょう。

豊富な経験は知識とともに仮説形成（アブダクション）の端緒となりえます。経験を積んで感性を尖らせておくことで、閃きが起きることがあります。（できるだけばらばらではなく、ある程度関連性を持った）多様な経験を積んでおくことが、さまざまな推論に役立ちます。

6．できるだけ実験を複数回実施する　結果が再現可能である必要があります。ラボ実験においては、他の誰かが後から同じ結果を得ることができるか、または独立変数と従属変数がいつでも因果律をもって正しく変動するかを、テストしておく必要があります。たった一回の実験から得られた結果に基づいて、早まった結論を下してはなりません。

フィールド実験においては、サンプルの数が帰納的推論の質を高めます。また、何度も反復して実験することで、実験の信頼性が高まります[50]。フィールド実験では、多くの実験を実施した「熟練観察者の鑑定[51]」が重視されることがありますが、こうした人間のパターン認識能力に欠けている客観性を補う意味でも、繰り返し実験をすることが大切です。その際、それぞれの実験は、それ以前に行われた実験の結果を基礎にするのが望ましいです[52]。

7．実験をする人物の期待効果を軽減する　期待効果とは、実験企画者の意図を汲んだ実験担当者が、実験企画者の期待に応えようと、無意図的に結果を歪めてしまう心理的効果のことをいいます[53]。たとえば、石斧と鉄斧の伐採効果を試して欲しいと依頼を受けた実験担当者が、実験企画者の意図を汲みとり、石斧を使う時よりも、鉄斧を使う時に意図せず頑張ってしまうといった効果です。これは、熟練者と初心者のサンプルを比較したい実験企画者に対して、依頼された実験担当者が、実験企画者の意に沿うサンプルを譲渡してしまう際の実験担当者の姿勢にも表れています。実際には、こうした効果を取り出すことは難しいのですが、こうした効果が生じてしまう可能性を考慮して、できるだけ回避すべく実験を計画すべきです。実験企画者の仮説を知らない担当者を選ぶということも解決策のひとつになります。

8．報告が完全かつ詳細で特定の状況であることを確認する　後の人が再現可能なように、目的や仮説、使用される材料や方法論を明確に記したレポートを残す必要があります。すべての予測される独立変数について見解を述べ、従属変数について可能なかぎり正確に記録する必要があります。また、実験に近代技術や近代設備が用いられた場合は、その長所と短所、それよって歪められた結果を正直に評価して、記しておく必要があります[54]。できるだけ等しい条件で再現的な実験（追実験）ができるよう、また、あってはならないことですが、データの改ざんや各種の不正が疑われた際に、その根拠資料として堂々と開示できるよう、報告書に記載しなかったローデータや計算式が記入された実験ノート（各種ファイル）は、保管しておくのが望ましいです。

9．結果の扱いに常に注意を払う　実験には常に「いくつかの可能性のある答え[55]」があることを認識しておくことが大切です。実験は答え（answers）を与えてくれるものではありません。大変な苦労の末に何らかの結果が得られたときに、私たちはそれで過去を証明したと勘違いする恐れがあります。もちろん、自分がこうできたから、過去もそうだったはずだということにはなりません。考古学における実験は、決して、疑いの陰が晴れた何かを証明するものでもなければ、「完全な証明を要求すべきもの[56]」でもありません。結果は、考古資料で検証されるべきであり、ある確率的蓋然性の中で捉えられた相互関係として受け止められます。場合によっては、仮説に対する検定や第三者的な専門家による目隠しテスト（ブラインドテスト）を用いることで、仮説の正当性が確かめられます。また、民族誌を用いて結果にどの程度の蓋然性があるかを評価することもできるでしょう。

考古学の実験にとって重要なのは、結果よりも、事実であり、プロセスです。全ての考古学的実験はなんらかの妥協であり、実験計画は考古学的目的に関連していれば、不完全でも構いません。考古学的目的の内容次第では、実験に自然科学一般で求められる正確さは必ずしも必要ありません。良い結果が得られなければ、臨機応変に対応策を考える必要があります。その際、実験デザインに推論のフィードバックループが保たれているかどうかが大切です。

10．実験データを管理する　実験には、新たな課題に取り組み、繰り返しデータを蓄積してゆくといった継続性が求められます。第三者が後に検証できるよう、実験試料を適切に保管しておくことも大切です。個人による実験データはともかく、プロジェクト型で継続的に行ってきたデータについては、将来活用できるような管理システムを構築しておくことも求められます。大規模な屋外実験においては、実験資料の管理スペースの問題もあるが、実験担当者を継続雇用する、あるいは3Dスキャン等を利用して、非属人的なデータの再現性を図るなどして、組織的にこの問題に対処しておく必要があるでしょう。

なお、遺跡破壊につながりかねない実験データについて、適切に処理をする必要がありますが、この点に関しては、第8章で改めて述べたいと思います。

考古学的実験レポートを作るには？

この章の最後に、実験レポート作成時の注意点について、述べておきたいと思います。ここに述べる内容は、初学者に向けた考古学的実験レポート（報告書、論文を含む文書）を作成する際の注意点です。原則として、一般的な内容を記しているので、主題によって内容が変わることがあるということは、ご承知おき願います。

まず、一般的な実験レポートは、以下の順で記します。

1. 背景とねらい background and aim
2. 材料と方法 material and method
3. 分析と結果 analysis
4. 考察（結論）discussion and conclusion

1. 背景とねらい 実験の背景と、実験で達成される内容を記します。

・実験を行う理由を明確に述べます。この際、独りよがりなものにならぬよう、過去にどんな実験があり、それと自分が行う実験の違いが何なのかを明確に述べるようにしてください。先行するデータベース（文献、実験データ、考古・民族資料、専門家の意見）がある場合は、その分析をして、活用します。実験の射程を明示的なものにするために、自分の「実験」がどんな性格を持つものなのか（ラボ実験かフィールド実験か、単なる試みか）ということについての自らの立ち位置を述べておきます。

・扱う主題（検証・確認目的の場合は仮説）を述べます。

・所与の仮説に対して、実験の枠組みをデザインします。

2．材料と方法　実験が再現性を帯びるように、さまざまな側面を分かりやすく正確に説明します。間違いなく追試ができるように書くことが重要です。まず、実験に使用する材料について、詳しく説明します。そして、実験に影響を与える要因や変数を慎重に検討します。最後に、問題点について正直に記します。そのことによって、第三者的な評価が高まります。

・どんな材料が使われたか？

・どんな手順に従って実験を進めたのか？

・どんな記録が、いつ、どこで行われたか？

・どのように、どこで、何で測定されたのか？

・実験装置はどんな環境で、どうセットアップされたのか？

・何人の被験者がどんな基準で選ばれたか？

・実験に技術的な問題はなかったか？

・実験による期待効果は回避できたか？

・実験企画者と実験担当者の知識と経験（技能）は十分あったか？

3．分析と結果　実験者による特定の観察・分析と結果、認識について記します。「結果」の目的はデータを提示することにあります。

・観察された変化と記録を行います。
・結果（事実）と解釈（意見）は分けて記します。
・図、写真、表、グラフを利用するなどして、結果を効果的に表します。
なお、生データ（実験で得られた測定値）は必ずしも公表する必要はありませんが、理想的には、デジタルファイルとして保存するか、アクセス可能なウェブサイトに記録するなどして、必要に応じて生データを簡単に再処理できるようにしておきます。

4．考察（結論） 実験者は実験の主な目的を要約し、これらの目的に照らして結果を評価し（成功と失敗を示す）、全体的な結論を提示します。考察と結論は、当初の目的（ねらい）に沿ったものとし、発見したことを明確に要約しなければなりません。将来に向けた課題と展望をここで述べます。

・実験は正しかったか？
・結果に対する解釈は妥当であり、飛躍はないか？
・結果は、先行研究と一致したか、仮説を支持したか？
・因果関係があるか、あるいは単なる連動現象か？
・追実験は必要か、必要であれば、何を改善すべきか？

以上、アラン・アウトラムとジェイムス・マシューが、「ＥＸＡＲＣジャーナル」（*EuroREA*）誌に公開している内容を中心に、私の意見を加えて作成しました。(57)

註

（1）細谷功『アナロジー思考』（東洋経済新報社、二〇一一年）。
（2）ちなみに、私たちは、石斧の形の違いに目が向きがちで、斧頭の形状差は何らかの機能差を表すものであると決めつけがちです。

実験は、斧の使用に関わる評価は柄との組み合わせによってなされる必要があることを示しています。
（3）五十嵐彰「実験痕跡研究の枠組み」（『考古学研究』47-4、二〇〇一年、七六―八九頁）。
（4）Gifford-Gonzalez, D.（1991）. Bones are not enough: analogues, knowledge, and interpretive strategies in zooarchaeology. *Journal of Anthropological Archaeology*, 10: pp. 215–254.
（5）Lin, S. C., et al.（2018）. Experimental design and experimental inference in stone artifact archaeology. *Journal of Archaeological Method and Theory*, 25: pp. 663–688.
（6）御堂島は、静態としての現在と過去との痕跡の比較において、文化的・非文化的に改変されたノイズ的痕跡を積極的に見つけることが課題であると述べています。また、現在の動態と静態との間に認められた因果的関係の確度を図り、方法論の改善を促すために、条件付きでブラインドテストすることが有効だと述べています（前掲御堂島〔二〇二〇〕）。
（7）前掲〔第4章註（54）〕本多（一九七六）。
（8）松原正毅「弥生式文化の系譜についての実験考古学的試験」（『季刊人類学』Ⅱ-2、一九七一年、一四四―一九一頁）。
（9）Heider, K.（1970）op. cit.〔第3章註（52）〕
（10）Kragh, A.（1964）op. cit.〔第3章註（35）〕
（11）前掲〔第4章註（73）〕佐原（一九九四）。
（12）Townsend, W. H.（1969）Stone and steel tool use in a New Guinea society. *Ethnology*, 8（2）: pp. 199–205.
（13）Saraydar, S. C. & I. Shimada.（1971）op. cit.〔第5章註（35）〕
（14）Mathieu, J. R. & D. A. Meyer.（1997）Comparing axe heads of stone, bronze and steel: studies in experimental archaeology. *Journal of Field Archaeology*, 24: pp. 333–351.
（15）G・ブレンフルト（編）／大貫良夫（監訳）／西秋良宏（編訳）『図説人類の歴史 3 石器時代の人々（上）』（朝倉書店、二〇〇四年）
（16）Dolfini, A., et al.（2023）Testing the efficiency of Bronze Age axes: an interdisciplinary experiment. *Journal of Archaeological Science*, 152: 105741.
（17）羽田康祐『問題解決力を高める「推論」の技術』（フォレスト出版、二〇二〇年）。
（18）前掲羽田（二〇二〇）。

（19）私は学生時代に、「石器製作実験研究者になりたいのならば、一〇年間まずは石を割り続けなさい。論文はそれから書きなさい」と言われたのを覚えています。また、ある私の友人の石器使用実験研究者は、まず一〇〇点のサンプルを作って使う経験をしてから研究を始めるよう、指導を受けたと聞きます。ここでの数値はただの目安ですが、いずれも事前に十分な「経験」をすることの大切さを強調しています。

（20）前掲〔第4章註（32）〕安斎（一九九六）。

（21）Amick, D. S., et al.（1989）op. cit.〔第4章註（29）〕

（22）Dibble, H. L. & J. C. Whittaker.（1981）New experimental evidence on the relation between percussion flaking and flake variation. *Journal of Archaeological Science*, 8（3）: pp. 283–296.

（23）Amick, D. S., et al.（1989）op. cit.

（24）Mathieu, J. R.（2002）op. cit.〔第5章註（4）〕

（25）Hurcombe, L.（2005）Experimental archaeology. In: Renfrew, C. & P. Bahn.（eds.）*Archaeology: The Key Concepts*. Routledge: pp. 110–115.

（26）Millson, Dana C. E.（2011）. Introduction. In: Millson, Dana. C. E.（ed.）*Experimentation and Interpretation: The Use of Experimental Archaeology in the Study of the Past*. Oxbow Books: pp. 1–6.

（27）Reynolds, P. J.（1999）op. cit.〔第4章註（47）〕

（28）Millson, Dana. C. E.（2011）op. cit.

（29）宮路淳子「実験考古学の理想と実践―バッツァー鉄器時代実験農場を例として―」（『動物考古学』12、一九九九年、五五―六八頁）。

（30）Reynolds, P. J.（1999）op. cit.

（31）先に私は、実験考古学の推論過程において、ストックされた「経験」が仮説づくり（アブダクション）の鍵となることを述べてきました。ただ、実験考古学における「経験」の役割は、それ以外にもありそうです。図6-7のフローチャートに記された右上の矢印が、そのことを暗示します。復元製作がもたらす「経験」は、考古資料から仮説を導く際の鍵（手掛かり）となるとともに、復元者の「知覚」の変化をもたらします。

（32）Amick, D. S., et al.（1989）op. cit.

(33) 前掲〔第4章註(18)〕コールズ(一九八五)。
(34) Mathieu, J. R. (2002) op. cit.
(35) 大沼克彦「復元製作の基本事項」(『考古学ジャーナル』499、二〇〇三年)、六—七頁。
(36) Callahan, E. & J. Pelegrin (1981) op. cit.〔第4章註(34)〕
(37) ヒューバート・L・ドレイファス、スチュアート・E・ドレイファス(椋田直子訳)『純粋人工知能批判』(アスキー出版局、一九八七年)
(38) Newcomer, M. H. (1971) op. cit.〔第5章註(21)〕
(39) 後藤　明『土器の民族考古学』(同成社、二〇〇七年)。
(40) Eren, M. I. & D. J. Meltzer. (2024) op. cit.〔第5章註(8)〕
(41) Schlanger, N. (1994) Mindful technology: unleashing the chaîne opératoire for an archaeology of mind. In: Renfrew, C. & E. Zubrow. *The Ancient Mind*. Cambridge University Press: pp. 143–151.
(42) Reynolds, P. J. (1999) Butser Ancient Farm, Hampshire, UK. In: Stone, P. G. & P. G. Planel. (eds.) *The Constructed Past: Experimental Archaeology, Education and the Public*. Routledge: pp. 124–135.
(43) 大沼克彦『文化としての石器づくり』(学生社、二〇〇二年)。
(44) Reynolds, P. J. (1999) op. cit.; Amick, D. S., et al. (1989) op. cit.
(45) Eren, M. I., et al. (2019) Experimental replication shows knives manufactured from frozen human feces do not work. *Journal of Archaeological Science Reports*, 27: 102002.
(46) Saraydar, S. C. (2008) *Replicating the Past: The Art and Science of the Archaeological Experiment*. Waveland Press.
(47) Reynolds, P. J. (1999) op. cit.
(48) Saraydar, S. C. (2008) op. cit.
(49) Mathieu, J. R. (2002) op. cit.
(50) 前掲コールズ(一九八五)。
(51) 阿子島香・梶原　洋「石器の使用痕分析と客観化」(『考古学ジャーナル』227、一九八四年)12—17頁。
(52) 前掲〔第4章註(21)〕コールズ(一九七七)。

（53）中島義明『実験心理学の基礎』（誠信書房、一九九二年）。
（54）前掲コールズ（一九七七）。
（55）前掲コールズ（一九八五）。
（56）前掲コールズ（一九七七）。
（57）以下の文献を参照した。Mathieu, J. R. (2005) For the reader's sake: publishing experimental archaeology. *EuroREA*, 2: p. 110. Outram, A. K. (2005) Publishing archaeological experiments: a quick guide for the uninitiated. *EuroREA*, 2: pp. 107–109.

第7章　実験で分かってきたこと

この章では、石器づくりの実験考古学が明らかにした、あるいは明らかにしつつある、比較的新しい考古学の成果を中心として紹介します。

ただ、数ある実験の中から、私の関心に沿って選んだものであることを、お断りしておきたいと思います。

技術を探る──打撃と押圧

図7-1　ひとかかえもある石刃核

どうやって剥がしたのだろう？

打撃と押圧で生じる各々の剥片形状に違いがあると考えられており、押圧により生じた剥片は、打撃で生じた剥片に比べて、より薄く、より細長く、より均一な形状をしているといわれてきました。

ただし、こうした指摘には少し正確さが欠けていたことも分かっています。根拠となった実験の多くは、変数に対する制御が十分ではありません。たとえば、ハンマーの材質（硬いか軟らかいか）を変動条件として、叩かれる側の材質を固定条件として統制実験されますが、実際には叩く強さ、叩く速度、叩かれる側の表面状態などの二次変数が制御されていません。また、個人差（技量差）によって生じるノイズについても、あまり考慮されていません。そのために、得られた結果に属性間の重複があった場合には、この原因が何であるかを突き止めることができません。

近年ラボ実験が盛んに行われたことにより、静的（圧力）荷重と動的（衝撃的）荷重の差は、無関係ではないにせよ、小さいことが分かってきました。ハロルド・ディブルたちはロードセルを使って静的（圧力）荷重、ドロップ・タワーを使って動的（衝撃的）荷重をかけています。実験装置を用いることで荷重速度と負荷を一定に制御して、ガラス板を使うことで叩かれる側の表面状態を一定に保っています。

これらの実験データを比較したところ、一致する結果が得られています。つまり、ディブルらはフレークを除去するために必要な力は、その質量―すなわちEPA-PD（二〇二頁で述べています）の関数であることを発見しました(1)。このディブルらの実験において、強い荷重をかけることさえできれば、大きな剝片を圧力で剝がせることが分かったのです。

そこで重要となるのが、静的（圧力）荷重と動的（衝撃的）荷重の違いを実証的な痕跡から推定する亀裂速度に注目した研究です。荷重速度と亀裂または破壊の伝播速度との間には正の相関があることが分かっています。そこで、亀裂速度の測定から衝撃荷重速度を推測することができるのです。

日本でこの分野の研究を積極的に進めているのが、北海道大学の高倉純です。高倉は亀裂速度のサインとしてのフラクチャー・ウイング（fracture wing）を識別して、日本の黒曜石製の遺物が打ち割り（打撃）によるものか、押圧によるものか同定しています(2)。フラクチャー・ウイングは、横波速度と亀裂先端速度の比によって決まり、交点（S）に対する角度を測定することにより、三角関数的に計算できます。一般的にフラクチャー・ウイングが開く角度（Ψ）は、打ち割り（打撃）の方が狭く、押圧の方が広くなります。

二〇〇倍ほどの高倍率の顕微鏡を使って、数ある痕跡から良いものを選び出して、効果的に測定するという分析者の技量も必要です。そのため、この方法がまだ定着している状況にはないものの、日本で分析者が増えてゆけば、この分野が将来確立されてゆくと思えます。フラクチャー・ウイングが、石器製作における剥離法の同定、あるいは石器使用のあり方を知る手掛かりとなることが期待されます。

　しかし、フラクチャー・ウイングを測定する際の誤差が小さくないことに対しては、注意が払われるべきでしょう。フラクチャー・ウイングは、実際の資料のなかで、それこそ無数に顕微鏡下に現れますが、その中のどのウイングを測定するか、あるいはウイングのどの部位（起点-終点）を測定するかによって、測定者間にばらつきが生じます。破面であればどこでも一律にウイングが現れるわけでもないことに注意が必要であり、亀裂速度は剥離開始点（打点付近）と終点（遠位端付近）とで異なっています。さらに、亀裂速度は石の種類ごとに異なります。測定ウイングの選択は恣意的であるため、できるだけ多くを測定したり、再現性を保つために、測定位置を図上に正確に記しておく必要があります。ウイングの開き度合いを判断する際の測点の位置決めは重要な要素のひとつであり、測定者間のこの微妙な違いが、計算結果に影響を及ぼす大きさも無視することはできません。よって、測定時のばらつきを、どの程度ノイズとして無視できるかが、この分析法の原理的な問題として非常に重要です。

　また、高倉自身も述べていますが、フラクチャー・ウイングは、有機質ハンマ

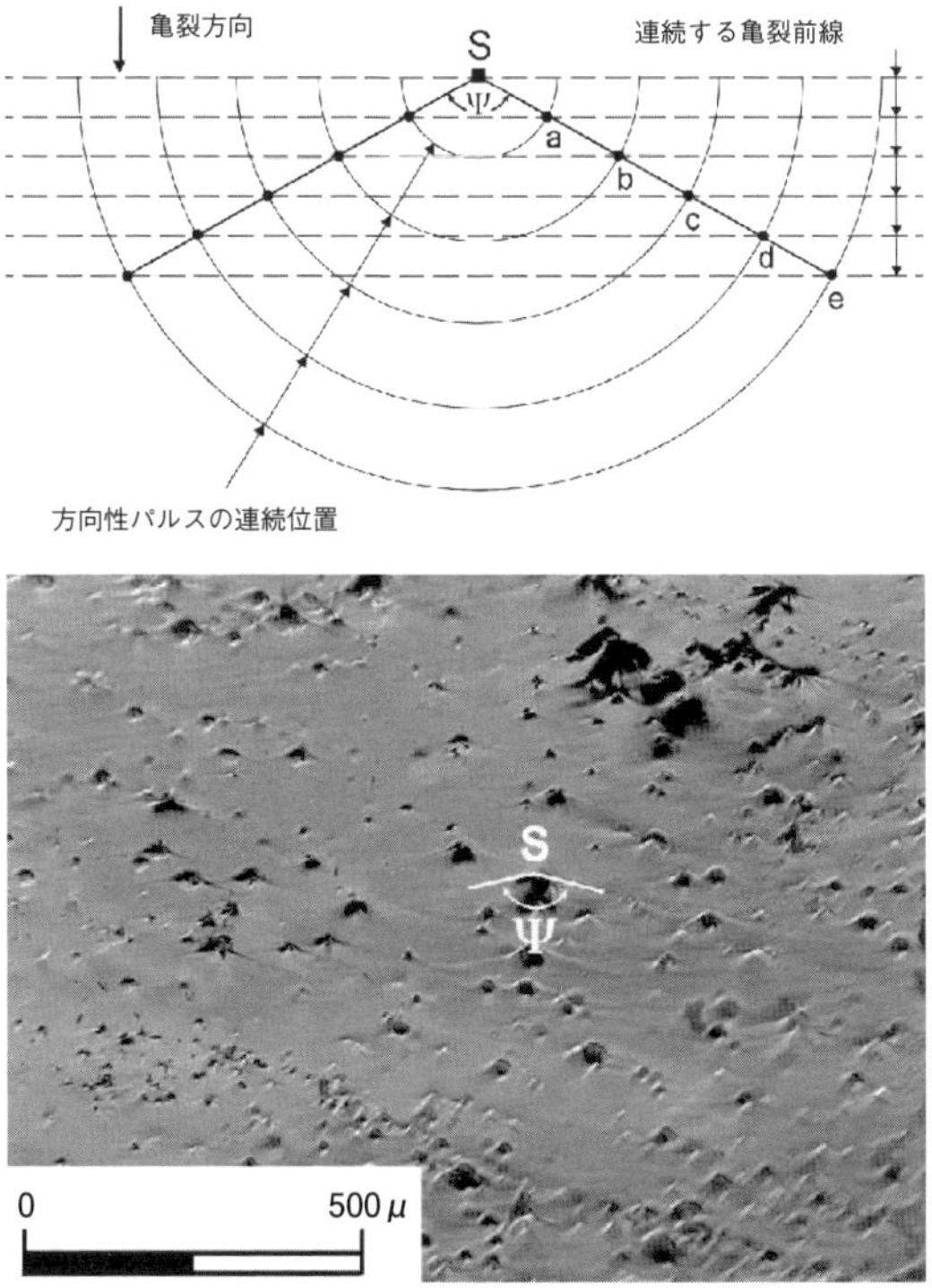

図 7-2　フラクチャーウイング

写真には複数のフラクチャーウイングが見えている。

ーの直接打撃と間接打撃を区別できません。フラクチャー・ウイングは、あくまでも亀裂速度に基づく指標であるため、異種剝離技術（たとえば、石製パンチや梃子を用いた中間的な様相）が異なる破面模様としてどう現れるか、という点に関する実験的考察も深めてゆく必要があります。直接打撃と間接打撃を区別するには、亀裂速度のみならず、総合的に分析する必要があるといえます。

また、フラクチャー・ウイングは、基本的には高品質のガラス質物質でしか判別できないという汎用性の低さがあるために、風化した安山岩や凝灰岩、流紋岩、ホルンフェルスなどに、この手法は使えません。数ある資料のうち、ごく一部にしか適用できないのがこの分析法の弱みです。黒曜石のほか一部の玉髄質の岩石に観察できる場合があるものの、フラクチャー・ウイングが観察できないその他の岩石に対しては、他の手法を見出すか、原理を異にする分析法とあわせて、消去法的に検討するなど工夫が必要です。

最近、御堂島正は、打面部の打撃痕跡（微視的製作痕跡）にこの手掛かりを見出そうとしています[3]。また、剝離具の一部の素材が残滓として接触部に残されている可能性もあり、直接的な証拠を見出そうとする試みもあります。いずれにせよ、マクロな研究の進展も期待されます。

技術を探る―研磨と穿孔

磨製石器の技術研究は、打製のそれほど進んでいません。ただ、磨製石器の実験痕跡研究として、ジェニー・アダムスによる『磨製石器分析―技術的アプローチ―』（*Ground Stone Analysis: A Technological Approach*）がバイブルです。

アダムスは、素材の凹凸（asperity）の正しい評価が、使用痕を特定する際の手掛かりとなることを指摘しており、表面トポグラフィー（surface topography）の考え方を用いています。この考え方は、石器の使用に伴って、石の表面の起伏が弱くなり、次第に滑らかになるという前提に立つものです。凹凸の擦り減り速度は、素材の硬さにも影響を受けるので、一律ではありません。それでも摩耗は初め加速度的に進行します。そして、ある程度作業が進んでゆくと、次第にその速度が緩むとともに、相互作用的に発達します(4)。

磨耗はいくつかの段階を経て発達します。アダムスに拠れば、二つの物体が接触することで起きる摩擦熱でできる接着磨耗（adhesive wear）、接触面への圧力と運動により、起伏の高い部分の崩壊と圧壊を起こす疲労摩耗（fatigue wear／表面疲労ともいいます）、条痕（ガウジ）を残す研磨摩耗（abrasive wear）、表面の起伏がほぼなくなってしまう摩擦化学摩耗（tribochemical wear）に分けられます。接着摩耗や表面疲労で石の窪みに剥がれおちた粒子は、摩耗過程で研磨剤の役割を果たします。これらの研磨剤は、石の表面全体に傷をつけるため、動いた方向に条痕を残します。摩擦化学摩耗は研磨痕となり、光沢を残します。このように、摩耗発達プロセスを概念的に整理しておくことで、被加工物の種類をある程度推定できる場合があるために、これは便利な基準として用いられます(5)。

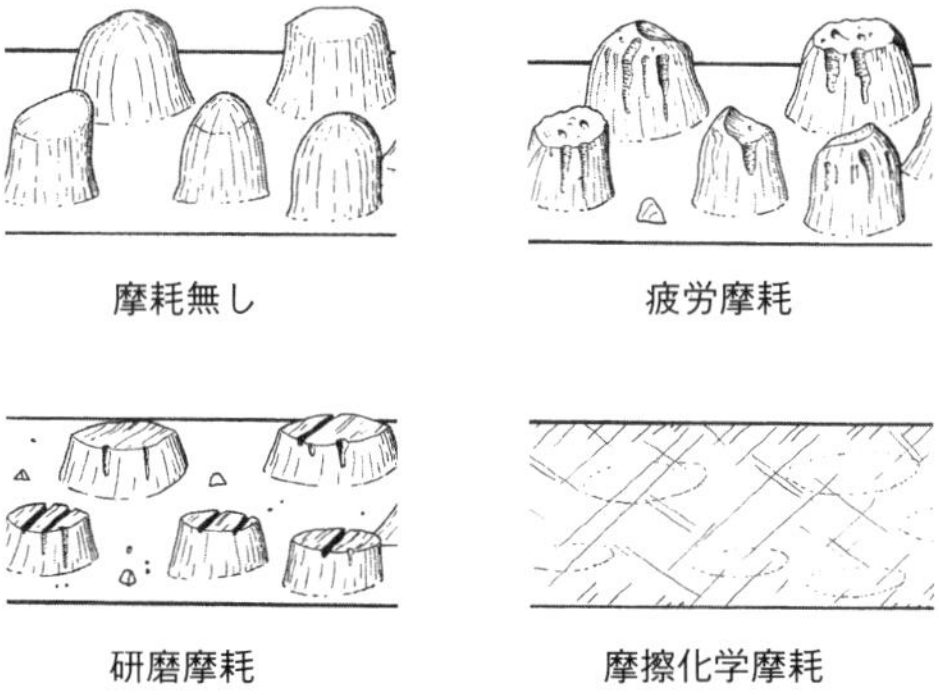

図 7-3　摩耗の種類

その他に、単に石核を支えるための台石と、食物を粉砕する際の置石とでは、摩耗、光沢、剥離の生じ方に違いが生じます。そのために、摩耗以外の痕跡を実験的に特定しておくことにより、残された痕跡が、製作と使用のどのタイミングで形成されたかを考えるきっかけが得られます。

日本で事例は多くありませんが、穿孔技術に関する総合的な実験研究がいくつかあります。弓錐（弓を弾いて、高速回転により穴をあける、ボウドリルともいう）や舞錐（上下運動で機械的に穴をあける、ポンプドリルともいう）の存在を実証的に明らかにするために、被加工物に残された加工痕跡の観察精度を高めています。穿孔痕に残された様々な痕跡が、この判断の手掛かりとなりますが、孔の内側の痕跡と孔の形を観察することで、孔が手回しの錐であけられたもの

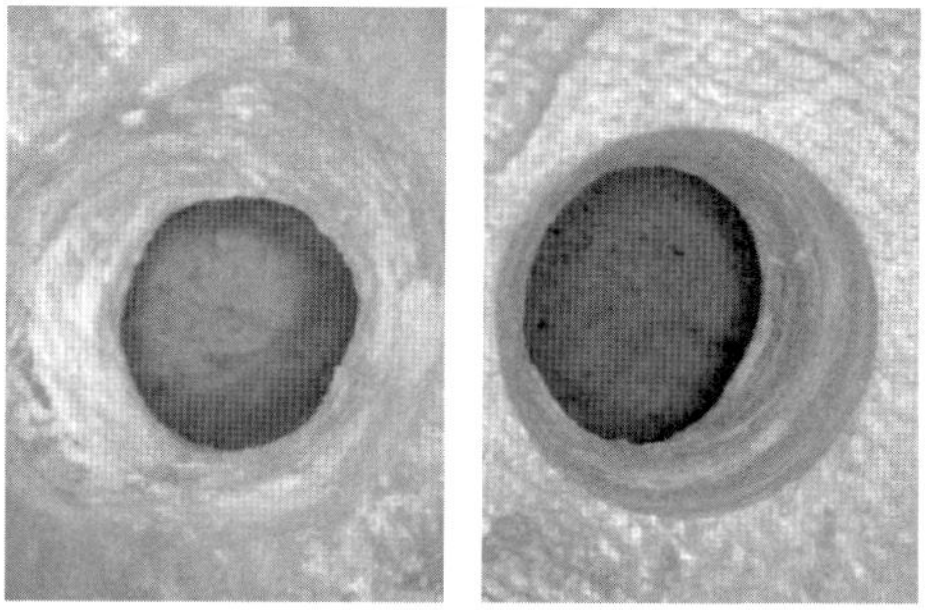

図 7-4　穴あけに対応する穿孔痕

a. は手回し、b. は高速回転による。b には a にない縞模様が窪みの中に残っている。

か、機械的な回転運動によりあけられたものか、判断できるようになっています。

舞錐・弓錐による穿孔痕には、高速回転をした「証」としての縞模様が窪みの中に残ります。木製の回転錐を用いた場合、木材の弾力性により石の粒子が丸くなり、使い続けると窪みの内部にわずかな光沢が生まれます。また、遊離した粒子が石と回転シャフトの間に挟まると、曲線の縞模様が形成されるほか、稀に軟質素材を対象とした場合は、窪みの中の表面温度が上昇して、素材に亀裂を起こす恐れがあることが分かっています。

ブルガリアのマリア・グローバらの研究グループは、硬さの違うさまざまな素材を対象として、総合的な穿孔実験を試みています。この結論として、孔の横断面形にも技術判断のヒントがあると指摘しています。孔の横断面形が、円錐形か双円錐形（二つの円錐を表裏からつなげた）かは、確認すべきポイントの一つだといわれています。また、水を加えると穿孔の効率が上がり、水に砂を加えると研磨の効率が上がること、錐の素材としては、非晶質（ガラス質ではない）のものが適していることなどが指摘されています[6]。

加工物（錐）の側に残された痕跡にも、穿孔の際の手掛かりがいくつか残ることが分かっており、回転動作によって錐の側に「ねじれ破壊」(torsion fracture) や「縦溝状／彫器状破壊」(flute and burin like fractures) が生じます[7]。

このように、被加工素材と加工具それぞれの側に、穿孔技術の具体性を物語る痕跡が残されることが分かっているので、いくつかの痕跡を組み合わせて、この問題を議論することができるのです。

他に、切断、彫刻、削り、研削などの痕跡を対象とした実験がありますが、ここでは詳しく述べません。

石の割れが予測できるか

ハロルド・ディブルとジョン・ウィッタッカーは、石器の割れ現象に関する変数を厳密に制御して、岩石の割れ機構を探るためのラボ実験を行っています(8)。この実験では、熟達した製作者により制御される独立変数(力、打撃角、打面厚、打面角)と従属変数(剝離角、長さ、厚さ、終端)の関係を調べるために、剝片生成に影響を与える可能性のある諸変数が、実験装置の力を借りて、制御されました。小さな垂直スタンドに固定された球をガラスコアに落とすなどして、一貫した方法で打撃できる装置が考案されました。結果、打面の外部角(exterior platform angle)が剝片のバラエティを生み出す重要な要素となっていることが分かりました。

その後、ディブルの弟子と同僚たちは、ディブルの意志を次いで様々な剝片生成の多様性に関するラボ実験を手掛けます。しかし、この手の実験にも越えがたき壁がありました。その壁とは岩石の変異に対応できないことです。ディブルらの実験は、変数を一個か二個に限定して、従属変数の把握に努めています。そのため、割られた岩石の側から起こる変数(たとえば、硬さ、形状、質感)は、あらかじめ無視、あるいは極度に単純化されているという問題がありました。こうした問題を克服するために、ガラス板が使われますが、これも良し悪しの結果をもたらします。ガラス質の黒曜石やフリントには、この結果がある程度適用できるものの、靱性《じんせい》(ねばり)や脆性《ぜいせい》(もろさ)が大きく異なる粗粒石材の割れ機構を理解することはできません。もちろん、黒曜石やフリントでさえ自然に生成した岩石であるために、ガラス板を用いた実験から得られた結果が、ダイレクトに実態を反映しているとも限りません。

そこで、より人間的な石割りに近いものになるよう、ペンシルベニア大学の剝片生成実験装置は、数十年かけて改良が重ねられています。ディブルの弟子たちからなる研究グループは、打面の深さ、打面角度、石核表面の形、力の適用など(つまり、ハンマーの種類、打撃の角度〈入射角〉、位置など)の打面の属性を含む多くの変数の影響関係について研究を進めており(9)、一連の研究は、剝片形成の複雑さを明らかにするとともに、主要な打面変数に基づいて、起きうる剝離の結果が予測できる貴重な成果をもたらしています。

これは、剥離形成モデル（EPA-PD モデル）と呼ばれています。剥離形成モデルとは、打面の外部角（EPA: exterior platform angle）と打面の深さ（PD: platform depth）が、生じる剥片の大きさを決定づける主原理のことを意味しています。

これを簡単に要約すると、打面角（EPA）と打面厚（PD）のいずれかまたは両方を増加させると、剥片が大きくなり、重くなるということです。すなわち、打面角（EPA）が一定に保たれているとき、打面厚（PD）が増えると剥片が大きくなり、打面厚（PD）が一定に保たれるとき、打面角（EPA）が大きくなると（鈍角に近いほど）剥片が大きくなります。つまり、EPA-PDと剥片質量との間には、正の相関関係があることが分かったのです（図7-5）。

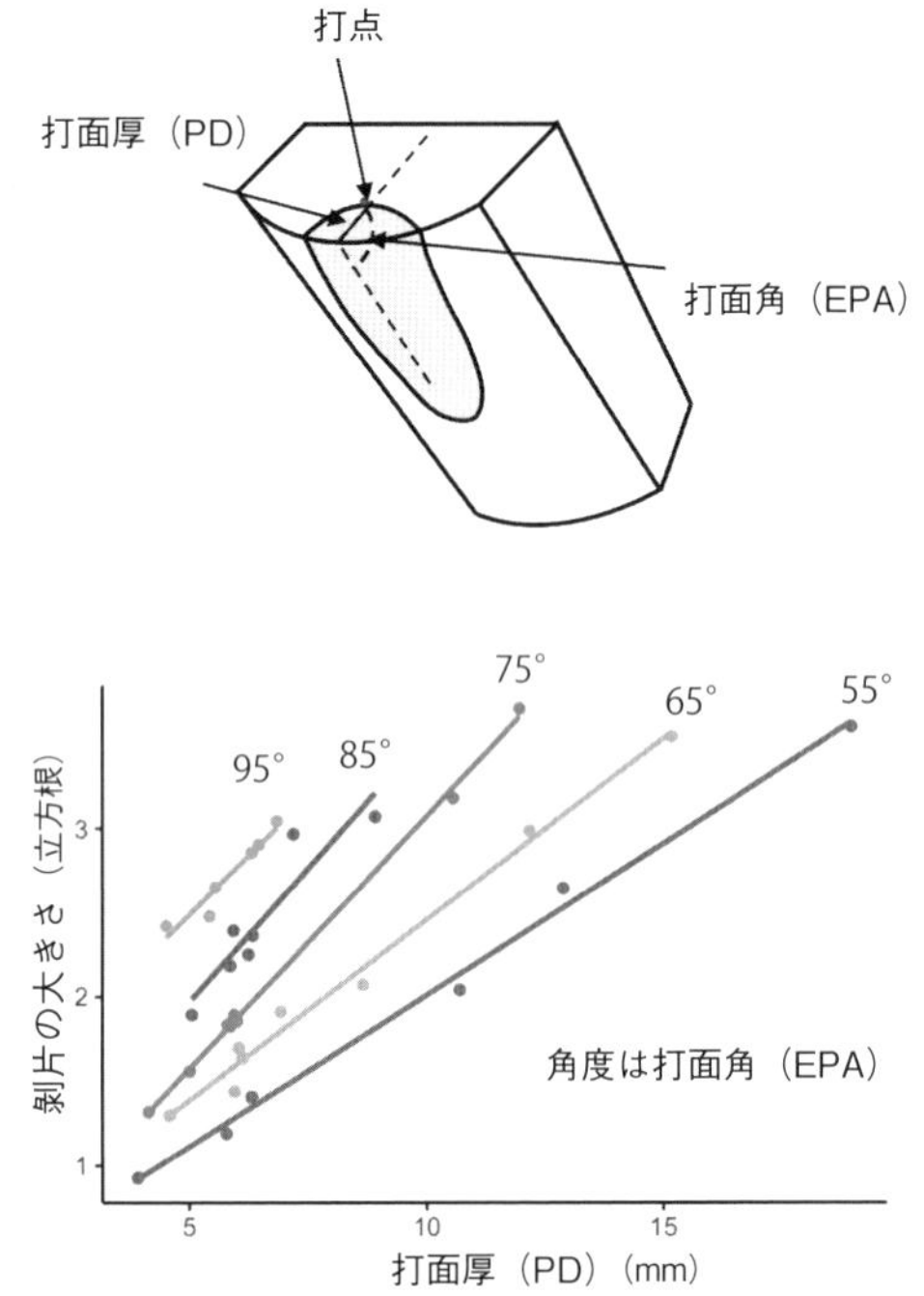

図 7-5　剥離形成モデル（EPA-PD モデル）

この一連の実験により、叩く力の大きさは、剥片の生成に大きな影響を及ぼすわけではないこと、そして望み通りの石片を剝ぎ取るには、叩く前の石核の状態——特に、叩く位置と外部角——を整えることが大切だと分かったのです。

この発見は、石器を作るということが、偶然性の産物ではなく、意識と技巧の産物でもあるということを再認識させることにつながります。もちろん、力の大きさは、ある程度の剥片サイズに影響を与えます。それでも、力いっぱい叩くから、剥片が大きくなったり、弱く叩くから、剥片が小さくなったりするわけではないことが分かったのは、大きな収穫でした。

イレギュラーに割れる石に挑む

欧米の研究者たちは、フリントの割れ原理をあらゆる岩石に当てはめて、無理やり理解しようとする姿勢に対して、フ、ハ、ン、ト症候群（flint syndrome）と比喩的に表現して、これを問題視しています。どういうことかといいますと、イレギュラーに割れる岩石の認識が不足していることに危機感を覚えた研究者たちが、フリントの割れメカニズムをみだりに様々な岩石に応用したがる人々に、皮肉を込めて用いた表現です。

イレギュラーに割れる石とは、内部欠陥のある石ともいえますが、そうした岩石は、岩石記載的には均質性、連続性、等方性に関わる要素のうち、連続性に問題があるものです。連続性とは、特定の岩体の接合部、亀裂、および空隙の尺度として示され、その大小は応力分布に影響を及ぼします。つまり、部分的であれ、均一な応力分布をみせない岩石が、内部欠陥のある石です。

内部欠陥のある石は、打製の石器に用いられたものだけでも実は相当数に上ります。代表的な岩石は、石英岩や脈石英、硅岩《けいがん》（オーソ・クォーツァイト）が挙げられます。たとえば、東アジアの前・中期旧石器時代においては、こうした岩石が九〇％以上使われた地域があり、こうした石の割れメカニズムについて、実はあまり詳しく分かっているわけではありません。たとえば、石英岩や脈石英は、結晶質なので塊状に砕けやすく、叩いた場所から放射状、あるいは曲げ状に偶発的な割れを頻繁に起こすのが特徴です。フリントなどのガラス質の石を割った場合とは、少し違った属性が表れます。

ヘルシンキ大学のミッカ・タッラバーラらの研究グループは、石英の割れメカニズムを探る実験をしています。石英は、黒曜石やフリントと違って、独特な割れ方（断片化）をするらしく、石器技術に影響を及ぼすほどの素材の制約があったことを明らかにしています。[10] また、非常に興味深い実験として、土壌に含まれる極微細石英を光学顕微鏡

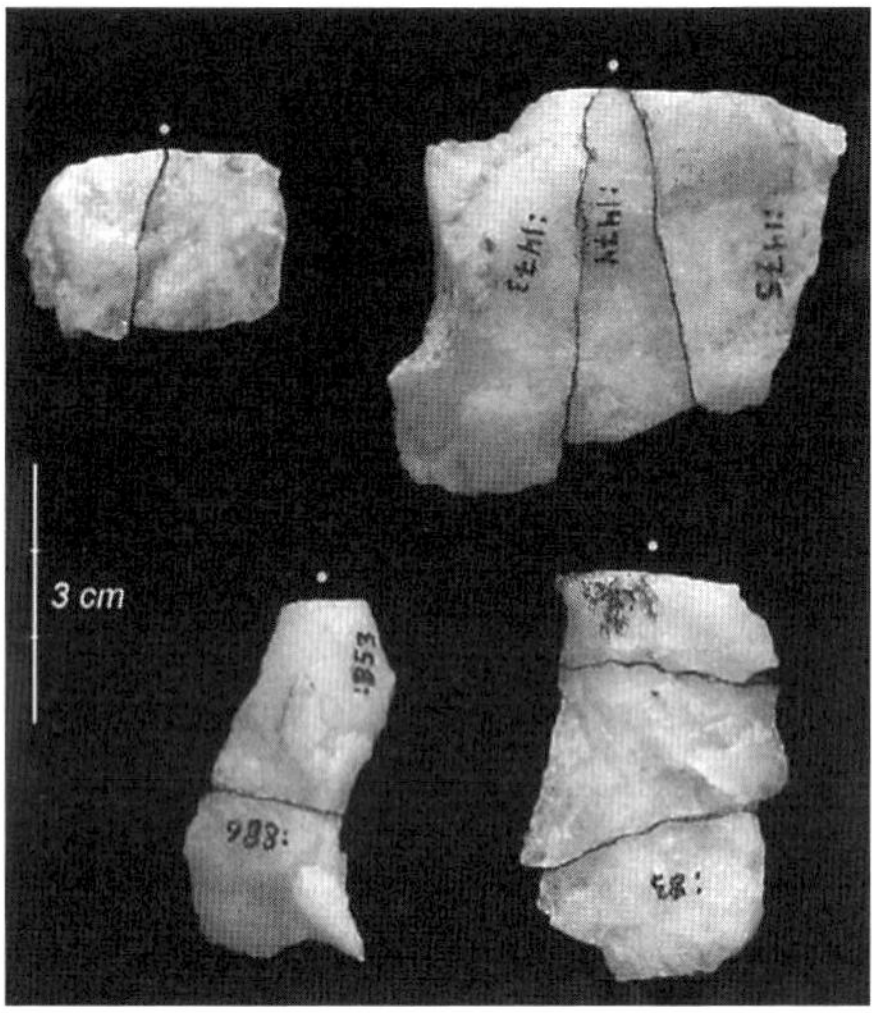

図 7-6　断片化する石英の剝片（遺物）

叩いた場所（白丸）から、放射状に割れる（上）、あるいは曲げ状に割れる（下）。

や走査型電子顕微鏡で観察することにより、岩絵を彫刻する際に人為的に砕いた石英粒が、自然に砕けた石英粒と区別できることを突き止めたものがあります。この研究は、洞窟内の堆積物などに含まれるごく小さな石英粒を観察することにより、従来アプローチすることが難しかった岩絵の製作行動の詳細について議論できる新たな道を切り開いた点が評価されます。(11)

内部欠陥を持つ身近な石器石材は、日本列島にもいくつかあります。サヌカイト（通称、カンカン石）は、西日本のとりわけ瀬戸内海周辺の先史時代に頻繁に用いられた岩石です。この石は、別名「古銅輝石安山岩」と呼ばれる火成岩であり、堆積作用に関わる痕跡（しわ）が、石理（流離構造）として顕著に発達しているのが特徴です。サヌカイトは、石理に沿って劈開《へきかい》しやすい特性があり、先史時代人はこの特性を活かした石割り技術を発達させました。(12) そうした意味で、サヌカイトの「割れ」についても、フリント症候群に陥っては把握できない一面があるといえます。たとえば、香川県産の一部のサヌカイトは、剥離方向と石理方向が平行に近い順目になるとき、打瘤（バルブ）が平坦でほとんど発達しないなど、フリントを割った際に通常みせない割れ面を持つ資料が生じます。他に、日本のチャートやホルンフェルス、片岩などにも、造山運動と地殻変動の影響を受けて、剥離に大きな影響を及ぼす節理や片理を持つものが含まれます。

このように、石がどう割れるのかという大変基本的な問題でさえ、未解決なところが多くあります。そのため、様々な石に対する割れメカニズムを理解することが求められます。

ちなみに、ここでは「割れ」とまとめて表現してきましたが、考古資料に対する「割れ」か「折れ」かの判断は、難しい問題です。通常「割れ」は現象的な表現として、「折れ」は「折り」あるいは、「折り取り」として、意図的な含意がある場合に分けて表現されます。ただし、内部欠陥のある一部の石は、非意図的な断片化により「折れ」に相当する偶発的な「割れ」を頻繁に起こすので、考古学者の判断を狂わせます。結局、こうした問題に関しても、石の物理的な破壊現象に対する知識を深めておくことにより、より正確な推論が可能になります。この手の研究は、日本で遅れていることは指摘しておきましょう。

偶然か必然か、偉大な発明か

石器を作る材料（石器石材）について、火を使ってその質的改変をうながす処理技術があったことは、第3章で述べました。この処理技術に関するラボ実験の成果を取り上げます。

まず、すでに述べたように、加熱か被熱かという問題があります。しかし、考古学的なコンテクストから遊離した石片ひとつを対象としたとき、このいずれかを判断することは容易ではありません。

熱破砕も破壊力学の原則で起きています。そのため、破壊そのもののプロセスを説明できても、その破壊を起こした原因は分からないことがよくあります。熱による石器の破砕の原因が、自然によるか人為によるかは、遺跡での出土状況やその他の文脈情報があることが望ましいです。

では、遺跡のなかの意味ありげな空間に資料がありさえすれば良いかといえば、そうでもありません。たとえば、自然火災は文化的堆積物にランダムな影響を与えます。また、木や根が燃えると集中的な熱変質のホットスポットが生じることもあり、集中的な被熱が起きます。囲炉裏や焙煎オーブンの中、あるいはその近くなどで偶発的な熱破砕が起きないとも限らないので、熱作用で破砕痕が生まれた理由について、それが意図したものか、意図しなかったものかを立証するには、考古学的な出土状況を詳しく点検しなければなりません。

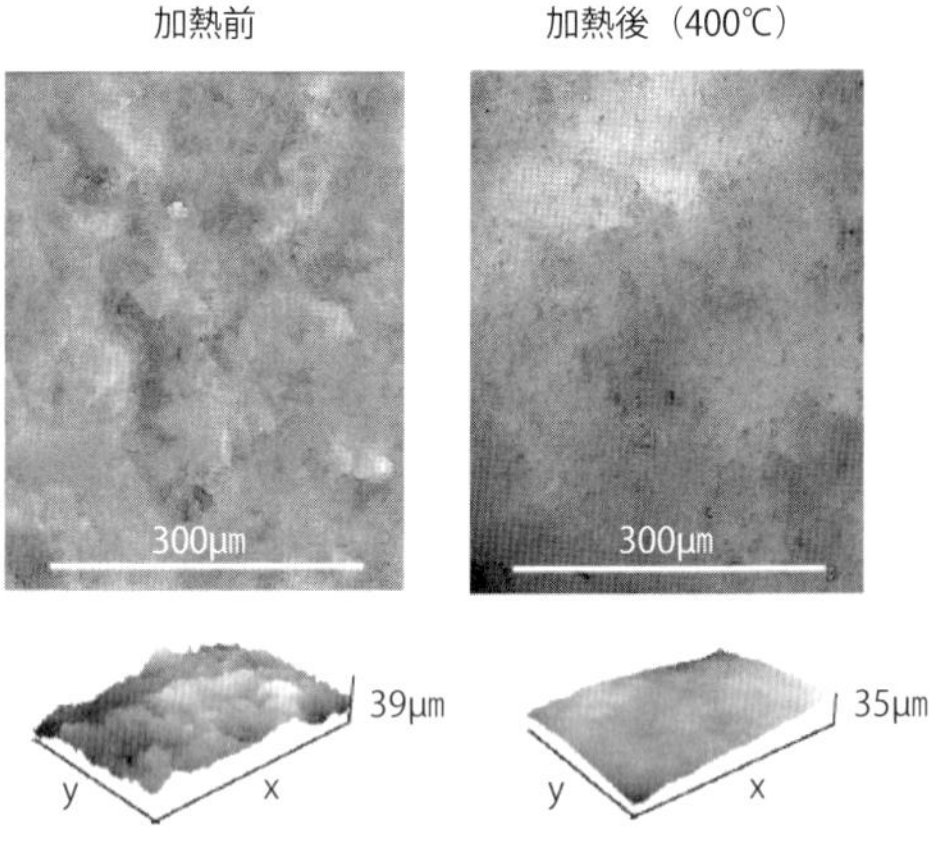

図 7-7　加熱処理の効果

処理後に表面の凹凸が減り、滑らかになっている。

それでも、これまで地球上の遺跡から、熱処理された状況証拠が報告されているのも事実です。日本では未だ馴染みが薄いものの、大正大学の御堂島正がこの分野を牽引しています。最近、著書『石器の実験痕跡研究と加熱処理』が刊行されたので、より詳しくこの分野の研究を知りたい方は、ご一読頂ければと思います[13]。

熱処理の謎を解く

さて、圧倒的多くが、何ら遺構を伴わずに、土の中から出てきた資料を対象としますが、こうした資料から私たちは熱処理が行われた事実をどう見きわめ、判定（同定）してゆけばよいのでしょうか。

一部の原材料の品質は、ある程度制御された熱を安定的に加えることによって改善できます。ゆっくり熱して、ゆっくり冷ますことが必要です。石によって適性温度がありますが、熱処理する環境、加熱、練らし、冷却の時間等が相互に関係しています。現代の石器模造家たちは、電気釜やオーブンで温度管理を行って熱処理を再現しますが、先史時代は地中に浅く掘り窪めた穴の中に石を敷き詰めて、砂の上でじっくり焚火をするなど、その全てを手作業で行っていたと考えられます。こうした手法は北米のカリフォルニア先住民を中心とした民族誌に記録があり、多くの再現的な実験によりその効果が検証されています。

考古資料（遺物）から、熱処理を実証するには、いくつかのプロキシ（代わりになる目印）を用います。そのための実験研究は数多く存在します。熱処理した石は、色が変化するとともに、内部の光沢が増加します。この点を発見したドン・クラブトリーとロバート・バトラーの実験研究は、この分野の草分けです[14]。加熱後に光沢度が異なる加工面が生じることは、その後に多くの研究者によって追認されたことにより、熱処理された痕跡を考古資料から見つけ出す際の手掛かりとして重要視されています。その後さらに、圧縮・引張強度をテストしたり、水分量を測定したり、熱作用を推定するための様々な手法が調査されています。

最近は、破面解析の技術が向上したので、X線回折法、熱ルミネッセンス法、走査型電子顕微鏡などに頼る以外に赤外分光光度計を使ったり、古地磁気を併用したりすることで、被熱したか否かをある程度特定できるようになっています。また、音から加熱か非加熱かを判別しようとする研究もあります[15]。この実験では、熱処理サンプルは非加熱サンプルよりも持続時間の長い音波を伝達し、熱処理サンプルの音は非加熱サンプルよりも大きくなるという興味深い内容が明らかになっています。つまり、人類は熱処理をすることで音の波を調節できた可能性があるのです。熱処理をして音高を調律した可能性も議論されており、過去にも意外な熱利用があったのかもしれません。

熱処理は岩石の割りやすさ、剝離の質を向上させると長らく信じられてきましたが、熱処理はこうした原石の剝離性にのみ影響を及ぼすわけではなかったことが、ラボ実験で明らかになっています。ヴェロニカ・ムラーズらは、熱処理をすることで、剝離に必要な力を軽減させることができると主張しています。熱処理して変化するのは、剝離に必要な力の量であり、剝離面そのものではなかったのです[16]。ちなみに、熱処理すると剝離性が向上しますが、剝片の形状を変える原因を与えているわけではありません。

水処理とは何か

日本ではあまり知られていませんが、水処理というのもあります。水処理とは、岩石の物理的構造内の空隙や細孔を液体で満たし、より均一な力の伝達を可能にするための技術的な工夫として定義されます[17]。これを別の言葉で分かりやすくいうと、岩石に含まれる水分率（含水率）を調整して、石器を作りやすくするための処理として説明できます。

図 7-8　石器の水処理

2005 年にアメリカ・ミシガン州のナップ・インにて筆者が撮影した。これから剝離しようとする石器素材をバケツの中で水付けしている（素材はバーリントン・チャート）。

スミソニアン協会の考古学者ウィリアム・ホームズは、一九世紀の北米先住民が地面に穴を掘って石器の素材と作りかけの石器を埋めていたことを観察しています。石が乾燥して脆くならないように、故意に湿った土のなかに埋めていたというのです[18]。同じく一九世紀の複製家フランク・クッシングも、岩石に含まれる水分量を適度に保つ目的で、これから加工する石を埋めて保湿していたことを記録しています。これら二つの民族誌は、含水率を意図的に調節するという類似した内容を報じています[19]。

最近の実験的検証は、こうした水処理仮説が成立する可能性を強めています。リーランド・パターソンとＪ・Ｂ・ソルバーガーは、多孔質の岩石に対する含水実験を行って、湿った石の方が剝離性が良いことを確かめました。彼らは、テキサス州ベルトン湖産フリントの大型石片一〇個を一週間水に浸して対照実験を行っています。その結果、水に浸した石と乾燥した石との間に、色調と剝離特性の変化が現れ、適度に水分を含んだ石の方が、乾燥しきった石よりも壊れにくく、スムーズに大きく割れやすいことを明らかにしています。

実験では、ほかに熱処理した石には水処理の効果が期待できないことも判明しており、非孔質のフリントには水処理の効果が弱いこと、石が乾くと割りにくくなることも分かりました[20]。この点は、液体がガラス状物質の亀裂速度に影響を及ぼし、破壊靱性（破壊に対する抵抗力）を低下させるというＶ・Ｄ・フレシェットらの意見とも調和します[21]。

岩石に含まれる水分量が、岩石の強度と割りやすさに関係するということは、メソアメリカの先住民も知っていたかもしれません。マヤ族の後裔《こうえい》にあたるラカンドン族の人たちは、石鏃を作る際に乾燥しすぎた石は捨て、適度に湿った石のみを選んでいます。彼らは、水分量が多すぎる石に対しては、数日天日干しするなどして、水分量を調整します。[22] 他に、儀礼的に石を蒸す部族もいたようなので、水分調節の目的はいろいろあったかもしれません。少なくともラカンドン族の人たちは、水分量を調整して、剝離しやすい石に改良するための工夫を知っていたと思います。

私は二〇〇五年にミシガン州で同様の工夫をしている二〇世紀の石器製作職人に出会ったことがあります。職人は水を入れたバケツの中に浸したチャートを取り出して、石器づくりを始めました。彼の話によると、北米で採れる一部の隠微晶質の堆積岩（日本の頁岩、シルト岩に似た岩石）に対しては、水処理が有効だというのです。バーバラ・パーディはチャートを湿った砂の中に一か月間埋めただけで、かなりの水分量を取り戻すことができたといいますが、[23] 水に長時間漬けた堆積岩の成分が、どう変化するのか、私自身確認したことはありません。私は、東京で日本の頁岩を使って、水処理を試してみたことがありますが、顕著な変化を確かめることはできていません。ただし、河床などから拾い上げた直後の頁岩のなかには、割れやすいものがあるのも確かです。

パターソンらが述べているように、あらゆる石器石材に水処理が反応するわけでもないために、日本の石器石材に水処理が有効かどうか、これから実証的に確かめてゆく必要があるでしょう。

このヒントは、岩石の多孔性にあると予想されます。熱処理すると岩石の多孔性が縮小して、水浸透が弱まるので、熱処理していない多孔質の岩石に水処理が効きやすいと予測できます。多数の細孔（小さな穴）がある岩石に対しては、水浸透率が高いです。熱処理の代替法が過去にもあった可能性を踏まえて、今後これを「痕跡」として見つけ出すことも必要です。

その際、破面解析（フラクトグラフィ）が手掛かりとなるでしょう。南米の黒曜石製石刃には、湿った黒曜石を割った際に生じる液体誘起模様（liquid-induced fracture markings）が残っており、[24] 過去にも湿った黒曜石が割られた形跡が確かめられます。

石器は人（individuals）を語るのか

かなり細かい話になったので、少し大きな話に戻しましょう。

これまで述べてきた割れ、擦れ、叩きといった現象面的な内容のみならず、石器から人（individuals）を語るための実験的手法が、さまざまに考案されています。ここでは、そのいくつかを紹介します。

（1）個人差に迫る　大前提として、ひとつの石器は、たった一通りの方法でしか製作できないわけではありません。職人にいくつもの流儀と型があるように、ものづくりには多様なスタイルがあったとみるべきです。しかも、作るのは人間なので、身体の大きさや力の強さなどの個人差が生まれます。石器であれ、土器であれ、手仕事で作られたモノには、こうした作り手の個人的な癖が、なんらかの「痕跡」として表れていると予想できます。

では、何がその目印といえるのでしょうか。こうした目印探しに実験が役立ちます。アメリカの考古学者、ジョエル・ガンはこの点を確かめるための詳細な統計分析をしたひとりです。ガンは一三人の被験者（現代石器製作者）に同質の作品を自由に作らせ、その剝離痕の違いを分析しました。

剝離痕とは、石器の器表面に残る石片が剝がされた跡（痕）のことをいいますが、自然でも、打ち欠きでも、押圧でも、使用でも石器の表面に生まれます。この剝離痕に比較的ダイレクトに個人差が現れやすいのが、力とある程度の偶然性に任せて打ち欠く直接打撃ではなく、慎重に剝離具をあてがって剝がす押圧剝離です。

ガンは、作り手（knapper）の個性を考古資料に発見できれば、過去の人たちの習慣（habits）、社会的紐帯（social groupings）、親族関係（kinship systems）、生態的慣習（ecological practices）にまで迫ることができるはずだと考えて、両面加工の狩猟具等を製作した際に生じる剝離痕のパターン認識を試みました[25]。六名の製品を詳細に分析した結果、石器には個人差としてクラスタリングされる異なった剝離痕パターンが生じていることが分かりました。特に、剝離痕の方向性（器体の長軸に対する剝離痕の傾き）というものが、作業時のジェスチャ、素材と剝離具の保持位置と関係していることが分かったのです。この分析を通して、加工の最終段階に残された剝離痕の向きの違いを系統的に調べることで、作り手個人の差に迫れるという見通しが得られました（図7−9）。また、作者の技量についても、剥離痕のばらつきからある程度推測できることが分かりました。その後も幾人かの研究者がこの点を検証しており、今や剥離痕に個人的なスタイル（personal style）があることは、多くの人物が認めるところとなっています[26]。

現代はYouTubeやその他メディアで世界各地の情報が得られます。しかし、遠い過去の先史時代において、石器を作る「技」は、基本的には世代間で伝習的に学習されたと考えられます。このように、先史時代の作り手は、今よりも一貫して慣習的な技術に倣って石器を作っていた可能性があるために、考古資料に対しては、今の私たちが想像する以上に、よりはっきりとした社会・文化的な作り手の癖（運動習慣）が現れていたとしても、不思議ではありません。

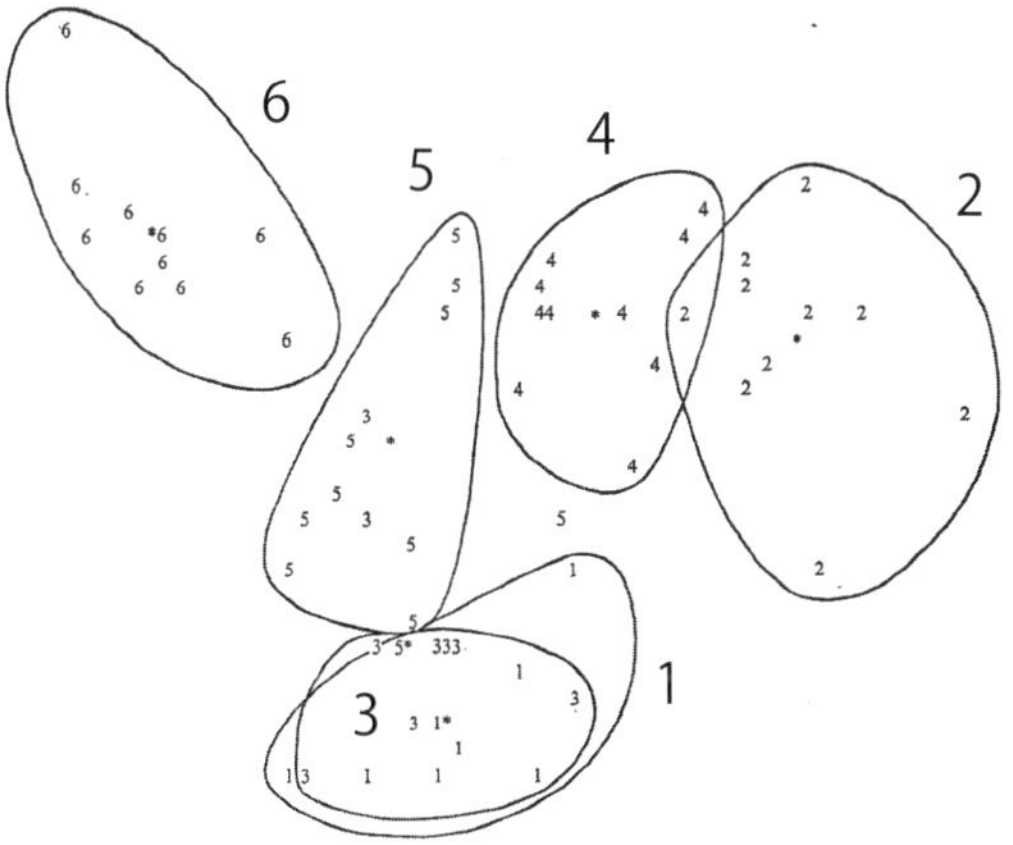

図7−9　J・ガンが明らかにした個人差

剥離痕の向きをレーザー解析してスペクトルに変換。クラスタリングすると、作者2、4、5、6の間で明確に分かれた。作者2と5は初心者だったため分散する。

（2）民族誌に記された石器を作る姿勢　ここで、ふたたび一九・二〇世紀の民族誌を眺めてみましょう。

石器を作る際の様々な姿勢が記録されているのが分かります。たとえば、ニューギニアとオーストラリアには、作業時の姿勢に関するいくつかの興味深い記録がありますが、何かに腰掛けるのではなく、胡坐《あぐら》をかいたり、ひざまづいたり、しゃがんだり、地面に座った姿勢で作業していた様子が分かります。

バージニア・ワトソンやピーター・ホワイトは、ニューギニア高地人が手に持つか、平らな石の上で支えるかして、直接打撃をした様子を記しています[27]。石核が大きい場合は、石核を地面の上や台石に置いて打撃します。石核は素手でつかむ場合と、苔や軟らかい樹皮を保護材（クッション材）として挟む場合と

図7-10　規範のなかで生まれた姿勢

最後の「野生インディアン」、イシが河原で直接打撃をする様子。

があります。また、オーストラリアでも、芝生の上に石核を置いて打撃をしたり、踵の上に石核を乗せて、打撃をしたりした人々がいたようです。

北米では作業時の姿勢が詳しく分かる記述が少ないですが、カリフォルニアのウィントゥ族、ヨクツ族は、しゃがんだ姿勢で押圧剝離をしたようです。図7-10は、ヤヒ族のイシが黒曜石を打ち割る様子です。この写真を見ると、左手に持った石核の角度を傾けて、右手のハンマーを打ち落としているので、手持ちの直接打撃をしているところと推察されます。河原に置かれた平らな台石の前に腰掛けているのが分かります。

もちろん、系統的な比較ができるほどに、作業姿勢が詳しく述べられた記録が残されているわけではありませんが、一九世紀後半から二〇世紀初頭のニューギニアとオーストラリア、北米の民族誌に対しては、地面に座るか、しゃがんだ姿勢で石器づくりをしている例が多いのは気になります。

サクストン・ポープは、イシが石鏃を作るときは、顔に泥を塗り、暑い太陽の下、人里離れた静かな場所に座って作業しなければならなかったと報じています。(28) このように、石器づくりの姿勢については、作りやすさといった機能的条件ばかりではなく、そうせねば<u>ならない</u>といった社会的要請が決定づけたという可能性もありそうです。

少なくとも、二〇世紀の多くの石器製作者は椅子に座って作業をしますが、こうした慣れ親しんだ姿勢にも現代の価値観が表れている可能性があります。現代の常識が、過去にも通用するかどうかは、疑ってみる必要がありそうです。作業姿勢の違いが、社会や文化の違いを表している可能性はないか、今後、記録が残された背景を精査して、細かく比較検討する必要があるでしょう。

（3）考古資料から身体動作を探ってみる

さて、この分野の実験で多くの洞察を与えてくれるのが、ケネス・ハースらによるノートです。[29] ハースらは、隠された技術的選択肢として、三つの押圧剝離方法を提案しました。イシ押圧剝離法、ティトマス押圧剝離法、クラブトリー／ティキシェ押圧剝離法というものです。

ハースらは、この三種の押圧剝離法が剝離痕の配向を決定づける要素となったことを指摘しており、イシ押圧剝離法が左肩上がり、ティトマス押圧剝離法とクラブトリー／ティキシェ押圧剝離法が右肩上がりの剝離痕パターンを形成することを述べています。そして、メソアメリカにおける新石器時代の両面加工石器の多様性を理解するのに、この——左肩上がりか右肩上がりかという——剝離痕の傾きの違いが目印となるといった見通しを述べました（左肩上がりと右肩上がりは図7-11を参照してください）。斜めの平行剝離痕を生み出す異なる押圧姿勢というものが、異なる「痕跡」を生み出す可能性を示したのです。

日本でも、両面加工の石器を押圧剝離する際の、剝離痕と作業姿勢に関係があることを予測した研究者がいたものの、実験的な知見に基づいて、具体的に検討されることはありませんでした。[30]

斜めの平行剝離を施すには、よく制御された圧力操作が必要となるために、その操作フォームも必然的にある程度限定されたものになることが予想されます。より大きな斜めの平行剝離を施すには、何かにただ押し付ける程度の働きではなく、よりしっかりとした操作フォームを必要としていたと考えられます。

こうした予測の元で、かつて私は、斜めの平行剝離痕を生み出す操作フォームを体系的に調査したことがあります。[31] アメリカの現代の石器製作者（flintknapper）を対象とした民族誌的観察を二〇〇五年頃から開始して、欧州・アジアの二〇名を超す石器製作者の石器づくりの様子を記録しました。さらに、YouTube や TikTok などウェブ上に動画配信されている世界各国の割り手を対象として、様々な剝離痕を生み出す操作フォームの種類について、網羅的に調査をしました。

この調査の目的は、器面のパターニングを形成する斜めの平行剝離、あるいは並列剝離を施す操作フォームと剝離

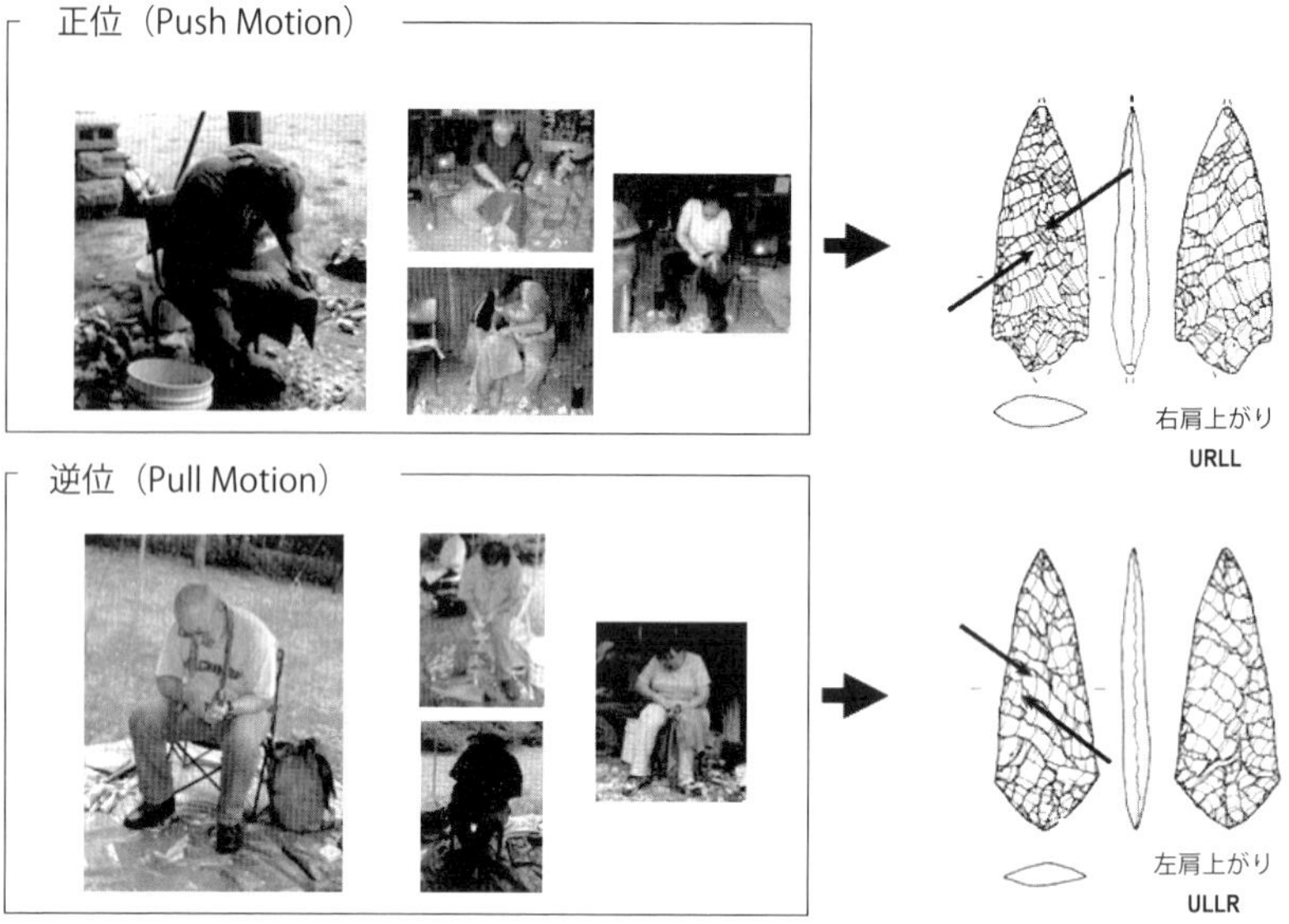

図 7-11　動作と痕跡の対応

痕の相関関係を見出すことです。そのため、器面調整を施す際の押圧剥離操作フォームに限定して、とにかく多くのジェスチャをグルーピングしました。結果、斜めの平行剥離痕を効果的に生み出す押圧剥離の施し方に二種類の動作が関係していることが分かりました。押す動作と引く動作です。さらに実地調査を伴う現代標本の剥離痕分析を通して、斜めの並列剥離を施すための技術スタイルを規定しました。

　日本の両面加工の有舌尖頭器には、時折大きな斜めの平行剥離痕がみられます。そこで、日本の晩氷期（後期旧石器時代終末から縄文時代初頭）に認められる斜めの平行剥離痕の地理的分布を調べたところ、津軽海峡を境として、本州以南と北海道以北とで、右肩上がりと左肩上がりにその剥離痕の配向が異なってみえることが明らかになりました。この東西差は、剥離癖の地域差とも言い換えられます。つまり、後期旧石器時代から縄文時代にかけての長い間、反復学習することで次第に形づくられた、石器づくり習慣の社会・文化的な差として考えられるのです(32)。

　一部の研究者はこの研究成果を曲解して、縄文時代草創期前半の現象であると理解しているようですが、私はそのように時期を細かく限定して述べたことはありません。また、有舌尖頭器にのみ現れる特有の現象として、これを指摘しているわけでもありません。日々の石器づくりで慣習的に身体に染みついた技術スタイル――URLL（Upper Right to Lower Left：右肩上がり）とULLR（Upper Left to Lower Right：左肩上がり）――は、社会・文化的同一性を理解するための技術指標になります。こうした指標づくりを発想したのには、石器を作るという経験から得られた「洞察」を、考古資料の観察に生かしたことにあるのです。

なお、強調しておいた方がよいと思うことは、私たちは過去に存在した実際の操作フォームの全てを掌握できているわけではないということです。つまり、過去の身体動作について、未知の操作フォームが存在していた可能性について認めています。そうした意味で、私は、現在の石器製作者にみる操作フォームと同一の操作フォームが過去にも存在したことを主張しているわけではありません。石器づくりの経験を過去の「証明」ではなく、仮説づくりに生かしています。

私が重視しているのは、押すか引くかという、この二つの動きが、手首の運動学的な動作――すなわち、撓屈《とうくつ》運動と尺屈《しゃっくつ》運動――に関係しているという見通しです。押す動き（正位：push motion）と引く動き（逆位：pull motion）が、おのおの手首の内転・外転運動と関係して二分されます。この押すか引くかという異なる動きが、過去にも存在した可能性を指摘します（図7-11）。

この二つの身体動作は、日本の更新世末の両面加工狩猟具（有舌尖頭器、半月形石器、尖頭器等）の加工法の違いとして、異なる地理的空間に分布の違いとしてはっきりと表れています。この差は一定期間続いているので、世代を越えて伝承された可能性が高いです。

石器の表面に残された剥離痕の傾きというものは、広い意味で文化の伝達のあり方と人々の移動や干渉の度合いを考える際のひとつの目印になると考えています。

（4）利き手は分かるか？　剥離痕のみならず、微視的痕跡も過去の様々な理解に貢献します。

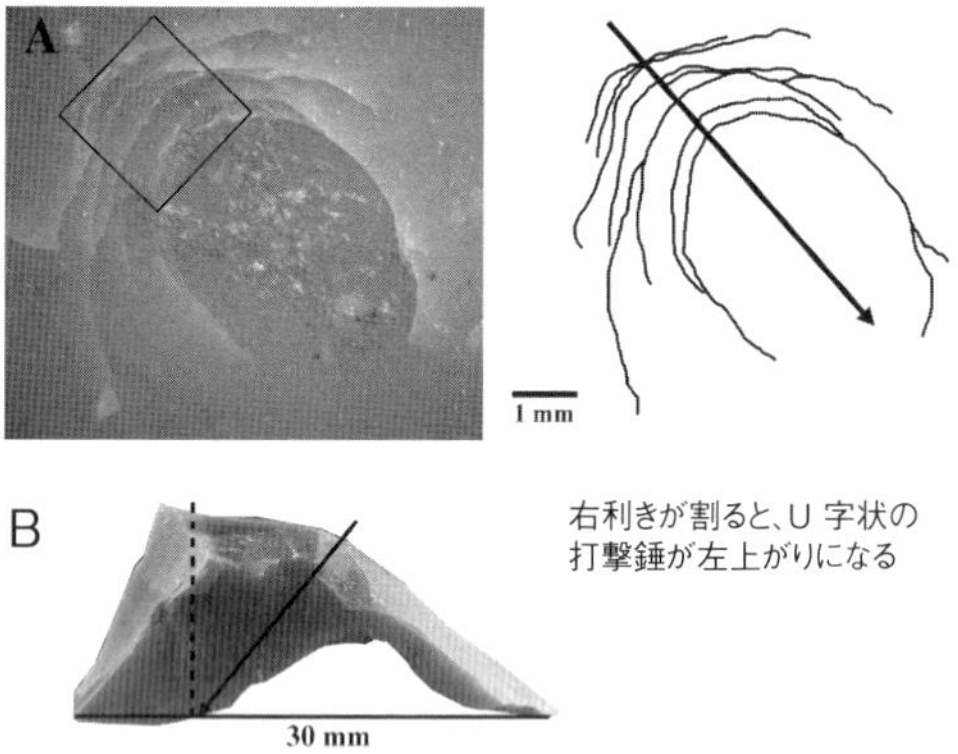

図 7-12　利き手の指標となる属性

A. 打撃錘にみる右利きの判断指標　B. 打面の偏り

利き手は遺伝的・環境的要素と関係して発達したものであるらしく、人々の知覚・運動システムを追求するうえで重要な示唆を与えてくれます。

これまでのところ、化石人類の利き手に関するデータは主に骨格から得られていますが、前肢の非対称性や頭蓋骨からの推測により、チンパンジーや原人（ホモ・エレクトス、ホモ・ハイデルベルゲンシス）、旧人（ホモ・ネアンデルターレンシス）などで、右利き個体が多いことが知られています。

また、他のいくつかの研究は、手の好みが大脳半球の側性化に関連しており、言語などの他の重要な機能の制御に関与する脳領域と関連していることを実証しています。従って、化石人類の手の一側性を特定することは、進化の過程における複雑な認知能力の出現と発達についての理解を深めると期待されます。

現在、ヒトの約九〇％は右利きです。ヒトの場合、生まれつきの要素（遺伝的要素）だけでなく、社会・文化的な要素（後天的要素）も関係している可能性がありますが、はっきり分かっているわけではありません。ヒト以外の霊長類、特に大型類人猿では、ヒトと同様に側性化が欠如しますが、ヒト以外の霊長類においては、環境（野生生物か飼育下か）、またはタスクの複雑さと性質（種類、速度）など様々な要因が関係するといわれています。

考古学の分野では、石器のねじれ、持ち手に対する刃の位置、洞窟壁画と線刻画、使用痕の方向などを通して、利き手が推定されています。アプローチの仕方は様々ですが、たとえば左刃の彫器は右利き用、右刃の厚手削器（カイルメッサーと呼ばれます）は右利き用、側方線状痕を持つ石包丁は左利き用といったように、グリップの位置が分かる資料に対して、刃の付き方から利き腕が推測されます。また、洞窟壁画に残されたネガティブハンド（手形）に左手が圧倒することから、右手に握った吹き付け具が用いられていたと推測されたりしています（口絵参照）。

ミクロな痕跡からダイレクトに利き手を推定する試みも行われており、こうした研究は実証性が高いので、注目されてよいでしょう。スペインのエデル・ドミンゲス＝バジェステロスとアルバロ・アリサバラガは、ハンマーが当たった際にできる打痕、打面部の形状の歪みから、利き手を推定するための実験モデルを作成しました。もし、右利きの人物が左手に持った石に対してハンマーを振り下ろすと、そのスイングの軌道が左から右へと弧を描くことから、左上方に強い衝撃が加わります。その結果として、右下方が開くU字状の打痕が生まれます（図7-12）。また、打面の幅に対して右傾、あるいは左傾する位置に打撃点が形成されます。こうした打面部に現れたいくつかの属性が、利き手推定の手掛かりになると指摘しています[33]。

遺物のみならず、遺跡における資料の空間的位置関係からこの問題にアプローチするための実験研究も行われています。タンザニアのオルドヴァイ渓谷に産する珪岩（類チャート）を用いた直接打撃（手持ち）と両極打撃による実験製作は、GIS技術を運用して遺物分布の空間分析を行っています。その結果、石割り人の姿勢と、利き手、剥離技術によって、石片の散らばり方に特徴的な集合パターンが現れることが分かりました。もし、両極打撃をした過去の痕跡が良好な状態で検出されたならば、石片の散らばり方から、そこで石器づくりをした人物の利き手までを推測できるというのです[34]。

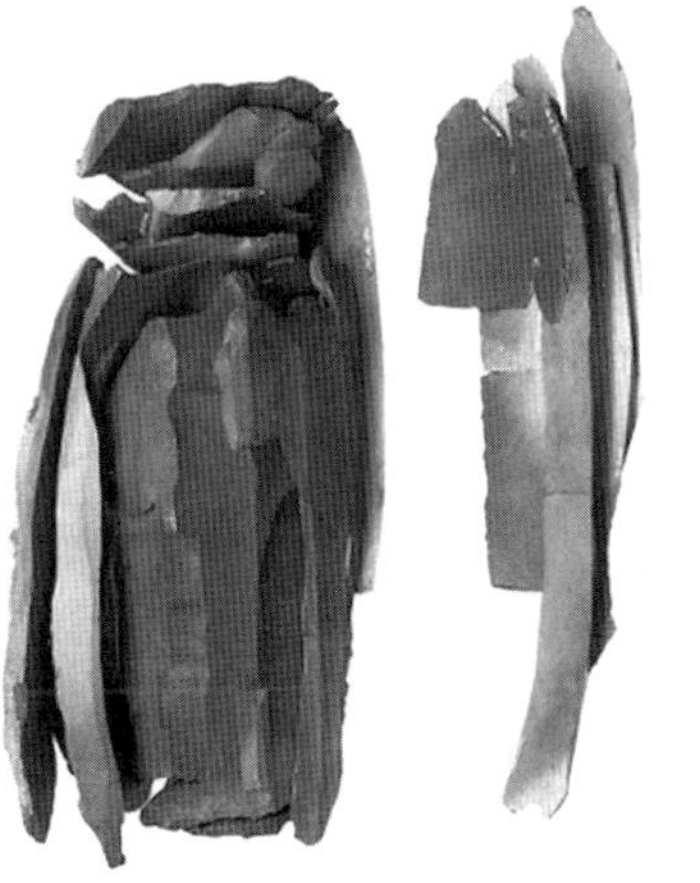

図7-13　接合資料

石割りプロセスを詳細に復元することにより、割り手の技量を推定する。

三次元パズルを読んでみよう

（1）スキルに迫る　石器を作る人々の技能（スキル）はよく

「熟達」の指標	「未熟」の指標
幅に対する極端な薄さと長さ	不揃いな形
極端に複雑な輪郭	予測可能な失敗
製品の統一感	階段状の剝離とヒンジ
量感	誤打撃と打痕
対称性（一貫性）	一貫性に欠ける生産
正確で乱れのない整形	非効率で無駄の多い原料利用
意図的な「孤立」剝離	トラブル回避の失敗
最小限の打面調整	期待した作業連鎖からの逸脱

表 7-1　石器製作者の経験から導かれた「熟達」と「未熟」の指標

研究が進んだ分野です。この分野の研究は、堪能さの指標探しに始まる基礎研究から、剝離面の組織化を探る応用研究まで、様々あります。

まず、何をもって熟練者の指標とするかという基礎研究が実験的手法を用いて進められています。二〇〇三年八月にスウェーデンのウプサラ大学で実施された「技巧の品々（Skilled Production）」シンポジウムは、この分野のターニングポイントとなっています。このシンポジウムの成果は、二〇〇六年に刊行された書籍『熟練した生産と社会的再生産』（*Skilled Production and Social Reproduction*）や二〇〇八年の雑誌『考古学の方法と理論』（*Journal of Archaeological Method and Theory*）に収録されており、クラフトワーカーたちの「技量判定の指標」に関する見通し、技能を構成する「知識」と「ノウハウ」、「コンテクスト」について議論されました。実験研究の分野においては、石割り初心者がどのように技能を獲得したかという点に関心が向けられており、これら一連の研究では、模倣（エミュレーション）と社会的な学習過程でスキルがどう習得され、その痕跡が考古学的記録にどう現れるか、という点について検討されています。

キム・ダルマークは技量の異なる九人の被験者を対象として、複製実験を手がけています。初心者と見習い、熟練者それぞれが生みだした製品の平面・側面・断面形状の対称性について調べています。その結果、熟練者ほど対称性が増すこと、対称性の低い資料にヒンジ（急な曲がり）やステップ（段）が凌駕すること、すなわち石鏃製作における対称性とヒンジやステップは技量差に関連することなどが指摘されています。[35] 類似の実験はほかにもあり、たとえば、打撃に要する時間と破損の頻度、対称性、厚さ、ヒンジ・ステップの割合、剥片打面域の調整のあり方などが熟達度に関係して変化する要素であると予測されています。[36] こうした実験による研究成果を集約して、ダグラス・バンフォースとナイリー・フィンレイは、熟達を示す属性をいくつか挙げていますが、これはあくまで目安です。[37] 過去の石器は様々な環境（文脈）のなかで作られているので、形状の乱れやミスが、直ちに作り手の技量を表しているわけではありません。特に、石材が豊富にある場所などでは、熟練者も雑な打ち割りをすることがあるので、やはり石器づくりが行われた背景を分析することなく、わずかな失敗の痕跡のみを手掛かりとして、技量を判定することは望ましくはありません。表7-1に示した判別表は、あくまで参照事項として有効ですが、「指標」がどんな状況下で生まれているのか、遺跡の文脈をよく調べたうえで、総合的に判断するという姿勢が求められます。

石器製作における熟練の要素について、これまでの実験研究が明らかにしているのは、より「構成的」な内容です。すなわち、石塊を打ち欠く基盤の概念を解き明かすことが、第一義です。注目すべきは、以下のような事柄です。[38]

（1）剥片の形状を予測し制御できる能力、
（2）打ち欠きの連鎖を組織化できる能力、
（3）目標に応じて、適切な剥片を剥がすための適切な力を生み出す能力

ブランディーヌ・ブリルらは、石器づくりの熟練者が運動エネルギーを制御することに長けていることを見出しているし、ハンマーの重さの変化に応じて打撃動作を調節する能力があることを確かめています。[39] また、野中哲士らは、剥片の形状を制御できる腕利きの割り手は、剥片の形に影響を与える石核と打面の好ましい様態を識別できる能力を持っていることを述べています。[40] 出土資料から、過去の技量を判断する際、その資料がどんな環境で、どんな打ち手により作られ、維持、管理、使用、廃棄されたか、というその動機や一連の背景を考えなければなりません。

日本の旧石器時代遺跡においては、豊富な接合資料（くっつけ資料）が存在します。これを三次元パズルと呼びた

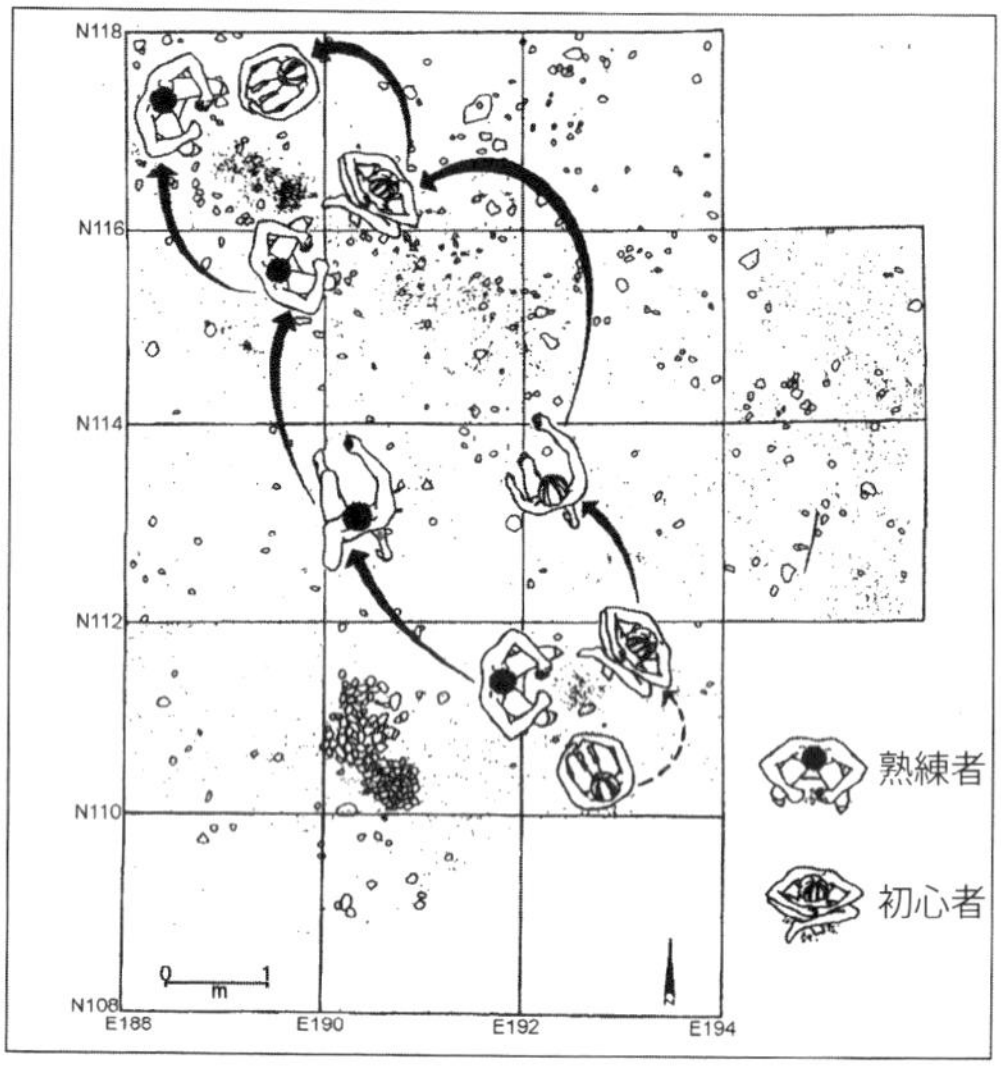

図7-14　ムラのなかの見習人（子供）と熟練者

熟練者がある一か所に集まって作業していたこと、ムラの中を動いていたことを、石核の接合資料から明らかにしている。ただし、「一岩一人」の原則で考えていることに注意して欲しい。

いと思いますが、こうした資料を丹念に分析して、その技量を岩石単位で推定しようという動きが見られます。出土品の三次元パズル、すなわち元の石塊の形にまで戻してゆくという接合作業を通して、ひとつの岩を砕くプロセスを詳細に復元します。接合資料には、割り手が岩を砕いた軌跡が残されています。そのため、条件が整えば、作り手の概念、計画、生産の質、生産性などについて、（あくまで一つの石を単位としてではありますが）ある程度主観的に評価することが可能です。石器を作りあげる一連の作業の連鎖を「組織化できる人＝優れた割り手」という前提でもって、技量判定することができるのです。

リンダ・グリムは、フランスの後期旧石器時代のソルヴュー遺跡における技能推定と接合・空間分析を組み合わせて、石器製作熟練者と初心者が遺跡の中の共有空間でどう社会的学習をしていたか考察しています[41]。ひとつの石塊（石核）はひとりの人物によって最後まで割られるものであるといった仮定のもとで、分析の最小単位とした石核の技量推定を試みています。そして、その石核の遺跡内での接合軌跡を読み解いています。熟練者がある一か所に集まって作業していたこと、見習人がその中をちょろちょろ動いていた様子を復原的に描きだすことに成功しています（図7-14）。

ほぼ同じような分析は、日本で高橋章司が試みています。高橋は大阪府羽曳野市翠鳥園《すいちょうえん》遺跡の旧石器時代遺跡を分析して、熟練者一名とやや腕の劣る二〜三名の一般の割り手、見習いの割り手が作業した場所（剥離の座）がいくつもあることを明らかにしています。[42] 翠鳥園遺跡でこうした分析ができたのには、遺跡の地形発達史がある程度復元できたこと（河川がいつ干上がり、居住域がどのタイミングで現れたかなど）、石器製作残滓が良好に保たれた状態で残された遺跡であったこと、しっかりとした接合資料が得られたこと、分析を担当した高橋自身が石器製作経験者であったことなどが関係します。

分析者の石器づくりの経験が、アブダクティヴな石器の読みに活かされています。この点は、第6章で説明した通りです。

(2)子供が作った石器とは? 子供（見習い）が作った石器か否かを見きわめることは、簡単ではありません。しかし、果敢にも子供が作った石器の認定に挑もうとした研究はこれまでいくつか見られます。

これまで報じられている子供の石器の特徴として、

(1)製作の概念を全体的に把握できるか、

(2)道具づくりを実現するための技能はあるか、

(3)頻繁にミスや誤打撃を生んでいないか、

(4)必要な運動能力が備わっているか、

などがあげられます。

ただ、実際にこうした点検項目をクリアーしても、その作品を手掛けた人物が、直ちに「子供」であったと断定することはできません。子供の技術と初心者の技術には似ている部分があるからです。

フランスのマドレーヌ期エチオル遺跡の石刃生産技術を取り上げたニコル・ピジョー、中石器時代の石器技術を分析したミケル・ソレンセンとファリーナ・シュテルンケは、遺跡から見つかる接合資料のなかに、石割りの計画性に乏しく、やたらめったら打ち割っただけの作品が混じっていることを指摘しました。[43] この作品は、石を効率的に割り取ってゆくという構成力に欠けていたばかりか、打ち割りの正確さも無かったことから、初心者、すなわち子供だと判定されています。

アイデアとしては面白いですが、スキルの良し悪しを単純に大人、青年、子供の順で読み替えており、スキルの低い大人と、スキルの高い子供は、予め想定されていません。コンセンサスとして、石器づくりの練習は幼少期、あるいは青年期に始まるというものがあります。つまり、大人は上手で、子供は下手、と最初から決めつけているのです。机上の空論ともいえる危ない話もあるので注意してほしいと思います。

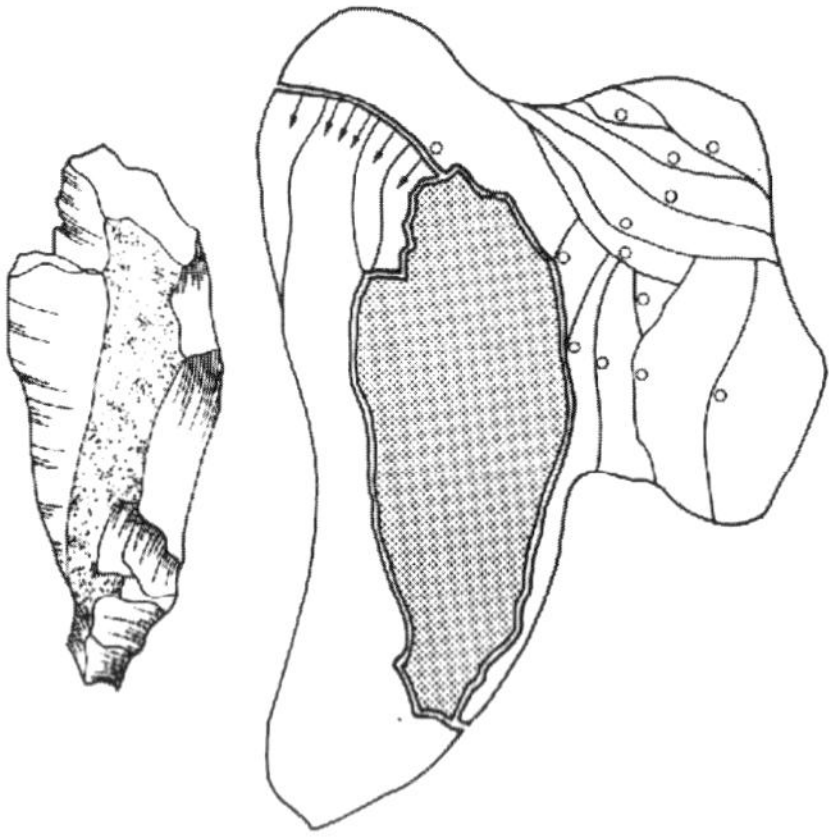

図7-15　見習いが割った石の接合資料

熟練者が傍で教えていたと考えられている。初めと終わりで石割り技術の成長がみられる。

(3) 熟練者と見習い　ひとつ興味深い研究事例をあげるとすれば、クロディーヌ・カルランとミッシェル・ジュリエンが手がけたフランス・パンスヴァン遺跡の分析です。パンスヴァン遺跡は、フランス北部のパリ盆地にあるマドレーヌ期（約一・七～二万年前）の旧石器時代遺跡です。このパンスヴァン遺跡の発掘調査を指揮した彼女らもまた、接合資料のなかに明らかに不自然なものがあることを発見しました。あまり質の良くない石を単に割っただけで、まったく素材として使われていない生産性の無い一群です。しかも、その接合資料は、打ち割りの計画性が低く、やはり技量もまずいものです。この接合資料を生み出した人物こそが、石器づくりの練習をしていた初学者だったというわけです。しかも、面白いことに、パンスヴァン遺跡からは、熟練者が初心者に教え諭すかのように、デモンストレーションした様子も見つかったのです。図7-15が見習い人の接合資料です。

ちなみに、パンスヴァン遺跡に近い場所に位置するエチオル遺跡にも、やはり石器づくりの学び手がいたことが分かっています。石器づくりの知識や技能が、見習い期間（apprenticeship）を通して習得されたと考えたカルランらは、後期旧石器時代のパリ盆地に石器づくりを学ぶ場があったことを指摘しています(44)。

このカルランらの研究は、石器を作った動機、石材の環境（豊富に手に入れられるか、希少な材を消費しているか）、石割りの計画性と生産効率、一連の動作群などを考察して初めて、具体的な解釈に至ることを示す良い例です。さらに、接合資料の空間的位置関係を調べることで、スキルの異なる人物がキャンプの中でどう構造化していたか、察しがつけられるようになっています。

エチオル遺跡では、経験豊富な熟練者は決まった場所で石割りしており、初心者とは空間的に場を違えていたことが分かっています。また、パリ盆地のもう一つの遺跡、ヴェルベリー遺跡もこれと似たり寄ったりで、石器づくりの熟練者は炉のごく傍で繰り返し作業ができたようです[45]（図7-16）。そうかと思えば、パンスヴァン遺跡では、誰もが好きな場所で石割りしており、たとえば大人の廃物を子供が拾って練習することもあったようです。エチオル遺跡やヴェルベリー遺跡のような空間の構造化は、パンスヴァン遺跡では認められません。

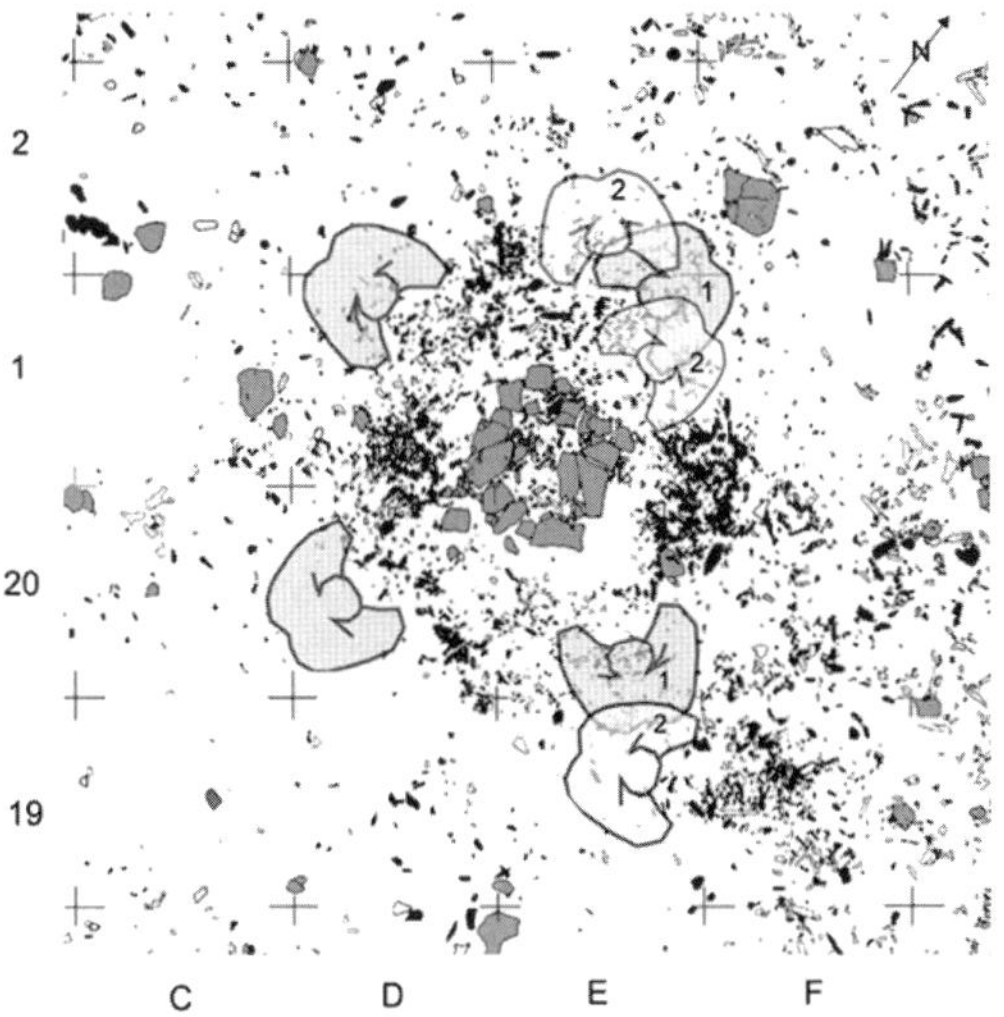

図7-16　炉の周りで石器づくりをした熟練者

フランス・ヴェルベリー遺跡の接合分析から明らかになった旧石器時代の空間利用。

先に紹介した高橋の分析でも、翠鳥園遺跡において、熟練者と普通の割り手、さらに見習い人の三者が混じって作業していたことが明らかになっています。旧石器時代に、なんらかの石器づくりの学習の場があったことは確実でしょう。やはり、石器の練習資料というものが、考古資料の中にありそうです[46]。

ただ、次の点に警告を促しておきたいと思います。ひとつの岩はひとりの人物が割るという「一岩一人」の前提が、どの遺跡でも当てはまるわけでもありません。石

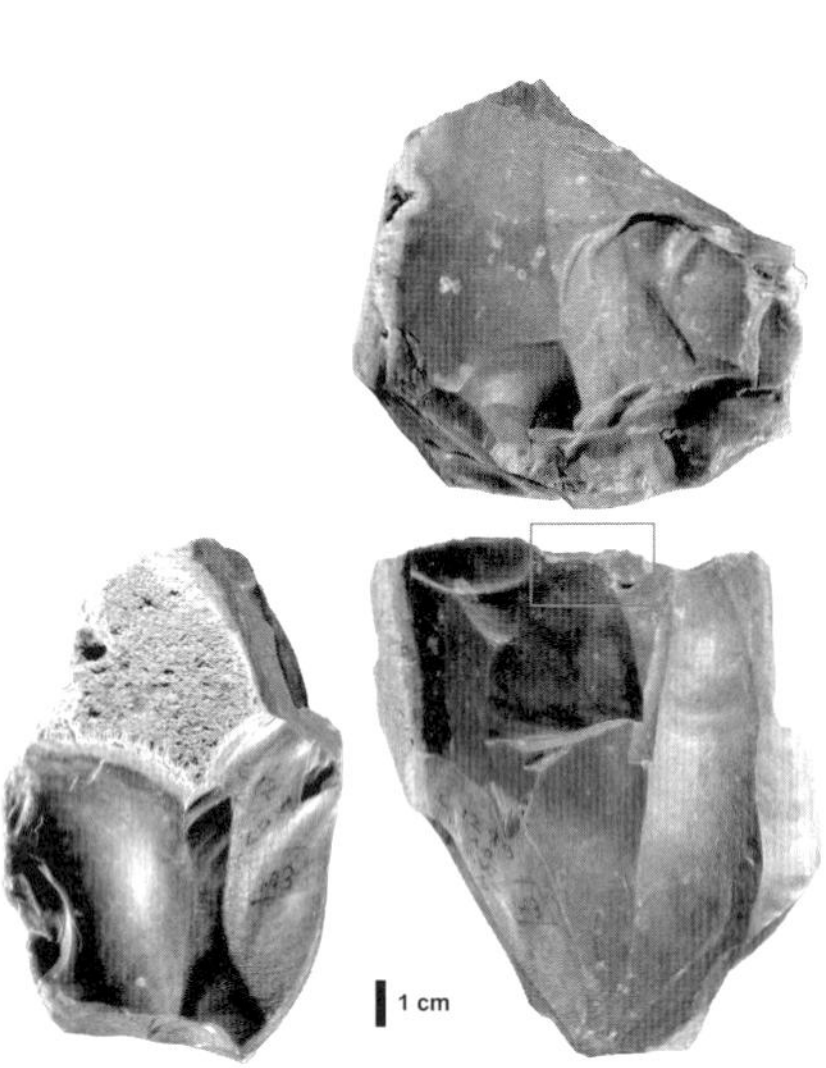

図 7-17　複数の人物が手掛けた石核

熟練者が打面を準備して、何枚かの石刃を剝がした後にこの石核は放棄された。その後、初心者がこの石核を拾って、遊びで割っている。四角で囲った部分には、最終的にこの石核が廃棄される直前に、技量の劣る割り手が関与した痕（階段状剝離）が残されている。

器は一人で最後まで作られることもあれば、そうでもなかった場合もあったことは、第3章で紹介しました。この点を傍証するように、エチオル遺跡では熟練者が使いきったゴミ石塊を拾って、見習いが再使用した資料が見つかっています。まったく異なるスキルが一つの石塊に認められたことから、こう判断された石核があるのです（図7-17）。また、パンスヴァン遺跡では、経験豊富な打ち手からアドバイスを受け続けたことにより、ひとつの石塊を割りきるまでに、石割りスキルが上達したとみられる例も見つかっています。パンスヴァン遺跡では、熱心な石割り指導が行われていたかもしれないのです。

このように、ひとつの岩石（母岩）単位に技量差があると分かっても、それが直ちに人物差を表しているわけではないことにも注意しておく必要があります。別の人物が介入した際に表れた技量差なのか、あるいは、同一人物の習熟による状況差――すなわち、上達の結果――を反映しているのか、接合資料から丹念に読むことが大切です。

素晴らしいことに、石器石材の産地分析、使用痕分析、接合分析などは日本で比較的盛んに行われているので、こうした強みを活かして、石器が作られた背景（コンテクスト）について、できるだけ具体的に検討しておくことが大切です。骨や木などの遺物、有機質で作られた建物跡などが腐朽し、ほとんど見つからない日本の旧石器時代遺跡を対象として、この手の分析を試みようとするならば、かなり入念な情報収集と総合的な分析が必要になります。この点は、補記しておきたいと思います。

音の起源を探る

これまで述べてきたように、石器の意味を様々な視点で捉えることにより、過去の具体的なエピソードを語れるようになっています。考古学における実験は、出土した三次元パズルの読み取りに活かせるばかりか、過去の人々の聴覚に対する洞察を得ることにも貢献します。

音はコミュニケーションの手段としてヒトの社会に大きな役割を演じてきたと考えられます。チンパンジーもドラミング（胸叩き）をすることで、コミュニケーションをとるし、音にあわせて同調行動をとっているので、音を楽しむことは、ヒトが持ちうる普遍的な能力でもありません。とはいえ、ヒトは進化の過程において、その非常に早い段階から音を自発的に生み出していた可能性があると考えられます。ホモ・サピエンスが洞窟の岩襞、方解石の柱や石筍などを石琴（リソフォン）として鳴らしていた可能性が指摘されています(47)。

「楽器」がいつ誕生したかは、楽器の定義をどうするかという問題を孕んでいるため、はっきりしませんが、少なくとも約三・五万年前には明らかな形をした楽器（笛）が見つかっています。ドイツ南部のガイセンクレステレ洞窟、ホーレフェルス洞窟などから、ハゲワシの肋骨で作った美しいフルートが出土しています。これらのフルートは、自然発生的にではなく、明らかに人工的に音源を作り出した最初の確実な証拠といえるでしょう(48)。

自然発生的な音の利用を探る実験研究もいくつかあります。デビッド・デフォレストらの研究グループは、石の品質をテストする際に発せられる「音」の評価を試みています(49)。この研究グループは、石を叩いたときに発せられる音が、石器製作者が石質の良し悪しを判断して選択する際の拠り所となっていることを述べています。私の石器づくりの経験でもそうですが、確かに石の内部に何らかの傷や裂け目があると、叩くと鈍い音がします。慣れてくると、この音を手掛かりに、およその石質が確かめられます。こうした感覚的な判断は、今も昔も行われていたと考えられます。

また、石を叩く際に発せられる「音」を積極的に生み出した可能性についても、議論されています。たとえば、訓練を受けた音楽家が、石器の原材料ごとに叩く音が異なるかどうかを試した実験があります。この実験では、音階「Ｇ」の周波数を見つけており、フリントを叩く音が、民族言語に影響を与えた可能性があることを指摘しています。フリントを叩く音は、アフリカ南部のコイサン語族に見られる独特のクリック音と不思議なほど似ているというのです(50)。

また、エリザベス・ブレイクとイアン・クロスが行った肉眼あるいは低倍率の顕微鏡観察により、音源打撃に用いられた敲打痕は、通常石器を作る際に生じるものとは異なることが分かりました。このブレイクらの実験は、旧石器時代の一部の石製遺物が、広い意味での石琴としての役割を担っていた可能性を暗示します(51)。

図7-18　北ベトナムの王墓で発見された石琴（リソフォン）

北ベトナム、ンドゥト・リエン・カラック村の王墓から発掘された石琴は、その加工様式からバクソン文化（紀元前約三〇〇〇年）のものであると推定されており、こうした簡素な形態の響石が、特別な行事の際や、何らかの儀式等で打ち鳴らすために、過去に存在していたかもしれません。アフリカでは、ほとんど加工が施されていない平らな石を地面に並べて、石琴として利用された事例が報告されています。形状からは察しがつかない遺物も過去にあったと考えられます。

ただ、何らかの音源が見つかったからといって、「音」の知覚を一律に評価できないことも分かっています。私たちと過去の人々が、同じ音階の異なる音程を、同じように認識していたわけではなかったということを明らかにした実験があります。ＭＩＴ（マサチューセッツ工科大学）とマックスプランク研究所の研究チームは、西洋音楽を聞いたことのないボリビアの熱帯雨林に住む人々は、同じ音域を私たちとは違って捉えることがあると報じました。つまり、文明社会に暮らす私たちは、オクターブに編成された同じ音階「Ｃ」の高音域と低音域を、異なる音域の同じ音として聴くことができますが、経験のない異文化の人たちには、そのように聴こえない可能性もあるのです。つまり、私たちが「心地よい」と感じる音階の連なりが、過去の人々にとっても「心地よかった」かどうかは、別問題だと分かります。この「音」の知覚に関しては、過去の異文化に属した人々の「音」の処理能力がどうであったかという問題を孕んでおり、考古学のみならず民族音楽学や音響学との連携が必要となるでしょう。

現代社会の楽器として石琴に姿を変えた日本のサヌカイトは、叩くとカンカンと高い音を発します。この音にも癒し効果があるといわれる1／fゆらぎがあるらしく、たとえば香川県出身の実験演奏家、土取利行は、サヌカイトが石琴として日本の旧石器時代にも存在した可能性があると予測します(52)。ただ、この音源が過去の人たちにとっての癒しであったかどうか、さらなる研究が求められます。

サヌカイト製の楽器が、日本の先史社会にあったかどうかは分かっていません。同定できていないという問題もありますが、様々な証拠を揃えることが求められます。微小摩耗痕を詳細に観察するなどして、実証的にこの論を組み立ててゆくことも必要でしょう。

言語使用と石器づくり

さて、人々の知覚と石器との関わりについてもうひとつ、言語の問題を取り上げます。石器づくりと言語は、同じ認知プロセスにあることが分かっています。言語と技術との間には、共進化関係があるとされており、石器づくりの進化と言語使用との関わりを探る実験が、国内外で行われています。

大沼克彦らの研究グループは、ネアンデルタールのルヴァロワ技法の習得に関わる実験をしています(53)。大沼らはルヴァロワ技法を習得するのに際して、音声言語を用いて教示したグループと、ジェスチャのみで教示したグループとで、成績による大差がなかったことを指摘しました。言語の有無というよりむしろ、原材料の質の方ができばえに影響を及ぼしたというのです。石器づくりの学習に言語は不可欠な要素ではなかったのかもしれません。

類似の実験は他にもあります。シェルビー・プットたちは、石器製作技術を習得するうえで言語がどの程度必要だったかを評価するために、言語グループと非言語グループによる教示実験を行っています(54)。プットらの実験結果は、大型で両面加工の石器製作技術を習得するのに、言語の有無はほとんど影響を与えなかったということを明らかにしています。さらに、模倣する能力が、この学習に大きな影響を与えたと結論付けています。

プットらの実験で面白いのは、模倣学習をすることで非言語グループも技術習得が十分に可能であったことが判明した一方で、言語グループよりも非言語グループは、二倍多くの無駄な石片（剝離物）を生み出したことが分かった点にありましょう。この点は、遺跡から出てきた石片（剝離物）の多様さについて「石器づくりがどう学習されたか」という問題にアプローチする際の、ひとつの視点をもたらしていると考えられます。

以上の実験の問題点を一つ上げるとすれば、それは被験者が優秀な現代人であったという点です。大沼らの実験では、旧人類であるネアンデルタールを研究の対象としているものの、実験計画上の都合により、被験者は東京大学の学生有志たちから構成されています。

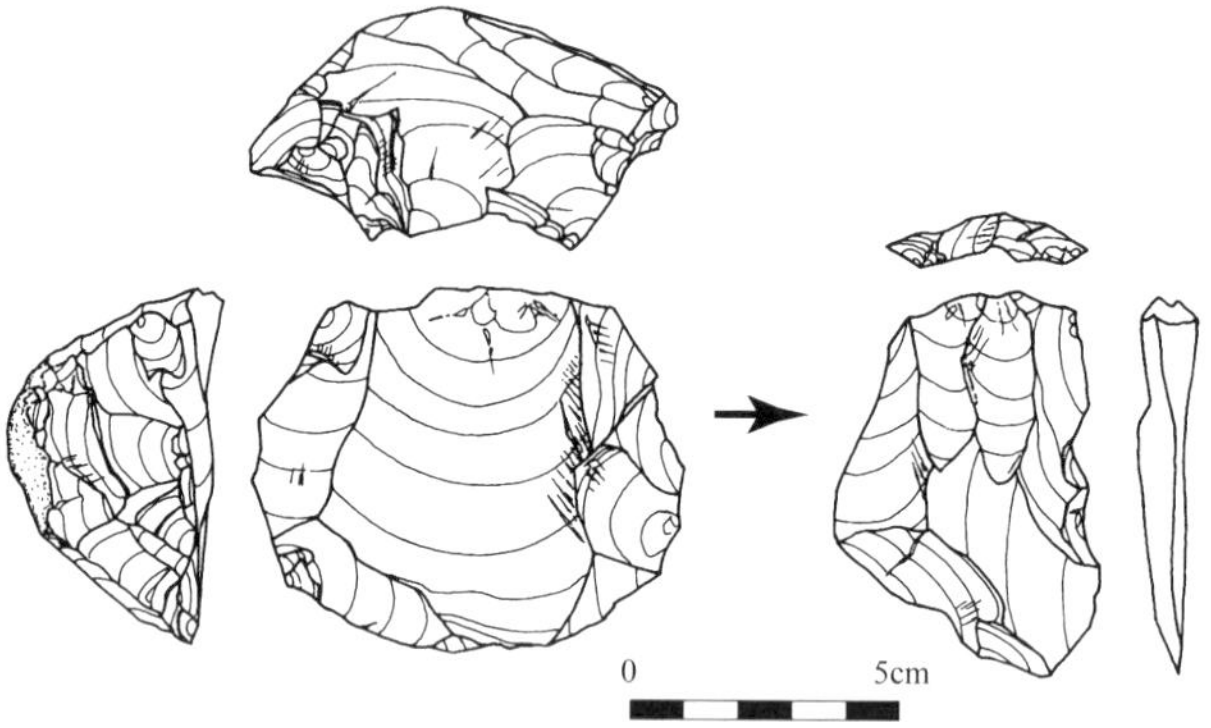

図 7-19　ジェスチャーのみで習得したルヴァロワ技法

そもそも旧人類であるネアンデルタールと私たちホモ・サピエンスは脳容量の大きさは異なります。また、この両者の認知構造が違っていたとも考えられます。現代人を対象とした旧人類の実験的研究においては、この手の問題をどう克服するかが問題です。もしかしたら、旧人類であるネアンデルタールは、大沼ほどに高度に身振り手振りをなさず、大学生ほどに非言語的な意味を象徴的に理解することができなかったかもしれません。こうしたバイアス（実

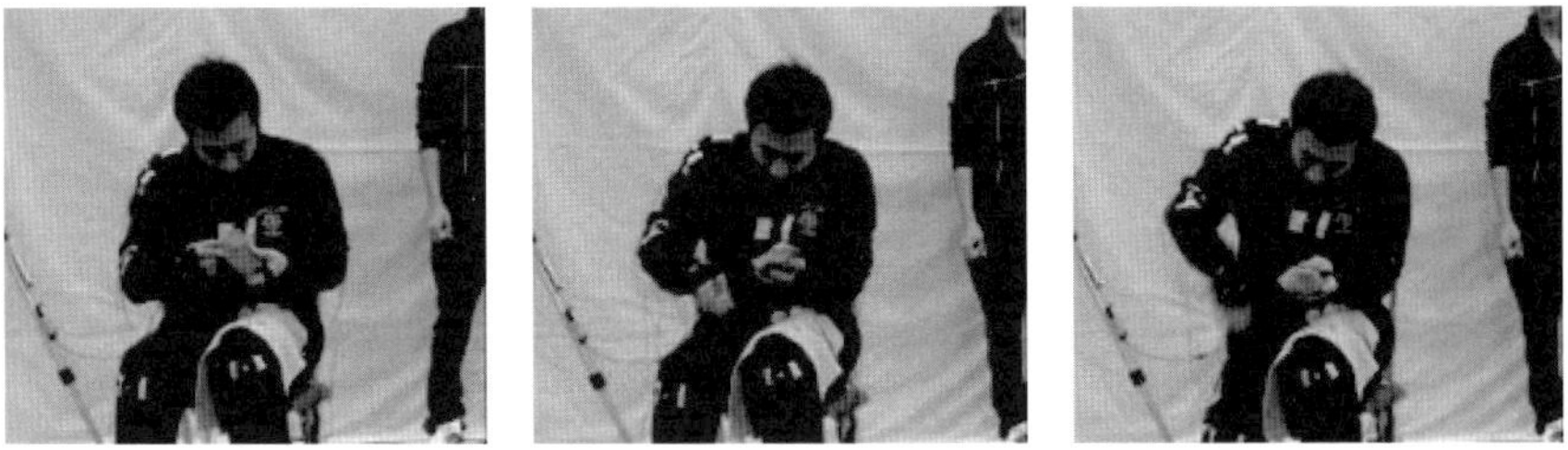

図7-20　モーションキャプチャーによるルヴァロワ剝片剝離時の動作解析

験心理学でいう「無意図的期待効果」のようなもの）を含んだ実験であるという点に注意して、実験結果を評価しなければなりません。

旧人類の石器づくりに関する実験デザインをどう立てるかという点に関しては、いまだ克服すべき課題もありそうです。

身体を科学する

最後に、石器を作る人物の身体動作、認知基盤を記録して、その生理機構に迫る試みについても紹介しておきましょう。この分野においては、運動学的、生理学的データを扱います。

私たちの実験班は、かつて二〇一〇年に開始した新学術領域研究五年間プロジェクト（代表：赤澤威）に参加して、モーションキャプチャーを用いたルヴァロワ技法の実験的試みを行いました。この実験は、被験者の私（当時、東京大学総合研究博物館特任研究員）、分析者の三浦直樹（当時、高知工科大学講師）、星野孝総（当時、高知工科大学准教授）の三名で実施しました。考古学とシステム工学、脳科学の専門家が共同して、石器を作る身体動作を解析したのです。

実験では、一三個の電極（マーカー）が、石器を作る被験者（私）の身体に貼り付けられ、リアルタイムで石器を作る際の身体動作が記録されました。実験課題は、ネアンデルタールによる反復ルヴァロワ方式の再現的製作。技術は直接打撃によるものです。膝から上肢、体幹にかけての挙動軌跡が調べられました。

実験は予備的であったものの、解析を担当した星野らは、興味深い分析結果をもた

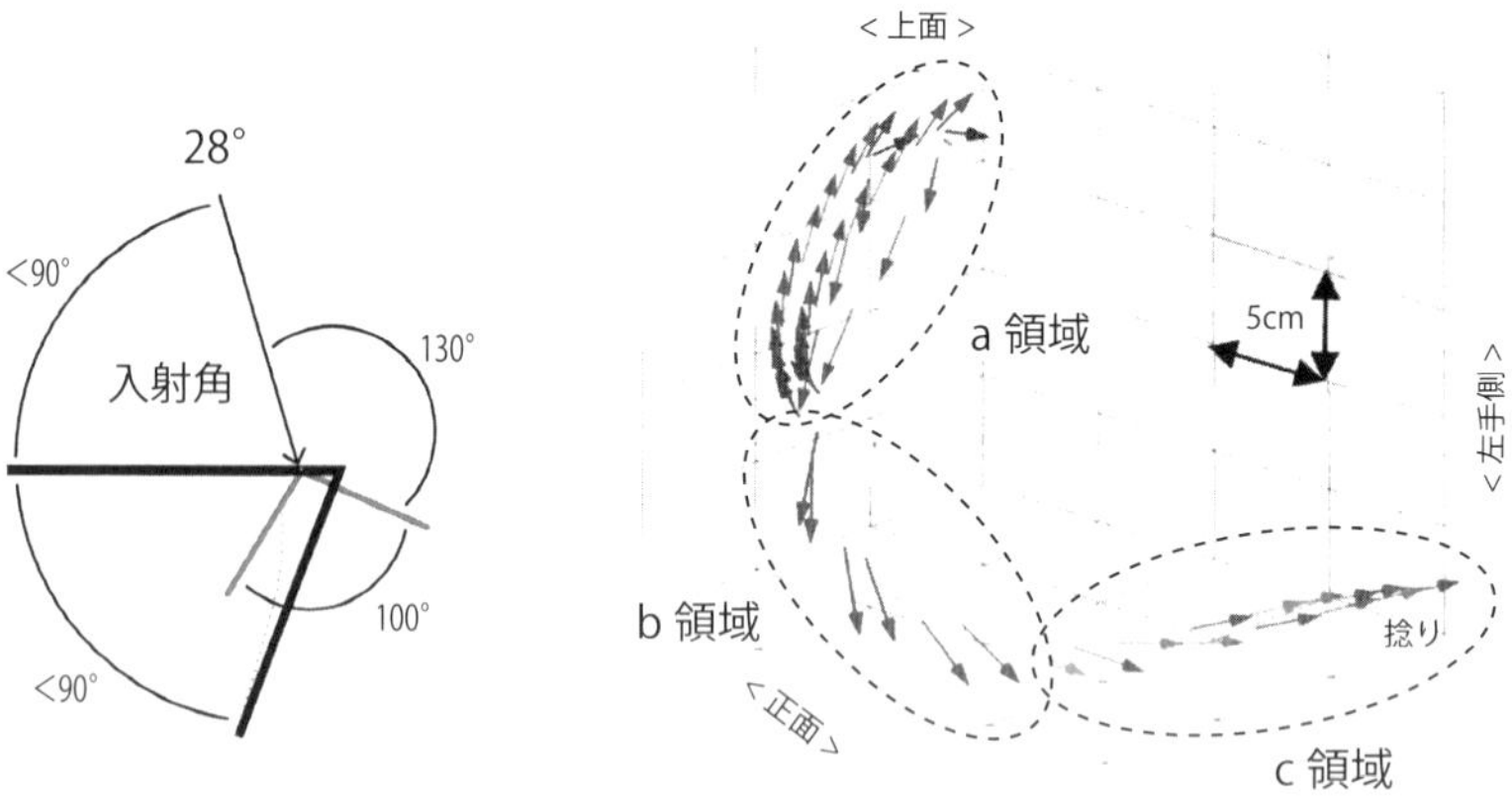

図 7-21　被験者 N の入射角と上腕の捻り（ルヴァロワ剝片剝離時）

らしました。[55] 被験者（私）が常に約二八度の角度でハンマーを打ち下ろしていたというものです。

面白いのは、ハンマーを打ち下ろす角度（入射角）に安定性が認められた点にありましょう。約二八度の入射角を平均的に保つ右腕の動きは、いちいち意識していたわけではありません。この無意識を解析データは捕らえました。次に興味深いのは、ハンマーを振り下ろした後に肘をまっすぐに後方に引きながら、小さな捻《ひね》りを加えていることが分かった点です。この捻りもまた、意識していたわけではありません。割れる面（作業面）の様態にあわせて、感覚的に手首を曲げながらフォロースルーすることで、成功率を上げていた証拠です。いずれにしても、石器づくりが瞬時の判断と技能を要するものであることを表す解析データかと思われます。以上のように、モーションキャプチャーによる石器づくりの動作解析は、挙動の安定度から、その意識の外にある「非言語領域」に対して、いくつかの運動属性を可視化することに成功しています。

星野らは、上腕の振り抜き角（打面への入射角）の安定度、および手首の捻りを評価して、被験者（私）を熟練者と認定しました。図7-21とほぼ同じ動作曲線がくりかえし認められたことも、その根拠となっています。熟練者の認定に際して、客観的なデータを提示したという点で、興味深い研究成果といえましょう。

石器脳を探る

そのほか、石器を作っている最中に、作り手が何を考えているのか、という点を探るための脳の働きを調べる実験も行われています。

インディアナ大学のニコラス・トスは、ハンドアックスの製作過程で生じる脳内信号を陽電子放射断層撮影法（PET）で分析しています。

PETによる分析技術の導入は、石器を作る人の認知を探る手掛かりをもたらしています。特定の作業中の局所脳血流の変化を評価することにより、作業に関連した脳活動を調べます。この分析技術の導入により、道具の製作中に、運動および体性感覚の処理に関連する皮質および皮質下領域の高度な活性化が起こることが示されています。特に、道具の製作中に、多様な感覚入力（視覚、触覚、体性感覚など）の統合を必要とする複雑な空間認知に関わる領域で、高度な活性化が起きることが明らかになった点は重要です[56]。

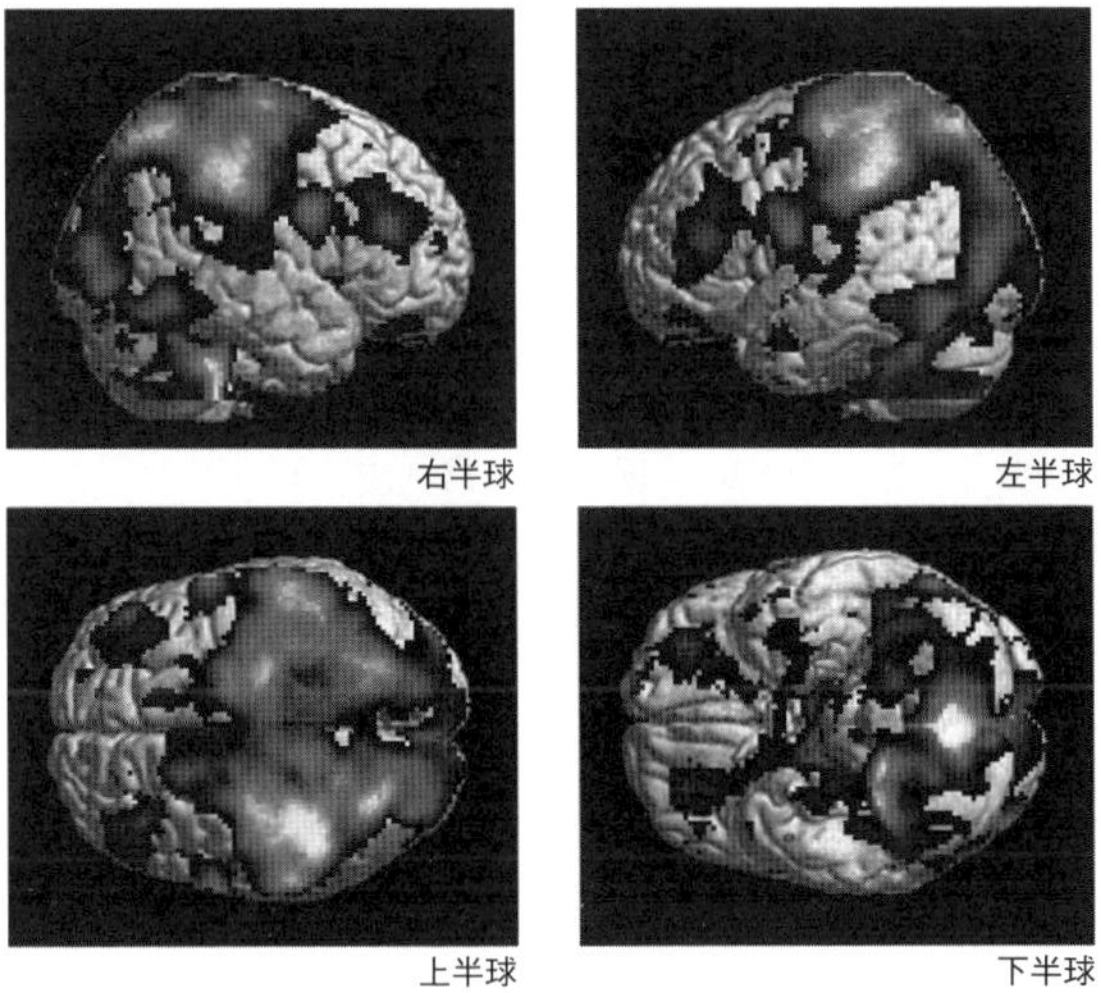

図 7-22　脳機能マップ

ハンドアックスを製作している最中の脳の働き。小脳、後頭葉、頭頂葉、後前頭葉など、おもに視覚運動作用と空間認知に関わる領域が活性化する。

　トスらの実験では、単に剥片を打ち剥がす石器づくり（モードⅠと呼ばれます）と両面加工の刃物を作る複雑な石器づくり（モードⅡと呼ばれます）を行った場合、「計画と問題解決」に関わる前頭前皮質領域がより活性化することが判明しました。つまり、アシューリアン系のハンドアックスを作るには、オルドワン系の石核や剥片を剝がすよりも、高度な概念と高い認知能力が必要となることが分かったのです。

さらに、オルドワン系のモードⅠの石器製作を行う際に、脳の左半球（右手に相当）がより活性化し、脳の右半球（左手）が左半球（右手）ほどに活性化しないことも分かりました。このように、ＰＥＴを使った研究からは、検証可能な仮説がもたらされており、着実な研究の進展が望めます。

この他に、磁気共鳴機能画像法（ｆＭＲＩ）、あるいは機能的近赤外分光法（ｆＮＩＲＳ）を用いた脳機能マップを作成する試みも行われています。ＰＥＴとｆＭＲＩはほぼ同じ脳機能を測定するので、どちらの測定方法を用いても類似の結果が出ることが期待されます。

ＰＥＴを使った実験では身体動作中の脳機能構造が確認できるため、石器を作る具体的なプロセスに応じた認知基盤を知るのに適しています。この点、石器づくりの認知機構を明らかにするのに適しているといえますが、被曝による被験者の健康被害が懸念されます。一方、ｆＭＲＩでは動きに伴う脳機能構造を知ることができません。この両者は、実験デザインに従って、使い分けられる必要があります。

ｆＭＲＩを用いた石器製作の認知的研究は日本でも行われており、模倣学習をする神経基盤が言語をつかさどる神経基盤と同じではなかったことが、三浦直樹らの実験で明らかになっています[57]。ただ、ＰＥＴにせよｆＭＲＩにせよ、分析結果を解釈する際の注意も必要です。特定の領域が現生人類で活性化されているからといって、それらの領域が旧人類（ホモ・サピエンスではない）のパフォーマンスに必要だったとまで想定できません。スタウトたちの研究グループは、「同じタスクであれば、そのタスクには十分である」と前提をたてて、この問題を解決しようとしています[58]。

このように、石器づくりを丸ごと研究対象とした認知科学的、工学的な研究がスタートしており、この分野においては、石器づくりに関わる運動学的、認知的、脳科学的なデータが得られています。脳画像技術の使用は、人類の進化に関連するさまざまな問題に対処するための 新しい研究の道を拓くでしょう。

註

（1）Dibble, H. L. & Z. Rezek.（2009）op. cit.〔第5章註（5）〕

（2）高倉　純・出穂雅実「フラクチャー・ウィングによる剥離方法の同定研究」（『第四紀研究』43—1、二〇〇四年、三七—四八頁）。

（3）前掲〔第5章註（24）〕御堂島（二〇二〇）。

（4）Adams, J. L.（2014）*Ground Stone Analysis: A Technological Approach*, 2nd ed. The University of Utah Press and American Southwest.

（5）Adams, J. L.（2014）op. cit.

（6）Gurova, M., et al.（2013）Approaching prehistoric skills: experimental drilling in the context of bead manufacturing, *Bulgarian e-Journal of Archaeology*, 3（2）: pp. 201–221.

（7）Grace, R.（1990）The use-wear analysis of drill bits from Kumartepe. *Anatolica*, 16: pp. 154–155.

（8）Dibble, H. L. & J. C. Whittaker.（1981）op. cit.〔第6章註（22）〕

（9）Dibble, H. L. & Z. Rezek.（2009）op. cit.; Li, L. et al.（2023）A synthesis of the Dibble et al. controlled experiments into the mechanics of lithic production. *Journal of Archaeological Method and Theory*, 30: pp. 1284–1325.

（10）Tallavaara, M., et al.（2010）How flakes shatter: a critical evaluation of quartz fracture analysis. *Journal of Archaeological Science* 37: pp. 2442–2448.

（11）Susino, G. J.（1999）*Microdebitage and the Archaeology of Rock Art an Experimental Approach*.（University of Sydney, Dissertations）

（12）平口哲夫「瀬戸内技法とサヌカイト石理の関係—理論的検討を中心に—」（『考古学論叢Ⅱ』芹沢長介先生還暦記念論文集刊行会、一九八九年、六九—八七頁）。

（13）日本では、少なくとも縄文時代草創期から加熱処理が存在していたことを御堂島正が指摘しています。詳しくは御堂島（二〇二三）〔第3章註（56）〕を参照のこと。

（14）Crabtree, D. E. & R. B. Butler.（1964）op. cit.〔第3章註（61）〕

（15）DeForest, David. S. & R. L. Lyman.（2022）Characteristics of lithic sound to assess a rock's predictability of flaking. *Lithic*

Technology, 47 (39): pp. 221–230.

(16) Mraz, V., et al. (2019) Thermal engineering of stone increased prehistoric toolmaking skill. *Scientific Reports* 9 (1): 14591.

(17) Patterson L. W. & J. B. Sollberger (1979) Water treatment of flint. *Lithic Technology*, 8 (3): 50–51.

(18) Holmes, W. H. (1890). A quarry workshop of the flaked stone implement makers in the district of Columbia. *American Anthropologist*, 3 (1): pp. 1–26.

(19) Cushing, F. (1895) The arrow. *American Anthlopologist*, 8 (4): pp. 307–349.

(20) Patterson L. W. & J. B. Sollberger. (1979) op. cit.

(21) Frechette, V. D. (ed.) (1990) *Failure Analysis of Brittle Materials*. American Ceramic Society.

(22) Clark, J. E. (1982) An ethnographic note on "water treatment of flint". *Lithic Technology*, 11 (1): pp. 2–3.

(23) Purdy, B. A. (1974) Investigations concerning the thermal alteration of silica minerals: an archaeological approach. *Tebiwa*, 17: pp. 37–66.

(24) アレ・ツィルク（上峯篤史訳）『石の目を読む―石器研究のための破壊力学とフラクトグラフィー』（京都大学学術出版会、二〇二〇年）。

(25) Gunn, J. (1975) op. cit.〔第5章註（26）〕

(26) Whittaker, J. C. (1994) *Flintknapping: Making and Understanding Stone Tools*. University of Texas Press.

(27) たとえば、以下の文献があります。Watson, V. D. (1995) Simple and significant: stone tool production in highland New Guinea. *Lithic Technology*, 20 (2): pp. 89–99.; White, J. P. (1968) Ston naip bilongtumbuna: the living stone age in New Guinea. In: Borde, F. & D. De Sonneville-Bordes. (eds.) *La Préhistoire: Problèmes et Tendences*. Editions du CNRS: pp. 511–516.

(28) Pope, S. T. (1974) Hunting with Ishi: the last Yana Indian. *The Journal of California Anthropology*, 1 (2): pp. 152–173.

(29) Hirth, K. G., et al. (2003) Alternative techniques for producing Mesoamerican style pressure flaking patterns on obsidian bifaces. In: *Mesoamerican Lithic Technology: Experimentation and Interpretation*. The University of Utah Press: pp. 147–152.

(30) 日本でも、石器の持ち方の違いが剝離痕の向きを変えることを予想した先駆的な研究がありました。ここでいう新しさとは、アイデアの新規性というよりむしろ、現代石器製作者を対象とした実験的洞察を踏まえて、剝離痕の違いの意味をアナロジー（類推）した点にあります。土器づくりの分野においては、中園聡が草分け的な研究を手掛けています。

(31) 前掲長井（二〇〇九）〔第4章註（67）〕。
(32) Nagai, K. (2007) Flake scar patterns of Japanese tanged points: toward an understanding of technological variability during the Incipient Jomon. *Anthropological Science*, 115 (3): pp. 223–226.; 前掲長井（二〇〇九）。
(33) de la Torre, I., et al. (2019) Spatial and orientation patterns of experimental stone tool refits. *Archaeological and Anthropological Sciences*, 11: pp. 4569–4584.
(34) Dominguez-Ballesteros, E. & A. Arrizabalaga. (2015) Flint knapping and determination of human handedness: methodological proposal with quantifiable results. *Journal of Archaeological Science: Reports*, 3: pp. 313–320.
(35) Darmark, K. (2010) Measuring skill in the production of bifacial pressure flaked points: a multivariate approach using the flip-test. *Journal of Archaeological Science*, 37 (9): pp. 2308–2315.
(36) 御堂島正「尖頭器製作における初心者と熟練者」（前掲石器技術研究会編〔二〇〇四〕）。
(37) Bamforth, D. B. & N. Finlay (2008) Introduction: Archaeological approaches to lithic production skill and craft learning. *Journal of Archaeological Method and Theory*, 15: pp. 1–27.
(38) たとえば以下の文献があります。Texier, P. J. (1995) *The Oldowan Assemblage from NY 18 Site at Nyabusosi (Toro-Uganda)*. Academie des Sciences, 320: pp. 647–653.; Roux, V., et el. (1995) Skills and learning difficulties involved in stone knapping: the case of stone-bead knapping in Khamphat, India. *World Archaeology*, 27: pp. 63–87.
(39) Bril, B., et al. (2010) The role of expertise in tool use: skill differences in functional action adaptation to task constraints. *Journal of Experimental Psychology: Human Perception and Performance*, 36 (4): pp. 825–839.
(40) Nonaka, T., et al. (2010) How do stone knappers predict and control Lhe outcome of flaking? Implications for understanding early stone tool technology. *Journal of Human Evolution* 59 (2): pp. 155–167.
(41) Grimm, L. (2000) Apprentice flintknapping: relating material culture and social practice in the Upper Palaeolithic. In: Derevenski, J. S. & S. Sofaer. (eds.) *Children and Material Culture*. Routledge: pp. 53–71.
(42) 高橋章司「第六章　翠鳥園遺跡の技術と構造」（『翠鳥園遺跡発掘調査報告書　旧石器編』羽曳野市教育委員会、二〇〇三年、一九二—二二一頁）。
(43) Pigeot, N. (1990) Technical and social actors: flintknapping specialists at Magdalenian Etiolles. *Archaeological Review from*

Cambridge, 9 (1): pp. 126–141.; Sternke, F. & M. Sørensen. (2009) The identification of children's flintknapping products in Mesolithic Scandinavia. In: McCartan, S., et al. (eds.) *Mesolithic Horizons*. Papers presented at the Seventh International Conference on the Mesolithic in Europe, Belfast 2005. Oxbow: pp. 720–727.

(44) Karlin, C. & M. Julien. (1994) Prehistoric technology: a cognitive science? In: Renfrew, C. & E. B. W. Zubrow. (eds.) *The Ancient Mind: Elements of Cognitive Archaeology*. Cambridge University Press: pp. 152–164.; 鈴木美保「石器製作工程の復元から何がわかるか?」(『先史考古学論集』五、一九九六年、八三―一〇二頁)。

(45) Audouze, F. (2010) Domesticity and spatial organization at Verberie. In: Zubrow, E. B. W., et al. (eds.) *The Magdalenian Household: Unraveling Domesticity*. SUNY Press: pp. 145–175.

(46) 日本考古学においては典型例が重視されるあまりに、子供が遊び感覚で作った資料について存在しても認識されず、図化されず、報告さえなされなかった可能性もあります。

(47) 土取利行『壁画洞窟の音―旧石器時代・音楽の源流をゆく―』(青土社、二〇〇八年)。

(48) この笛が人工品ではないという研究者もいますが、実際にこの遺物をドイツで観察した限りでは、この意見に賛同することはできません。笛の表面は削器で削って成形しており、骨髄を取り除いた跡も残っています。さらに、半裁して接合するための目印(刻み)があり、この複雑な構造体を自然が作り出したと考えるのには無理があります。

(49) DeForest, David S. & R. L. Lyman. (2022) op. cit.

(50) Smith, H. N., et al. (2021) Rock music: an auditory assessment of knapping. *Lithic Technology*, 46 (4): pp. 320–335.

(51) Blake, E. C. & I. Cross. (2008) Flint tools as portable sound-producing objects in the Upper Palaeolithic context: an experimental study. In P. Cunningham. et al. (eds.) *Experiencing Archaeology by Experiment: Proceedings of the Experimental Archaeology Conference, Exeter 2007*. Oxbow: pp. 1–19.

(52) 前掲土取(二〇〇八)。

(53) Ohnuma, K., et al. (1997) Transmission of tool-making through verbal and non-verbal communication: preliminary experiments in Levallois flake production. *Anthropological Science*, 105 (3): pp. 159–168.

(54) Putt, S. S., et al. (2014) The role of verbal interaction during experimental bifacial stone tool manufacture. *Lithic Technology*, 19 (2): pp. 96–112.

(55) Hoshino, Y., et al. (2014) Motion analysis for stone-knapping of the skilled Levallois technique. In: Akazawa, T., et al. (eds.) *Dynamics of Learning in Neanderthals and Modern Humans, Volume 2*. Springer Japan: pp. 79–90.

(56) Stout, D., et al. (2000). Stone tool-making and brain activation: position emission tomography (PET) studies. *Journal of Archaeological Science*, 27 (12): pp. 1215–1223.

(57) Miura, N., et al. (2014). Brain activation related to the imitative learning of bodily actions observed during the construction of a Mousterian stone tool: a functional magnetic resonance imaging study. In: Akazawa, T., et al. (eds.) op. cit.: pp. 221–232.

(58) Stout, D., et al. (2000) op. cit.

第8章　実験考古学のこれから

考古学の研究は過去の人びとを思い起こすために何かをすることではなくて、この現在から異なる未来への変化を推し進めようとする文化的行為の一つなのだ。

（安斎正人）

第2実験考古学

一九六〇年代以降、ニューアーケオロジーが科学と実験を強固に接続し、その後の四半世紀に渡って順調に歩みを見せた実験考古学は、その行く先を多方面に開花させつつあります。一言でいえば、実験考古学のバブル化です。新しく注目されてきた分野は、狭義の「経験」、「複製」、「体験」などといった科学実験以外の実験的試みの社会性と身体性への貢献度です。

マリアンヌ・ハンセンは「実験と傘――一〇年間の実験考古学――」という印象的なタイトルで、新世紀の実験考古学の特質を捉えています(1)。ハンセンは、ピーター・ケルターボーンによる実験考古学の定義を引いて、二〇〇〇年代の実験考古学には、経験、教育と学習、デモンストレーション、複製と再構築、科学実験、文書化と出版が含まれることを指摘しています(2)。

ローランド・パールデクーパーは、「実験的考古学が明確な仮説と作業手順、結果を持ち合わせた純粋に科学的な演習に限定されていた時代は終わった」と述べています(3)。また、エヴァ・ストランドは、「今日の実験考古学は非常に広い用語として理解されており、それは、いくつかの活動が行われる傘のようなものである」と述べています(4)。図8-1に私の理解を「図像」で記しました。

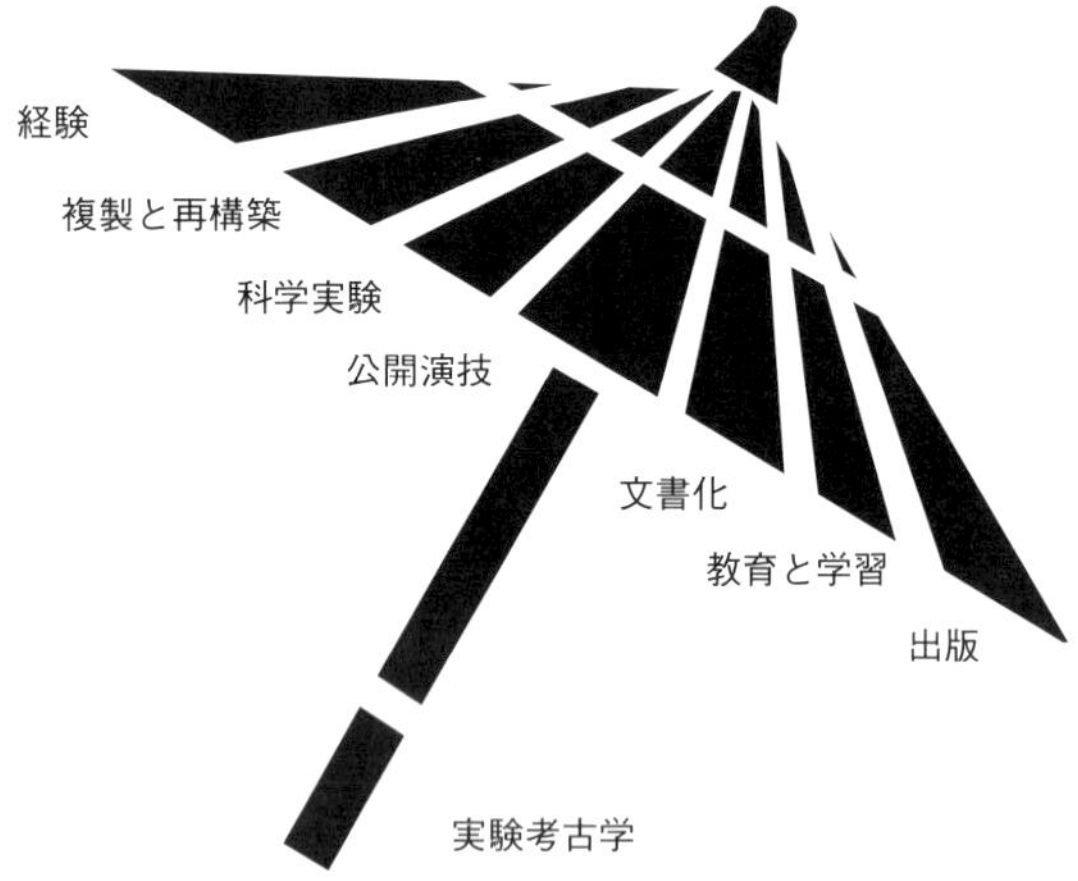

図8-1　実験考古学の傘

図をご覧いただくと、膨張した実験考古学は、実験考古学そのものの再構築を促しているのが分かるでしょう。

経験と複製と科学実験は、各々が別のものとして扱われるようになり、複製と再構築は教育と学習の社会的貢献を果たす媒体として、経験は文書化を通して、科学実験が必要とする専門的知識を得るための手段として、実験考古学という傘下のもとに位置づけられます。

実験考古学の定義について、それが使用される文脈に依存するというパールデクーパーの主張はある意味極端ですが、まさしくバブル化した現代の実験考古学の様相を捉えています。今や広義の「実験考古学」というものが存在するかのようです。

ピーター・ストーンとフィリップ・プラネルが編集した書誌『構築された過去―実験考古学、教育、大衆―』は、そのタイトルが短く端的な言葉で二一世紀の実験考古学の拡張を予感させるものとなっています。(5) これを現代社会と身体性に関わる実験考古学として「第2実験考古学」と呼ぶこともできます。

実験考古学を解体する

第4章でその歩みを紹介したように、かつて実験考古学とは、考古学における模倣・復元の研究であり、方法と技術、およびそれらに関わる理論的原理と原則を点検するものとして意義づけられ、説明されました。しかし、こうした枠組みは、時代遅れの感があり、今の「実験考古学」の実体を正しく表してはいません。

ここ二〇年程で肥大化した「実験考古学」の枠組みは、経験が身体に与える変化、および再現行為が本来持っていた教育的効果、ならびに複製品の文化資源化というポジティヴな一面を掘り深める可能性を秘めています。特に、子供への教育効果を期待する声は多くあります(6)。

土器づくりにせよ、石器づくりにせよ、再現的営みがパブリックの関心を惹きつけ、教育的効果を持つことは、コールズが指摘していました(7)。大衆への教育効果が期待される科学実験以外の「実験」について、今後益々その可能性を引き出す努力をすべきと思われます。とりわけ、その舞台となるのは、野外復元施設です。各地の遺跡公園にある実験的復元構築物は、アクターネットワーク（万物の連関のことです）を構成し、教育とアウトリーチに貢献する物として生まれ変わる可能性を秘めています。

今や、実験考古学は学際的な分野となり、さまざまな文脈で実践されており、かつて批判の対象となった体験・再現的な考古学については、その資源的価値と効用が問われるべきです。実験考古学に当てはまるものとそうでないものとの間に線を引くことは、非常に困難であり、不毛です。ハンセンは、実験考古学は共通の基盤に到達することを目的とした営みではないと主張しますが(8)、これに筆者も同意見です。

古い考えにこだわる否定論者たち

もちろん、こうした動きに対する否定論者たちもいます。実験考古学を解体することに違和感を抱き、旧態依然とした近代科学的実験にのみ価値を見出して、対立姿勢をとる人たちが存在します。

ピーター・レイノルズとアラン・アウトラムは、あらゆる言葉を尽くしてでも、再現は実験ではない、と頑なです。レイノルズは「石器やローマの青銅器で髭を剃るような活動を、探検ではなく実験と呼ぶのは明らかに不合理であり、それは私たちの知識を少しも進歩させるものではない。そうした行為は、私たちの偏見をむしろ増大させるだけである(9)」と厳しい姿勢を墨守します。アウトラムもこれに同調しており、体験活動や再現活動を実験考古学に参入させることが、むしろ科学的「実験考古学」に負の効果をもたらすと述べています[10]。

ただ、こうした否定論者は、体験・再現的な考古学が負の効果をもたらすことがあっても、いかなる正の効果をもたらすかという点について、積極的に言及しているわけではないようです。さらに、否定論者のひとにぎりは、考古学研究に適用できる体験的な考古学の形があることは、認めています。

アウトラムの弟子筋にあたるイギリスの実験考古学者ジョディ・フローレスは、同氏の博士論文において「実験考古学」と対置する意味での「体験考古学」を定義して、厳密な統制実験以外の全ての考古学的実験を「体験考古学」と呼ぶことを提案しています。本書でいうラボ実験を「実験考古学」、フィールド実験を「体験考古学」に位置付けます[11]。

本書で再三述べたように、実験考古学はその目指すところを違えた様々な試みがあることを認識することが重要です。ラボ実験やフィールド実験、あるいはその中に含まれる経験的実践（体験）が、対象範囲を違えて棲み分けながら、排他的ではなく補完的に、その存在意義を有していると認識することが大切です。すでに何度か述べているように、両者はそもそも性格を違えた存在であり、前者は確認（検証）的な実験的要素を含んでいる一方、後者が評価（発想）的な要素に溢れています。私は、そのいずれかが劣っており、いずれかが優れていると考える立場は取りません。

レイノルズやアウトラムの主張は、部分的に切り出してみれば、それ自体としては正しいですが、だからといって体験・再現的な営みが、負の効果ばかりをもたらすとは思えません。ラボ実験とフィールド実験、この両者はときには車の両輪のごとく、ともに関係しあうべき性格を持った営みです。

経験（体験）は、この両輪を動かす原動力となりえます。さらに、経験（体験）することが、行為者の知覚の変化を促して、第2実験考古学へと誘うきっかけを与えます。「実験考古学」をテーマとする研究論文の数が、一九八〇年代から次第に増えはじめ、二〇〇〇年代以降に爆発的な増加をみせるのは、考古学における実験の守備範囲が拡張したことと、無関係にはないと思えます。

面白いことに、経験則を重んじる第2実験考古学というアイデアは、日本のフィールド・サイエンスのパイオニア、川喜田二郎の頭の中に存在していた世界観[12]が具現化されたものであるかのように思えてきます。野外科学というアイデアは、一七世紀の西欧科学史観に対向する経験の科学そのものでした[13]。実験科学的考古学と経験科学的考古学とがあわさって、より大きな枠組みとなって転がりゆくそのあり様は、なんら新しいアイデアではありません。

ふたたび実験考古学とは？

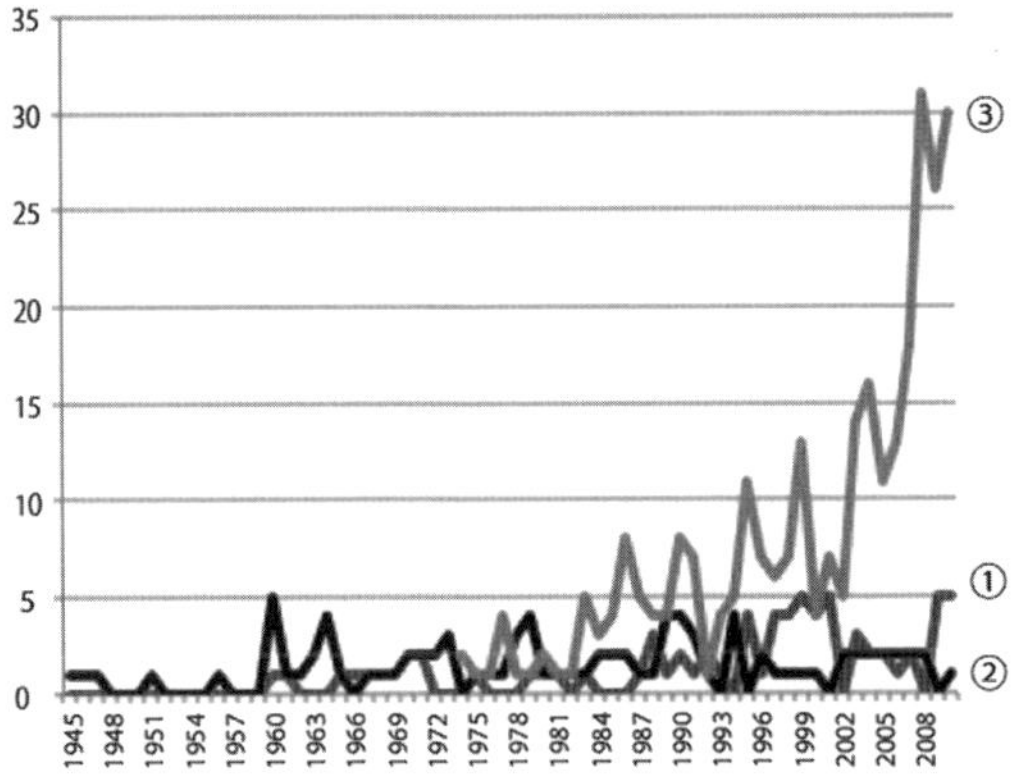

図 8-2 「実験考古学」がテーマにある研究論文の推移（学会誌別）

① Antiquity ② American Antiquity ③ Journal of Archaeological Science

コールズが、実験的考古学は人々を惹きつけるツールになりえると提言し、半世紀が経ちます。その後の紆余曲折を経て、実験考古学は考古学の方法論として、確立しました。それは言い換えるならば、大衆の過去への関心に対して、貢献できる学問分野に発達してきたともいえるのです。

パールデクーパーによる以下の文章は、実験考古学の現代的意義をよく説明しています[14]。

> 実験考古学は、博物館、大学、社会、フリーランサーをつなぐ多目的なツールである。また、過去の全てに驚嘆し、質問への回答を好む大衆と直接接することも可能である。これらの諸活動の一部がより適切に構造化されている場合、付加価値は莫大になる。実験考古学は学界に限定されるものではない。考古学的な再現、古代の技術、生活史、教育

と学生の訓練に関わる多くの簡易的アプローチは、それらが単純に実験考古学的なものである場合、過去の知識に大きく貢献することができる。

この変化の背景として「過去は現在から」といった歴史科学哲学の変化がおそらく関係していることは否めません。科学的な実験至上主義のもと、時空を超えた通文化的法則性の発見にばかり偏重してきたことへの反動として、社会性と身体性への関心が高まり、これまで非科学的と批判の対象になってきた実験の体得的・教育的側面に対して、ふたたび脚光が当たってきたかのように思えます（図8-2）。

こうした状況に鑑み、キャロリン・フォレストは「アマチュアの公に対する実験考古学的なパフォーマンスは、学術的または専門家としてのその地位と信頼性を低下させた」と考えますが[15]、私はそう考えません。重要な姿勢は、ケルターボーンが指摘するようにアマチュアか否か、あるいは科学的か否かという基準で実験の価値判断を下すのではなく、各々が正確かつ詳細に記録されているかどうかを評価することです。大事なことは、やってみて記録することです。

先に私たちは、この第2実験考古学の探索的試みとして、「ジョウモン・アートプロジェクト」を実施しました[16]。パブリック考古学（第9章で詳しく述べます）と連携した新しい学術領野を探す試みです。考古学的記録は完全ではないために、私たちは過去について完全な知識を持ちえません。ゆえに、実験的考古学は、それが仮に再現性のない個人の「経験」や「体験」であっても、過去への無知から考古学者を解放し、議論と予測できない解釈をもたらすトゥールとなる可能性を秘めている、と私は考えています[17]。

体験がたとえ擬似的なものであったとしても、学習への「動機づけ」に効果があるとの報告もあります[18]。岩宿博物館の小菅将夫は、体験学習を主宰する側の知識と経験が、その質を左右すると同時に、体験学習を受けた側の経験の厚みが、考古学研究に寄与すると述べています。小菅がいうように、石器を作る際にでる音が、大衆の聴覚を刺激し、未知なるものへの興味をかき立てるといったような効果を演じているのかもしれません。小菅は、体験学習の到達目標が、知ること、理解することにあると強調します。私は、感じること、閃きを得ることに最たる目的があると考えています。これからの実験考古学に対して私は、研究、教育、またはコミュニケーションの幅広い戦略モジュールになることを期待しています。

考古学における実験と経験

科学的原則に基づく第1実験考古学とは別に、第2実験考古学による「実践」は、考古学者への知覚の変化と全人類への教育効果、一定の社会貢献を期待できます。二一世紀の欧米では、REARC（再現と実験考古学会議）やEXARC（国際考古学野外博物館と実験考古学）を含む組織が立ち上がり、それまで分裂状態にあった実験者と考古学者、先史技術者、愛好家、職人、演出家たちの再統合が図られています。こうした動きは、この一〇年程の欧州連合加盟国を中心としてみられます。日本のこれからの実験考古学も、この世界の趨勢にどう対峙し、どうオリジナリティを国内外に発信するかが、今後問われてくるでしょう。

順調な進展をみせる一つの側面は、このバブル化した実験考古学をテーマとした新たな組織の構築です。欧州実験考古学推進協会（EXARC）は二〇〇二年から準備が始められ、正式に二〇〇三年に設立されました。EXARCは国際博物館評議会（ICOM）に関連する国際組織であり、米国には二〇〇九年に設立されたREARCがあります。その目標は、あらゆる種類の実験考古学者や学者が集まり、実験考古学のテーマについて議論し、発表し、公開する場所として機能することにあり、REARCでは研究者と技術者とが、これまで以上に密な関わりの機会を持つことも目的としています。

EXARCは、考古学野外博物館（AOAM）、実験考古学、古代技術の復原と深く関係した組織として知られていますが、二〇二四年時点で四〇か国以上に三五〇人を超す会員を抱えており、職人、科学者、教育者、芸術家等による強力な支援ネットワークを提供しています。欧州を中心とした活動は、バブル化した実験考古学を再構築する際の大きな力となっており、今後その守備範囲を拡張するであろう第2実験考古学の行方を左右すると考えられます。

約一五〇年にわたる「実験考古学」が、マチュア的な関心を端緒としてその歩みを遂げてきた紆余曲折の歴史を考えたとき、科学者などの研究者のみならず、広く一般市民に解放されたEXARCの在り方が、アカデミズムとアマチュアリズムの間にある壁を取っ払う引き金となる可能性を秘めています。

この原稿を書いている二〇二四年段階において、EXARCはオープンライブラリーをウェブ上に公開しており、実験に関心のあるすべての市民に開かれた媒体となっています。インターネット環境さえ整備されていれば、第一線で活躍する考古学者、複製家、教育者の活動リポートが閲覧可能で、その研究の成果は無料でダウンロードできます。言語は英語ですが、考古学者が普段用いる難解な専門用語は分かりやすく言い換えられるなどして、文章自体も平易に書かれているので、取っつきやすいといえましょう。

また、実験的考古学コレクション（www.experimentalarchaeology.net）としてEXARCが管理運営する開かれた情報ソースがあります。実験考古学に関する全世界の文献情報がデータベース化されており、全世界のどの国でどんな実験考古学が展開されているかを総覧できます。研究に役立つツールとして広く公開されており、自宅に居ながら研究の最前線を知ることができるほか、研究論文を簡単に集められます。この点でも第2実験考古学は、参加のハードルを低くして、パブリックに利用しやすい形をみせています。

二〇〇七年一一月一七・一八日にエクセター大学である象徴的な会議が開かれました。議題は、（1）実験考古学の射程とは何か、（2）学術研究における実験考古学の役割とは何か、（3）学術研究における実験考古学の促進方法の改善、（4）学術的な実験考古学者と社会人とのコミュニケーションの改善、（5）アカデミックコミュニティとパブリックに実験を伝える方法についてです。この会議において、実験考古学の学者と非学者に果たす役割が議論されました。ペニー・カニンガムの総括によれば、この（仮称）エクセター会議において、実験考古学が考古学における特定の問いに答えるための方法論であることが改めて認識されたようです。とりわけ、同会議で明示化された内容は、新しい実験考古学が考古学の多種多様な実践的アプローチを包含するものであるということ、実験考古学による諸活動の形式と性質を判断し、それらを正しく呼び分け、記述することの大切さでした[19]。よくある実験至上主義のような、実験は経験よりも上位にあるといった素朴な観念は廃すべきであり、実験と経験の両方が重要であることが改めて認識されたのです。

実験考古学に焦点を当てた最近の催しとしては、二〇二〇年二月二八日から三月一日にかけて、イギリスのシェフィールド大学考古学部が主宰した「第二回実験考古学学生シンポジウム（EASTS）」があります。実験考古学に取り組む学生、学者、専門家が集まり、「二〇二〇年代の実験考古学―新たな方向性」と題して、実験考古学の現状と考古学実験が将来どのような役割を果たす可能性があるかという点について、議論されました。このシンポジウムでは、実験考古学における体験的要素の重要性、および公教育と実験研究を統合させることの意義が改めて強調されています。

日本では、二〇〇四年に石器技術研究会が主催した公開シンポジウム「石器づくりの実験考古学」が開かれて、その成果は『石器づくりの実験考古学』（学生社）に収録された[20]ほか、二〇〇九年に日本考古学協会山形大会研究発表分科会「石器製作技術と石材」、二〇一五年に岩宿フォーラム「石器製作技術―その理論と実践」が催されました。国内外の石器製作者を招聘し、石器づくりの実演を交えて、実験考古学の新たな方向性について議論されました

体験考古学を見直そう

以上のように、考古学における第2実験考古学は、もはや第1に次ぐ第2などという存在ではなく、モノ・コトを扱う将来の中核を担う結節点となりえます。現代社会と身体性に関わる第2実験考古学、およびその中心にある「経験」が、さまざまな可能性を秘めた源泉です。

第6章で述べたように、科学的手法を用いる第1実験考古学者は、「経験」を仮説推論プロセスの定石として用い

ます。アブダクションの過程において、仮説形成の情報源として「経験」が重視されます。しかし、「経験」とはそうした役割のみならず、考古学者の立場を変化させます。

日本の考古学者、石井匠は、モノを作る経験が、考古学者を観察者から、制作者へ、客体から主体へと変化させる良いチャンスになることを述べています[(21)]。考古学者自らが作品の制作者となることで、観察・分析者でもある考古学者自身が知覚する部分を変化させる機会をもたらすというのです。

石器を作る意味のひとつは、第5章でも述べたように、考古資料から作り手の意思決定や判断を「分析者としての目線」ではなく「行為者としての目線」で考えることができるようになることにあります。カニンガムらが言うように「実験には常に経験の要素が存在するが、経験の中に常に実験がある[(22)]」わけではありません。こうしたニュアンスを醸し出すには、あえて「第2」として「実験」のなかの「次なる」意味を込めたほうが分かりやすいという立場がある一方で、むしろ人文学的な実験考古学として、あるいは、体験考古学として、積極的に位置付けるべきといった立場がありえます。

ケビン・グリーンは、実験を行う際の考古学者の「経験」が乏しいことを問題視しています。この場合の「経験」とは、実践的経験のことであり、生身の「身体」が体感する種々の活動のことを指しています。グリーンは、石器づくりさえできない人物が、ラボ実験を行うことの「ある種の」限界について指摘しています[(23)]。

第1実験考古学の分野においては、石器の型式や技術について教育を受けたことなく、自ら発掘現場で石器を見つけたことのない自然系の科学者のみからなる研究チームが、過去のモノや行動の「再現的」な実験を手掛けていることがあります。岩石の破壊という物理現象を対象とした石器のラボ実験を行ううえで、考古学的な――文化や歴史に関わる――知識は必ずしも必要ではありません。とはいえ、合理性と論理性を重んじるばかりに、自らその対象とできる範囲を限定し、リアリティを犠牲にしてきたことは否めません。

その反動として、五感を駆使して、過去を丸ごと「追体験する」といった身体性へのまなざしが芽生えはじめているのです。すなわち、考古学における「実践」的側面を価値づけようといった動きです。「実践」という概念は、「理論」と対のものとして理解されることがありますが、ここでは、そうした理論に対する「実践的な」という意味で言っているのではありません。ここでいう「実践」とは、身体的または知的な慣習としての行為であり、理論に対する「実践」よりも明確な意味が与えられます。

フランスの社会学者ピエール・ブルデューは、長期的な活動を通して身体に刻みこまれた「実践」を、ハビトゥスと呼んでいます。彼は「実践」を、日常の生活や知的伝統、公での活動の一部として説明します。(24)

季節ごとに材料を集めたり、道具のメンテナンスをしたり、商品の新しいデザインを考えたりする、これら全ての活動は、経験と材料、道具の経験に基づいた、より大きく高度な知の形として結合され、材料、道具、および手作業を継続的かつ物理的に扱ううえでのより総合的な実践知を形成します。こうした実践的な知識というものは、身体を介した一連の活動を通してしか基本的には得られません。

ブルデューは、研究者自身の先入観に合わせて、都合よく要素を選択、抽出するような近代科学的な考えに、一見信頼性を担保するかのようなトリックがあったとみています。(25)つまり、石器づくりであれ、土器づくりであれ、あらゆる過去の実践は、要素に分解できない身体を介した一連の自然的な営みとみなすのです。たとえば、第2実験考古学で期待される複製、公開演技、展示・教育、出版などは、その成果が蓄積されているものの、各々が無関係なイベントと化して独自のスタンスで進められることにより、ある地域で行われたワークショップの成果が、ある隣町の展示内容に生かされたり、その成果が広く共有され、更新されているわけではありません。イメージとしては、それぞれの実践的経験が、ばらばらに分解された状態にあります。

実践的経験を意味づけることが難しい理由のひとつは、それが目に見える形として、表れにくいということと関係します。また、状況に応じてこの形は変化して表れます。この点を日本の偉大な考古学者であり、思想家でもある安斎正人は「書き物」と呼んでいますが、(26)すなわちこのメタファーは、安斎自身が現代の考古学が過去の記号の解読では

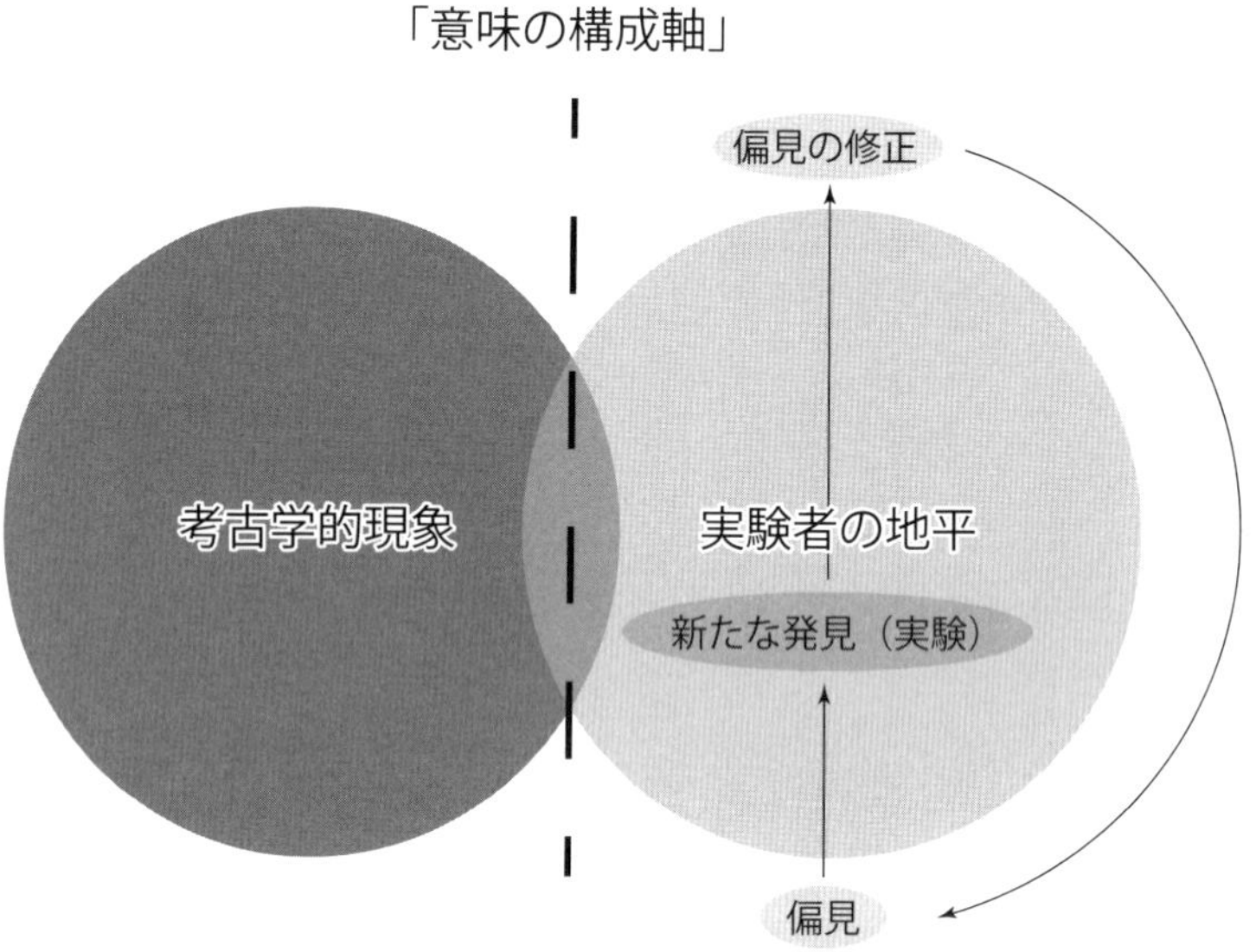

図 8-3　体験考古学の論理

体験考古学は「問い」を見つけることが重視される。

なく、過去の記号を現在に書き直すことであると言っていることと関係します。

私は、実験考古学の傘下にある、現状ばらばらな経験的／実践的要素を継ぎ目なく関係づけたディシプリン（学問領域）を構築してゆく必要があると感じています。こうしたディシプリンは、第1実験考古学とはむしろ対極にある、より創造的な実学として考えられます。安斎風に表現すると、これは「現在に意味を持つ未来の言説に書き換える作業」となりましょう。より分かりやすくいうと、現代社会に貢献する考古学の分野として捉えることができるでしょう。

最近のイギリスを中心とした第2実験考古学の分野においては、実践的、技術的、感覚的／感情的側面を統合する、より人文的な実験考古学に焦点が当てられており、今後の展開が注目されます。ヨーク大学のニッキー・ガーランドは、デジタル技術と学者・非学者を取り込んだ、より広範な実験・経験的アプローチの将来性に期待しており、遺跡公園での市民の「体験」が今後どう活用できるかということについて考えています[27]。過去の人もきっとこう考えていたんじゃないか、あるいは、過去の仕草はこうだったに違いない、といった直感は、実際に験すという「体験」からくるものです。これを追体験と呼ぶ人もいますが、これは正確には括弧付きの「追体験」です。しかしながら、私たちは「追体験」をすることで、なぜそんな形をしているのか、なぜ洗練されない技術が生まれるのか、といった「意味の構成軸」を見つけることもできるのです。実験者は、体験（実験）することによる新たな発見を通して、考古資料を弁証法的に眺めることにより、偏見の修正を図ります。この実験者の地平と考古学的現象の接点領域において、「意味の構成軸」を見つけることができると期待できます。この概念については、図8-3に示しておきました。

修正された偏見は新たな偏見を生みますが、体験が偏見を変えるのに役立ちます。その理由は、先史時代は私たちの生活世界とかけ離れているからにほかなりません。私たちは、体験的実験を通して、過去の偏見を正し、過去について理解を深めることができるのです[28]。

一昔前、実験考古学は「考古学の（補助的な）方法論である」と言われてきましたが、今や「解釈のパートナー[29]」として、過去と現在の結節点となることが期待されます。実験考古学という言葉の中にある負のイメージが、体験考古学的な要素であった時代も日本にあります。しかし、だからといって体験考古学を切り捨てて、仮に痕跡学（トラセオロジー）のみが考古学であるというならば、多くの実験考古学の可能性を狭めてしまうでしょう。

体験考古学では「問い」を見出すことが重視されます。実験者の身体を媒介とした経験的実践を通して、現在と過去とで類似する「意味の構成軸」を探してゆく第2実験考古学の特定領域は、より創造的で総合的な実学としての「体験考古学」と呼ぶことができると考えます。

石器ルネサンス

面白いことに、一度、地球上の歴史から消えかけた石器づくりは、二〇世紀の後半に再び姿を表します。石器ルネサンスの勃興です。

図 8-4　ナップ・インで石器を作る人たち
アメリカ・ミシガン州（筆者撮影）

アメリカでは「ナップ・イン」と総称される各種の石器づくり集会が催されており、一九七〇年代から全米で次第に増えはじめたとされています。そのおかげで、欧米諸国を中心として、今・現在石器を作る人たちが多くいます。ナップ（knap）とは、「細かく砕く」という意味を持つドイツ語が英語に翻訳されたもので、石をナップする人、すなわち石を細かく砕く石器製作者のことを、ナッパー（knapper）と呼んでいます。石器を作る人（ナッパー）が集まる期間・場所がナップ・イン（Kanp-in）です。

ナップ・インの歴史について、グリンネル大学のジョン・ウィッタッカーは、著書『アメリカの石器製作者―コンピューター時代の石器時代アート―』（*American Flintknappers: Stone Age Art in the Age of Computers*）でまとめています[30]。その始まりは趣味的なサークルだったものが、今や全米で三〇件を下らない著名なナップ・インがあるとされています。数千人がこれに参加して、トラック二〇台分の岩石を消費するほど大規模なものがあるようです。

アメリカのナップ・インには、共通の課題を共有しない「カオス性」があるのが特色で、誰でも偏見なく参加できます。参加者の背景は様々で、たとえば考古学関係者のほかに、警察官、消防士、外科医、野球の専門家、農夫、教員、会社員、元犯罪者がいます。人類学的にいえば、石器を作る人たち（knappers）はソリダリティ（solidarity）、つまり特定の目的を持った自発的な団体を形成します。アメリカ文化全体の中の小さな単位をなしており、一連の共有された信念とルールを順守しています。

私が会員となっている、ミシガン州のナップ・イン「ミシガン・フリントナッパーズ（Michigan Flintknappers）」もこれと似たり寄ったりで、彼らは公園、浜辺、無人島、個人宅の庭などを開催地として、週末等に不定期な集会を開いています。そして、石器技術に関する会報（ニューズレター）を発行しながら、会員同士の情報交換を続けています。

考古学者は通常、過去を知る媒体として石器に関心を抱きますが、ナップ・インに参加する多くの非学術石器製作者（non-academic knapper）は、素晴らしい石器を作る事に大きな関心を抱いています。芸術として、趣味として、娯楽として、石器づくりを楽しむ人たちが属しています。その彼ら彼女らの一部が、電動鋸でカットされた素材板を使用したり、銅製ハンマーを用いたりしています。石器づくりコンテストを開催するナップ・インもありますが、このコンテストの趣旨は「あらゆる技量の石器芸術家に閃きを与え、古代芸術の保存を促すこと」[31]にあるといいます。面白いことに、このコンテストに勝者と敗者はありません。

こうした人たちを歪めて評価して、ナップ・インに属する人々が「非学術的」であるとして、アカデミック・ナッパーとクラフトワーカーという偏狭的な言葉でこの両者が線引きされた時代がありました[32]。しかし、こうした弁別は、いまや世界の潮流ではありません。彼ら彼女らの少なくともひとにぎりが、先史考古学、とりわけ石器技術研究の発展に貢献したことを否定することはできません。たとえば、非学術石器製作者として著名なＤ・Ｃ・ウォルドルフは、一九七五年に

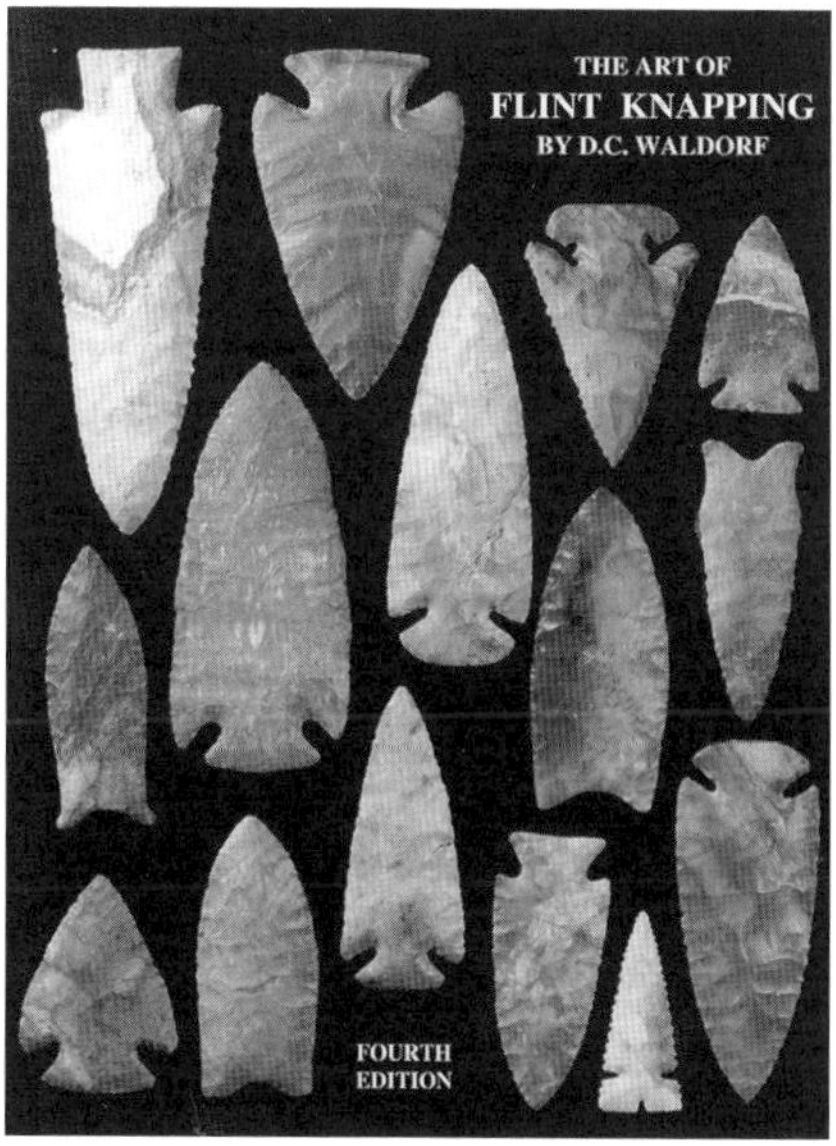

図8-5　D・C・ウォルドルフの書籍『石器づくりの芸術』

『石器づくりの芸術』（*The Art of Flint Knapping*）を上梓します。この本は、石器づくりのハウトゥー（how-to）がコンパクトに記された教科書として、全米で四万部以上の売り上げとなっています[33]。また、同じくウィッタッカーによる著書『石器づくり―石器の製作と理解―』（*Flintknapping: Making and Understanding Stone Tools*）は、世界の石器研究者によく読まれ、日本以外のいくつかの国で翻訳版が刊行されるなど、世界的な影響力を持ちました。この二冊の本が生まれた背景に、ナップ・インの存在を無視することはできません。

いっぽうで、二一世紀のナップ・インは、先史古来の技術の「正確な」継承でもなければ、石器時代の残影でもなかったという点には注意していただきたいと思います。現代の石器製作者と過去のそれとは決定的に動機が違っています。現代の石器づくり愛好家は、その大半がサブカルチャーとして石器づくりを楽しんでいます。

私は、二〇一〇年にミシガン州ラディントンで行われたナップ・インに参加して、北米先住民の血筋を持つ石器製作者に会うという幸運に恵まれました。私は彼に聞いてみました。「あなたは伝統的な石器づくりができるのか」。彼の答えはノーでした。彼は、次のように言いました。「自分は石器を作るが、上手ではない。自分の石器づくりの技術は、二〇世紀後半の白人から学んだもので、祖先の石器づくりは何も知りません」。

アートと石器づくり

もし、「複製」とは忠実に再現されたもので、「レプリカ」とは寸分たがわぬクローンのような存在だとすると、二〇世紀の石器製作者たちが生み出している「石器」はいったい何なのでしょうか。

複製品なのか、模造品なのか、創作なのか……少なくとも、このなかには、複製品とはいえないものも含まれているように思えます。

たとえば、ステンドグラスやセラミック、陶器片で作られた「石器」は、いわゆる有史以前の「過去」にはありません。そうした意味で、こうした石器もどきの模造品は、本物の再現でも、忠実なコピーでもありません。もちろん何か手本を「複製」したものではありません。

カール・ドネイは、ミシガン州の著名な石器製作者ですが、彼の製作物を見せてもらったことがあります。「C」「H」「I」「P」「S」（チップス）とは石器の作り滓の呼称です。これは石器づくりを趣味とするドネイの芸術作品であり、遺跡からは出土しない唯一無二の創作物です（図8-6）。

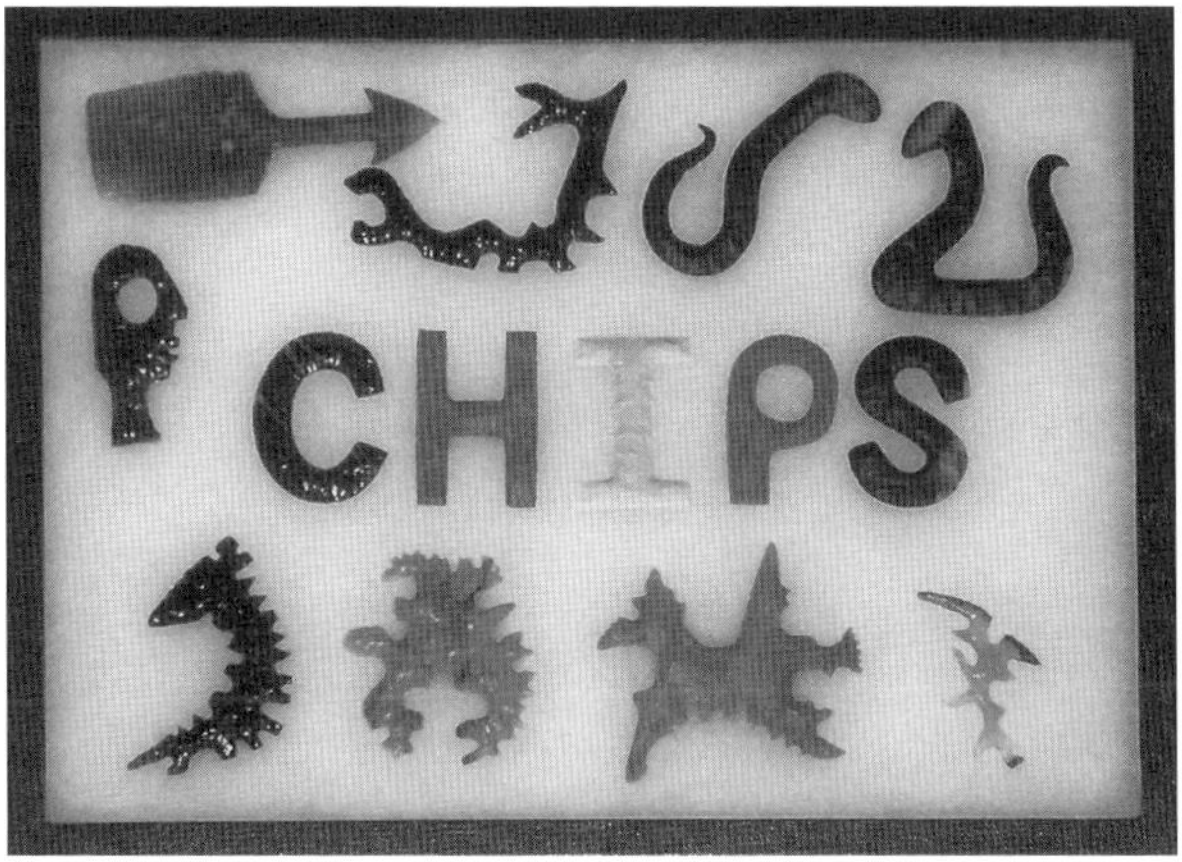

図8-6　ドネイの石器アート

ドネイは、古代アメリカのクローヴィス型尖頭器、フォルサム型尖頭器、アルカイック期の石鏃など、多様な石器を見事に復元することもできる腕利きのナッパーです。彼が制作した「C」「H」「I」「P」「S」は、マヤ文明のエキセントリックな異形石器を作る要領で、打ち割りと押圧で成形したものであり、まさに古代技術と現代要素をあわせたブリコラージュです。

このアルファベットには自然界には存在しない直線と曲線が含まれています。特に「P」の穴隙と「S」、「C」の湾曲を打ち欠きのみで作り出すことは簡単な作業ではありません。打撃角度を細かく整えて、内向きに曲がる剥離を故意に起こす直接打撃（ダイビング・フレイキング）と間接打撃、さらに押圧剥離を駆使して、このアルファベットは整形されたと想像されます。

もちろん、先史時代にアルファベットは存在しないし、マヤ文明にアルファベットの起源となるラテン文字やギリシャ文字は含まれていません。すなわち「C」「H」「I」「P」「S」とは、二〇世紀の石器製作者による文化的産物として、過去に存在しない現代のアートです。

文化と芸術、文化資源と文化資本は互いに排除的な関係ではなく、動態的な相互生成関係にあることを解いたアメリカの人類学者に、ジェイムズ・クリフォードがいます。クリフォードは著書『文化の窮状―二十世紀の民族誌、文学、芸術―』において、いかなる基準が、真正の文化的あるいは芸術的産物を公認するのか。あるいは、古い制作物と新しい制作物に付与される価値の差は、何であるかについて述べています[34]。

二一世紀の複製家たちが作り上げた石器は、偽物か、フェイクか。そして、それらの作品群は、どう正当化されるのか。少なくとも、ドネイが作った「C」「H」「I」「P」「S」は、レプリカでも、贋作でもなく、創作です。このように、二〇世紀のナッパーが生み出した作品群については、様々な価値システムが関与しているのは間違いありません。アボリジニが作ったガラス製のキンバリーポイント、ラカンドン族が作った黒曜石製の鏃は、少なくとも一部に関して、交易品・商品としての価値体系に沿っています。

その一方で、古色をつけて古代の遺物と偽ることとは、別の価値体系がこれを支配した結果であると考えることができましょう。その価値体系とは、クリフォードが言う「過去の品々に本来的な関心を示し、美を見出すという私たちの所与の価値システム」に他なりません[35]。クリフォードが言うように「過去の驚嘆すべき品々といった懐古的バイアスが、古物にのみ価値や審美性を見出して、その古さにこそ、ある種の「深み」という価値」を与えています。

モノそのものが持つ商業的、審美的、科学的な価値は、本来変わるはずがありません。それにも関わらず、二〇世紀の石器製作家が作った品々が、数千年前に作られた品々よりも劣った「偽物」であると感じるその価値観は、私たち人間の側が一方的に与えたものに過ぎません。

レフ・トルストイは「優れた芸術は「伝染性」を持つ」と述べています[36]。そして、「感情を刺激し、コミュニケーションをもたらすものである」とも述べています。確かに、現代のナッパーは、過去の技術で過去に存在しない創造物を作り出しており、その中には、単なる工芸品や道具の「複製」という文脈から逸脱した、むしろ個性的で感情を表現する作品群が含まれています。

現に、現在の欧米諸国には、コレクターに作品を販売しながら、生計を立てているか、少なくとも収入のかなりの部分を稼いでいるナッパーが存在します。もちろん、彼ら彼女らの多くは、複製品に古色を付けて、過去の遺物だと偽るような人物ではありません。彼ら彼女らは、現代の価値体系のなかで、アート市場のニーズに対して、ごく誠実に答えています。

私が知る身近な例をあげますと、南ドイツの知人、ロバート・グラフは柄のついた打製の短剣を五〇〇ユーロで隣国オーストリアの売人に卸しています。オーストリアの売人は、これを路上で更に高値で売却しており、売れ行きは好調だと聞いています。

図 8-7　販売用の現代石器アート

グラフはフリーランス兼研究者として、石器のみならず、古代のレプリカを複製します。グラフの複製技術は素晴らしく、見る者を魅了するため、需要があります（口絵参照）。グラフはミュンヘン近郊の大学で講師をする傍ら、製作石器を博物館や古物商に卸して生業としています。

現代ガラスや人工石を使った石器づくりのマーケットが、将来の考古学とどうWin-Winな関係を築くかは、ここで簡単に論じられるテーマではありません。その是非をめぐって、学際的な議論が必要でしょう。ただ、近い将来私たちに、復元製作したモノを取り扱う際の倫理観が、より公的に問われることは、間違いないでしょう。

アメリカのミシガン・フリントナッパーズ（石器製作団体）は、発起人であるロバート・ラブが入会時に倫理的規約（取り決め）を交わしています。私は会員なので、その規約を持っています。一一か条ある規約のなかに、販売を目的とした行為を行わないこと、廃物の処理を正しく行うことが含まれています。

しかし、こうした規約はアメリカ全域で一律に定められているものではなく、主催者側の考古学への向き合い方に大きく左右され、運用されているのが実態です。ウィッタッカーは、アメリカの一般的なナップ・インが「技術とアイデア、資料を交換する社会的な喜びの場であると共に、原材料と石器づくりの道具、複製品の購入、販売、交換の機会」であるとみています。[37] ディクソンは一九九五年頃に参加したあるミズーリ州のイベントで、現在の石器製作者が復元製作した石器が、五〇〜五〇〇ドルで取引されたことを述べています。[38]

二一世紀の今・現在も起きている石器づくりの社会化は、考古学の裾野を広げ、考古学への一般市民に対する理解を高める一翼を担っています。このこと自体は、喜ばしきことであるように思われます。ただ、同時に私たちは、永続的な石器づくりのあり方について、少し真剣に考えてみる必要もあると思えます。

人工素材で石器もどきを作るには？

現代の価値体系で考えたとき、セラミックや耐火煉瓦、ステンドグラスを用いた二〇世紀の石器づくりは、固有の営みとしてその独自性が強調されるべきではないでしょうか。

二〇世紀のオーストラリア、フエゴ島の民族誌が端的に物語るよう、電気材料をはじめとして、天然石に代わる人工素材を「石器」の代替素材とすることで、定義上の「石器」ではない、非石製の「石器もどき」を作ることが可能です。ガラス瓶の底、適度な厚さの板ガラス、トイレタンク側面の磁器、皿、カップ、電気絶縁体、セラミック材料も石器づくりに適しています。他には、テレビの受像管、四角いウイスキーボトルの平らな側面、ガラス工場から出る廃棄物が石器素材の代わりに使えます。スクラップ置き場にある古いキッチンシンク、タイルでも十分に機能します。一六世紀から二〇世紀にかけて拵えた透明、琥珀色、コバルトブルーのガラス製石器は、近現代のアートです。

マーク・ムーアは、オーストラリアの先住民が、二〇世紀に白人より入手したガラス瓶の底部を取り外すのに、砂と鉄の棒を使っていたことを報じています。ボトルは最初に砂で満たされ、軟らかな地面の上に置かれます。次に、砂瓶の口から針金を瓶底の縁に突き刺して、円錐形のガラスを打ち抜きます。これを繰り返して底部を外し、それから、本体は火熱で分割されます。こうした手法は、二〇世紀のナッパーたちも再現的に用いています(39)。

二〇世紀のナッパーたちは、ガラスを溶かして素材を人工的に作っています。溶解ガラスは、ラボ実験の素材としてたびたび使用されますが、コストがかかるため、石器づくり一般に普及しているわけではありません。

求められる実験フィールド

東京都立大学の山田昌久が牽引する土俗再現的な実験考古学は種々の点で注目されます。山田は実験考古学フィールドの設置と地域研究者との積極的な連携関係の構築を図っており、恒常的に実験できる野外フィールドの策定に乗り出しています(40)。特徴としては、二次的森林の再生に関する大規模実験フィールド、その他地勢、植生水環境など、多様な調査フィールドを日本各地に構築し、地元研究者との共同研究を進めている点にあります。

山田が推進する実験考古学には、通底する「再現」へのこだわりがみられます。その内容は、伐採実験、製材実験、掘削実験、草刈実験、木造施設構築実験、水利施設復元使用実験、土器や炉の使用実験、暖房用薪使用と空調効果実験、丸木舟製作使用実験、狩猟具製作使用実験、イラクサ科繊維利用実験、樹皮繊維使用実験、堅果《けんか》類管理実験、集落森林再生実験、蔓植物成長材質生成実験、編み物製作実験、その他と多岐にわたります(41)。プロセスと行動の復元を目指す文脈実験を特徴としているので、制御の弱さと正確な再現性、すなわち再現者のスキル不足は課題です。ただ、野外科学と呼ぶべき探検的な実験もあるために、一概に制御することが好ましい実験ばかりであるようにも思えません。

ほか、縦斧と横斧と溝の角度の関係、木材含水率と加工速度の関係、木材加工時の加熱効果等の新知見をもたらした実験もあり、明らかに有益な情報をもたらした試みがあると感じる半面、試行錯誤に留まる記録も混じっています。

組織的かつ長期的に実験することにより、フィールド実験によくある個人の経験主義と思い込みを巧く回避しており、今後の方向性の一つといえます。

実験考古学が学べるラボは？

世界の大学には、実験考古学の教育を提供している大学が一〇〇以上あるとされています。実験考古学は、少なくとも一九六〇年代以降、学部および大学院レベルでの考古学の教育にある程度組み込まれており、ヨーロッパでは毎年推定一五〇〇人の学生が実験考古学の入門的指導を受けているといわれています。そのうち約二〇%がその後も何らかの実験的研究を続けています。(42)

実験考古学の経験が長い大学として、イギリスのロンドン大学、エクセター大学、スペインのマドリード大学があります。ライデン大学（オランダ）、コペンハーゲン大学（デンマーク）、ルンド大学（スゥエーデン）のように、実験考古学を教育モジュールとして重視しているところもあれば、ヨーク大学（イギリス）、アダム・ミツキェヴィチ大学（ポーランド）、ケント州立大学（アメリカ）のように、学内に充実した実験考古学研究センターを併設するところもあります。

各大学には特色があり、たとえば、ニコラウス・コペルニクス大学（ポーランド）では痕跡学（トラセオロジー）に力を入れています。遺物の技術的・機能的分析のための機器が充実しているほか、研究実績もあります。また、アダム・ミツキェヴィチ大学は教育面に力を入れており、大学と博物館とが連携することで、学位論文作成のための支援体制を用意しています。

なかでも、実験考古学講座開設四〇周年を迎えているロンドン大学、二〇年以上の歴史を持つエクセター大学は、実験考古学に関する充実した教育プログラムを運用しており、欧州における実験考古学教育の扇動的役割を担っています。

ロンドン大学は、ブッツァー古代農場（Butser Ancient Farm）と連携した学生教育を実施しており、エクセター大学においても実験考古学コースを卒業した学生たちは、その経験を活かして研究者の他、エンジニアなど様々な分野への就職を果たしています。

イギリスにおける実験考古学の最初の修士号は、二〇〇〇年代半ばにエクセター大学に設置されました。ヨーク大学でも実験考古学の修士号が取得できるほか、ダブリン大学（アイルランド）にも実験考古学と物質文化を学ぶ修士課程がありますが、アメリカには実験考古学に特化した特別な学位はありません。[43]

日本では、東北大学（宮城県）で実験考古学が学べます。実験使用痕研究を牽引してきた歴史があり、第1実験考古学を学ぶための研究環境と分析機器が充実しています。ほか、東京都立大学（東京都）でフィールド実験考古学の実績があるほか、早稲田大学（東京都）で実験考古学的な手法を考古学実習に組み込んだ授業が展開されています。私が教鞭をとる愛知学院大学（愛知県）では、考古学概説（初年次講義）に実験考古学の考え方を導入し、物心育成のための実証的な授業を展開するために、複製品を教材とした教育プログラムを作りました。そして、二〇二三年に「考古学実験室」を学内に設置し、実験教育・研究のための環境設備を整えたところです。

ＥＸＡＲＣは約一〇〇の大学のリストを管理し、実験考古学を扱っています。一部の考古学部門に大規模なスタッフがおり、それぞれが時々実験考古学を担当している場合が多く、大抵は大学院生の支援を得ています。実験考古学を長期的に野外で行う博物館、フェスティバルもあり、多くの考古学スタッフが参画しているところもあります。

石器づくりのモラル

実験資料の適切な管理は、重要です。私は考古学における実験倫理は近いうちに議論されるべきであり、何らかの倫理的制約がこれから必要になると感じています。

ここに私が提案する倫理的原則を四つ掲げてみたいと思います。

〔石器を作る学徒のための倫理的原則〕

図8-8　この中に真の「遺物」とフェイクがある

1. 廃棄の責任
2. 偽造の禁止
3. 資源の保護と管理
4. 安全対策

1. 廃棄の責任　偽物であれ、レプリカであれ、先史時代または民族誌の標本のように見えることを意図した現代の人工物です。これが、コレクターの手に大事に保管されているあいだは問題ありません。しかし、製作時の廃物処理のあり方と、死後の取り扱いが面倒です。

私がアメリカの友人から聞いた話では、アメリカでは一九五〇年代に石器づくりが盛んになり、優秀な石器製作者がその後各地に現れます。知りうるかぎり、彼ら彼女らの多くが、物を愛する善良な人物ではありますが、それでも製作した際に生じた石片処理については、一律の考えを持っているわけではありません。廃物処理は、個人の倫理観にゆだねられているのが現状です。

その負の遺産として、私の友人曰く、一九七〇年代以降の大地で採集された遺物が真に昔のものであるかどうか分からなくなっているという点が挙げられます。実験的であれ、教育的であれ、石器を作ったあとには、数百、数千、数万の石屑が生じることを、石器製作者たちは知っています。この石屑に対して、しかるべき処理をしなかったために、それらが屋外に散逸して遺物化していることが問題です。

ここには一つの盲点があると思われます。それは、現代の石器製作たちの関心が拵えたもの（標本）にあり、拵える際に出てきた石のかけら（剥片類）は、ごみ同然に扱われるという点です。考古学者は、石のかけら一点一点も遺物として扱います。従って、考古学者と石器製作者との間には、廃物の処理に対する認識のずれが生じます。

ごみを正しく処理しなかったことで、多くの剝片類が、地表で自然に風化して、堆積を始めます。広大な自宅の敷地に捨てているから問題ない、という事でもありません。その土地が永続的に排他的な廃棄場所として守られているわけではありません。いずれ、大地の一部となり、遺物は散逸するでしょう。

では、ごみをきちんと処理すればよいのかというと、そうでもないという問題もあります。標本を手にした人物は、その標本をどう扱うべきか、というもうひとつの問題群に対処せねばなりません。標本が作り手の元で大切に保管されている間は良いですが、ひとたびそれが売却されて、コレクターの手に移動したら、あとはそのコレクターの倫理感に任せて、維持管理されることになるでしょう。前者については、しかるべき手順で、石屑を処理する必要がありますが、後者については、コレクターの死後の取り扱いが問われます。すなわち、関心なきモノの死蔵が問題となるのです。

こうした状況が数十年続いたときに、復元的に製作された石器は疑いなく、二次遺跡を作り出す危険を孕んでいます。もちろん、二次遺跡といっても、それは二一世紀の遺物としての価値を持っています。よって、これを二〇世紀の文化的遺産とみなすという未来もあり得るかもしれません。ただ私は、今に生きる私たちは、廃物の処理について、しかるべき倫理観を持つ必要があると考えています。

こうした現状を危惧するアメリカのある友人は、将来の考古学者へのサインとして、自宅の庭に掘った穴に、年号入りのコインを混ぜて、廃物を処理しています。彼曰く、それは「先史時代の遺物ではないことを、未来の発見者に知らせるための工夫である」[44]というのです。こうした方法が好ましいかどうか、直ちに分かりません。しかし、その姿勢については賛同できます。

私の場合は、研究室で割った石片、授業で生徒たちと割った石片、出前教室で市民と割った石片の全てをその都度ブルーシートのうえで回収して、土嚢袋に詰めて、産業廃棄物（割れもの）として処理しています。さらに、加工途上の石器や加工済みの石器について、体験者が自由に自宅に持ち帰らないよう注意喚起しています。自ら作った作品を自宅に飾りたいから欲しいといった要望をいただくことは多いです。それでも、複製石器が二次遺跡を生み出す遠因とならぬよう、参加者には懇切丁寧に意味を説明し、自宅に持ち帰ることを断っています。こうしたことを、私は少なくとも国内外で約二〇年間続けています。

こうした厳しい態度は、割られた石片がなくならず、未来に永続することを考えたとき、必要であると考えています。もちろん、コレクションを「悪」として戒めるわけではありません。コレクターが死亡して、以後のコレクションの取り扱いが問題です。石器の複製品が死蔵されると、見た目には過去の遺物と同化するため、それが捏造の温《おん》床《しょう》になりかねません。あらゆる小さな石片を含めて、複製品は野外に遺棄・散逸しないよう、しかるべき方法で処理しましょう。

先ほどの廃物処理の件と関係しますが、石器の材料が採れる遺跡（考古学者は原産地遺跡と呼びます）で石器を作ると、過去の遺跡を汚染します。こう考えるに至ったのは、ある日本の原産地遺跡で、現代のある人物が、石器づくりをした痕跡を見つけたことがあるからです。

奈良県香芝市にある二上山では、先史時代の石器石材であるサヌカイトが採取できます。十数年前にこの山に出かけところ、山頂付近の人目につかない林の中で石器製作址を見つけました。径一・五m程に打ち捨てられた石片の集まりです。通常、こうしたまとまり（ブロック）を発見すると、私たちは「遺跡」であることを疑いますが、これが遠い過去のものではなく、ごく近い過去に作られたものであることは、一目見て分かりました。なぜならば、そのブロック全体がそれほど「風化」していなかったからです。

数千、数万年経つと、一般的にはサヌカイトは白っぽく変色します。日本の先史時代の遺跡から出てくるサヌカイト製の遺物は、程度の差こそあれ、基本的には表面が劣化しており、これを私たちは「風化」と呼びます。数千年前に割ったものと、数時間前に割ったものとでは、風化の度合いが違ってみえます。このブロックの年代に関しては、

図 8-9　ある著名な石器製作者の庭（筆者撮影）

打ち割った石のかけらが、ごみとして屋外に捨てられており、一部は埋まりかけている。

風化の進み具合から判断して、現代のものであると分かりました。

しかも、その内容構成が、石器づくりを手掛けた人物像を絞り込むヒントとなりました。大きく平たく分割した板状の素材を、一旦、山の形に加工したのち、その頂部付近を強く叩いて、平らな面いっぱいに幅の広い縁を割り取ります。その手順は、考古学者が「瀬戸内技法」と呼ぶものに沿っており、このブロックが考古学関係者、あるいは考古学に造詣の深い人物により残されたものであるという察しもつけられました。

厄介なのは、この人物が残した石器製作遺構（ブロック）が、本物の先史時代の遺物に混ざって見つかったことです。遺跡のなかで石器を作る、この人物の倫理観が問われます。

アメリカでは、より深刻な状況が報じられており、たとえばカリフォルニア州の黒曜石産地、グラスブートはより大規模な破壊の一途をたどっています。営利目的で入山し、ダイナマイトで黒曜石岩体を爆破して、石塊の販売を手掛ける人物が存在します。これに伴う遺跡破壊は深刻です。さらに、何人かの考古学者も、現代の石器製作者の倫理に欠けた行動が、古い遺跡を汚染していることを報じています。ドン・ディクソンは、石材産地で石を叩いて、その品質をテストする現代石器製作者の行為こそが、遺跡破壊の温床になると指摘しています。さらに、風化しやすい石に対しては、より一層の注意が必要です。たとえばオクラホマ州のある堆積岩の産地では、わずか数年前に割られた石片が、風雨に晒され遺物化しているらしいのです[45]。

テキサス州では、先史時代の地表になかった岩体が、現代の採掘により新たに出現しています。この新たに生じた露頭には、風化した石片が散乱しており、先史時代の遺跡と見誤りかねない場所も含まれています。とりわけ、北米のチャート（頁岩）には、風化の進行が早いものがあり、この点がさらに厄介な問題を起こします。一部のチャートは、風雨に晒されると、三年以内にその表面色が灰黒色（N２）から灰色（N５）に変化します。[46] つまり、風化の進行が速いぶん、過去の遺物と判別し難い二次遺跡が作り出されてしまうのです。

日本の珪質頁岩や流紋岩、溶結凝灰岩《ようけつぎょうかいがん》のなかにも風化しやすい一群が含まれており、こうした石が採れる産地で気軽に試し割りを行うことは慎まなければなりません。現代石器製作者が二次遺跡を作らぬよう、特に産地遺跡周辺での廃物処理に気を付けて欲しいものです。

アメリカで今起きている惨劇は、将来の他国の未来を暗示させます。人口格差を考えると、しばらく他国は安泰かと思われますが、次に石器製作者の人口が多い欧州諸国は、この先、危険な地域となるでしょう。廃物処理の問題に関わる倫理観の教育は、喫緊の課題といえます。

2．偽造の禁止　アメリカには、過去のものと偽って、自ら作った石器をディーラーに売りつけるような人も存在します。そんなこと嘘だと思う方は、ぜひ一九九九年発刊の「ザ・ニューヨーカー」一五号に掲載された記事を読んでください。[47]

記事には、テキサスの遺物コレクター、フォレスト・フェンが自らの手で作った石器に古色をつけて、それを「本物」と偽って高額で売りつけたという話がでてきます。この悪事は最終的に暴かれることとなりましたが、その決め手となったのは、素材がブラジル産であったこと、不自然な汚れともいえる石油化学製品（モーターオイル）が石器の表面に付着していたことでした。

ほか、ジョージア州に住むウッディ・ブラックウェルは、倫理観に欠けた悪名高き石器製作者として知られています。この男もまた、自分が作った石器が古い時代の「本物」であるかのように偽って、数百ドル、場合によっては数千ドルの価値がある「遺物」として贋造品を製作しました。結局、ブラックウェルに騙された骨董商がこれを購入してしまったのです。

古色を付けたその方法については、後に詳しく判明しています。まず「石器」は庭土と一緒にタンブラー、つまり研磨用の回転ドラムに投入されて、土と一緒に二・三日間混ぜ合わせられます。さらに炭化水素を加えて、石器にテフロンのようなコーティングを与えます。最後に少量の過マンガン酸カリウムと赤黄土色を塗りつけて、偽の「遺物」が作られました。[48]

現に、偽造は不誠実で悪である、といった意見を表明した考古学者は多くいますが、私も彼らと同じ意見です。レプリカと偽物の違いは、それが使用される意図の違いにあるといえます。レプリカは教育、展示、実験目的ですが、偽物は欺瞞のために作られます。

図 8-10　石器を売買する人たち

アメリカ・ミシガン州（筆者撮影、2006 年）

日本で石器の贋作が問題視されたのは、二〇〇〇年に発覚した未曽有の旧石器時代遺跡捏造事件後の検証委員会においてです。捏造遺跡として判明した座々乱木《ざざらぎ》遺跡のウマ形土製品、中島山《なかじまやま》／袖原《そではら》遺跡の接合資料、総進不動坂《そうしんふどうざか》遺跡の焦げ目の付いた斜軸尖頭《しゃじくせんとう》器《き》は、より新しい時代の遺物、あるいは何者かが手掛けた贋物をもとに捏造されたものであることが疑われています。この事件をきっかけとして、石器づくりが捏造の温床にならぬよう、日本の石器づくり研究の第一人者、大沼克彦は警鐘を鳴らしました。しかし、贋作者がいつどこで現れないとも限りません。[49]

古色をつけてその姿を偽物に変えたレプリカをディーラーに売りつけるようなことは慎んで欲しいと思います。もちろん、模造資料で捏造遺跡を作ることは断じて許される行為ではありません。

3．資源の保護と管理　すでにアメリカの二〇世紀後半の一部の地域において、石材資源の枯渇問題が報じられており、問題は深刻化しています。遺跡保全の問題と関係して、資源管理の問題は、将来の日本でも必ず出てくる問題です。

石器製作者の多いアメリカでは、膨大な石器石材が消費されています。大規模なナップ・インでは、一・五〜二トンの原材料（販売用のチャートと黒曜石）が一〇〜二〇台の車で運び込まれて、数百から数千kgが交換されます。こうした活動によって、一部の石材資源が破壊の危機に瀕しています。

ディクソンは、一九八〇〜九〇年代にかけての一〇年間で、アメリカの石材資源が枯渇してゆく状況を目の当たりにしています。かつて簡単に入手できたオクラホマ産のチャートが、一〇年後には欠片さえ手に入れられなくなったことを報じています。また、完全に消滅した産地もあるようです。こうした原因は、全て二〇世紀に急増したナッパーたちが石を取り尽くしてしまったことにあるといわれています。

世界でも石器を作る人口は知れているので、しばらく本件は「対岸の火事」として無関心でいられるかもしれません。しかし、石器ルネサンスの世界的流行に伴って、アメリカ以外で将来これと同じ道をたどる可能性があることは否定することができません。石は再生不可能な有限資源です。

我が国では、二〇一〇（平成二二）年、国内最大の産地として有名な白滝黒曜石・遺跡群が日本ジオパークに認定されています。それにより、赤石山で採れる白滝産の黒曜石は保護対象となりました。専門家ですら年間に利用できる重量が制限されています。これから持続的に石器製作を続けるために、限りある資源の利用を制限するのは、止むを得ない施策でしょう。

今後、持続的な資源利用をめぐるアイデアを考えることが求められます。ありうるひとつは、天然石材を電動カッターでスラブ化（板状に加工）して、無駄なく効果的に石器づくりするための工夫を凝らすこと、もうひとつは、再生不可能な天然石材の利用を抑制し、再生可能な人工素材を開発することで、天然石材を次世代に残そうとする努力です。再生資源としての代替素材（ガラス、セラミックなど）の利用が推奨されます。ディクソンはミズーリ州のナッパーが、天然素材をスラブに切断、販売、取引、加工する様子を記録しています[50]。私もアメリカのヒューロン湖で二〇一〇年に開催されたナップ・インに参加した際、板状に切断した石器素材を取引、加工する様子を見たことがあります。

北海道の遠軽町教育委員会など、日本の一部の文化財行政機関においても、黒曜石を使った市民の体験教室を頻繁に行う地域では、生の原石を子供にそのまま調達するのではなく、予め岩石カッターを用いるなどして、薄く板状にカットした素材を学習教材として用いています。

二〇世紀には人工石の需要が増えました。天然の雲母が電気絶縁用に、水晶が電気振動子に、黄鉄鉱が検波（電波受信）に用いられるなど、さまざまな工業材料として人工石の研究開発が進みました。石器（正確には、素材が石以外の石器に変わるもの）はこうした人工石から作ることが可能です。

図 8-11　現代石器製作者が好むスラブ（板石材）

完成に近い形にあらかじめカットし、研磨しておくことで、作りやすくなっている。

他に、非石製の「石器もどき」は、陶器やトイレタンク、電気絶縁体、カフェテリアプレート、キッチンのタイル、厚めの窓ガラスや瓶の底でも作れます。京月の焼酎ボトルは直線が多いので使い勝手が良いし、ガラス製の灰皿で槍先も作れます[51]。岩城正夫は、ウイスキー瓶、ビール瓶、中華皿、コーヒーカップで矢尻（鏃）を作れたと報じており[52]、ウィッタッカーは、ガラスが石器づくりの練習素材として適していると述べています。

石器素材の代わりとなるモノが現代社会に溢れているので、そうした代替素材を用意することも、今後求められてくるでしょう。石器づくりのイ・ロ・ハを学ぶ為だけであれば、ガラスでも十分にその効果を体感できます。

4．安全対策　石器づくりを頻繁に行う人たちは、健康に留意をしています。多くの人が心がけているのは、石器を作る際に飛び散る粉塵《ふんじん》（細粒のシリカ粒子）をできるだけ吸わないようにすることです。これを多く吸い込んでしまうと、珪肺症《けいはいしょう》や他の肺病を患うことが知られています。(53) なお、黒曜石の粉塵を集めて飲み込んだり、故意に傷口に塗り込んだりすることで薬用効果があったというメソアメリカの記録がありますが、試食実験には高いリスクが伴います。

私の石器づくりの師匠である、アメリカのティム・ディラードは、北米では有名な石器の職人です。石器づくりをなりわいとする彼は、年間数万個の石片を打ち欠きます。そんな彼は、イリノイ州の自宅に四畳半ほどの石器づくり工房を作っています。室内に大きな扇風機がありますが、これは石を割った際に舞い散る粉塵をできるだけ吸引しないようにする為の工夫です。ディラードは、健康面を考慮するなら、石器は風通しの良い屋外で作るべきと考えています。同じく著名な考古学者、ジャック・ペレグランも打面を作る際に舞い上がる粉塵の量を少なくするために、石の表面に唾液をつけるなどしています。これはご本人から聞いた話です。

石工、彫刻師、その他の労働者が、石を削りだす際に飛ぶ硬くて鋭い石片を長年吸い込んでしまったことで、喘息や肺病に係るリスクが高まったという事例が報告されています。(54) 疾患を帯びた彼らの肺を解剖してみたところ、細かい砂で肺のなかがいっぱいになっていたというのです。日々、室内で石器づくりをする際は、換気をよくして、できるだけ粉塵を吸い込まないよう、注意して欲しいと思います。

珪肺のリスクに加えて、石器づくりのしすぎは腱炎、テニス肘、軟骨のすり減りを引き起こす可能性があります。また、フォームの癖が引き起こしかねない靱帯の損傷に加えて、痛みを伴う創傷、失血、怪我への感染のリスクが懸念されます。わずかな切り傷でも、重度の失血や感染症を引き起こし、致命的となる可能性もあるため、石器を作る際には、革製の当て皮、あるいは手袋を装着するなどして、身体を守りましょう。さらに、外傷に備えて、消毒液と絆創膏《ばんそうこう》をあらかじめ用意しておくとよいです。初心者が不用意に打撃すると、思わぬ反作用で飛びちった石の欠片が目に入り、失明する恐れもあります。慣れていないうちは、ゴーグルを着用するなどしましょう。

石器製作者は脳機能検査のためにＰＥＴ（陽電子放射断層撮影法）を用いた実験被験者となることが予想されます。作業中の局所的な脳血流の変化を測定できるＰＥＴは、石器製作時の脳機能を直に測れる点で、研究の成果が期待できる反面、たびたび放射線被曝することによる被験者の健康被害が心配されます。しかし、この問題は、あまり明るみになっていません。

もし、似たような実験目的を持ち、実験遂行上の影響がないようならば、実験デザインを工夫するなどして、身体への影響が少ないｆＭＲＩ（磁気共鳴機能画像法）、ｆＮＩＲＳ（機能的近赤外分光法）などを用いて、石器製作者の健康被害を軽減させる必要があります。石器製作者は神経科学者と共同研究をする際に、この点を知って被験者（被爆者）となることを承諾する必要があります。被験者への説明付きの同意（インフォームド・コンセント）が必要となるでしょう。

註

（1）Hansen, M.B.（2012）The experiment and the umbrella-10 years of experimental archaeology. *EXARC Journal*. Issue 2012/1.

（2）Kelterborn, P.（2001）Die wissenschaftlichen Experimente in der experimentellen Archäologie. *Zeitschrift für Schweizerische Archäologie und Kunstgeschichte*, 58（1）. Verlag Karl Schwegler AG: pp. 21–24.

（3）Paardekooper, R.（2019）Experimental archaeology: who does it, what is the use? In: Dvorakova, K. et al.（eds.）*EXARC Journal. Issue* 2019/1.

（4）Strand, E. A.（2009）Experimental textile archaeology. In: *North European Symposium For Archaeological Textiles* X, 5. Archetype Publications: pp. 1-3.

（5）Stone, P. G. & P. G. Planel.（eds.）（1999）*The Constructed Past: Experimental Archaeology, Education, and the Public*. Routledge.

（6）Keen, J.（1999）The ancient technology centre, Cranborne, UK: a reconstruction site built for education. In: Stone, P. G. & P. G. Planel（eds.）op. cit. Chapter 16.

（7）前掲〔第4章註（18）〕コールズ（一九八五）、Ingersoll, D. W. & W. K. MacDonald.（1977）op. cit.〔第4章註（19）〕

（8）Hansen, M. B.（2012）op. cit.

（9）Reynolds, P. J.（1999）op. cit.〔第4章註（47）〕

（10）Outram, A. K.（2008）op. cit.〔第4章註（46）〕考古学における工芸的石器制作の価値を小さく見積もる研究者もいます。たとえば、ヒューゴ・ナミは「工芸品を作る目的で石器づくりを練習することは、考古学に役立つ情報を生成する手段とは直接的になりえない。実際、現代の学者、商業者、アマチュアのナッパーが多数存在するにも関わらず、考古学研究に有用で信頼できるデータを生成する者は多くない」と述べて、考古学研究に価値あるデータというものが第1実験考古学にしかないことを前提に議論しています（Nami, H. G.［2018］Theoretical and epistemological thoughts on archaeology and experimental lithic technology. *Journal of Research in Philosophy and History*, 1（2）: pp. 139–165.）。

（11）Flores, J. R.（2012）*Experimental archaeology: an ethnography of its perceived value and impact in archaeological research.* Doctoral thesis, University of Exeter.

（12）前掲〔第5章註（3）〕川喜田（一九七三）、同〔第5章註（1）〕（一九七四）。

（13）Forrest, C.（2008）. The nature of scientific experimentation in archaeology: experimental archaeology from the nineteenth to the mid twentieth century. In: Cunningham, P. et al.（eds.）op. cit.: pp. 61–68.

（14）Paardekooper, R.（2019）op. cit.

（15）Forrest, C.（2008）op. cit.

（16）長井謙治編『ジョウモン・アート―芸術の力で縄文を伝える―』（雄山閣、二〇一九年）。

（17）長井謙治「実験考古学の展望と指針」（『愛知学院大学文学部紀要』50、二〇二一年、一九―四〇頁）。

（18）小菅将夫「博物館における体験学習について―石器作り教室の実践を通して―」（『MUSEUM STUDY：明治大学学芸員養成課程紀要』六、一九九四年、一九―二七頁）。

（19）Cunningham, P., et al.（2008）. Introduction. In: P. Cunningham. et al.（eds.）op. cit.〔第7章註（51）〕: pp. v–ix.

(20) 前掲〔第4章註（3）〕石器技術研究会編（二〇〇四）。
(21) 石井匠「相互浸潤する物・超自然・人―芸術考古学の理論的視座―」（『心とアートの人類史』〔季刊考古学別冊36〕雄山閣、二〇二二年、三一―四〇頁）。
(22) Cunningham, P., et al. (2008) op. cit.
(23) Greene, K. (1999) *Archaeology: An Introduction*. University of Pennsylvania Press.
(24) Bourdieu, P. (1990) *The Logic of Practice*, trans. Richard Nice, Polity Press.
(25) Bourdieu, P. (1990) op. cit.
(26) 前掲〔第4章註（32）〕安斎（二〇〇七）。
(27) Garland, N. (2023) Experimental and experiential approaches to the past: reconstructing and understanding Roman domesticity through recreated places. *Theoretical Roman Archaeology Journal*, 6 (1): pp. 1–28.
(28) Beck, A. S. (2011) Working in the borderland of experimental archaeology on theoretical perspectives in recent experimental work. In: Peterson, B. & L. E. Narmo (eds.) *Experimental Archaeology: Between Enlightenment and Experience*. Lund University, Department of Archaeology and Ancient History: pp. 167–194.
(29) Meldgaard, M. & M. Rasmussen (eds.) (1996) *Arkæologiske eksperimenter i Lejre*. Rhodos.
(30) Whittaker, J. C. (2004) op. cit.〔第4章註（14）〕
(31) Whittaker, J. C. (2004) op. cit.
(32) Whittaker, J. C. & M. Stafford. (1999) Replicas, fakes, and art: the twentieth century Stone Age and its effects on archaeology. *American Antiquity*, 64 (2): pp. 203–214.
(33) Woldorf, D. C. (1993) *The Art of Flint Knapping*. Mound Builder Books.
(34) ジェイムズ・クリフォード（太田好信ほか訳）『文化の窮状―二十世紀の民族誌、文学、芸術―』（人文書院、二〇〇三年）。
(35) 前掲クリフォード（二〇〇三）。
(36) Tolstoy, L. (1995〔1897〕) *What is Art?* Penguin.
(37) Whittaker, J. C. (2004) op. cit.
(38) Dickson, D. (1996) The production of modern lithic scatters and related problems. *Lithic Technology*, 21 (2): pp. 155–156.

（39）Jacks, M.（1995）Gathering practice materials for flintknapping. *Michigan Flintknappers' Newsletter*,（March 1995）: pp. 11–13.

（40）前掲〔第5章註（33）〕山田編（二〇一五）。

（41）前掲山田編（二〇一五）。

（42）Paardekooper, R.（2011）Experimental activities, a European perspective. In: Petersson. B & L. E. Narmo（eds.）op. cit. pp. 69–86.

（43）Flores, J. R.（2012）op. cit.

（44）フランスの考古学者、ジャック・ペレグランは、自ら作った石器を他人に渡すとき、その石器に、イニシャルと年号を書くようです。そして、郊外で石器を作る際は、石片の片づけに十分注意して、割ったガラス瓶を混ぜるなどして、現代の石屑であるサインを残しているといいます（Callahan, E. & J. Pelegrin.［1981］An interview with flintknapper Jacques Pelegrin. *Contract Abstracts*, 3（1）: pp. 62–70.）。

（45）Dickson, D.（1996）op. cit.

（46）Dickson, D.（1996）op. cit.

（47）Preston, D.（1999）Woody's dream. *New Yorker*, 75（34）: pp. 80–87.

（48）Preston, D.（1999）op. cit.

（49）早稲田大学の岡内三眞は、実験者は、緊張感をもって複製品を管理すべきことを述べています。しかし、成分分析や非破壊分析をすることで、それが偽造品であることはいずれ分かるだろう、とやや楽観的です（岡内三眞「実験考古学の方法と展望」〔『季刊考古学』81、雄山閣、二〇〇二年〕一四―一九頁）。

（50）Dickson, D.（1996）op. cit.

（51）Whittaker, J. C.（1994）op. cit.〔第7章註（26）〕

（52）岩城正夫『原始人の技術にいどむ』（大月書店、一九八〇年）。

（53）Kalin, J.（1981）Flintknapping and silicosis. *Flintknapper's exchange*, 4: pp. 2–9.

（54）B・ラマッツィーニ、松藤元訳『働く人々の病気―労働医学の夜明け―』（北海道大学図書刊行会、一九八〇年）。

第9章

知覚と感性を鍛えよう——考古学の実験は科学か？——

私たちは、語りうることよりも多くのことを知ることができる。

（マイケル・ポランニー）

さて、第2実験考古学と石器ルネサンスがもたらす世界の先に、どんな明るい未来があるか、最後に展望を述べてみたいと思います。

共感を得よう

今をさかのぼること半世紀前、ジョン・コールズは、「考古学者が科学者であるか人文学者であるか、あるいは、モノを扱う考古学が科学か芸術かを問うことに、あまり重要な意味はない」と述べています。この意味するところは、モノが考古学の中心にあり、モノが働きかけの主役を担うということと関係します。モノを媒介とした学際的な未来が想像されていたのです(1)。

この点に関して、物理学者のトーマス・ブラックバーンは「抽象的数量化を重視するあまり、科学者は長いあいだ、片目を閉じて世界を眺めてきた」と皮肉を述べています。その一方で「人間の心と体は、周囲との直接的かつ感覚的な体験を介して、驚くべき感性で情報処理をする」として、経験することの大切さを説いています(2)。

両目で過去を眺めるために、ヨーク大学のニッキー・ガーランドは、実験と経験を組み合わせて、より微妙な過去の再構築と理解を促す「感覚ブリコラージュ」を提案しています(3)。過去を知る最良の方法は「共感」であると考えた

図 9-1　なりきり縄文人

のです。

たとえば、縄文人になりきることを目指した日本人が、私の知る限り六人います。岩城正夫、楠本政助、雨宮国広、関根秀樹、「週末縄文人」の「縄」と「文」さんです。彼らは各々記録を残し、著作を刊行することで、自らの体験を文字におこしています。[4] 彼ら六人の目的は、サバイバルのため、娯楽のため、豊かな人生の発見のためといったように、一律ではありません。しかし、彼らの縄文生活体験記は記録として、その体験は記憶として、自身の身体に残されます。経験を記憶として身体に刻んだ彼ら彼女らが、生活世界をどう見つめるか、興味深いテーマです。「縄」と「文」さんは、「週末縄文人」を繰り返す中で、自らの「感性」が間違いなく変化したことを述べています。

岩城はこの点を独走的なアイデアでいち早く主張した一人だと考えられます。[5] 岩城は、日本の後期旧石器時代以降の儀礼的行為を除く実用技術に習熟し、体得することを目指しました。この徹底した彼の理念は、現代人と解剖学的新人との間には、身体的・認知的同一性があるから、古代技術に徹底した熟練（慣れ）を図れば、過去の身体知に迫ることができるのではないかという思いに支えられていました。

ただ、もちろん現在と過去との間にある壁は、岩城が想像するほど簡単に乗り越えられるわけではありません。解剖学的人類の同一性のみを根拠として、現在と過去の人々の思いが同じだった、などと斉一的に考えられるほど単純な話ではありません。

とはいえ、岩城が抱いた信念――すなわち、熟練した生身の人間を実験台にする――による古代技術復原実験（The Experimental Approach to Restoring Ancient Techniques: EARATS）エラッツについて、第2実験考古学的価値を考えてみることも重要です。エラッツは、古代技術を復原（元）するために、体験を重ねながら近づいてゆく方法として、岩城により定義されています。エラッツは、慣れる（熟練する）ことを第一義とした実験考古学です。先の週末縄文人の「縄」と「文」さんがしていることも、これと大差はありません(6)。

岩城が目指す徹底した古代実用技術の熟練とは、科学的実験至上主義のもとで陰に追いやられていた「身体性」の可能性に迫るものと考えられます。実験考古学の生みの親、コールズも「経験」を重要視した一人です。また、生活実験を標榜したキャラハンとも通ずるところがあるでしょう。そうした流れを汲み、徹底した経験をもとに、過去を考える立場ともいえましょう。

たとえば、縄文土器の造形家、猪風来が何を感じ、何を語るかは、身体を介したモノと心の働きを知る上での参考になるかもしれません。認知考古学者、松本直子は、猪風来の協力を得て、身体の動きという観察可能なところからモノと心の相互作用にアプローチしています。熟練した生身の人物を実験台とする、エラッツを分析科学的に止揚させる面白い試みです(7)。

そのほか、人類学者、海部陽介が推進する実験航海プロジェクトも壮大な挑戦となっています(8)。海部らの実験は、環境を再現するための証拠が薄い更新世の大洋航海を対象としているために、三万年前の地理と気候が制御できないうえに、再現性が乏しいという問題点が指摘されます。少し想像するだけで、三万年前の気象や海流、地形、風向、天体等を現実世界に「再現」することなど、ほぼ不可能であることは、多くの方が理解できるでしょう。

こうした想像をめぐらすならば、このプロジェクトは三万年前の「追体験」には程遠い試みであるといえますが、こうした理由から、航海実験そのものをインチキ科学として一笑に付してしまうようであれば、第2実験考古学の可能性を減じることになりかねません。確かに、存在した証拠のない舟を作って実験するのは、反証不可能な主張です(9)。それでも、過去のロマンと現在のロマンとが同じではなかったことに、このプロジェクトメンバーは気付きはじめています。つまり、行為者たちの知覚の変化を起こしたことは確かでしょう。実験者たちは、実体験を通して、気付きを得たと同時に、己の世界観を変化させるといった稀有な「経験」をしています。この点を否定することはできません。

知覚することの大切さ

長らく、実験科学至上主義を唱える人たちは、ラボ実験こそが真の実験であり、体験的なフィールド実験は所詮再現性の乏しい遊びのようなもの、学問と言うには値しない子供だましのようなものだとみる節がありました。フィールド実験は主観的で非科学的だから、やっても大した意味はない、むしろ誤った過去への偏見を助長するだけだから、ラボ実験こそ真の科学である、といった極端な意見を述べる人もいたのです[10]。

しかし、こうした人たちは、実験科学と野外科学が共存し、ともに止揚してゆく存在である、といった認識に乏しいようです。

ラース・ホルテンは、実験による意義の一つが実験者の世界観を変化させることにあると述べています[11]。また、マシューは現象面の研究（phenomenological studies）として、実際に現地を歩いてみるなどといったほとんど制御をしない「実験」が、考古学者の五感の変化をもたらす可能性があることについて言及しています[12]。視覚は過去の景観の復元に有効であり、その他の四感（嗅覚・触覚・音感・味覚）は人類の知覚の「復元」に寄与します。

日本では、小林達雄による縄文ランドスケープ論が、過去の人類の視覚に迫った現象面的な試みであり[13]、景観考古学が知覚の実験考古学と密接な関係にあることが分かります。

何かを作って使ってみる、遺跡に立つ、河原に石器石材を探しに行くなどといった行為は、実際そうした行為をわざわざ実験的と称さずとも、これまで仮説推論過程の一環として、日本の考古学者が普通に行ってきたことです。こうした行為がもたらす知覚の変化を実験考古学として積極的に意味づけていくことは、これまでありませんでした。

経験は、新たな仮説を生みだす定石となり、閃きをもたらす鍵となります。そして、経験は、記憶され、私たちの過去への親和性を強めてくれます。

これからの課題は、実験と経験の統合です。

抜けていた感覚ベースのアプローチ

イギリスの考古学者、スティーヴ・ミルズはユニークな実験をしているので注目したいと思います[14]。石器石材を河原に取りに行く際の音声会話を記録して、石材採取行動にみる社会的相互作用を読み解こうとしています。本来記憶のなかに留められ、記録として残されない意識体験を明示化することにより、石器石材を採取する際の調停とコミュニケーションが重要であることを発見しています。さらに、その娯楽的要素を価値づけています。

この手の主観的な「実験」の難しさは、感覚や印象といった「知覚」をキャプチャ（収集）して記録することにあると考えられます。考古学者が復元製作している最中に抱く感性は、身体の一部となり出力されます。とはいえ「感覚的印象」は、音声データとして記録されたものが全てではなく、浮かび上がったかと思えば、たちまち消えてしまうような性格を持っています。時間とともに変化したり、環境によって違ったりするので、一律に理解したり規定することが難しいのです。

このように、意識の成り立ちを解き明かすことは簡単ではないために、感覚データをモノからどう生成し、どう蓄積させるかという乗り越えるべき課題があるように思われます。

その際に、石器を作る、土器を作る、火を起こすなど、作り手の身体そのものを観察対象とした実験考古学というものが、モノと意識の相互関係を解き明かす結節点になると考えられます。たとえば、土器や石器を作る人物の脳機能画像（第8章）を用いるなどして、考古学と神経科学が共同することもこの一助となるでしょう[15]。その際、タスク（課題）を要素に細かく切り出すことが方法論的弱点ですが、それを補う人文的な視点もありえましょう。

なぜその行動をしたのか、という行動を導く理由を知るために、感覚考古学（sensory archaeology）という分野が注目されています[16]。この分野は、一九九〇年代以降の欧米の動きの中で、過去四〇年間で急速に芽生えてきた未成熟の分野といえるでしょう。感覚考古学は、特に風景、場所、物質性、パフォーマンス、現象学などの学術的議論を含む、新興の理論的および方法論的伝統と関係します。感覚考古学は、後に述べる景観考古学とも密接です。

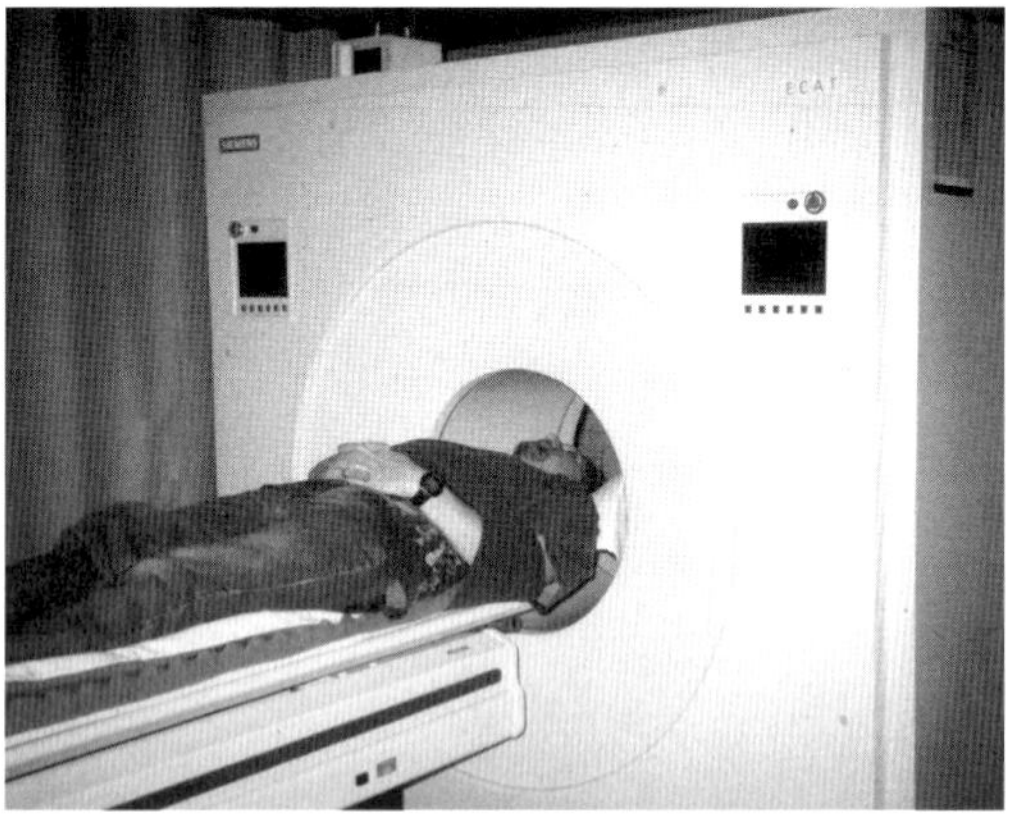

図 9-2　石器を作った後の脳を調べる

感覚考古学は、視野の拡大と考古学的証拠の生きた現実への厳密な没入が期待できます。感覚的に考えることで、考古学がまだ取り組んでいない興味深く豊かな研究課題を呼び起こすことができるかもしれません。感覚的に再構成された考古学を実現するには、既存のデータの考え方を変える必要もあるかもしれません。考古学的証拠を過去の感覚経験の表現として捉える視点が肝要です。たとえば、音楽考古学と実験考古学の融合を標榜するスウェーデンのフランシス・ギルは、互いに文脈（関係）のない現代欧州のフルート制作者にインタビューして、彼らの復元制作にかかる主観的・経験的なデータを集めています。聞き取りした内容のなかから、その共通項を探って感覚データの取得に努めています[17]。ほかに、アイカメラを用いるなどして、実験心理学的な分析技術を応用することができるかもしれません。日本では既に時津裕子（現・高千穂大学）がこの分野を開拓しており、考古学者の認知基盤について先駆的に研究しています[18]。

なお、感覚考古学は、実験科学と対立した領域にある分野として議論されることもありますが、これは正しい考えとは思えません。確かに、実験科学と意識体験（経験）の領域は、統制と物心性という点において、対置する領域にあるものと考えられます。しかし、この両者は、実験考古学の対象を越えて、対立する関係にあるわけではありません。再び図5-13の実験考古学の構造チャートを眺めていただければ、この両者の立ち位置が違っているのが分かるでしょう。

考古学的現象学

感覚考古学は、考古学的現象学と関係を持ちます。

現象学と考古学との関係において、安斎正人が景観考古学の分野で事例を説明しています。安斎は、著書『人と社会の生態考古学』（柏書房）において、遺跡を実際に歩いてみて、そこでの知覚体験（経験）を記述するといったクリストファー・ティリーの試みが、ある土地に住む人々が持つ大地のイメージ、すなわち景観の社会的役割を考えることに貢献するということを述べています[19]。

ジョアンナ・ブリュックによると、考古学的現象学は「過去の人々と風景を共振することにより、身体をモノの世界と自らをつなぐ両義的な存在とみなす[20]」と説明されます。これを分かりやすくいうと、世界は、（客観的に存在する何かではなく）自ら（身体）が知覚したり、経験したりしたことを通してのみ認識される、ということになりましょう。こう考えることで、体験することの価値が生じるのです。

現象学においては、モノと心が、身体を通して共鳴しあっていると考えるので、一切の経験は、意識と身体に宿ると考えられます。確かに、私たちは、意識・身体経験を通して、あらゆるモノづくりをしています。そして、モノを見て、モノを使うといった行為を通して、新たな意識・身体経験を得ています。この両者は相互に循環的な関係性を持っているので、モノと心の相互作用は、私たちの意識・身体経験を中心に成り立っているということが分かるでしょう。

このように、考古学での現象学的アプローチは、「現代の経験を通して、過去を理解しようとすることよりも、人間と物質世界とのつながりのなかで現れる感覚を通して、理解すること[21]」に重点が置かれます。モノと心がつながる

図9-3　洞窟を眺めて感性を養う

ツールとして「身体」を仲立ちさせる。この点で、考古学における現象学的アプローチは、モノと心、自然とヒトを別々に捉える物心二元論を越えた試みでもあるわけです。

この際、重要となるのは、私たちが「世界をどう経験し、どう理解するか」[22]を知ることです。ただ、この点に関する課題は多く残されていると考えられます。

ガーランドは、「再建された建物は、現代社会がある意味「タイムトラベル」を可能にする強力な媒体を提供する」と述べています。そのいっぽうでコルネリウス・ホートルフは、過去を生き返らせる具体化された経験こそが、タイムトラベルだと述べています[23]。

実際に遺跡や土塁の上を歩いてみる、といったティリーの試みは、忠実に再建された遺跡公園が、単なる知識を得ることのみならず、多感覚的な方法で体験する場となりうることを示しています。たとえば、第5章で紹介したように、再建住居で生活体験をすることで、過去の人々が日常生活の中で遭遇し、対処したであろうことをある程度理解することができるようになるかもしれません。また、過去の景観を留めた洞窟遺跡を訪ねることで、訪ねた人たちに豊かな感性が宿ることも期待できるでしょう（図9-3）。

実験科学であれ、野外科学であれ、第1実験考古学は、過去の行動の総体、および意識（身体）全体を扱うわけではありません。むしろ、内外界にある現象をいくつかの要素に切り分けて、原因と結果の主従関係を求めます。その意味で、第1実験考古学は、世界と自分（という心）をつなぐ両義的な存在としての身体を説明することに向いていません。徹底的に主観を掃い、感覚的な知識の多くを取り除いてきた実験科学が、この分野に貢献できることは、ほとんどありません。実験科学の守備範囲外にある体験考古学（第8章）が、この分野に貢献します。

実践的な試みが博物館で進んでいます。イギリスのスチュアート・イブが現在開発中の「死者の目」（Dead Men's Eyes）は、拡張現実を用いて、過去の光景、音、匂いを直接現在に持ち込んでいます。ヘッドマウントディスプレイや iPad などの手持ちデバイスを使用して、仮想世界と現実世界の融合を目指しており、視覚と聴覚をユーザーに提供することで、ユーザーは過去を覗き見たり、過去との出会いを再現的に実験したりすることができるようになっています[24]。また、シミュレーターの活用も進んでいます。ウォーキング・シミュレーターは、豊かな世界への探索に私たちを誘うことが期待されます。これにより、ユーザーは新しい方法で他人の人生や世界を体験できるようになっています[25]。

これからの考古学は、現象学的アプローチの影響を受けて、過去の身体と経験を分析するようになると思います。「過去は解釈するのではなく、過去を説明する」ことが求められます。これには、実験的・経験的な総合的アプローチが必要となりましょう。

アートと実験考古学

考古学における経験的実践、すなわち体験考古学の可能性をめぐって、私は二〇一八年に「ジョウモン・アートプロジェクト」を主宰しました[26]。このプロジェクトは縄文のモノが若者の心を惹きつける力を持っていることを再確認するきっかけを与えました。

中村桂子らの作品は、まさに「再生」をキーワードとした芸術です。中村らは「発掘は、一度きりの実験であり、ある種の破壊である」といった考古学者の常識を覆すべく、あるメッセージを作品として表現しました。掘り起こされた土（発掘残土）と黒曜石を「紙に漉き込む」ことで新しくよみがえらせた地層。この現代アートは、まさに過去

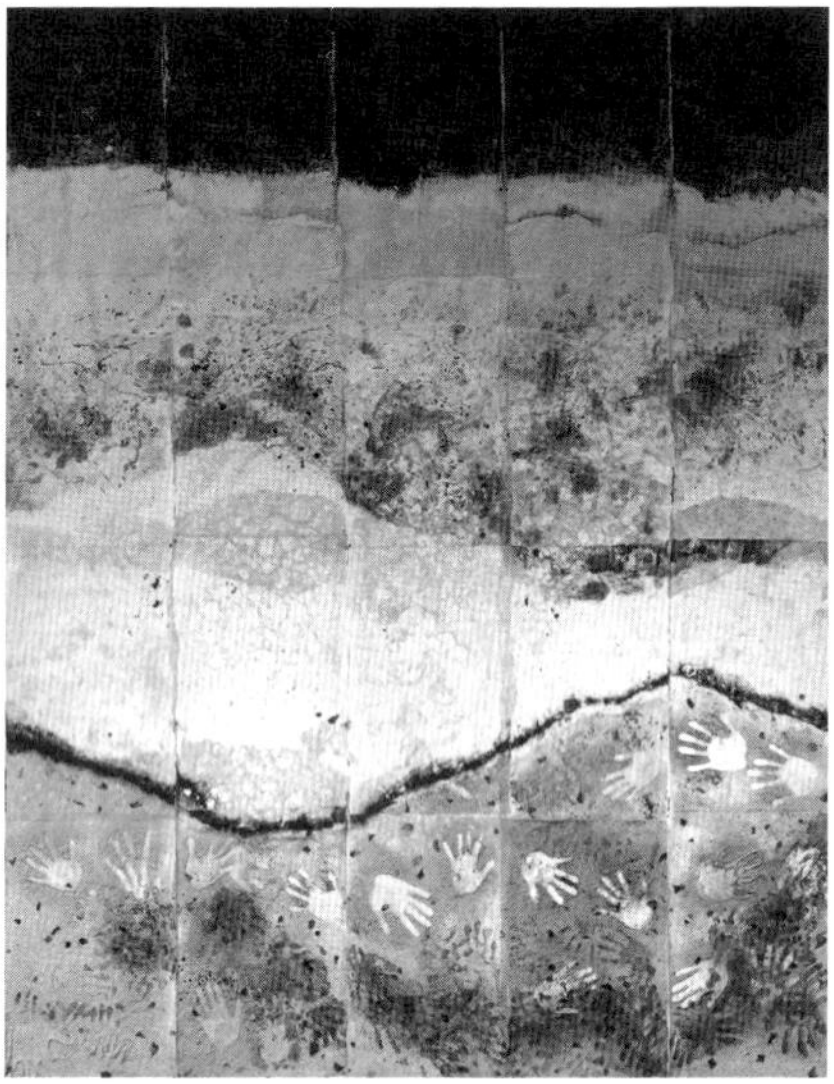

図 9-4　再生を象徴したアート

の記憶の「再生」であり、破壊をともなう考古学者の発掘行為が、「蘇り」への結節点となりえたことを意味しています。

遺跡に数万年かけて堆積し、地中深くに眠っていた土は、考古学者の発掘行為によって動かされ、取り除かれます。この発掘の終了と同時に、掘り起こされた土は、アーティストの「素材」として変貌します。あるときは和紙の下地に、ある時はキャンバスの下地に、ある時は器の粘土に姿を変え、考古学者にとっての「排土」は新たな生命を宿すのです。

私たち考古学者は、長いあいだ火焔型土器のなかに記号的な「文字」（コード）があると想像しても、現実界に可視化させることはできませんでした。モノの造形を説明可能な「属性」として分類し、モノに秘められた「感性」を捉える視点を軽視してきたこともこの一因にあるように思われます。

日本の認知考古学者、松本直子は、モノと心と身体が緊密に絡み合った一つのシステムとしての変化を考察する研究視点が必要であると述べています[27]。身体とモノ、身体と心との間に境界を引くことはできず、物質世界はヒトを媒介とした認知的プロセスの一部として、相互に浸潤するといったモデルを提示しています。これを分かりやすく言うと、身体を介して、心はモノに、モノは心に、相互にどっぷり浸かっているということです。

ジョウモン・アートプロジェクトは、縄文の遺跡と遺物を対象として、私たちの感性に訴え、私たちの心を操作する芸術的側面が何をもたらすかを作品として表現してみたものです。

さらに、縄文時代中期の火焔型土器（馬高式土器）の紋様は、グラフィックデザインを専門とする赤沼明男の手によって、フォントタイプとして実装できる実用的な文字として転生しました（図9-5）。そこには、縄文人が紡ぎだしたS字やJ字、渦巻文、鶏頭冠など、考古学者が慣れ親しんだ意匠の数々が、アルファベットや数字の中にちりばめられています。この作品は、意識を媒介として、モノとヒトとが対話した証です。赤沼たちが生み出したこの作品は、縄文土器の紋様に、新たな価値体系を生み出すきっかけを与えたのです。

このように、考古学はアートの力を借りることで、過去を現代・未来のものとして「再生」させることが期待できます。

色とりどりに三次元で存在する現実世界を、文字と限られた考古情報、すなわち、二次元のモノクロ世界（図と写真のみ）で記録保存するという、よくある発掘報告スタイルは、考古学における感覚情報を提示しようとする動きとは、むしろ逆行しています。考古学における発掘調査報告書のあり方をめぐって、議論を続けていくことも必要でしょう。記録し、伝える方法の開拓も必要であると思われるので、この点も付言しておきたいと思います。

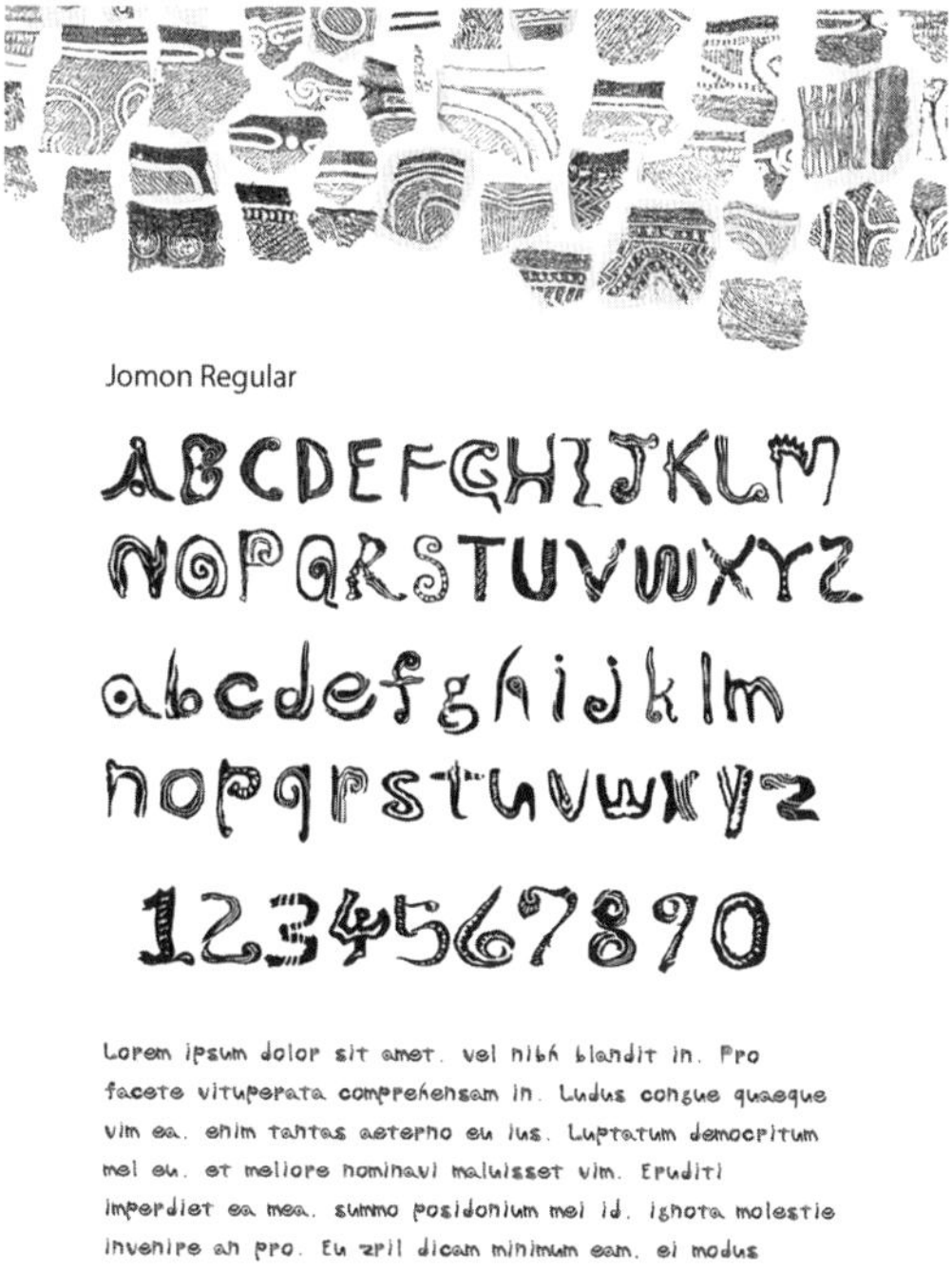

図9-5　縄文土器から紡ぎ出された記号

もっと遺跡公園を活用しよう

文化庁は「文化財を貴重な地域・観光資源とする」ことをスローガンとして、約一〇年前から観光拠点の整備と、文化財の修理・美装化、見直しを始めました。そこで、観光コンテンツの質的向上を図る一手段として、「参加・体験型教育」を重視した施策を打ち出しています。以後、日本各地の博物館や埋蔵文化財センター等で生涯学習プログラムが盛んです。

日本には四七か所の国史跡があり、各地に遺跡公園があります。日本は世界でも文化財保護が充実した豊かな国の一つではないでしょうか。それでも、遺跡公園の活用という点においては、いまだ乗り越えるべき課題があります。日本の場合、より多くの入込客数、より高い経済効果といった評価指標（ＫＰＩ）から脱しきれておらず、今ある遺跡公園をどう地域主体のツーリズムとして活用するかが課題です(28)。

考古資料に基づいた再建物がある野外博物館がありますが、日本にも多く存在します。この活用法をめぐって、イギリスの実験考古学者、スティーブン・タウンエンド(29)は、「再建されたラウンドハウスは、これまで私たちのために何をしたか？」という論文で、ラウンドハウスの復元的効果を考察しています。さらに、野外博物館の再建住居が、イギリスの先史時代にどのような洞察をもたらしたのか、あるいは何も与えていないのか、その失敗例と成功例について考察しています。

野外博物館は「考古学研究（主に実験考古学に関連する）、古代工芸品の展示、特定地域の過去についての物語等について、現代社会を育成するためのエリアとして機能します(30)」。これらの博物館は、訪問者に「最も厳密な科学的方法に従って作られた」本物の材料と技術を使って復元された古代建築と対話できるようにすることで、過去への物質的かつ直感的な入り口を提供します。つまり、遺跡に立ち、歩いてみるといった行為を経験させることにより、行為者に知覚の変化をもたらすことが期待されます。

ただ、野外博物館にもジレンマがあります。それは、未知のものを展示するというジレンマです。欠けている多くの情報、すなわち「知識」のギャップを埋め、無形のものを有形にする必要があるのです。

そこで問題になるのが、野外博物館の復元の正しさです。再建物の多くは、過去について私たちが知りうる内容を解釈的に立体化したものです。再建物の解釈上
の問題を批判的に分析せずに、これらを利用することは賢明ではあり

ません。そうした意味で、日本の研究者、古城泰の実験的研究は貴重です。古城は、日本の遺跡に構築された復元住居をリストアップして、そのいくつかに明白な問題点があることを指摘しています。古城は、入母屋造りの復元竪穴住居にある煙出し穴が、夏場の住環境に重大な欠陥をもたらすことを実験的に明らかにしており、煙出し穴を持つ再建住居は気密性に欠けるため、外気温の影響をもろに受けるという問題点を指摘しています。冬場は保温性が低くなるばかりか、夏場に室内がサウナ状態ともいえるほどの暑さになってしまうことを指摘しています[31]。こうした再建の不確かさが疑われる復元住居というものが、日本の遺跡公園に今・現在もあるのが現状です。

図 9-6　岩手県御所野縄文公園の復元事例

　私たちが感じている世界は、自分の中に「作りあげた」世界です。つまり、知覚とは、目や耳から入ってくる物理的な情報をもとに、外の世界にある対象を内的に作り上げたプロセスです。そうした意味で、忠実に再現された遺跡公園は、私たちの知覚と感性を刺激する「場」となりうる潜在的な可能性を秘めています。ただ、しかるべき「復元」が行われない限り、それはある種のテーマパークと化するでしょう。もちろん、そこで得られた感性も当てになりません。学術的な裏付けを持った確かな再建を心がけることが必要です。

　遺跡公園は実験考古学的な知見をフルに活かす実践の場でもあるわけです。研究の停滞は、誤った再建物を放置し続ける温床となりえます。学術的な裏付けが得られた遺跡公園が完成した晩には、第2実験考古学を体現する舞台として、地域住民との連帯ツーリズムが生まれてくることも期待できるでしょう。

市民に開かれた体験考古学を求めて

ハロルド・マイタムとジェームス・ミークは、イギリスのラウンドハウスの建築、崩壊プロセスを記録して、再発掘により実験データを得ています。ウェールズ南西部にある鉄器時代の集落を部分的に復元したカステル・ヘンリーズは、三五年の長期にわたって建物再建の実験を続けてきました。この長期にわたる実験は、温暖な環境での家屋の使用、維持、腐敗に関する経年変化プロセスが、先史時代遺跡から発見される考古学的特徴をどのように生み出すかということを明らかにし、古代の堆積物がどのように形成したかを考えるうえでの有効な判断指標を提示しています(32)。マイタムたちは、木造構造物が数十年かけて朽ち果ててゆく過程を明らかにしており、発掘された過去の建物にみられる痕跡との比較を実現しています。床や建材の摩耗パターン、屋内火災の影響など、考古データと比較可能な属性がいくつか提示されており、参考になります。

わが国でも、これに準じた試みが、独自に数十年の歴史を持って進められています。岩手県一戸市御所野《ごしょの》遺跡における復元住居の崩壊実験は、世界に冠たる先進的な中長期実験的試みとして、評価されてよいでしょう。御所野遺跡の復元住居の維持・管理報告は、結果的に自然実験的なレポートとしてまとめられており、分かりやすく実験考古学の成果として世界的に発信されているわけではありません。そのため、言語の壁もあり、認知度は低いものの、復元住居の中で火を燃やすことが、イコール住居の耐久性に関係すること、天窓が雨漏りの原因になり、雨水は土屋根の土を流し、平らな部分に溜まりやすいことなど、日本の縄文時代における土屋根竪穴住居の使用と維持、管理に関わる非常に具体的な知見をもたらしている点で貴重です。

高田和徳らの実験により、屋根に載せる土の種類にも適性があることが分かっています。たとえば、クロボク（黒土）よりもロームが良く、その理由には、雨水が浸透しにくい、虫やモグラなどの哺乳動物が繁殖しにくいなどがあげられます[33]。御所野遺跡では、実際に縄文期の焼失住居が発掘調査されており、それとの比較研究がオンサイトで可能です。

このように、野外博物館は自然実験の格好のフィールドであり、中長期的に建造物や野外遺構の経年変化を観察するのに適しています[34]。

こうした中長期プロジェクトの課題としては、明確な研究戦略と継続的な勢いを保つための組織的な取り組みをすることが挙げられます。研究計画とその準備に関わるガイドラインを掲げておくことが、重要になるでしょう。一年はおろか数十年かけて成果が得られることもあり、実験の継続性を担保するための組織づくりが、今後の課題となるでしょう。

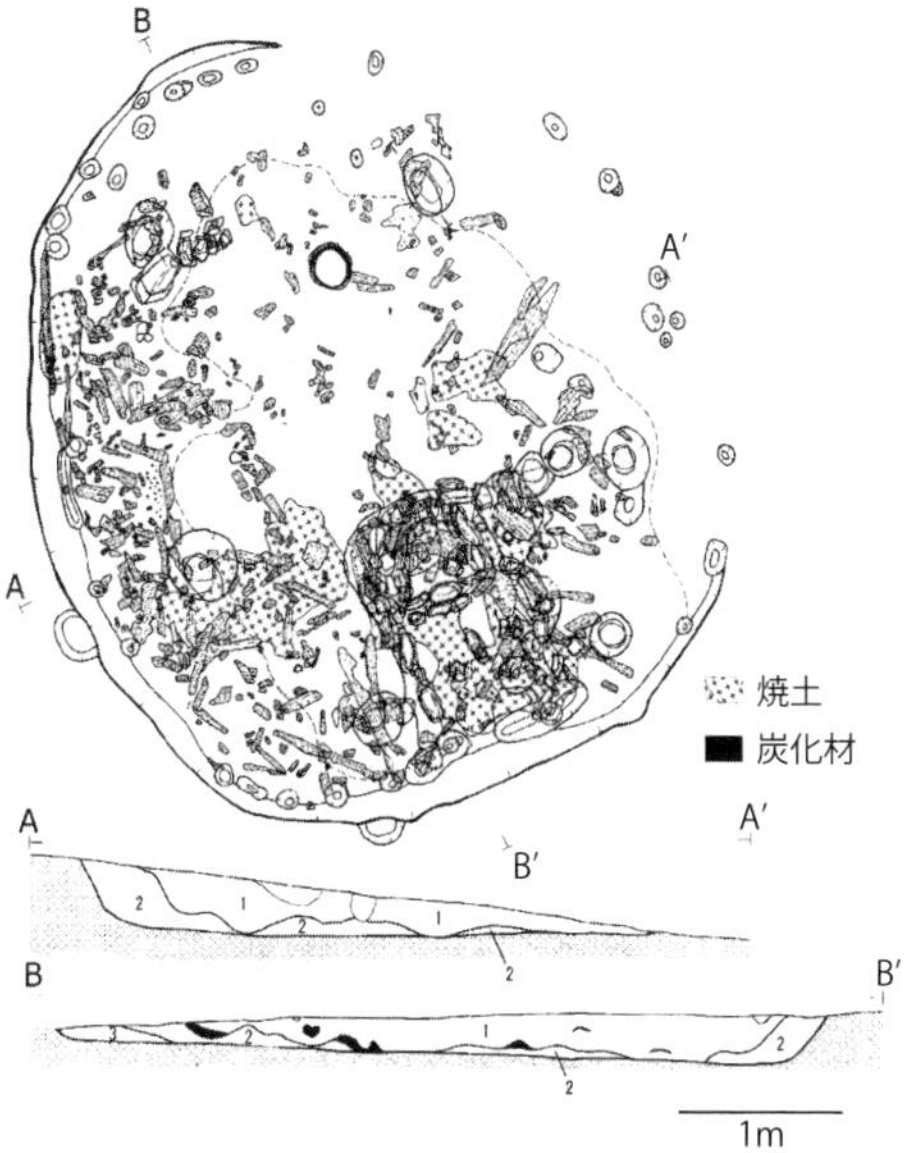

図 9-7　御所野遺跡の焼失住居

御所野縄文公園では詳細な考古学的記録に基づくフィールド実験が行われている。

過去の遺跡を対象として、より主体的で「経験」に基づいた理解を与えるために、野外博物館で体験的アプローチをどう利活用するかを考える考古学者が現れています。ガーランドは、今後の総合的なアプローチの方向性として、未来の面白いアイデアを述べています。デジタル技術を組み込むことで、様々な季節、建設段階、装飾、調度品、さらには住民を探索し、再建された建物の感覚体験を強化できると考えています[35]。

パブリック空間にある実験と経験の考古学は、閉ざされた室内空間から開放された野外空間へと考古学自身を解き放ち、古代のアートを市民レベルにまで分かりやすく、普及させてゆく可能性を感じさせます。すなわち、私たちは、実験と経験を組み合わせて、過去の再構築と理解を促す学際的な研究領域（ディシプリン）を開拓してゆくべきと考えます。この研究領域の中心に、第2実験考古学があると考えます。

野外博物館には「学術的解釈、工芸品の専門的知識、および過去の有形無形の調査が可能な公開展示[36]」が実現できる可能性を秘めています。よって、ばらばらではなく、統合的に見せることができるはずです。

野外博物館は、第1実験考古学のみならず、第2実験考古学を実践してゆく際の、格好の場所になることが期待されます。

未来の実験考古学を考える

パールデクーパーは現代の実験考古学の意義を次のように説明します。

実験考古学は、博物館、大学、社会、フリーランサーをつなぐ多目的なツールです。また、過去に驚きを抱く聴衆と直に触れあうこともできます。これらの活動の一部がより適切に構造化されている場合、付加価値は莫大です。実験的アプローチは、過去の知識を得るために大いに貢献するものであり、実験考古学は学界に閉じた営みではありません[37]。

この文章を読んで私は、実験考古学はパブリック考古学（public archaeology）の実践的手法の一つでもあると確信します。

パブリック考古学とは、大衆考古学、あるいは市民考古学とも呼ばれるような、現代社会と一般市民に考古学がどう活かせるかを考える分野です。別の言い方をすると、考古学の成果を現代社会での教育や生涯学習、景観保全と組み合わせながら考えてゆく取り組みです。その点、実験考古学は、研究、教育、またはコミュニケーションの幅広い戦略のモジュールになりえます。

実験考古学に当てはまるものとそうでないものとの間に線を引くことは困難です。その主な理由は、実験考古学は学際領域の分野、境界領域の分野として成長を遂げたためであり、前述のとおり、さまざまな目的や状況のなかで、実践されているからです。その立ち位置は多様であり、目的が異なる実験的試みが共存しているのが現状です。

また、考古学における実験が科学であるか否か、という問いにあまり重要な意味はありません。科学的か否かの線引きは常に難しく、かつ科学の日本語的な意味がいくつも存在するからです[38]。

しかし、もし、後者の問いに答えなさい、というならば、私は自信を持って科学（正しくは、日本語のサイエンス）であると答えます。その根拠は、いかなる統制の弱い実験や、民族誌的経験であったとしても、それら全てが野外科学に準じた探検・探索的な試みであると思えるからです。あらゆる実験的・経験的アプローチを、実験考古学の傘下に位置付けたい、そう考えるのが、私のここでの主張です。

手続きが間違っているがゆえに科学的ではない試みというものは存在します。しかし、そうしたものは、どの分野にもあるでしょう。自らの感性を過去に直接投影したり、過去にない復元を試みたり、過去の技量に到底到達しない「実験」を繰り返して、過去を理解しようとしたような、手続き上の誤りがある実験的試みの存在をもって、実験考古学が「科学」でないと言うことはできません。

石器づくりは、もちろん実験考古学におけるひとつの研究対象に過ぎません。しかしながら、土器や石器を作るという行為そのものが、狭義の実験科学として、実験と経験の双方で、果たす役割があることが分かるでしょう。この点に関して、私は、豊かな民俗資料を扱うことのできる縄文の土俗再現的な実験考古学に、ある種の可能性を感じています[39]。

分析科学技術の進歩と応用により、人工知能（ＡＩ）が実験考古学を担当する日が来るかもしれません。アドリアン・エヴァンスは、ブラインドテストシステムとして、ＧＩＳを用いた単純なエッジ・ダメージの測定、エキスパートシステムを用いた顕微鏡画像分析、および直接表面計測アプリケーションの開拓について紹介しています[40]。ＡＩの考古学分野への参入は、将来の第1実験考古学分野への明るい話題といえるでしょう。

これまで述べてきたように、実験考古学は考古学に特有の限られた問いに答える方法論であるものの、社会の変化に応じながら、その射程は現代（第2世界）にまで広がっています。経験と感性を重んじた第2実験考古学は、問いを生み出し、公益に資することが期待されます。

実験考古学とは、理論とデータの間を行き来する創造的な緊張のプロセスであるとともに、(41) 痕跡から現在と過去の動態をリレーショナルに類推し、考古学における方法論的前提の妥当性を点検し、考古学者に無知の排除を促し、教育者に便利な体験学習トゥールをもたらし、市民の古代への知的好奇心を喚起し、人々に稀有な生涯学習の機会をもたらす可能性を秘めた営み全般であると考えます。

註

（1）前掲〔第4章註（18）〕コールズ（一九八五）。
（2）Saraydar, S. C. (2008) op. cit.〔第6章註（46）〕
（3）Garland, N. (2023) op. cit.〔第8章註（27）〕
（4）彼らの著作には以下のものがあります。前掲岩城（一九八〇）、楠本政助『縄文生活の再現―実験考古学入門』（筑摩書房、一九八〇年）、関根秀樹『縄文人になる！』（山と溪谷社、二〇〇二年）、前掲雨宮（二〇二〇）、縄・文（週末縄文人）『週末の縄文人』（産業編集センター、二〇二三年）。
（5）岩城正夫『原始時代の火―復原しながら推理する―』（新生出版、一九七七年）。
（6）前掲週末縄文人（二〇二三）。
（7）松本直子編『心とアートの人類史』（季刊考古学別冊36、雄山閣、二〇二一年）。
（8）海部陽介『日本人はどこから来たのか?』（文芸春秋、二〇一六年）。
（9）Cherry, J. F. & T. P. Leppard. (2015) op. cit.〔第5章註（38）〕
（10）こうした姿勢は、考古学だけに限らず、地質学でもそうだといいます。地質学者の田野倉達弘は、実験科学者のなかには野外科学を頭からバカにしきっている者もいると嘆いています（田野倉達弘『野外科学と実験科学—仮説法の展開—』〔二〇一三年、一七頁〕)。
(11) Holten, L. (2014) Engaging experiments: from silent cultural heritage to active social memory. In: J. R. Flores & R. Paardekooper. (eds.), *Experiments Past: Histories of Experimental Archaeology*. Sidestone Press: pp. 269–283.
(12) Mathieu, J. R. (2002) op. cit.〔第5章註（4）〕
(13) 小林達雄編『縄文時代における自然の社会化』（季刊考古学別冊六、雄山閣、一九九五年）、小林達雄編『縄文ランドスケープ』（ジョーモネスクジャパン機構、二〇〇二年)。
(14) Mills, S. F. (2009) We opened up a really nice porcelain door handle. In: Allen, M. J. et al., (eds.) *Land & People: Papers in Honour of John G. Evans*. Oxbow Books: pp. 19–30.
(15) ヒトの知覚を探る研究は、神経科学と考古学の共同によって実現している。たとえば、イギリスのディートリッヒ・スタウトとティエリー・シャミナードは、石器づくりを学習している初心者六名の認知基盤をPETで解析した。その結果、戦略的行動計画に関連する前頭前皮質や、日常の道具使用スキルの表現に役割を果たす下頭頂皮質では活性化が観察されなかったことを明らかにしています。その結果を受けて、人類の技術進化の初期段階における中心的な要素が、抽象的な概念化や計画ではなく、感覚運動への適応とアフォーダンスの能力であったと結論付けています。このように、脳機能画像を用いることで、主体者の認知基盤を明らかにできるようになっています（Stout, D. & T. Chaminade, [2007] The evolutionary neuroscience of tool making. *Neuropsychologia*, 45 (5): pp. 1091–1100.)。
(16) Tringham, R. & A. Danis. (2019) Doing sensory archaeology: the challenges. In: Skeates, R. & J. Day. (eds.) *The Routledge Handbook of Sensory Archaeology*. Routledge: pp. 48–75.
(17) Gill, F. (2012) *Flute Lines: Experiencing Reconstructions Concerning Music*. Doctoral thesis, Linnaeus University.
(18) 時津裕子『鑑識眼の科学—認知心理学的アプローチによる考古学者の技能研究—』（青木書店、二〇〇七年)。
(19) 前掲〔第4章註（32)〕安斎（二〇〇七)。
(20) Brück, J. (2005) Experiencing the past? The development of a phenomenological archaeology in British prehistory. *Archaeological Dialogues*, 12: pp. 45–72.
(21) Hamilakis, Y. (2013) *Archaeology and the Senses: Human Experience, Memory, and Affect*. Cambridge University Press.

(22) Tilley, C. (1994) op. cit.〔第5章註 (45)〕

(23) Holtorf, C. (2017) Introduction: the meaning of time travel. In: Petersson, B. & C. Holtorf. (eds). *The Archaeology of Time Travel: Experiencing the Past in the 21st Century*. Archaeopress: pp. 1–22.

(24) Eve, S. (2014) *Dead Men's Eyes: Embodied GIS, Mixed Reality and Landscape Archaeology*. Archaeopress.

(25) Gonzalez-Tennant, E. (2016) Archaeological walking simulators. *SAA Archaeological Record.*: pp. 23–28.

(26) 前掲〔第8章註 (16)〕長井編 (二〇一九)。

(27) 前掲松本編 (二〇二二)。

(28) 小笠原永隆「考古学的な地域資源の観光利用について」(『日本考古学協会第90回総会研究発表』、二〇二四年)。

(29) Townend, S. (2007) What have reconstructed roundhouses ever done for us? *Proceedings of the Prehistoric Society*, 73: pp. 97–111.

(30) Paardekooper, R. (2020) The use and relevance of archaeological open-air museums. *EXARC Journal. Issue* 2020/1.

(31) 古城泰「復原竪穴住居の煙出し穴について」(『貝塚』51、一九九六年、一—八頁)。

(32) Mytum, H. & J. Meek. (2020) Experimental archaeology and roundhouse excavated signatures: the investigation of two reconstructed Iron Age buildings at Castell Henllys, Wales. *Archaeological and Anthropological Sciences*, 12: 78.

(33) 高田和徳ほか『御所野遺跡環境整備事業報告書Ⅱ』(一戸町教育委員会、二〇〇七年)。

(34) ライレの歴史・考古学実験センターにおいては、各種のフィールド実験と仮説づくり (発見) を目的とした実験が行われています。体験考古学の効用を理解し、意図的に「経験・体験」的な実験をプログラムの中に取り入れているのが特色です。また、長期的な変化を観察する形成過程の実験、その他の様々な行動の復元に関する実験が行われています。

(35) Beck, A. S. (2011) op. cit.〔第8章註 (28)〕

(36) Hurcombe, L. (2015) Tangible and intangible knowledge: the unique contribution of Archaeological Open-Air Museums. *EXARC Journal*, 15: pp. 1–17.

(37) Paardekooper, R. (2019) op. cit.〔第8章註 (3)〕

(38) 科学の含意については、多くの文献を参照しましたが、次の書籍が分かりやすいでしょう。伊勢田哲治『疑似科学と科学の哲学』(名古屋大学出版会、二〇〇三年)、野家啓一『パラダイムとは何か—クーンの科学史革命—』(講談社、二〇〇八年)。

(39) とりわけ、渡辺仁が「土俗考古学」の方法論として重視し、安斎がより明確にその考え方を説明した「歴史遡及法」(direct historical approach) と実験的手法を組み合わせることで、ある種の可能性が生まれる兆しを感じています。歴史遡及法とは、時間のつながりをある空間で認めるという考え方によるもので、土俗的とは、民俗的ともいえるものです。いずれも、時間的な連続性が意識されます。つまり、その地の、その歴史の延長にある実験的アプローチを取ることができるのです。第4章で紹介した塩地潤一らによる出土編組品の復元的実験研究、あるいは名久井文明による樹皮鍋を使った土俗再現的な実験考古学などは、仮説形成における根拠が発掘データに加えて、土俗的経験に基づいています。前提としての条件設定が、より具体的で真実味を帯びているので、仮説検証プロセスを経て得られた推論は、高い次元で妥当性があると考えられます。こうした分野の研究は、自国的な独自性を持っているため、世界的にも稀有な試みとなるでしょう。

(40) Evans, A. A. (2014). On the importance of blind testing in archaeological science: the example from lithic functional studies. *Journal of Archaeological Science*, 48: 5–14.

(41) Jones, A. (2002) *Archaeological Theory and Scientific Practice: Topics in Contemporary Archaeology*. Cambridge University Press.

エピローグ　終わらない石器づくり

多様性を受け入れた未来に向けて

自然科学一般において、科学的実験こそが優れた研究成果を残すといった主張がある一方で、実験考古学という言葉が引きずるある種の体験的なイメージ、すなわち復元的な実験に対するネガティヴなイメージが長く存在しました。この本では、そうしたイメージを払拭すべく、実験考古学の枠組みと論理を考察して、実験科学的な研究が明らかにした先史考古学の世界を紹介し、石器づくりの身体経験が与える現代的役割について考えています。

本書を通して私は、考古学における「実験」の貢献について、改めて考えるとともに、考古学が徹底的に経験的であるということを確認しました。そして、石器づくりが二一世紀の現在までも脈々と形を変え、残されていることをみてきました。現代世界で起きた「石器ルネサンス」は、いまも続く二一世紀の石器文化として、独自の体系を生み出したと考えられます。

ときおり、過去の石器と寸分たがわぬ複製が行われます。それでも、その彼ら彼女らの石器づくりの動機は異なります。大衆文化の一部として、二一世紀の今・現在もなお、地球上のあちこちで、数々の石器が作り出されています。彼ら彼女らの制作物は、いずれ二〇・二一世紀の遺産として、大地に埋没してゆくことになるでしょう。

もちろん、石器を作ることによる光と陰も存在します。実験科学や野外科学の一環として、探求と探索目的で行われる石器づくりは光の一面、石器を作る擬似体験がもたらす模造品の取り扱いと死蔵による遺跡破壊、資源管理、贋作づくりは陰の一面として強調されます。

だからといって、私はここで、実験と経験に優劣をつけようとしているわけでもなければ、過去を賛美しているわけでもありません。実験が経験よりも上位にあるとか、現在が劣っていて、過去が素晴らしいと言いたいのではありません。もちろん、その逆も然りです。

ただ、一九世紀末のフエゴ島で作られたガラス製石器、あるいは二〇世紀のキンバリーポイントに対して、私たちが感じる美しさと、過去の作り手たちが感じた美しさとが、決して同じではなかったことを知るとき、私たちのモノに対する価値づけは、時代とともに揺らいできたと感じます。

モノに対する「価値体系」とは、私たちの都合で定めたものに過ぎません。この点に鑑みたとき、私は、二一世紀も終焉することのない石器づくりの世界に、多様性を受け入れた未来像を感じたいのです。

文化は実体ではなく、一貫性の受容です。そのため、多様化（ダイバーシティ）は、個々の日常的な行為から生まれています。人類三四〇万年の石器づくりの歴史において、今もなお、多様化が起きているのです。

私が想像する世界は、手仕事で過去のモノを作る身体経験を通して、意識知覚の変化を呼び起こす、そんな再現的な試みが、考古学における実験と経験、および現代社会の教育界に活きてくる世界です。

本書で紹介した分析科学技術の考古学分野への導入は、石器を作るヒトの認知や神経基盤を解き明かす手掛かりを与えています。さらに、ＶＲやＡＩが、時と場所を越えて、石器を作る身体をバーチャルに可視化させ、それが次世代の研究・教育媒体として、活用される日が来るのもそう遠い未来ではないと感じます。

「物心」を養おう

近代科学としての石器づくりは、過去の文物を理解するための、補助的研究の手段として、その地位を確立させた。多くの方は、そんな堅苦しいイメージをお持ちではなかったでしょうか。

ただ、その一方で二一世紀になり、博物館や埋蔵文化財センターなどの公共セクターで益々実施される石器づくり体験、土器づくり体験、火起こし体験、ものづくりワークショップ等、種々の生涯学習プログラムは、その各々が体験学習の機会として絶大な効果を持つことを期待しつつも、一体どんな具体的な効果をもたらすかということに対して、はっきりとその意義を説明できずにいたように思われます。

体験学習が大義名分となり、真の教育の姿として期待されたその中身はブラックボックス。体験することの意義は、どちらかというと、体を動かし、五感で学ぶという抽象的な内容に集約されてきたように感じます。野外体験が、気付きをもたらし、自然の教示を授けるといった漠然としたイメージは、それ自体、誤りとは思えません。体験する楽しさが、学びの動機づけになることも否定しません。しかしながら、具体的にその価値を説明することが難しく感じられてきた背景として、観察や体験という再現的・娯楽的な行為が、実験科学に劣るといった近代科学に根ざした偏見に基づくことは、否定できないでしょう。

科学至上主義の研究者たちは、石器づくり、ひいては考古学的実験というものを、狭い第1実験考古学の範囲のなかに長らく閉じこめてきたように感じます。再現性の追求と法則性の発見は、第一義的に重要であり、パラメータの制御は考古学的フィールド実験の課題でした。そしてこれからも、この点は学術のなかでの位置づけをめぐって、議論が続いてゆくでしょう。

とはいえ、石器を作ることは、考古学的製作（実験課題）であると同時に、現代における制作であり、工芸です。第1世界――過去――を扱う実験考古学は、最新科学技術が今後ますますその分析域を押し広げると思われます。そして、未だその輪郭は、ぼんやりしているものの、第2世界――現代――を射程におさめた社会と身体性を重視した実験考古学の将来性が期待されます。その射程は、アートの領域まで拡張し、過去の探求のみならず、現在と未来の探索にも向かっています。石器を作る私たちの身体そのものが、研究対象となっているのです。

私は、石器を作ることが、現在の自己の「生《せい》」(1)をモノとのつながりにおいて把握しようとする物質的感性を養うと考えます。この物質的感性は、かつて柳田國男が民俗学的な歴史的感性を「史心」と名付けたその考えに倣って、「物心《ぶっしん》」と名付けたいと思います。

モノと心のつながりを探る「物心」は身体的経験を重視します。実験考古学における経験は、この「物心」を扱う絶好の機会となりえます。やってみるという経験が、モノを捉える主客の立場を変化させます。それにより、モノに対する新たな視角が生まれることが期待されます。(2)

数週間苦労して試行錯誤した挙句やっとの思いで灯した炎の美しさは、マッチやライターで付けた炎のそれにはかないません。その神々しく燃える炎の美しさに感嘆した週末縄文人の「縄」と「文」は、炎の絶対的な美しさを生涯初めて感じとったことを告白しています。(3)

身体的経験は、モノと心の働きを探るための、優れた教育機会を提供すると考えられます。その際、モノを見て、モノを作り、またモノを見るという一体の身体感覚が、「物心」を養う上で大切です。

考古学教育の主眼は、経験と実験を通して「物心を養う」ことにある、と明言したいと思います。

サバイバル術にあらず

ところで、原始体験は、いざという時のためのサバイバル術を身につけておくためでしょうか。生きるための知恵を学ぶ貴重な機会といえましょうか。「なりきり縄文人」に代表される体験家たちは、原始体験をすることの意義について、緊急時の実用的な価値について説明することがありますが、これは少し非現実的であるようにも思えます。

私には、現代社会における天災・災害時に、いきなり石器を作って、火おこしを始めて、その場暮らしをするイメージが湧きません。もちろん、生き延びるために必要な知恵として、役に立つことを否定しているわけではありませんが、それが第一の目的だと言われれば、私は違和感を抱いてしまいます。達人ならば、石のナイフはわずか数秒で作れます。そんな理由で国際線の航空機の機内にナイフを作るための石とハンマーを持ち込めば、ハイジャック犯に立ち向かえると冗談交じりに感じたことはありますが、それももちろん現実的な話ではありません。おそらく、石器づくりを経験し、過去の石器づくりを「追体験」する意義は、そういった実学的、生存術的なところにのみあるわけではないでしょう。

経験と実験の考古学は、人間の来し方行く末を考える良いチャンスをもたらします。そして、私たちが「物心」を養い、感性を豊かなものとすることが、人間が人間であることを再確認する機会になると思います。人が人として生きていいる原点を感じられるのです。

地球、水、石

石器が人類の右腕の延長として、道具として発達させることができたのも、地球上に多様な石があったからです。太陽系のなかでは、地球ほど多様な石に恵まれた惑星はありません。フリント、頁岩《けつがん》、石灰岩、チャートなど、地球上の人類が数百万年のあいだ愛用してきた石器の素材が、地球以外の地球型惑星に存在しえないその理由は、「岩石の生成に液体の水が不可欠である」からだと説明できます(4)。こう言ったのは、日本の鉱物学者、白水晴雄です。白水の教えによれば、集積や熱水鉱床があるのも、海や陸がある地球ならではの特徴であると分かります。海(液体の水)が多様な石を生成し、数百万年にわたる地球の石器時代を支えてきました。火成岩や変成岩の性質も、地球と地球以外の惑星とでは、大きく異なっており、生成のあり方も違います。

私たちは、地球上で約三四〇〇万年前から現代まで石器を作り、進化してきました。もし、遠い未来に地球以外の惑星で、人類に代わる生命体が誕生しても、私たちとは遥かに異なる進化の道をたどることになるかもしれません。わずかな堆積岩と降水による岩石の化学的風化作用がありそうな火星を除いて、石器時代は存在しないのかもしれません。石器時代が、生命の歴史において、必然的な過去として存在したわけではないことに想いを巡らせると、石器を作った人類史の希少性を感じます。

石器づくりと共に進化を遂げてきた私たちの歴史は、偶然が重なり合った奇跡であるようにも思えます。

註

（1）柳田國男「社会科の新構想」（長浜功編『柳田国男教育論集』新泉社、一九八三年〈初出一九四七年〉）。

（2）ジョフロワ・ドロームは、鹿と森のなかで七年間一緒に暮らし、鹿と意識の交流をした人間が、信じがたい体験をしたことを記しています（ジョフロワ・ドローム、岡本由香子訳『森の鹿と暮らした男』〈エクスナレッジ、二〇二四年〉）。ドロームの貴重な体験は、別世界を経験することで、主体と客体とが変化することを教えてくれます。

（3）前掲〔第9章註（4）〕週末縄文人（二〇二三）。

（4）白水晴雄『石のはなし』（技報堂出版、一九九二年）。

あとがき

小学六年生の時に畑で土器を拾って、考古学の道を歩みたいと思い三〇余年が経ちます。その間、様々な書籍を手にして読んでみましたが、ずっと感じていたのは、リアリティのある過去を感じたいという思いでした。

私が中学生のころ、名古屋に単身赴任していた父が丸善で購入してくれた『古墳の知識』（東京美術）は宝物であり、高校生になってからV・G・チャイルドの『考古学とは何か』（岩波新書）を読んでみました。高校生の私は、詳しく内容が分からないなりにも、その奥に確固として存在する「考古学」の世界を感じていました。それでも、生々しい過去が、見えてこない。このフラストレーションは自ら解消する必要があると感じていました。耐えかねた私は、自ら土器を作ったり、石器を作るところから、始めてみました。私が一六歳のころです。

私が当時作った土器や石器は、古代人のモノとは似ても似つかぬ代物でした。土器は焼成中に割れて砕けたし、石器は形を真似ただけのひどいもの。石斧は、素材選びがまずく、ひどく薄すぎたために、使えばすぐに折れてしまいました。

それでも、めげずに石器を作り続け、それなりに「物心《ぶっしん》」を養うことに多くの時間を費やしました。大学時代に読んだ安斎正人先生（当時、東京大学助手）の『無文字社会の考古学』（六興出版）は、考古学の奥行きを教えてくれる大好きな本のひとつでした。石器を本気でクラフトしたいと思うようになったのは、大学院に進んでから。ふたたび安斎先生の論文「石器は人を語れるか」に触れてから、これぞライフワークと感じた私は、博士課程で渡米しました。イリノイ州でティム・ディラードが主宰するCAA（Center for American Archaeology）の夏期スクールに参加する機会を得たことで、私の石器技術研究が本格的にスタートしました。

私は、その後一〇年かけてイリノイ州の他、ミシガン州のナップ・イン、ペンシルベニア州、ミネソタ州の大学研究室を転々として、欧米の現代石器製作者との交流を重ねてきました。フランス・ドルドーニュ県、ドイツ・バイエルン州への渡航も良い経験となりました。北米スタイルによる加熱処理、クローヴィス・フォルサム型の石器製作、斜状平行剝離の複製、有舌尖頭器の復元製作、樋状剝離の剝離実験を手掛けます。帰国後に、博士論文を『石器づくりの考古学』（同成社）として出版し、ポスドク時代に国士舘大学イラク古代文化研究所で大沼克彦先生、東京大学総合研究博物館で西秋良宏先生と実験研究をする幸運にも恵まれました。この頃、ヨーロッパと西アジアの細石刃剝離技術、梃子を用いた石刃剝離技術、ルヴァロワ技法について学ぶことができたのは、研究の幅を広げるよい機会になったと思います。それからというもの、世界の実験考古学の潮流を傍目としながら、次第に私の中で、石器を作る経験を考古学に活かすための、理論と実践が記されたテキストが欲しいと感じるようになりました。

ちょうどそのころ、幸運にも、この本の執筆依頼をいただきました。約二年前にお話をいただいた時点で提示されたタイトルは、私が伝えたいメッセージとは少し違っていましたが、何度か出版社と打ち合わせを重ねるうちに、おおよその輪郭が固まりました。同世代と若者、学界関係者のみならず、博物館学芸員、そして考古ファンに読者層を想定して、執筆を進めることにしました。そのため、内容は専門的ではありますが、一般読者にも分かるよう、できるだけ平易な文体で語りかけるように書いてみました。書き続けるうちに、教本になりました。

実験であれ、体験であれ、実験的試みの立ち位置を正しく見きわめておくことの方が大切です。そのために、本書では、事例の紹介は少なめで、どう考えるかという、思考の道筋（ロジック）を説明することの方が、中心となりました。私の非力のために、把握しきれていない重要な研究があるかもしれず、そのことを恐れています。ただ、一般書という性格を考えて、取り上げることを断念した研究もあります。自分の研究が取り上げられていない、とどうかお怒りにならないで欲しいと思います。

本書を書きあげてみて思うのは、考古学における実験は、考古学の補助分野でも、方法論の一部でもなく、考古学そのものだということです。実験的な考えは考古学の周辺ではなく、むしろ基幹にあります。実験的経験が考古学的思考の基盤にあることを再認識できたのは、大きな収穫だったと思います。断片的にしか過去を知りえない考古学者にとっての実験とは、身近に取り組むことができるテーマのひとつであり、学術として、娯楽として、教育として、考古学の枠を超えた営みでもあったわけです。

　ともあれ、私が学生時代の日本の実験考古学には、実験考古学という言葉のなかにある体験的なニュアンスが、明らかに負のイメージを抱かせる基となっていたと感じます。学術と非学術に厳しく線引きしようとしたり、立場の違いを認めようとしない、どこか排他的な態度すら感じることがあり、肩身が狭く感じることもありました。しかし、実験的とそうでないもの、科学的か否かという観点で本来ひとつながりの学究的行為を線引きすることは、むしろ可能性を自分たちで減じる行為に他ならず、ほとんど意味をなしません。このことに気付いたとき、実験考古学の行く先は、一気に開けたと思えたのです。

　私はこの本で、あらゆる実験的営みが、物心を養うことを述べています。やってみるという経験がもたらす効用について、考えています。この本を手にした読者が、多様化した未来の考古学的実験や体験考古学に、これまで以上に関心を抱くきっかけとなり、その現代社会に果たす役割について、光の側面と陰の側面を冷静な態度で見きわめ、ともに考える機会を持っていただけたとするならば、望外の喜びです。

　私は、考古学に携わっていない人たちも、考古学をこれから学ぼうとする若者たちも、自分もやってみよう、と気軽な気持ちで、さまざまな場面で、さまざまな実験考古学にアプローチをする明るい未来を想像したいと思います。そして、その多様性を受容する機運が醸成されてくることを願っています。

　本書を執筆するにあたり、国内外の多くの研究者と盟友にお世話になりました。私が二〇〇〇年代初頭のアメリカを訪れた際に感じた、異様な石器づくりの盛り上がりと石器ルネサンス、その彼ら・彼女らの動機と可能性について、このたび結論めいた主張が提示できたのも、彼ら・彼女らが、折に触れて石器を作る信念を私に語ってくれたからにほかなりません。

ここにお世話になった皆さんの全てのお名前を挙げることはできませんが、この本の発想の源を有形無形に与えて下さった先生方のお名前を記し、お礼に代えさせていただきたいと思います（五十音順）。天野裕士（ＴＢＳディレクター）、安斎正人（元東北芸術工科大学教授）、大沼克彦（国士舘大学名誉教授）、木立雅朗（立命館大学教授）、久保田正寿（元立正大学特任教授）、佐藤宏之（東京大学名誉教授）、末永敏明（東北芸術工科大学教授）、西秋良宏（東京大学総合研究博物館教授）、古谷嘉章（九州大学名誉教授）、裵基同（元漢陽大学教授）、李漢龍（全谷先史博物館館長）、イアン・ウォレス（ニューメキシコ大学助教授）、ロバート・グラフ（フリーランス）、ロバート・ラブ（ミシガン・フリントナッパーズ創設者）、ティム・ディラード（石器製作者）、ウルフ・ハイン（フリーランス）。

何より、本書は、吉川弘文館編集部の木之内忍さんの後押しと情熱がなければ、無事刊行にまでいたることはなかったと思います。木之内さんには、深甚なる感謝の意を表したいと思います。

また、入稿前の原稿を読んでいただいた安斎正人先生に、心よりお礼申し上げます。私が師と仰ぐ安斎先生からのお言葉に、どれほどの力を与えていただいたか、感謝の気持ちを正しく表現することができません。

とはいえ、改めて読み返してみると、変に砕けて書いたところと、力の入っているところが見えてきます。概念がまだ抽象的で、いったい何が言いたいのか、少し分かりにくいところもあるように思えますが、読みにくさは筆者の力不足ということでご寛恕願いたいと思います。

令和六年五月

長井謙治

索　　引

（太字は主要な記述のある頁）

事 項 名

あ行

か行

ま行

や・ら・わ行

英字

人　　名

あ行

か行

さ行

た行

な行

は行

ブラックウェル Blackwell, W. J. ……266
ブラックバーン Blackburn, T. ……275
プラネル Planel, P. G. ……240
ブリュック Brück, J. ……281
ブリル Bril, B. ……219
ブルデュー Bourdieu, P. ……249
ブレイク Blake, E. C. ……226
フレニケン Flenniken J. J. ……78, 80
プロフィット Proffitt, T. ……22
フローレス Flores, J. R. ……242
ヘイエルダール Heyerdahl, T. ……82
ペルシン Pelcin, A. W. ……127
ペルトン Pelton, B. ……130
ペレグラン Pelegrin, J. ……46, 47, **90**, **91**, 115, 174, 270, 274
ボアズ Boas, F. ……38
ボエダ Boëda, E. ……105
星野孝総 ……229, 230
ホートルフ Holtorf, C. ……282
ポープ Pope, S. T. ……29, 40, 212
ホームズ Holmes, W. H. ……208
ホルテン Holten, L. ……278
ボルド Borde, F. ……77, 79, 90
ホワイト White, P. ……211
ホワイト White, N. ……54
ボワーズ Bowers, P. M. ……128
本多勝一 ……57, 97, **151**, 152

ま行

マイタム Mytum, H. ……288
マクドナルド Macdonald, W. K. ……82
マシュー Mathieu, J. R. ……155, 166, 190
マッカディ MacCurdy, G. G. ……77
マッコール McCall, G. S. ……130
松沢亜生 ……92, **102**, 126
松沢哲郎 ……122
松原正毅 ……93, 108
松本直子 ……277, 284
マードック Murdock, J. ……38
三浦直樹 ……229, 232
ミーク Meek, J. ……288
御堂島正 ……**92**, 129, 149, 191, 198, 206, 233
宮路淳子 ……168
ミルズ Mills, S. F. ……279
ミルソン Millson, Dana C. E. ……167, 168
ムーア Moore, M. W. ……53, 69, 258
ムラーズ Mraz, V. ……207
メイヤー Meyer, D. A. ……155
メルツァー Meltzer, D. J. ……177
森山公一 ……92

や行

山田しょう ……147
山田昌久 ……137, **259**
米澤容一 ……65

ら・わ行

ラボック Lubbock, J. ……76
ラルー Le Roux, C. C. F. M. …29, 57, 59, 60, 97, 98
リーパー Leeper, D. R. ……37
ルンド Lund, M. ……100–102
レイ Ray, P. H. ……37
レイノルズ Reynolds, P. J. ……95, 179, 241, 242
レゼク Rezek, Z. ……118
レディング Redding, B. B. ……32, 37
ロス Roth, W. E. ……53
ローリー＝コンウィ Rowley-Conwy, P. ……155
ワイクス Wykes, C. ……42, 43
ワトソン Watson, V. D. ……211

図表目次・出典

〈口絵〉（記載のないものは筆者撮影）

フエゴ島のガラス製石器　Delaunay, A. N., et. al.（2017）Glass and stoneware knapped tools among hunter-gatherers in southern Patagonia and Tierra del Fuego. *Antiquity*, 91（359）: pp. 1330–1343.

キンバリーポイント　（左）グレアム・クラーク（大塚初重訳）（1971）『石器時代の狩猟民』創元社　（右）埼玉県立歴史と民俗の博物館所蔵

アドミラルティ諸島の黒曜石製ナイフ　埼玉県立歴史と民俗の博物館所蔵

石斧を研ぐニューギニア高地の男　H・ハーラー（近藤等・植田重雄訳）（1964）『石器時代への旅―秘境ニューギニアを探る―』新潮社

キプロス島の脱穀そり　Hein, W. & M. Lund.（2017）*Flinthandwerk*. Angelika Hörnig.

図 1-1　アステカの黒曜石の鏡と水晶　Parry, W. J.（2014）Reflections on reflections.: *Obsidian Reflections: Symbolic Dimensions of Obsidian in Mesoamerica*. University Press of Colorado. …… 7

図 2-1　代表的な剝離技術　Hein, W. & M. Lund.（2017）*Flinthandwerk*. Angelika Hörnig. …… 12

図 2-2　運動方向に沿って使用痕がつく　Semenov, S. A.（1964）. *Prehistoric Technology*. Cory, Adams and Mackay. …… 14

図 2-3　今と昔の道具のつながり　筆者作成 …… 15

図 2-4　オマキザルの石割り　Proffitt, T., et al.（2016）Wild monkeys flake stone tools. *Nature* 539（7627）.… 21

図 2-5　オマキザルが割った石片　Proffitt, T., et al.（2016）op. cit. …… 22

図 2-6　馬が作った石器もどき　Domínguez-Solera, S. D., et al.（2021）Equids can also make stone artefacts. *Journal of Archaeological Science: Reports 40*. …… 23

図 2-7　割れたタイミングに時間差がある接合資料　長井謙治（2020）「入口遺跡前期旧石器時代説の批判的検討―ジオアーケオロジーの実践から―」『日本考古学』（51）…… 24

図 3-1　19 世紀に動物同然に描かれた北米のネイティブ・アメリカン　Chever, E. E.（1870）The indians of California. *The American Naturalist* 4（3）. The University of Chicago Press for The American Society of Naturalists. …… 30

図 3-2　本書に登場する石器づくりの記録がある地域　筆者作成 …… 33

図 3-3　19 世紀末の石器づくりが記録されたアメリカ先住民　筆者作成 …… 34

図 3-4　ウィントゥ族が作った矢と鏃　関俊彦（2007）『カリフォルニア先住民の文化領域』六一書房 …… 35

図 3-5　北米先住民（20 世紀初頭）の剝離具　Shackley, M. S.（2001）The stone tool technology of Ishi and the Yana of north central California. *American Anthropologist* 102（4）. …… 38

図 3-6　エスキモーの湾曲剝離具　Kragh, A.（1964）*Mand og Flint*. Rhodos. …… 39

図 3-7　イシの押圧剝離　Shackley, M. S.（2001）op. cit. …… 40

図 3-8　姿を現したイシ（1911 年）　シオドーラ・クローバー（行方昭夫訳）（1971）『イシ―北米最後の野生インディアン―』岩波書店 …… 41

図 3-9　イシ・ステック　Hein, W. & M. Lund.（2017）op. cit. …… 42

図 3-10　イシ・ステックを用いて押圧剝離をするワイクス　筆者撮影 …… 43

図 3-11　ボルツァーノ博物館のエッツィ　イタリア・ボルツァーノ博物館所蔵，筆者撮影 …… 44

図 3-12　エッツィが持っていた押圧剝離具　Wierer, U., et al.（2018）The Iceman's lithic toolkit. *PLoS ONE* 13. …… 46

図 3-13　曖昧な二つの手掛かり　Titmus, G. L. & J. E. Clark.（2003）Mexica blade making with wooden tools: *Mesoamerican Lithic Technology*. University of Utah Press. …… 49

図3-14　再現されたイツコロトリ　a: 筆者撮影　b: Crabtree, D. E.（1968）Mesoamerican polyhedral cores and prismatic blades. *American Antiquity* 33（4）. c: Hein, W. & M. Lund.（2017）op. cit. ……………………… 50
図3-15　パワーストロークをするオーストラリア先住民　Kragh, A.（1964）op. cit. ………………………… 51
図3-16　ガラス瓶から作られたキンバリーポイント　田中英司（1989）「オーストラリア・アボリジニのガラス製槍先」『埼玉県立博物館紀要』15 ………………………………………………………………………… 52
図3-17　本書に登場するオーストラリア・ニューギニアの先住民　筆者作成 ………………………………… 54
図3-18　オーストラリアの支持押圧　Ellis, H.（1965）*Flint-Working Techniques of the American Indians*. The Ohio Historical Society. ……………………………………………………………………………………… 55
図3-19　石斧を作るニューギニア西部の先住民　Davis, V. & M. Edmonds.［ed］（2011）*Stone Axe Studies III*. …… 56
図3-20　火力で石を砕くニューギニア西部の先住民　Davis, V. & M. Edmonds.［ed］（2011）op. cit. ……… 59
図3-21　ガン・フリント　Oakley, K. P.（1972）*Man the Tool-Maker, 6th ed.* British Museum. Hamilton, T. M. & K. O. Emery.（1988）*Eighteenth-Century Gunflints from Fort Michilimackinac and Other Colonial Sites.* Mackinac Island State Park Commission. ……………………………………………………………… 61
図4-1　フリントジャックの贋作品　Munro, R.（1905）*ArchÆology and False Antiquities.* Metheun & Co. …… 76
図4-2　ドン・クラブトリー（Don Crabtree）　Society of Primitive Technology（2001）*Bulletin of Primitive Technology* 21. ………………………………………………………………………………………… 78
図4-3　エレット・キャラハン（Errett Callahan）　Olausson, D., et al.（2020）Errett Callahan（1937-2019）and his impact on Swedish archaeology. *Fornvännen*, 2019（4）.……………………………………………… 79
図4-4　ジョン・コールズ（John Coles）　Paardekooper, R.（2009）Reflecting on experimental archaeology. *euroREA*（2009） ……………………………………………………………………………………… 83
図4-5　ジャック・ペレグランの影響　Hein, W. & M. Lund.（2017）op. cit. ……………………………… 91
図4-6　松原が作った実験資料　松原正毅（1971）「弥生式文化の系譜についての実験考古学的試論」『季刊人類学』2（2）…………………………………………………………………………………………………… 93
図4-7　ジャック・ティキシェの足下技法　Tixier, J.（1972）Obtention de lames par débitage « sous le pied ». *Bulletin de la Société Préhistorique Française* 69. ……………………………………………………… 96
図4-8　石器で髭を剃る先住民　本多勝一（1976）『生きている石器時代―ニューギニア高地人―』 偕成社 … 98
図4-9　墓に描かれた石器を作る人物　Lund, M.（2015）Egyptian depictions of flintknapping from the Old and Middle Kingdom, in the light of experiments and experience.: *Egyptology in the Present. Experiential and Experimental Methods in Archaeology.* Swansea. …………………………………………………………… 100
図4-10　石製ナイフ製作のシーン　Lund, M.（2015）op. cit. ……………………………………………… 101
図4-11　再現実験を手掛けるルンドとその複製品　筆者撮影（複製石器はLund, M.〔2015〕op. cit.）……… 102
図4-12　剝離面の新旧を見きわめる　筆者作成 ………………………………………………………………… 103
図4-13　剝離面の切り合い関係　Inada, T.（2016）〔Bifacial reduction sequences observed on the Solutrean large 'laurel leaves' from Volgu. *Bulletin de la Société préhistorique française* 113（3）〕を一部改変 …… 104
図4-14　作り手の認知と「判断」　De Weyer, L., et al.（2022）Time, memory and alterity in prehistoric lithic technology. *Journal of Lithic Studies* 9.……………………………………………………………………… 106
図4-15　先住民の押圧剝離具の素材（20世紀初頭）　前掲 Hein & Lund（2017）をもとに作成 …………… 107
図4-16　立木から板を剝ぐ北西海岸の先住民　佐原真（1994）『斧の文化史』東京大学出版会 ……………… 109
表5-1　実験考古学の種類　筆者作成 …………………………………………………………………………… 116
図5-1　ラボ実験の仕組み（実験装置）　Dibble, H. L. & Z. Rezek.（2009）Introducing a new experimental design for controlled studies of flake formation. *Journal of Archaeological Science* 36（9）. ……………………… 119
図5-2　ラボ実験とフィールド実験　筆者作成 ………………………………………………………………… 120
図5-3　現実的ではあるが再現性は低い　Mukusha, L. et al.,（2024）, Hit or Miss: do microscopic linear impact

traces (MLITs) form on Clovis Stone tips launched via atlatl into foliage and sediment? *Journal of Archaeological Science: Reports* 55. …… 123
図5-4　ガラス検体　Dogandžić, T., et al. (2020) The results of lithic experiments performed on glass cores are applicable to other raw materials. *Archaeological and Anthropological Sciences*, 12 (2), 44. …… 127
図5-5　モノの「痕跡」を観察する　筆者作成 …… 128
図5-6　モノの製作過程を知る　Stafford, M. (2003) The parallel-flaked flint daggers of late Neolithic Denmark: an experimental perspective. *Journal of Archaeological Science* 30. …… 130
図5-7　打割りのコストを調べる　Mateos, A., et al. (2019) Energy cost of stone knapping. *Jouanal of Archaeological Method and Theory* 26. …… 132
図5-8　竹筏舟を使った航海実験　海部陽介 (2020)『サピエンス日本上陸―3万年前の大航海―』講談社 …… 133
図5-9　土塁の崩壊過程を調べる　Saraydar, S. C. (2008) *Replicating the Past: the Art and Science of the Archaeological Experiment.* Waveland Press. …… 135
図5-10　遺物の移動を探る　御堂島正・上本進二 (1988)「遺物の地表面移動―雨・風・霜柱・植物の影響について―」『旧石器考古学』37 …… 136
図5-11　復元住居で暮らしてみる　Saraydar, S. C. (2008) op. cit. …… 138
図5-12　トラブルの事後処理を経験する　前掲 Hein & Lund (2017) をもとに作成 …… 139
図5-13　実験考古学の制御と対象　筆者作成 …… 141
図6-1　類推の構造　細谷功 (2011)『アナロジー思考』東洋経済新報社 …… 148
図6-2　実験考古学における推論の方法　長井謙治 (2021)「実験考古学の展望と指針」『愛知学院大学文学部紀要』50 …… 150
図6-3　石斧で立木を伐採する　Elburg, R., et. al. (2015) Field trials in Neolithic woodworking: (Re) learning to use Early Neolithic stone adzes. *EXARC Journal*, Issue 2015/2 …… 153
図6-4　刃と柄の組み立て方と柄の軟らかさ (弾力性)　Hein, W. & M. Lund. (2017) op. cit. …… 155
図6-5　伐採実験の推論構造　筆者作成 …… 157
図6-6　加工途上の剥離面　Hein, W. & M. Lund. (2017) op. cit. …… 162
図6-7　実験考古学の方法論　前掲長井謙治 (2021) …… 169
図6-8　仮説の発見と検証、実験の位置づけ　筆者作成 …… 171
図6-9　焼成後の観察をノートに記す　北野博司氏提供 …… 172
図6-10　薄身化プロセスの技能 (一部)　前掲 Hein & Lund (2017) をもとに作成 …… 175
図6-11　尖頭器の薄身化作業　筆者作成 …… 177
図6-12　コーカサス地方・アルメニアの石刃核と石刃　Chabot, J. & J. Pelegrin. (2012) Two examples of pressure blade production with a lever: *The Emergence of Pressure Blade Making from Origin to Modern Experimentation.* Springer. …… 179
図6-13　熟練製作者による研磨時間の計算　前掲 Hein & Lund (2017) をもとに作成 …… 180
図6-14　石器づくりの記録　大沼克彦 (2002)『文化としての石器づくり』学生社 …… 181
図7-1　ひとかかえもある石刃核　Andrews, B. W. (2014) *Stone Tools in Mesoamerica: Flaked Stone Tools.: Encyclopaedia of the History of Science, Technology, and Medicine in Non-Western Cultures.* Springer. … 195
図7-2　フラクチャー・ウイング　Takakura, J. (2021) Towards improved identification of obsidian microblade and microblade-like debitage knapping techniques. *Quaternary International* 596. …… 197
図7-3　摩耗の種類　Adams, J. L. (2014) *Ground Stone Analysis: A Technological Approach.* 2nd ed. The University of Utah Press. …… 199
図7-4　穴あけに対応する穿孔痕　Gurova, M., et al. (2013). Approaching prehistoric skills. *Bulgarian e-Journal of Archaeology*, 3 (2). …… 200
図7-5　剥離形成モデル (EPA-PD モデル)　Li, L., et al. (2023) A synthesis of the Dibble et al. controlled ex-

periments into the mechanics of lithic production. *Journal of Archaeological Method and Theory* 30. … *202*
図 7-6　断片化する石英の剝片（遺物）　Tallavaara, M., et al.（2010）How flakes shatter: a critical evaluation of quartz fracture analysis. *Journal of Archaeological Science*, 37. …… *204*
図 7-7　加熱処理の効果　Bachellerie, J. & P. Schmidt.（2021）Recognizing heat-treated chert. *Archaeometry*, 64（1）…… *206*
図 7-8　石器の水処理　筆者撮影 …… *208*
図 7-9　J・ガンが明らかにした個人差　Gunn, J.（1975）Idiosyncratic behaviour in chipping style.: *Lithic Technology: Making and Using Stone Tools*. Mouton Publishers. …… *211*
図 7-10　規範のなかで生まれた姿勢　Pope, S.T.（1974）Hunting with Ishi: the last Yana Indian. *The Journal of California Anthropology*, 1（2）. …… *212*
図 7-11　動作と痕跡の対応　筆者作成 …… *214*
図 7-12　利き手の指標となる属性　Dominguez-Ballesteros, E. & A. Arrizabalaga.（2015）Flint knapping and determination of human handedness. *Journal of Archaeological Science: Reports* 3. …… *216*
図 7-13　接合資料　京都文化博物館（1997）『ヒトの来た道—人類 500 万年と列島最古の居住者—』 …… *217*
表 7-1　石器製作者の経験から導かれた「熟達」と「未熟」の指標　Bamforth, D. B. & N. Finlay.（2008）〔Introduction: archaeological approaches to lithic production skill and craft learning. *Journal of Archaeological Method and Theory* 15.〕を参考に作成 …… *218*
図 7-14　ムラのなかの見習人（子供）と熟練者　Grimm, L.（2000）Apprentice flintknapping: relating material culture and social practice in the Upper Palaeolithic.: *Children and Material Culture*. Routledge. …… *220*
図 7-15　見習いが割った石の接合資料　Audouze, F. & C. Karlin.（2017）La chaîne opératoire a 70 ans: qu'en ont fait les préhistoriens français. *Journal of Lithic Studies* 4（2）. …… *222*
図 7-16　炉の周りで石器づくりをした熟練者　Audouze, F.（2010）Domesticity and spatial organization at Verberie.: *the MagdalenianHousehold: unraveling domesticity*. SUNY Press. …… *223*
図 7-17　複数の人物が手掛けた石核　Audouze, F. & C. Karlin.（2017）op. cit. …… *224*
図 7-18　北ベトナムの王墓で発見された石琴（リソフォン）　土取利行（2008）『壁画洞窟の音—旧石器時代・音楽の源流をゆく—』青土社 …… *226*
図 7-19　ジェスチャーのみで習得したルヴァロワ技法　Ohnuma, K., et al.（1997）Transmission of tool-making through verbal and non-verbal communication. *Anthropological Science* 105（3）. …… *228*
図 7-20　モーションキャプチャーによるルヴァロワ剝片剝離時の動作解析　Hoshino, Y. et al.（2014）〔Motion analysis for stone-knapping of the skilled Levallois technique.: *Dynamics of Learning in Neanderthals and Modern Humans Volume 2: Cognitive and Physical Perspectives*. Springer Japan.〕をもとに作成 …… *229*
図 7-21　被験者 N の入射角と上腕の捻り（ルヴァロワ剝片剝離時）　前掲 Hoshino et al.（2014）をもとに作成 …… *230*
図 7-22　脳機能マップ　Stout, D., et al.（2006）Comparing the neural foundations of Oldowan and Acheulean toolmaking.: *The Oldowan: Case Studies into the Earliest Stone Age*. Stone Age Institute Press. …… *231*
図 8-1　実験考古学の傘　前掲長井謙治（2021） …… *240*
図 8-2　「実験考古学」がテーマにある研究論文の推移　Flores, J. R.（2012）Experimental Archaeology: an Ethnography of its Perceived Value and Impact in Archaeological Research. Dr. thesis, University of Exeter. … *243*
図 8-3　体験考古学の論理　Beck, A. S.（2011）〔Working in the borderland of experimental archaeology on theoretical perspectives in recent experimental work.: *Experimental Archaeology: Between Enlightenment and Experience*. Lund University.〕を参考に作成 …… *250*
図 8-4　ナップ・インで石器を作る人たち　筆者撮影 …… *252*
図 8-5　D・C・ウォルドルフの書籍『石器づくりの芸術』　Woldorf, D. C.（1993）*The Art of Flint Knapping*. Mound Bulder Books. …… *253*
図 8-6　ドネイの石器アート　筆者撮影 …… *255*

図 8-7　販売用の現代石器アート　Whittaker, J. C.（2004）*American Flintknappers: Stone Age Art in the Age of Computers*. University of Texas Press. …… 257
図 8-8　この中に真の「遺物」とフェイクがある　筆者作成 …… 262
図 8-9　ある著名な石器製作者の庭　筆者撮影 …… 265
図 8-10　石器を売買する人たち　筆者撮影 …… 267
図 8-11　現代石器製作者が好むスラブ（板石材）　Hein, W. & M. Lund.（2017）op. cit. …… 269
図 9-1　なりきり縄文人　関根秀樹（2002）『縄文人になる！』山と溪谷社 …… 276
図 9-2　石器を作った後の脳を調べる　Stout, D., et al.（2006）op. cit. …… 280
図 9-3　洞窟を眺めて感性を養う　ジョウモン・アートプロジェクト実行委員会 …… 282
図 9-4　再生を象徴したアート　長井謙治編（2019）『ジョウモン・アート―芸術の力で縄文を伝える―』雄山閣 …… 284
図 9-5　縄文土器から紡ぎ出された記号　前掲長井謙治編（2019） …… 285
図 9-6　岩手県御所野縄文公園の復元事例　高田和徳（2003）「縄文集落の復原事例―岩手県御所野遺跡の整備から―」『日本考古学』15 号 …… 287
図 9-7　御所野遺跡の焼失住居　村本周三ほか（2006）「岩手県御所野遺跡における竪穴住居火災実験」『考古学と自然科学』53 号 …… 289

著者略歴
一九七八年、愛媛県に生まれる
二〇〇八年、東京大学大学院新領域創成科学研究科博士課程修了
東京大学総合研究博物館特任研究員、東北芸術工科大学准教授を経て、
現在、愛知学院大学文学部准教授、博士（環境学）

〔主要著書・論文〕
『石器づくりの考古学―実験考古学と縄文時代のはじまり―』（同成社、二〇〇九年）
『ジョウモン・アート―芸術の力で縄文を伝える―』（雄山閣、二〇一九年）
「初期石刃技法とその日本列島への伝播」（『旧石器研究一九』、二〇二三年）

石器づくりで何がわかるか
実験考古学教本

二〇二五年（令和七）一月一日　第一刷発行

著　者　長《なが》井《い》謙《けん》治《じ》

発行者　吉川道郎

発行所　株式会社　吉川弘文館
郵便番号一一三―〇〇三三
東京都文京区本郷七丁目二番八号
電話〇三―三八一三―九一五一〈代〉
振替口座〇〇一〇〇―五―二四四番
https://www.yoshikawa-k.co.jp/

印刷＝株式会社 精興社
製本＝株式会社 ブックアート
装幀＝河村　誠

ISBN978-4-642-08466-6